La fiscalité et l'impératif de développement du Centrafrique

Finances publiques

Collection dirigée par Thierry LAMBERT

Finances publiques/Public finance
Collection dirigée par/Collection directed by Thierry LAMBERT

Les finances publiques connaissent un développement important et se diversifient. Cette discipline couvre notamment les finances de l'État, le droit public financier, le droit fiscal, les finances communautaires, les finances locales, les finances sociales, les finances internationales et comparées, les procédures fiscales ainsi que le droit douanier. Ces questions peuvent être envisagées dans un cadre national, communautaire ou mondial.

La présente collection a pour vocation de publier des travaux originaux (thèses, essais, colloques...) ou de facture plus classique (manuels, commentaires de textes, recueils de documents...).

Elle a aussi pour ambition de rééditer des ouvrages aujourd'hui introuvables, mais fort utiles, dès lors qu'ils s'imposent comme référence et qu'ils sont agrémentés d'une préface substantielle.

Public finance steadily developping and diversifying. This discipline more particulary coversstate finance, public financial law, tax law, EU finance, local finance, social finance, international and comparative finance, tax procedures and customs law. Those questions can be considered within a national community or global framework.

The aim of this collection is to publish original works (theses, essays, symposiums...) or more traditional ones (textbooks text analyses, collections of documents ...).

In addition, it is meant to re-publish books which are currently untraceable no matter how usefulprovided they stand as genuine references and contain substantial prefaces.

Déjà parus

Dominique VILLEMOT, *Le débat fiscal : une passion française,* 2019.
Aurélie DORT, *Fiscalité et sécurité sociale, Étude de la fiscalisation des ressources de la Sécurité sociale*, 2019.
Fidèle MENGUE ME ENGOUANG, *Les finances publiques du Gabon*, 2018.
DIOUKHANÉ Abdourahmane, *Les finances locales sénégalaises*, 2018.
ATECK A DJAM Félix, *Droit du contentieux fiscal camerounais, Nouvelle édition,* 2017.
Mahrez ZAHED, *La démarche de performance dans la gestion locale. Les collectivités territoriales face aux défis de la nouvelle gouvernance*, 2017.
PALMA-AMALRIC Valérie, *L'autonomie financière des autorités indépendantes*, 2017.
ALLOUARD Ophélie, *Les frontières fiscales dans l'Union européenne appliquées à la fiscalité des entreprises*, 2016.
DIOUKHANÉ Abdourahmane, *Les juridictions financières dans l'UEMOA. La Cour des comptes du Sénégal*, 2016.
EVINA OBAM Richard, *La politique fiscale au Cameroun depuis les années 1980*, 2016.

Mathurin MBOUNOU-NGOPO

La fiscalité et l'impératif de développement du Centrafrique

Préface de Thierry LAMBERT

L'Harmattan

5-7, rue de l'Ecole-Polytechnique, 75005 Paris

www.editions-harmattan.fr

ISBN : 978-2-343-18029-8
EAN : 9782343180298

L'ouvrage est une version remaniée de ma thèse de doctorat initialement intitulée « La fiscalité face à l'impératif du développement de la République centrafricaine », soutenue publiquement à la Faculté de Droit et de Science politique de Aix-Marseille Université (AMU) le 8 mars 2019 sous la direction du Professeur Thierry LAMBERT.

Je tiens à lui exprimer toute ma reconnaissance et mon profond respect d'avoir accepté avec enthousiasme la publication de cette thèse.

Le jury sous la présidence de Bernard CASTAGNEDE, Professeur honoraire des Universités, Université Panthéon-Sorbonne Paris 1, comprenait :

- Professeur Jean-Luc PIERRE (Rapporteur), Université Jean Moulin Lyon 3,
- Professeur Jean-Luc ALBERT, Aix-Marseille Université,
- Professeur Thierry LAMBERT (Directeur de recherche), Aix-Marseille Université,
- Madame Laurence VAPAILLE (Rapporteur), Maître de Conférences HDR, Université Cergy-Pontoise.

J'exprime mes sincères remerciements à tout le monde pour leurs soutiens matériel et moral.

Au moment où cet ouvrage est sous presse, certaines réformes préconisées sont déjà mises en œuvre. Il serait souhaitable que les pouvoirs publics centrafricains poursuivent les actions relatives à l'amélioration du rendement efficace de l'impôt.

Cet ouvrage constitue un outil au service de la politique de développement de la République centrafricaine.

Dédicace

À ma feue grand-mère NATABO Yvonne alias TOS décédée pendant la rédaction de cet ouvrage que je n'ai pas pu accompagner à sa dernière demeure.

Que la terre de DIFFOLO te soit légère !

Préface

État de l'Afrique centrale, sans accès à la mer, le Centrafrique était occupé vers le milieu du XIXe siècle par plusieurs tribus, les premiers habitants étaient les pygmées, suivis par les peuples bantous et peuls. Majoritairement, les Gbayas, Bandas et Mandjas forment plus de 80 % de la population.

Partagé entre la France et la Belgique, dès 1889 les Français fondèrent le poste de Bangui, sur la rive droite de l'Oubangui. La région fut annexée à la France en 1894, mais la présence française ne fut définitivement établie qu'à partir de 1897. Devenu colonie en 1905, l'Oubangui-Chari entra en 1910 dans l'Afrique-Équatoriale française. André GIDE dans son « Voyage au Congo », écrit en 1927, dénonça les excès de l'exploitation des compagnies commerciales.

Après la Seconde Guerre mondiale, le mouvement nationaliste se développa. Le 1er décembre 1958, l'Oubangui-Chari devint une république autonome, la République centrafricaine, au sein de la communauté, puis obtint son indépendance le 13 août 1960, tout en signant des accords de coopération avec la France.

L'instabilité politique, qui sur une longue période caractérise le pays, n'est guère propice à l'installation d'institutions administratives stables et d'un système fiscal qui soit parfaitement efficient. Depuis 2016, le pays s'est doté d'institutions politiques, qui pour le moment, semblent s'être stabilisées.

La République centrafricaine est un pays pauvre qui aspire au développement et a participé au concert des nations. Environ 75 % de la population vit en dessous du seuil international de pauvreté. Le pays est quasiment le dernier au regard de l'indice de développement humain.

Quasiment, la moitié de son produit intérieur brut (PIB) vient de l'agriculture (manioc, bananes, café, coton) et de l'exploitation forestière (bois tropicaux). Le pays dispose de réserve de pétrole et d'uranium qui sont loin d'être négligeables. C'est une des places au monde pour l'exploitation du diamant. Son industrie, même si les choses s'améliorent, reste peu développée notamment en raison d'un réseau routier dégradé. Le braconnage de l'ivoire reste un fléau.

C'est en prenant en compte ce « tracé historique » et le contexte économique d'aujourd'hui que Monsieur MBOUNOU – NGOPO inscrit sa thèse.

L'auteur observe que la question du développement n'est pas en soi nouvelle, mais il montre que la mobilisation des ressources intérieures et notamment fiscales est une condition du développement. Il suggère que des réformes politiques et sociales soient mises en œuvre, avec des stratégies globales de moyen et long terme. Sa démonstration ne s'inscrit pas dans les préconisations du FMI qui reposent sur des plans d'ajustements structurels. Ces plans qui lui semblent inadaptés à la réalité économique et sociale du pays. Il suggère, afin d'améliorer le rendement budgétaire de l'impôt, de faire converger, avec des pratiques renouvelées, l'action des administrations douanière et fiscale. Il n'existe pas plus de modèles de développement que de modèle de système fiscal qui lui soit adapté.

Concernant l'activité de la Communauté économique et monétaire d'Afrique centrale (CEMAC), l'auteur constate que celle-ci est un cadre juridique dont l'application n'est pas satisfaisante, car chaque pays qui en est membre a des particularités et des préoccupations différentes en matière de développement. Le constat renforce l'idée que la République centrafricaine doit réformer à la fois son système fiscal et ses pratiques administratives afin d'améliorer le rendement budgétaire de l'impôt.

Monsieur MBOUNOU — NGOPO n'ignore rien des difficultés à surmonter en proposant, par exemple, de taxer les activités pétrolières sans décourager les compagnies ou encore d'imposer les activités agricoles en tenant compte des spécificités du pays. Il sait tout autant qu'il est difficile de combattre certaines mauvaises pratiques administratives et politiques installées parfois depuis des décennies.

Il ne fait aucun doute que cette recherche est utile pour la République centrafricaine, mais aussi pour toute l'Afrique.

Thierry LAMBERT

Professeur Aix-Marseille Université

Président de l'institut international des sciences fiscales

Avant- propos

La thèse de Monsieur MBOUNOU-NGOPO Mathurin consacrée à « La Fiscalité et l'impératif du développement du Centrafrique » vient à point nommé d'autant plus que les travaux de recherches consacrés à la fiscalité centrafricaine ne sont pas légion. Elle vient combler « l'irréflexion » [1] dans ce domaine en Centrafrique. Cette thèse est aussi à mettre sous le double sceau de la passion et du courage.

La passion d'abord. Monsieur MBOUNOU-NGOPO Mathurin aime passionnément son pays au point d'aller le servir dans des conditions extrêmement difficiles. Il aime tout aussi passionnément la matière fiscale en tant que praticien et surtout en tant qu'enseignant, car Monsieur MBOUNOU-NGOPO Mathurin est à la fois Inspecteur des Impôts et enseignant de fiscalité à l'Université de Bangui en Centrafrique. Le travail qu'il nous livre est le fruit cette double approche de la théorie de l'impôt et de la pratique fiscale.

Le courage ensuite. Monsieur MBOUNOU-NGOPO Mathurin a choisi de traiter un sujet complexe dans un contexte difficile. En effet, l'énoncé de la thèse présageait les difficultés auxquelles devrait s'attendre l'auteur. C'est en quelque sorte la quadrature du cercle.

Les recherches de terrains se sont déroulées dans des circonstances très pénibles du fait que la République centrafricaine connaît depuis plusieurs années des crises militaropolitiques qui ont engendré la dispersion préjudiciable de la documentation fiscale, principale matière première pour les recherches universitaires. Il a également su naviguer entre le devoir de réserve d'un fonctionnaire et la liberté de ton universitaire. Ces difficultés n'ont pas entamé la farouche détermination de l'auteur de mener à terme ses travaux. Comme un guerrier de sa Mambéré-Kadéï natale, Monsieur MBOUNOU-NGOPO Mathurin a pu vaincre ces obstacles les uns après les autres pour nous présenter une thèse d'une grande qualité.

Pour bâtir haut, il faut creuser plus profond. C'est la méthode qu'a choisie l'auteur. En creusant en profondeur, il a mis en lumière un vestige fiscal colonial et postcolonial qui a prévalu en République centrafricaine sur lequel, pendant longtemps, le système fiscal de ce pays a été fondé. Ce travail d'archéologie fiscale a permis à l'auteur d'expliquer les imperfections

[1] Philippe NEMO, Philosophie de l'impôt, Ed. PUF, 2017, p. 8.

du système fiscal centrafricain hérité de la colonisation qui, au demeurant, n'a pas favorisé le développement du pays. Il démontre par ailleurs que la politique du développement du pays n'a pas été en adéquation avec une politique fiscale cohérente. La fiscalité et le développement, ces « deux notions complémentaires » peuvent devenir antinomiques si leur attelage n'est pas bien agencé.

Si « par fiscalité de développement, il faut entendre une fiscalité au service du développement »[2], il n'en demeure pas moins qu'une politique fiscale hasardeuse peut freiner le développement d'un pays en favorisant des distorsions de l'économie. Elle peut également bouleverser son ordre social, politique et environnemental.

Monsieur MBOUNOU-NGOPO Mathurin dans sa thèse invite l'ensemble des acteurs qui sont chargés de la décision fiscale en République centrafricaine à éviter ce piège et à concevoir une « fiscalité sur mesure ». Afin que la conception de cette fiscalité sur mesure devienne une réalité, l'auteur donne non seulement des indications pertinentes, mais appelle au changement de paradigme fiscal en vigueur. Le nouveau paradigme fiscal qu'il préconise permettra non seulement de transcender la mobilisation classique des ressources fiscales pour le développement,[3] mais contribuera à lutter efficacement contre la pauvreté[4] dans cet État potentiellement riche en ressources minières, agricoles, forestières. Il figure encore parmi les derniers du peloton des pays du monde comme indiquent les différents rapports des instances de l'ONU et des institutions financières internationales.

De ce fait, Monsieur MBOUNOU-NGOPO Mathurin insiste sur la nécessité d'un nouveau cadre pour repenser le développement[5] de la République centrafricaine. Car ces politiques économiques qui sont mises en œuvre « ont manqué de vision et de stratégie globale ». En effet, faisant le constat accablant de l'échec de la politique fiscale menée, l'auteur propose à ce titre l'instauration d'un système fiscal nouveau. Dans cette optique, il suggère la réforme de l'impôt sur le revenu, l'adaptation de la TVA aux réalités locales ainsi qu'une fiscalité du cordon douanier compétitive. Il montre sa réticence pour la politique des dépenses fiscales en cours en Centrafrique quand on sait que depuis les travaux de Stanley S. SURREY,

---

[2] Nicaise MEDE et Errol TONI, La fiscalité et le développement en Afrique de l'Ouest francophone, Ed. L'Harmattan, 2018, p. 23.
[3] Gérard CHAMBAS, Afrique au Sud du Sahara : Mobiliser des ressources fiscales pour le développement, Ed. Economica, 2005.
[4] Deborah ITRIAGO, Décider de son développement, la fiscalité pour combattre la pauvreté, Rapport de recherches OXFAM, septembre 2011.
[5] Justin YIFU LIN, La quête de la prospérité, Ed. Economica, 2012, p. 129.

les effets de ces encouragements fiscaux sur le développement sont très limités[6].

Monsieur MBOUNOU-NGOPO Mathurin préconise également la modernisation des Administrations financières du pays (Impôts, Douanes et Trésor) afin d'améliorer le rendement fiscal en luttant contre la fraude et l'évasion fiscales endémiques d'autant plus que le taux de la pression fiscale en RCA est le plus faible des pays en développement. Cette réforme administrative en profondeur a aussi pour ambition de lutter contre le fléau qu'est la corruption. Sans succomber à « la circulation des modèles d'Administration »[7], l'auteur propose une transformation radicale de ces Administrations financières[8]. Cette « reconfiguration des appareils de l'État »[9] permet, à cet effet, de recréer une nouvelle relation ainsi qu'un climat de confiance entre les contribuables et l'État.

Par ailleurs, c'est avec raison que Monsieur MBOUNOU-NGOPO Mathurin replace la dimension politique de l'impôt au cœur de son travail en menant une réflexion approfondie sur la légitimité de l'impôt et le civisme fiscal. Nous savons tous que l'impôt est consubstantiel à la citoyenneté et qu'il faut « redonner un nouveau sens à l'impôt » comme « condition de base à la fois à la rentabilité fiscale et à la cohésion sociale »[10] parce qu'actuellement en République centrafricaine, les forces non conventionnelles discutent le pouvoir fiscal aux autorités constitutionnelles du pays.

En définitive, Monsieur MBOUNOU-NGOPO Mathurin dans sa thèse, invite les autorités centrafricaines à ne pas céder aux « intox fiscales »[11]. Mais elles doivent rechercher une meilleure alchimie entre le politique et la technique[12] en vue d'opérer une véritable révolution fiscale[13] afin d'épargner aux contribuables une « tyrannie fiscale ».[14] Car l'avènement d'une société avec un impôt juste[15] est possible en Centrafrique. C'est le vibrant message fiscal que lance avec lucidité l'auteur. C'est certain que ce message dépasse

---

[6] Stanley S. SURREY, Les encouragements fiscaux utilisés comme instruments de politique de pouvoirs publics, in Cahiers de droit international fiscal, 1976, p.83.
[7] La circulation des modèles d'Administration, Revue d'Administration publique, n° 161, 2017.
[8] Nicolas GUILLET, Les transformations de l'Administration fiscale, Ed. L'Harmattan, 2011.
[9] Jacques CHEVALLIER, L'État post-moderne, Ed. LGDJ, 2014, pp. 21 et suiv.
[10] Michel BOUVIER, Sens et légitimité de l'impôt, Revue Pouvoirs, n° 151, 2014, p.34.
[11] Philippe BRUNEAU, Jean-François DESBUQUOIS et autres, Les intox fiscales, Pour en finir avec les idées reçues, Ed. Francis Lefebvre, 2019.
[12] Michel TALY, Les coulisses de la politique fiscale, Ed. PUF, 2016.
[13] Jack LANG, Faire la révolution fiscale, Ed. Plon, 2006 ; Thomas PIKETTY, Camille LANDAIS, Emmanuel SAEZ, Pour une révolution fiscale, Ed. Seuil, 2011.
[14] Pascal SALIN, La Tyrannie fiscale, Ed. Odile Jacob, 2014.
[15] Pierre-Alain MUET, Un impôt juste, c'est possible, Ed. Seuil, 2018.

les frontières fiscales de la République centrafricaine pour retentir en échos dans tous les pays en développement.

L'œuvre de Monsieur MBOUNOU-NGOPO Mathurin est originale, somptueuse et majestueuse ! Écrite avec conviction dans un style simple, agréable à lire, elle a été sanctifiée par les grands maîtres de la fiscalité française. Cette œuvre laisse déjà augurer à l'auteur une belle carrière professionnelle et universitaire. C'est ici l'occasion de le féliciter et de le remercier très sincèrement.

Gaston KONGBRÉ

Consultant en Mobilité internationale

Cabinet Wayagako Consulting

Liste des acronymes et des abréviations

ACP : Afrique, Caraïbes et Pacifique
AEF : Afrique équatoriale française
AMATM : Accord d'assistance mutuelle en matière fiscale
AOF : Afrique occidentale française
APD : Aide publique au développement
AREMIF : Projet d'appui de la réforme du Ministère des Finances
ART : Agence de régulation des télécommunications
ASS : Afrique au sud du Sahara
ATAF : Forum sur l'Administration fiscale africaine
BAD : Banque africaine de développement
BEAC : Banque des États de l'Afrique centrale
BECDOR : Bureau d'évaluation et de contrôle de diamants et Or
BEPS : Base érosion and profit shifting ; en français : L'érosion de la base d'imposition et le transfert de bénéfices
BIVAC : Bureau Inspection Valuation Assessment Control du groupe Bureau Veritas
BM : Banque mondiale
BTP : Bâtiments et travaux publics
CA : Chiffre d'affaires
CCD : Convention des Nations Unies sur la lutte contre la désertification en Afrique centrale
CCI : Contribution communautaire d'intégration
CCIMA : Chambre de commerce, d'industrie, des mines et de l'artisanat
CDS : Contribution au développement social
CEA : Commission économique pour l'Afrique
CEEAC : Communauté économique des États de l'Afrique centrale
CEMAC : Communauté économique et monétaire d'Afrique centrale
CEN-SAD : Communauté des États sahélo-sahariens
CGI : Code général des impôts
CICEFD : Comité interministériel chargé des exonérations fiscales et douanières
CKR : Convention de Kyoto révisée
CMCAA : Cadre mixte de concertation pour l'amélioration des affaires
CNI : Commission nationale des investissements
CNSS : Caisse nationale de sécurité sociale

CNUCED : Conférence des Nations Unies sur le commerce et le développement
COMIFAC : Commission des forêts de l'Afrique centrale
COP : Conférence des parties à la Convention des Nations Unies sur les changements climatiques
CREDAF : Centre de rencontre et d'études des dirigeants des Administrations fiscales
DDR : Processus de désarmement, démobilisation et réintégration
DFGE : Direction de la fiscalité des grandes entreprises
DFME : Direction de la fiscalité des moyennes entreprises
DGDDI : Direction générale des douanes et des droits indirects
DGID : Direction générale des impôts et des domaines
DSRP : Document de stratégie pour la réduction de la pauvreté
EUFOR-RCA : Mission militaire de l'Union européenne de sécurisation en Centrafrique
EUMAM-RCA : Mission militaire de l'Union européenne de conseil en Centrafrique
EUTM-RCA : Mission militaire de l'Union européenne de formation et de conseil de l'armée centrafricaine
FCFA : Franc de la communauté financière africaine
FMI : Fonds monétaire international
FOB : Free on board
FOMUC : Force multinationale de la Communauté économique et monétaire des États de l'Afrique centrale
FOT : Free on truck
GATT : Accord général sur les tarifs douaniers et le commerce
GFTEI : Forum mondial sur la transparence et l'échange de renseignements à des fins fiscales
GPEC : Gestion prévisionnelle des emplois et des compétences
GUFE : Guichet unique de formalités et de création des entreprises
ICAI : Impôt sur le chiffre d'affaires intérieur
IDE : Investissements directs étrangers
IDH : Indice du développement humain
IFPP : Impôt forfaitaire sur les personnes physiques
IGR : Impôt général sur le revenu
IGU : Impôt global unique
IISF : Inspecteurs des impôts sans frontières
IMF : Impôt minimum forfaitaire
IPH : Indice de pauvreté humain
IPN : Impôt personnel numérique
IPPTE : Initiative en faveur des pays pauvres très endettés
IRPP : Impôt sur le revenu des personnes physiques
IS : Impôt sur les sociétés

ITIE-RCA : Initiative pour la transparence dans les industries extractives en République centrafricaine
MINURCA : Mission de maintien de la paix des Nations unies en République centrafricaine
MINUSCA : Mission multidimensionnelle intégrée des Nations unies pour la stabilisation en Centrafrique
MISAB : Mission interafricaine de surveillance des Accords de Bangui
NIF : Numéro d'identification fiscale
NTIC : Nouvelles technologies de l'information et de la communication
OCDE : Organisation de coopération et de développement économiques
OCSS : Office centrafricain de sécurité sociale
OHADA : Organisation pour l'harmonisation en Afrique du droit des affaires
OMC : Organisation mondiale du commerce
OMD : Organisation mondiale des Douanes
ONG : Organisations non gouvernementales
ONI : Office national de l'informatique
ONU : Organisation des Nations Unies
PAS : Programme d'ajustement structurel
PDD : Pôles de développement
PEA : Permis d'exploitation et d'aménagement
PED : Pays en développement
PER : Programme économique régional
PIB : Produit intérieur brut
PMA : Pays les moins avancés
PME : Petites et moyennes entreprises
PNUD : Programme des Nations Unies pour le développement
PRR : Programme régional de réforme
PTF : Partenaires techniques financiers
RCA : République centrafricaine
RCPCA : Plan national de relèvement et de consolidation de la paix pour la République centrafricaine
RDC : République démocratique du Congo
REIF : Redevance d'équipement informatique des finances
RNB : Revenu national brut
SOCATEL : Société centrafricaine de télécommunication
SODIF : Société d'identification des importations et des exportations frauduleuses
STABEX : Fonds de stabilisation des recettes d'exportation sur les produits agricoles
SYDONIA : Système informatique douanier automatisé

SYSMIN : Système de développement du potentiel minier
SYSTEMIF : Système de traitement de l'information fiscale
TCA : Taxe sur le chiffre d'affaires
TCI : Taxe communautaire d'intégration
TEC : Tarif extérieur commun
TIP : Taxe intérieure à la production
TOFE : Tableau d'opérations financières de l'État
TPG : Tarif préférentiel généralisé
TU : Taxe unique
TUPP : Taxe unique sur les produits pétroliers
TVA : Taxe sur la valeur ajoutée
UDEAC : Union douanière et économique de l'Afrique centrale
UDE : Union douanière équatoriale
UEAC : Union économique de l'Afrique centrale
UE : Union européenne
URAC : Union des Républiques d'Afrique centrale

Introduction

1.— La croissance de la richesse mondiale et le développement économique bénéficient à de plus en plus de pays, mais, au même moment, les inégalités entre pays développés et pays en développement ne cessent de s'agrandir. La situation est particulièrement alarmante pour certains pays dont les conditions géographiques et le faible niveau des ressources humaines et financières les enferment dans le piège de la pauvreté[16]. C'est à cette catégorie de pays qu'appartient le Centrafrique[17]. Afin de promouvoir le développement, les pouvoirs publics ont élaboré des programmes économiques. Mais ces programmes, au lieu de favoriser le développement économique et social du pays, se sont révélés comme de véritables « tonneaux des Danaïdes »[18] pour le budget de l'État. Car, lors de l'élaboration et de la mise en œuvre de ces programmes économiques, le système fiscal apparaît comme une construction purement abstraite, une sorte de jeu de l'esprit sans rapport avec la réalité[19]. De ce constat amer, cette étude fait ressortir la complémentarité qui existe entre la fiscalité et l'impératif de développement du Centrafrique. Pour mieux situer l'intérêt et le domaine d'étude (IV), il convient d'abord de présenter le contexte général du pays (A), l'aperçu de la situation économique et sociale (B) et définir certains concepts (C).

A) Le contexte général du pays

Cette étude aborde dans ses aspects généraux la situation géographique de la République centrafricaine, l'évolution de la vie politique centrafricaine et son impact sur le développement économique du pays.

1. Les repères géographiques

2.— Le Centrafrique est un pays enclavé situé au centre du continent africain d'où il tire son nom (voir carte n° 1). Il couvre une superficie de 623 000 km^2

---

[16] Gilbert AHO (Dir —), Pour une stratégie de croissance propauvre et au service du développement humain : Contraintes et défis pour la République centrafricaine, PNUD, 2006, p. 11.

[17] Le Centrafrique ou la Centrafrique, officiellement il faudrait parler du Centrafrique plutôt que de la Centrafrique.

[18] D'après la mythologie grecque, les Danaïdes qui avaient tué leurs maris furent condamnées, dans le Tartare, à verser inlassablement de l'eau dans un tonneau sans fond. L'expression « tonneau des Danaïdes » désigne aujourd'hui une tâche absurde et sans fin.

[19] Gabriel ARDANT, Histoire de l'impôt, Livre II, Fayard, 1972, p. 637.

bordés par cinq pays. Le Tchad se situe au nord sur 1 197 km, le Soudan et le Sud-Soudan sur 1 165 km à l'est. On retrouve au sud la République démocratique du Congo sur 1 577 km et la République du Congo sur 467 km. Enfin à l'ouest le Cameroun longe la frontière sur 797 km (voir carte n° 2). Seuls les deux derniers lui permettent d'accéder à l'océan Atlantique par l'axe Bangui–Pointe-Noire et l'axe Bangui-Douala situé à environ 1 500 km. Géographiquement, la République centrafricaine se situe dans une région où elle est à la fois le centre et le verrou géostratégique[20]. C'est un carrefour au confluent des autres sous-régions du continent[21].

Carte n° 1 : République centrafricaine

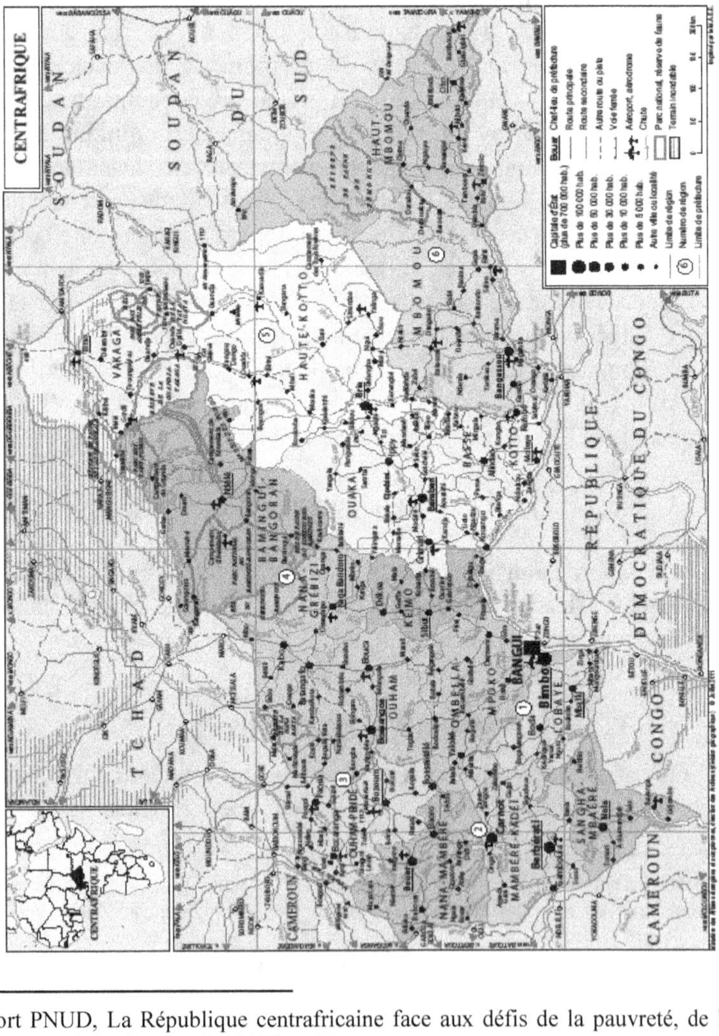

[20] Rapport PNUD, La République centrafricaine face aux défis de la pauvreté, de la bonne gouvernance et de la démocratie, 2001, p. 13.
[21] Mavungu MVUMBI-DI-NGOMA, Les relations interafricaines, Paris, C.H.E.A.M., La Documentation française, 1990, p. 63.

3.— Le territoire centrafricain n'apparaît ni comme des plus favorisés, ni comme des plus mal loti. Il occupe une situation centrale intéressante, obérée par l'enclavement[22]. Le pays se présente comme une vaste pénéplaine allongée d'ouest en est, caractérisée par un relief plat et accidenté d'une hauteur moyenne de 600 à 700 mètres, et constituant la ligne de partage entre deux grands bassins séparés. Celui du lac Tchad au nord, où coulent le Logone, l'Ouham et le Chari. Le bassin du Congo, au sud, parcouru par l'Oubangui et ses affluents. Ainsi, le nord et le sud du pays se relient par des espaces géographiques différents. Des montagnes modestes bordent la RCA au nord-est, et à l'ouest. À l'est, on retrouve le massif du Fertit et le massif du Yadé à l'ouest, culminant au mont Ngaoui à 1 410 m.

4.— Sur le plan climatique et de la végétation, le Centrafrique dispose de conditions naturelles favorables. Il est doté d'une pluviométrie généreuse et abondante ainsi que la clémence de la température sur une partie importante de son territoire. Le climat offre toutes les nuances des climats équatoriaux et tropicaux humides en ce qui concerne la répartition saisonnière des précipitations[23]. Le régime des précipitations n'est pas homogène. Seules les régions de N'Délé et de Birao, dans le nord-est, connaissent plusieurs mois de saison sèche. Ailleurs, il peut pleuvoir en toute saison. Les précipitations moyennes annuelles varient du sud au nord passant de plus de 1 600 mm dans la forêt tropicale à moins de 800 mm dans la zone sahélienne. La grande partie du territoire reçoit une pluviométrie supérieure à 1 200 mm d'eau par an.

5.— Partagé en trois zones climatiques, le pays est bien arrosé dans sa partie sud, soumise au régime tropical humide. Là se trouvent le fleuve Oubangui et son important réseau d'affluents. Au sud-ouest, le climat est du type équatorial et intertropical. La forêt tropicale couvre 74 000 km2, soit environ 15 % du territoire. Les régions du centre et du nord sont plus sèches et portent une savane arborée. Il est du type subsaharien au nord, et intertropical, mais frais et orageux sur les reliefs[24]. Le climat tropical domine l'essentiel du pays avec une saison humide de mai à octobre et une saison sèche de novembre à avril. La moyenne annuelle des températures avoisine 26 °C. À Bangui, les maximas sont de l'ordre de 38 °C et les minima de 15 °C. Les températures élevées et régulières, associées à ces précipitations abondantes, sont très favorables à la végétation.

---

[22] Patrice GOURDIN, République centrafricaine : géopolitique d'un pays oublié, document Web, http://www.diploweb.com/Republique-centrafricaine.html

[23] Christian FARGEOT, La chasse commerciale en Afrique centrale : Une menace pour la biodiversité ou une activité économique durable ? Le cas de la RCA, Thèse, Université Montpellier 3, 2013, p. 14.

[24] OMS, Rapport sur la République centrafricaine, novembre 2009, p.7.

6.— Le Centrafrique se situe entre les 2e et 11e degrés de latitude nord et les 13e et 27e degrés de longitude Est. La position géographique de la RCA fait d'elle un pays aux ressources naturelles variées, propice à des cultures diversifiées, à la pêche et à l'élevage. Traversé par de nombreux cours d'eau, abritant une forêt dense humide et étendue, favorisée par un sous-sol riche en diamants, or et autres minéraux, Centrafrique ne manque pas d'atouts. Son potentiel devrait être suffisant pour couvrir les besoins de sa population. Cependant, elle dispose d'espaces, d'eaux et de matières premières qu'elle ne maîtrise pas et n'arrive pas à les mettre en valeur. En effet, un sous-sol riche en minerais, une forêt dense humide étendue et un réseau hydrographique dense sont autant d'éléments favorables pour la diversification de l'économie. À une échelle plus fine, le Centrafrique est un condensé de différents milieux rencontrés en Afrique centrale, en dehors des milieux côtiers[25].

7.— Le pays a un taux de croissance démographique relativement faible avec une population estimée à 5,2 millions d'habitants[26] inégalement répartie sur l'ensemble du territoire. La densité de la population sur le plan national est estimée à 8,3 habitants au km^2. Par ailleurs, le Centrafrique présente une composition démographique d'une grande diversité ethnique dont les principales sont : les Banda, les Gbayas, les ngbakas, les yakomas et les Mandjas. Malgré tous ces avantages naturels, physiques et culturels, la République centrafricaine est prise au piège de la fragilité. La mauvaise gouvernance et la prolifération des groupes armés ont conduit à l'instabilité politique et affaibli le contrôle de l'État. En proie à un multipartisme chancelant, la République centrafricaine baigne dans une culture de la violence politique. Les origines se retrouvèrent dans l'époque coloniale et contribuèrent à pérenniser l'instabilité dont pâtit encore aujourd'hui le pays[27].

2. Les données politiques

8.— La connaissance de quelques repères historiques facilite la compréhension de l'évolution politique et économique du pays. Comme l'écrit Joseph KI ZERBO, « l'Afrique d'hier est encore une donnée contemporaine. Elle n'est ni passée ni, à certains égards, dépassée »[28]. Dès le XVe siècle, les parties nord-est du Centrafrique ont été soumises à des incursions militaires de sultanats situés au Tchad (Ouaddaï) et au Soudan (Darfour). C'est durant la seconde moitié du XVIIIe siècle que se sont

---

[25] Christian FARGEOT, op. cit., p. 14.
[26] Fiche pays, Direction générale du Trésor : http://www.tresor.economie.gouv.fr/Pays/republique-centrafricaine
[27] Patrice GOURDIN, op. cit.
[28] Joseph KI ZERBO, Histoire de l'Afrique, Hâtier, 1978, cité par Philippe HUGON, Afriques : Entre puissance et vulnérabilité, Armand Colin, 2016, p. 23.

établies la plupart des communautés vivant sur le sol centrafricain[29]. De la fin du XVIIIe jusqu'au XIXe siècle, le territoire connaît une dépopulation importante due à la traite négrière et à de nombreuses épidémies[30]. Au cours du XIXe siècle, le développement de nouvelles routes pour la traite des esclaves a entraîné le déplacement forcé des populations.

9.— La période coloniale a posé les fondations institutionnelles de l'État dont la formation a cependant été sapée par la violence et la discrimination. Les puissances coloniales européennes sont arrivées au milieu des années 1 880. Le Centrafrique a connu une période coloniale qui a commencé avec les expéditions d'explorateurs français et belges. À l'issue des péripéties opposant la France à la Belgique, le territoire échu à la France en 1903, sous le nom de l'Oubangui-Chari. Il fut déclaré colonie française. En 1910, il intégra l'Afrique équatoriale française (AEF). Durant la colonisation, les structures de production en Afrique noire étaient créées dans le but d'exploiter les ressources naturelles et les matières premières[31] pour le compte de la métropole qui, en retour, assurait l'approvisionnement en produits manufacturés[32].

10.— Ainsi, tout est fait pour faciliter les exportations vers l'Europe : développement des cultures de plantation par exemple café, cacao, coton, construction de routes, de voies ferrées, de ports par la main-d'œuvre indigène, dans le cadre des « travaux forcés ». À cet effet, les puissances coloniales européennes exploitèrent les ressources agricoles, minières, forestières des colonies par des sociétés privées. Ces sociétés exigeaient de la population locale qu'elle produise du caoutchouc et contribue aux recettes fiscales. Cependant, la brutalité coloniale contraint la population à la résistance. Le portage, l'obligation de l'impôt et surtout l'exploitation du pays par des sociétés commerciales dites « concessionnaires »[33] donnèrent lieu à une révolte armée contre le travail forcé, la guerre de Kongo-Wara[34] ou « *Guerre des manches de houe* » qui a duré de 1928 à 1931.

---

[29] Yves BOULVERT, Le Centrafrique au seuil du troisième millénaire : essai synthétique de géographie physique, économique et humaine. Bilan. 2002.

[30] Yarisse ZOCTIZOUM, Histoire de la Centrafrique 1879 – 1959 : violence du développement – domination et inégalité, Tome 1 et Tome 2, L'Harmattan, 1983.

[31] Pierre KALCK, Réalités oubanguiennes, Ed. Berger-Levrault, Paris, 1959, p. 11.

[32] Samir AMIN et Catherine COQUERY-VIDROVITCH, Histoire économique du Congo 1880-1968, IFAN Dakar, éditions Anthropos, Paris, 1969, p. 12.

[33] Georges Le TALLEC, la revue de science financière, n° 3 juillet-septembre 1959 ; Rubrique : « La concession, instrument juridique d'investissements privés étrangers », LGDJ, p.389.

[34] Raphaël NZAPAKOMANDA-YAKOMA, L'Afrique centrale insurgée. La guerre du Kongo-Wara 1928-1931, L'Harmattan, 1986, p. 10. L'importance culturelle du manche de houe chez les Gbaya relève de la mythologie. Au-delà de l'instrument agricole, il s'agit d'un insigne de commandement, d'un signe cosmogonique rythmant les travaux des champs et

11.— Barthélemy BOGANDA est la figure emblématique de cette période de l'histoire de l'Oubangui-Chari. Élu député au Parlement français, en 1946, il lutta contre le statut de l'indigénat[35]. Avec son parti, le MESAN (Mouvement pour l'évolution sociale en Afrique noire), il fut élu Maire de la ville de Bangui[36] et Président du Grand Conseil de l'AEF qui a son siège à Brazzaville (Congo). Sous le nom de la République centrafricaine[37], l'ancienne colonie de l'Oubangui-Chari est devenue le 1er décembre 1958, État membre de la Communauté. Il accéda à l'indépendance le 13 août 1960. Le Président fondateur de la République centrafricaine, Barthélemy BOGANDA[38], n'a pu concrétiser son idéal. Car, le 29 mars 1959, il périt dans un accident d'avion dont les circonstances demeurent non élucidées. Il laissa son œuvre inachevée.

12.— Dès lors, la RCA va connaître une évolution politique et constitutionnelle très mouvementée. Sur le plan politique, constitutionnel et institutionnel, l'évolution de la République centrafricaine depuis 1958 est parsemée de nombreux événements de nature diverse. La vie juridique et politique est inspirée de celle de la France. En effet, les autorités politiques centrafricaines ont tenté de renforcer les capacités des institutions publiques et de promouvoir le développement économique et social. Cependant, la gestion de l'État fut marquée par la brutalité, le clientélisme et la corruption. Pour autant, le système administratif et les institutions sociales de la RCA se détériorent. Le pays a sombré régulièrement dans une scène d'instabilité politique[39]. Les prétendants au pouvoir exploitèrent alors de plus en plus l'identité ethnique comme levier de soutien politique.

13.— Dès la fin des années 1990, les responsables politiques commencèrent à exploiter les conflits locaux et à enrôler criminels et milices

---

d'un objet investi d'une valeur magique. Le cultivateur est donc la figure centrale de référence pour la majorité des Centrafricains.

35 Le décret du 31 mai 1910 institua le régime de l'indigénat. C'est le décret n° 46-277, du 20 février 1946 qui supprime le régime de l'indigénat en Afrique.

36 La capitale, Bangui, installée dans la ville née du poste fondé par Michel DOLISIE puis Maurice MUSY en 1889, se dresse au bord de l'Oubangui.

37 La RCA tire son nom de sa situation géographique au centre de l'Afrique. Cette dénomination résumait le programme proposé : une Afrique centrale fédérale, dont la RCA formerait le cœur.

38 Pierre KALK, Barthélemy BOGANDA : élu de Dieu et des centrafricains, Saint Maur, Editions sépia, 1995.

39 La vie politique en République centrafricaine s'est trouvée profondément modifiée par le coup d'État de 1966, dit « coup d'État de la Saint-Sylvestre ». En effet, le régime républicain postcolonial (1959-1966) a été remplacé par une dictature militaire de 1966-1979, dont le sommet a été l'érection du pays en un Empire. Le retour à l'ordre démocratique de 1979 à 1981 a été écourté, à nouveau par un coup d'Etat qui a consacré un deuxième régime militaire de 1981 à 1993. La démocratie a été une deuxième fois écourtée par un coup d'État qui a consacré les régimes militaires de 2003 à 2013 et de 2013 à 2014.

dans leur lutte pour le pouvoir. Les changements d'alliance entre les dirigeants politiques, les mouvements rebelles, les milices et les organisations criminelles aboutirent à un schéma complexe de violence entre factions et de ressentiment intercommunautaire qui continue d'affaiblir la cohésion nationale[40]. Entre 1996 et 1997, trois mutineries militaires déclenchèrent un violent conflit politique. Une tentative de coup d'État manquée en 2001 a abouti, en 2003, à la prise du pouvoir par l'armée. En 2004, des groupes rebelles occupèrent toute la région du nord-est de la République centrafricaine. Des accords de paix furent négociés en 2007 et 2008, mais les litiges concernant leur mise en œuvre et l'échec du processus de désarmement, démobilisation et réintégration (DDR)[41] ultérieur plongèrent le pays dans un nouveau conflit en 2012.

14.— Les groupes rebelles formèrent la coalition « Séléka » qui signifie « Alliance » en langue nationale (le Sango) et prirent le pouvoir en mars 2013. Depuis son indépendance, ce pays n'est parvenu à mener, de manière pacifique, que deux passations de pouvoir, l'une en 1993 et l'autre en 2016[42]. Le pays se remet difficilement de cette crise politique et sécuritaire majeure. Amorcée au début de l'année 2013, la crise n'est pas encore résolue, laissant la population appauvrie et traumatisée, en proie aux groupes armés. Le gouvernement ne contrôle qu'environ 40 % du territoire national alors que de nombreux groupes armés sont actifs dans le reste du pays. La RCA est devenue le théâtre d'une multiplication des forces internationales. Les interventions de l'armée française sous plusieurs appellations[43] et d'autres forces d'interposition comme la MISAB, la MINURCA, la CEN-SAD, la FOMUC, la MINUSCA ne semblent pas contenir la violence et les conflits dans le pays.

15.— La paix reste toujours précaire et fragile malgré de multiples accords de paix et de réconciliation signés par les belligérants[44]. Cependant, un regain de confiance a été suscité par l'amorce du processus de réconciliation et une certaine stabilisation du contexte sécuritaire, grâce notamment aux missions de l'ONU (MINUSCA) de l'Union européenne (EUFOR, EUMAM, EUTM). Par ailleurs, d'autres forces militaires

---

[40] Cahiers économiques de la République centrafricaine : Briser le cycle des conflits et de l'instabilité, Groupe Banque mondiale, 1er numéro, mars 2018, p. 16.

[41] Le processus DDR consiste à faire désarmer les combattants, les regrouper à un seul endroit, les former à un métier pour leur réinsertion sociale.

[42] Programme indicatif national pour la période 2014-2020 pour la République centrafricaine, Rapport, Union européenne, 2013, p. 10.

[43] Opérations Caban et Barracuda en 1979-1981 ; Opérations Almandin 1, 2 et 3 de 1981-1998 ; Opération Cigogne de 1998-2002 ; Opération Boali de 2002-2013 et Opération Sangaris de 2013-2016.

[44] Augustin Jérémie DOUI WAWAYE, La sécurité, la fondation de l'État centrafricain : contribution à la recherche de l'État de droit, Thèse, Université de Bourgogne, 2012, p. 2.

occidentales s'impliquent davantage dans la recherche de la paix en Centrafrique. Malgré cette présence massive des forces militaires étrangères, le pays peine à se stabiliser et à se relever. La crise a également engendré une forte dégradation des finances publiques. Cette faiblesse des finances publiques a enrayé la capacité de l'État à fournir des services sociaux de base. Cet aperçu de l'instabilité politique en Centrafrique a eu des impacts sur la situation économique et sociale du pays.

B) Aperçu de la situation économique et sociale

16.— Le Centrafrique aborde le troisième millénaire avec beaucoup de paradoxes. D'une part, le pays possède d'immenses potentialités naturelles, physiques et culturelles. D'autre part, l'élite politique n'a pas su gérer de manière rationnelle tous ces atouts afin de propulser la croissance économique et d'assurer le bien-être de la population. Au sein de la population, les inégalités de revenus demeurent considérables.

1. Les données sociales

17.— La République centrafricaine demeure l'un des pays les plus pauvres du continent. Les mesures de réformes prises pour le rétablissement de l'équilibre économique ont été insuffisantes. L'État ne parvient pas à se doter suffisamment de ressources permettant de restaurer la cohésion entre les trois dimensions fondamentales d'une économie, à savoir la production, la transformation et la redistribution du produit social[45]. Les crises politiques et la faiblesse économique ont fait que l'environnement sociopolitique reste fragile. La situation sociale demeure précaire. Ce qui explique la forte dégradation des indicateurs sociaux. La RCA a un taux de pauvreté plus élevé en Afrique subsaharienne, malgré son potentiel économique considérable. En 2008, la proportion des pauvres a été estimée à 62 %[46]. Mais les prévisions établies sur la base du PIB par habitant indiquent qu'en 2017, environ 75 % de la population vivent en dessous du seuil de pauvreté[47].

18.— Les services sociaux de base sont détériorés, démantelés et parfois inexistants surtout dans les zones rurales. La République centrafricaine jadis classée 154ᵉ sur les 174 pays en 1995 a vu son indicateur du développement humain reculer de 5 % et se retrouve à la 165ᵉ place sur les 177 États en 2003. En 2013, l'indice du développement humain (IDH) de la RCA est

---

[45] PNUD, La RCA face aux défis de la pauvreté, de la bonne gouvernance et de la démocratie, 2001, p. 13.
[46] RCA, Plan de transition 2014-2017, Rapport, ministère de l'Education nationale, 2014, p. 7.
[47] Rapport Banque mondiale, 2017.

passé de 159e rang mondial au 188e et dernier rang mondial en 2017[48]. Par ailleurs, les multiples conflits militaropolitiques ont affecté les opportunités d'investissements économiques et sociales rendant faible l'État à protéger et à sécuriser les populations. Les entreprises ont été pillées, détruites et fermées à la suite des événements. Mais, la situation continentale de la RCA couplée avec le manque de capitaux et d'investissements ont rendu difficile tout effort de développement économique.

2. Les données économiques

19.— Sur le plan économique, dès la fin de la décennie 70, la situation du pays a évolué de manière défavorable, caractérisée par une dégradation des principaux paramètres économiques. Le Centrafrique, à l'instar de certains pays en développement, a commencé à éprouver des difficultés pour rembourser sa dette. En effet, l'économie centrafricaine a subi les impacts de la conjoncture internationale, à savoir hausse des prix du pétrole, baisse des cours des principaux produits à l'exportation. L'équilibre budgétaire n'est plus respecté. La RCA était contrainte à un ajustement structurel pour relever son économie. Cette politique, à laquelle la Banque mondiale a renoncé en 2004[49], avait malheureusement conduit à un cercle vicieux d'endettement[50]. Cette politique d'ajustement structurel a eu des conséquences néfastes sur le plan économique et social. Elle n'a pas permis aux pouvoirs publics centrafricains de promouvoir le développement économique et social du pays.

20.— Le Centrafrique présente les caractéristiques d'un État fragile. Par définition, l'État fragile est un État dans lequel les institutions sont déficientes et qu'il fait face à une situation précaire, sinon délabrée, en matière de sécurité et de gouvernance. De même que la mobilisation des recettes fiscales s'avère particulièrement difficile[51]. Les crises successives ont eu des répercussions négatives sur l'économie, fragilisant les institutions publiques et perturbant les activités économiques. Avec un retour progressif à la stabilité politique entre 2004 et 2012, la reprise économique s'est accélérée, grâce notamment aux appuis reçus de la communauté internationale. La RCA a pu relancer son programme de réformes structurelles. Cependant, en dépit des progrès enregistrés dans la mise en œuvre des réformes, le pays demeure confronté à des difficultés de mobilisation de ressources.

---

[48] Idem.

[49] Bénédicte CHATEL, « La Banque mondiale met fin aux prêts d'ajustement structurel », in Marchés Tropicaux du 10 septembre 2004, p.1946.

[50] Philippe HUGON, Économie de l'Afrique, Paris 3e édition, Ed. La Découverte, 1999, p.86.

[51] Vanessa van den BOOGAARD, Wilson PRICHARD, Matthew S. BENSON et Nikola MILICIC, La mobilisation des recettes fiscales dans les pays en développement touchés par un conflit, Revue de développement international, vol. 30, n° 2, 2018, pp. 345-364.

21.— En effet, les programmes économiques entrepris ont permis d'obtenir des résultats peu encourageants. Agrégat macroéconomique sur lequel se fonde essentiellement la puissance publique, les finances publiques constituent un levier important de croissance économique, et partant du développement économique et social de la République centrafricaine. Elles conditionnent la stabilité et la viabilité des institutions étatiques. Pourtant, l'économie peine à repartir et la pauvreté perdure dans le pays. La mauvaise gestion des finances publiques explique la régression de l'économie centrafricaine. L'État ne dispose pas de ressources suffisantes pour y faire face et dépend encore fortement de la communauté internationale. Sur le plan des échanges, la RCA offre des produits de base de son agriculture de rente (café et coton), le diamant, l'or et le bois comme principaux produits à l'exportation. Le diamant et le bois représentent près de 80 % des recettes d'exportation[52].

22.— En 2003, la croissance économique a connu une chute atteignant — 4,6 % du produit intérieur brut (PIB). Par définition, le produit intérieur brut est la mesure, dans le cadre de la comptabilité publique, de la richesse produite au cours de l'année par une économie[53]. En 2005, la RCA a enregistré une amélioration des résultats économiques avec notamment un rebond de la croissance du PIB pour atteindre 2,4 %, puis 3,8 % en 2006 et 4,1 % en 2007. Sur la période 2006-2008, la croissance du PIB a été en moyenne de 3,2 % par an[54], permettant une hausse modeste du revenu par habitant. La crise économique et financière de 2008 a eu une incidence négative sur l'économie centrafricaine et sur les exportations de la RCA, occasionnant la baisse considérable du PIB entre 2008 et 2012. Le taux de croissance du PIB a atteint 4,8 % en 2015, mais il s'est réduit à 4,5 % en 2016 et un ralentissement à 4,3 % en 2017.

23.— La RCA continue d'être un des pays les plus pauvres au monde avec un produit intérieur brut de 382,21 USD par habitant. La crise de 2013 a conduit à une récession économique sans précédent avec un effondrement du PIB de moins 36 % en 2013, qui a fortement fragilisé les finances publiques du pays. Le niveau moyen de croissance économique ne parvient pas à générer une amélioration du niveau des revenus. L'économie centrafricaine reste dominée par le secteur primaire qui contribue à 43 % du PIB en 2016. Ses principales activités sont l'agriculture vivrière et l'élevage qui occupent 55 % de la population. Le potentiel agricole de la RCA est

---

[52] Banque africaine de développement (BAD), op. cit.

[53] Claude THELOT et Pascal ROUET, Sens et limites de la comparaison des taux de prélèvements obligatoires entre pays développés, Conseil des prélèvements obligatoires, La Documentation française, mai 2008, p. 72.

[54] Banque africaine de développement (BAD), Etude économique et sectorielle, RCA, novembre 2012, p. 7.

malheureusement sous-exploité en raison de la faiblesse des infrastructures rurales de transport et de commercialisation des produits agricoles. Sa contribution dans l'économie centrafricaine est très marginale.

24.— Le secteur secondaire dans son volet industries extractives est tributaire des cours de ses métaux sur le marché mondial. Les industries manufacturières, les activités de bâtiments et travaux publics (BTP) qui forment l'essentiel du secteur secondaire contribuent à 16 % du PIB. Le secteur tertiaire représente 41 % du PIB et comporte pour l'essentiel le commerce et les services[55]. Dans l'ensemble, la situation économique du pays reste peu satisfaisante. Le secteur réel est marqué par un faible niveau du PIB qui ne dépasse pas 900 milliards de FCFA[56] avec un taux de croissance réel qui oscille entre 3 et 4 % pour un taux d'inflation en moyenne annuelle de 3 %. Il y a lieu de préciser que la République centrafricaine n'est pas un pays exportateur de pétrole[57]. Toutes les données macroéconomiques sont fournies hors pétrole.

Tableau n° 1 : PIB (en milliards de franc CFA et en pourcentage)

	2013	2014	2015	2016	2017
Produit intérieur brut aux prix de n-1	706	745	937	929	984
Croissance du PIB à prix constant	-36,70 %	1,00 %	4,80 %	4,50 %	4,30 %

Sources : Données du Ministère du Plan et de l'Économie.

Tableau n° 2 : PIB sectoriels (en pourcentage)

	2013	2014	2015	2016	2017
Secteur primaire	-45,10 %	-6,50 %	3,00 %	3,10 %	3,20 %
Secteur secondaire	-23,00 %	1,20 %	1,30 %	2,50 %	7,20 %
Secteur tertiaire	-28,70 %	16,60 %	3,20 %	4,80 %	1,40 %

Sources : Données du Ministère du Plan et de l'Économie.

[55] Programme indicatif national pour la période 2014-2020 pour la République centrafricaine, Rapport, Union européenne, 2013, p. 10.

[56] La conversion de l'euro en franc CFA : 1 € = 655, 36 FCFA.

[57] FMI, Perspectives économiques régionales pour l'Afrique subsaharienne : Mobilisation des recettes fiscales et investissement privé, Études économiques et financières, Rapport, avril 2018, p. 8.

Tableau n° 3 : PIB sectoriels (en pourcentage)

	2013	2014	2015	2016	2017
Agriculture	-46,40 %	1,20 %	1,10 %	3,30 %	3,40 %
Forêts	-18,20 %	-33,10 %	33,00 %	11,00 %	15,80 %
Extraction	-67,70 %	-48,90 %	-20,50 %	-25,40 %	169,70 %
Services	-28,00 %	16,60 %	3,20 %	4,80 %	1,40 %

Sources : Données du Ministère du Plan et de l'Économie.

25.— La situation des finances publiques est tributaire du contexte économique et politique précité. Les crises militaropolitiques survenues en Centrafrique ont eu des effets négatifs sur la mobilisation des recettes fiscales. L'État centrafricain éprouve de sérieuses difficultés à générer et collecter les impôts et taxes. D'autres causes de cette situation peuvent être relevées dans le taux de pression fiscale. Les recettes fiscales rapportées au PIB ne dépassent pas le seuil de 10 % alors que celles des autres pays de la sous-région atteignent les 15 %. Ce faible taux s'explique par la structure du PIB qui accorde un poids important au secteur primaire, notamment l'agriculture qui génère peu de recettes fiscales. À cela s'ajoutent le rétrécissement de la base d'imposition et la faiblesse du recouvrement. De ce fait, le niveau des dépenses excède largement les ressources de l'État.

26.— L'État mobilise environ 50 milliards FCFA en moyenne de recettes fiscales pour des dépenses minimales de 100 milliards FCFA dont l'essentiel est couvert par les ressources externes. Le solde budgétaire est toujours déficitaire. En 2003, les dépenses totales étaient de 97,2 milliards FCFA contre 53,7 milliards FCFA de recettes totales. À la faveur d'une légère amélioration des ressources, les dépenses se sont contractées en 2015 à 132,30 milliards FCFA contre 203,66 milliards FCFA de recettes publiques[58]. Poursuivant une tendance amorcée depuis plusieurs années, la part des dépenses totales de l'État couvertes par des recettes fiscales ne cesse d'augmenter, passant de 134,05 milliards FCFA en 2016 à 177,56 milliards FCFA en 2017. Durant la même période, les recettes publiques ont stagné à 115,71 milliards FCFA en 2016 et à 123,58 milliards FCFA en 2017.

27.— Les déficits budgétaires se sont creusés, passant de 4,6 % du PIB en 2016 à 5 % en 2017. Pour un taux de dépenses publiques de 14,9 % du PIB, la République centrafricaine dépend de l'aide extérieure. Cette situation budgétaire a fortement restreint la capacité de l'État à tenir ses engagements

[58] République Centrafricaine, Rapport d'exécution budgétaire, ministère des Finances et du Budget, 2015, p. 7.

financiers[59]. Cela a conduit à une accumulation des arriérés faisant ainsi croître de façon constante la dette de la RCA. Ainsi, le montant de la dette extérieure était de 326,4 milliards en 2008. Malgré l'annulation d'une partie de la dette par les partenaires, elle est restée élevée. Le montant de la dette publique centrafricaine s'élevait à 613,37 milliards FCFA en 2015. Il a connu une baisse à 580,12 milliards FCFA en 2016 et s'est élevé à 634,54 milliards FCFA en 2017. Les différents taux rapportés au PIB s'élèvent à 35 % en 2008, à 64,2 % en 2015, puis ont connu une baisse passant de 56 % en 2016 à 51,8 % en 2017[60].

28.— L'état des finances publiques centrafricaines met en exergue la faiblesse des recettes budgétaires. Cette inertie des finances de l'État s'explique par le poids croissant des choix inappropriés du passé et qui ont occasionné une faible mobilisation des ressources fiscales. En effet, les recettes fiscales sont restées très volatiles. Elles ont augmenté de 2015 à 2017, sans aucune incidence sur le financement du développement. Les recettes fiscales ont atteint 97,4 milliards FCFA en 2017, contre 79,4 milliards FCFA en 2016 et 67,9 milliards FCFA en 2015. Les recettes fiscales rapportées en pourcentage du PIB sont restées bien en deçà des prévisions. Cette contre-performance s'explique par un faible civisme fiscal, le recouvrement insuffisant d'impôts et la lenteur du rétablissement des services fiscaux dans les zones affectées par les violences.

29.— Le taux de pression fiscale reste l'un des plus faibles de la sous-région soit 8,6 % contre 13,4 % au Cameroun, 13,3 % au Congo démocratique et au Gabon. Selon les critères de convergence sous régionale CEMAC, il doit se situer autour de 17 %[61]. Le taux de pression fiscale est passé de 6,5 % en 2003 à 8,2 % en 2007, 11,2 % en 2008 pour baisser à 10,4 % en 2009. Les recettes intérieures ne représentent en moyenne que 6 % du PIB durant la période des violences en 2013 contre 11,5 % du PIB en 2012. Le taux de prélèvement fiscal de la RCA est de 9,1 % du PIB en 2017. Le développement du secteur informel rend plus délicate la possibilité d'une extension de l'assiette fiscale. Ce faisant, le niveau des ressources publiques intérieures demeure faible. L'État n'est pas en mesure de mobiliser les ressources intérieures nécessaires au financement du développement.

---

[59] Programme indicatif national pour la période 2014-2020 pour la République centrafricaine, Rapport, Union européenne, 2013, p. 10.

[60] République Centrafricaine, Direction de la Dette et des Participations, 2017.

[61] RCA, Rapport du projet d'appui de la réforme du Ministère des Finances (AREMIF) financé par l'Union européenne (EU), 2010.

Tableau n° 4 : Opérations financières de l'État

En milliards FCFA	**2015**	**2016**	**2017**
Dette intérieure	293,77	268,22	294,03
Dette extérieure	319,6	311,9	340,51
Totale dette publique	**613,37**	**580,12**	**634,5**

Source : Données de la Direction de la Dette et des Participations.
Tableau réalisé par l'auteur.

Tableau n° 5 : Opérations financières de l'État (en pourcentage du PIB)

	2015	**2016**	**2017**
Dépenses publiques	14,9	12,6	14,3
Solde budgétaire global, hors dons	– 7,8	– 4,4	– 5,9
Dette publique	64,2	56	51,8
Recettes publiques	7,1	8,2	8,3

Sources : FMI, tableau réalisé par l'auteur.

Tableau n° 6 : Recettes fiscales (en milliards et en pourcentage du PIB)

Recettes fiscales	2015		2016		2017	
	Total	% PIB	Total	% PIB	Total	% PIB
Recettes fiscales et douanières totales	**67 860**	**7,2**	**79 362**	**8,4**	**97 370**	**7,6**
Recettes intérieures totales	**47 893**	**5,1**	**49 600**	**5,4**	**62 536**	**4,7**
Impôts directs	***14 862***	***1,5***	***17 461***	***2***	***22 720***	***1,7***
Impôt sociétés	5 529	0,6	6 911	0,8	9 172	0,7
Impôt sur le revenu des personnes physiques	8 507	0,9	5 643	0,6	6 756	0,5
Impôts fonciers	473	/	528	0,1	846	0,1
Autres impôts directs	353	/	4 379	0,5	5 946	0,4
Impôts indirects	***30 621***	***3,2***	***30 668***	***3,2***	***37 491***	***2,9***
TVA	26 800	2,8	27 586	*2,9*	*34 163*	*2,6*
- dont TVA sur importations	*15 537*	*1,6*	*17 166*	*1,5*	*17 596*	*1,6*
- dont TVA intérieure	*11 263*	*1,2*	*10 420*	*1,4*	*16 567*	*1*
Taxe activités minières	365	/	541	/	225	0,1
Autres taxes	3 456	0,4	2 541	0,3	3 103	0,2
Enregistrement, timbre, autres	***2 410***	***0,2***	***1 471***	***0,2***	***2 325***	***0,1***
Recettes non fiscales (pour mémoire)	*3 190*	/	*1 237*	/	*2 319*	/
Taxes sur commerce extérieur (hors TVA)	**19 967**	**2,1**	**29 762**	**3**	**34 834**	**2,9**
Droits de douane	12 183	1,3	17 420	1,5	17 720	1,7
Taxe unique sur les produits pétroliers	1 680	0,2	5 047	0,7	8 118	0,5
Droits d'accise	600	/	570	0,1	1 015	0,1
Taxes sur les exportations	789	/	1 137	0,1	1 081	0,1
Autres taxes	4 715	0,5	5 588	0,6	6 900	0,5
PIB (en milliards FCFA)	**937**	/	**929**	/	**984**	/

Source : Administrations des impôts et des douanes centrafricaines.

C) La notion de développement économique

30.– Le développement économique est devenu l'une des préoccupations majeures de la société contemporaine. Ce n'est ni une question nouvelle ni une question strictement économique, ni même juridique. Elle revêt un caractère pluridisciplinaire. Pour une meilleure compréhension du concept, il faut se projeter dans l'évolution des théories explicatives du développement. Un nombre important de pays était appelé des « pays en voie de développement ». C'est ainsi que l'on désigne ces États dont les pays industriels occidentaux jugent qu'ils sont « en retard » ou « sous-développés »[62]. En effet, définir le développement comme un simple processus de rattrapage technologique et économique calqué sur le modèle des sociétés les plus avancées apparaît, à compter du début de la décennie 70, comme une vision désuète[63]. Aujourd'hui, le concept du développement a évolué (1). Une esquisse de sa définition permettra de faire ressortir l'importance de la prise en compte des dimensions politique, sociale et culturelle de l'épanouissement des hommes et des peuples. Cet état de fait permettra de faire le lien entre les notions de pays en développement et de pays émergents (2).

1. Développement et fiscalité : deux notions complémentaires

31.— Le concept de développement n'est pas un concept clé des théories économiques. Le développement est caractérisé par une série de critères. On peut les classer en deux groupes. Certains critères concrétisent le but et les préalables du développement et d'autres concernent les divers secteurs spécifiques de l'économie. L'exigence du développement vise d'abord à la mise en œuvre de certains préalables fondamentaux. Parmi les préalables fondamentaux, il faut relever les réformes des institutions politiques et sociales ainsi que la garantie des libertés individuelles. Il requiert également de promouvoir l'équilibre entre l'initiative privée et l'action publique dans la création de la richesse pour une croissance économique. Pour ce qui est des secteurs spécifiques, le développement économique requiert le dynamisme d'un secteur industriel et de services.

32.— Il nécessite également l'exploitation des ressources naturelles et l'agriculture qui garantissent une production agro-industrielle ainsi que la sauvegarde de l'environnement. En même temps, il requiert une intégration dans un système économique global. Partant de ces critères, il n'est pas facile de définir le développement. Il s'agit d'une notion assez complexe

---

[62] Jean-Yves NAUDET (Dir. —), Ethique et développement, Actes du 13e colloque d'éthique économique, Collection « Ethique et déontologie », Librairie de l'Université d'Aix-en-Provence, 2007, p. 62.

[63] Michel DROUIN, Le financement du développement, Armand Colin, 1998, p. 24.

doit être précisé. Il y'a dans le terme de développement nent, de mutation. L'on peut parler du passage d'un état supérieur ou plus parfait. Dans la science économique, on de développement en tant que synonyme de progrès, quand il est question de l'augmentation de la productivité ou du produit national brut (PNB)[64].

33.— Mais le développement ne se limite pas aux seuls aspects économiques. La notion de développement désigne un processus historique par lequel les sociétés se transforment. C'est alors un concept positif, dont l'analyse relève de la description des changements de tous ordres enregistrés dans la durée[65]. Comme l'affirmait Raymond BARRE : « Le développement est un processus de transformation des structures économiques, sociales, politiques et mentales, qui ne peut s'accomplir en un temps bref »[66]. L'idée de développement renvoie, d'une manière générale, à la notion de progrès qui implique l'industrialisation, la croissance, l'augmentation du revenu par tête d'habitants, ou encore, une répartition plus égalitaire des revenus[67].

34.— En effet, le développement est une notion quantitative et qualitative. Elle résulte de la comparaison entre des situations diverses observées dans les pays en faisant appel à des critères économiques, sociaux et sociologiques[68]. Dans les sciences sociales, ce concept ne se définit pas de manière précise. Même quand on l'utilise comme synonyme de progrès, il demeure imprécis. En fait, on retient que le développement est étymologiquement l'épanouissement des potentialités et des capacités, propres aux personnes et aux sociétés[69]. Quand on applique le concept de développement à des faits sociaux ou économiques, se pose d'emblée le problème de savoir si le nouvel état de l'économie est un objectif à atteindre.

35.— Le développement économique désigne l'ensemble des transformations des structures mentales et institutionnelles, les modifications dans les habitudes sociales et l'organisation d'ensemble des activités économiques[70]. Il repose sur la création de richesses et traduit les changements qui se produisent au sein de la société et qui accompagnent les transformations économiques. Généralement, on associe développement économique et progrès social, puisqu'il entraîne une progression du niveau de vie de la population. La politique de développement doit favoriser les investissements privés afin de créer la croissance économique et réduire les

---

[64] Jean-Yves NAUDET (Dir. —), op. cit.

[65] Emmanuelle BÉNICOURT, « Développement économique, notion de », Encyclopædia Universalis, 2014.

[66] Raymond BARRE, Cahiers I.S.E.A. Série F, n° 11, avril 1958.

[67] Emmanuelle BÉNICOURT, op. cit.

[68] Patrick SIMON, Economie-Droit et Management, Bréal, 2015, p. 96.

[69] Philippe HUGON, Afriques : Entre puissance et vulnérabilité, Colin, 2016, p. 195.

[70] Patrick SIMON, op. cit.

vulnérabilités[71]. À la lumière de cet objectif du développement, quels s… les moyens dont l'État possède pour y parvenir ? Pour fonctionner normalement, l'État a besoin de ressources financières afin de remplir les fonctions essentielles.

36.— L'impératif de développement implique qu'il faut trouver des ressources financières pour couvrir les dépenses. La fiscalité se trouve de ce fait au cœur du rôle de l'État dans le processus de développement. Elle participe en effet au financement des besoins du pays. Cette perspective insère l'impôt dans l'éventail des instruments de politique générale. D'une manière générale, les objectifs de l'impôt sont la redistribution, la correction des imperfections et des externalités et le financement des dépenses publiques[72]. L'évocation des dimensions économiques, politiques, sociologiques de la fiscalité permet en effet de mieux comprendre la notion de fiscalité liée au développement. De cette élucidation des deux notions se dégage leur complémentarité intrinsèque. Comme le dit Philippe HUGON, le développement économique relie les dynamiques endogènes propres[73].

37.— Cependant, les pays en développement, dont le Centrafrique, connaissent des difficultés de croissance économique. La croissance économique mesure l'augmentation des richesses d'un pays. Elle correspond à un accroissement des quantités économiques globales. La situation économique se mesure à l'aide de l'évolution du PIB d'une année sur l'autre, ce qui représente le taux de croissance[74]. Malgré ces difficultés, certains pays en développement ont des économies à croissance rapide et d'autres à croissance lente[75]. On les désigne sous l'appellation de « Pays émergents »[76]. Il est nécessaire de se demander quelle est la pertinence de cette notion en rapport avec le processus du développement économique d'un pays.

2. Liens entre les notions de pays en développement et pays émergent

38.— Dès les années 80, la littérature économique a d'abord utilisé le terme « d'économies à marché émergent » pour désigner des pays à la croissance rapide et présentant des opportunités d'investissement. De fait, les

[71] Matthieu BOUSSICHAS et Patrick GUILLAUMONT, Financer le développement durable – réduire les vulnérabilités, Economica, 2015.
[72] Hamid FALL, La fiscalité dans tous ses Etats, L'Harmattan, 2017.
[73] Philippe HUGON, Afriques : Entre puissance et vulnérabilité, Armand Colin, 2016, p. 198.
[74] Patrick SIMON, Economie-Droit et Management, Bréal, 2015, p. 94.
[75] Luiz Carlos BRESSER-PEREIRA, Mondialisation et compétition : pourquoi certains pays émergents réussissent et d'autres non, Ed. La Découverte, 2009, p. 47.
[76] Dalila NICET-CHENAF, « Les pays émergents : performance ou développement ? », *La Vie des idées*, 4 mars 2014.

pays émergents se définissent d'abord par leur décollage économique[77]. Ils désignent les nations insérées entre les pays développés et les pays les moins avancés. L'émergence d'un environnement économique, juridique et politique international a permis la création de bases indispensables à l'essor d'une période de transition entre les différents niveaux de développement. À cet effet, de nouveaux acteurs sont apparus dans le contexte de l'environnement économique international. Ils sont les pays à revenu moyen, mais demeurent sous-développés, car leur faible revenu par habitant et le caractère dual de leur société impliquent l'exclusion d'importants secteurs de la population des bénéfices du développement économique.

39.— C'est un certain nombre de pays qui ne font plus partie de la catégorie des pays en développement. Selon Jean-Jacques GABAS et Bruno LOSCH, c'est le statut accordé aux nouveaux arrivants dans l'antichambre de la « cour des grands », celle des pays « avancés » qui ont réussi leur développement[78]. Les caractéristiques qu'on attribue aux pays émergents sont la compétitivité, l'accumulation du capital, le dépassement de l'économie rentière, l'existence d'un marché financier institutionnalisé, la capacité de négociation avec les pays développés[79]. Telles sont, en somme, les qualités réunies par les pays émergents pour marcher vers de nouveaux paliers de développement. Alors, en quoi le Centrafrique est-il un pays en développement et non un pays émergent ?

40.— L'émergence d'un pays dépend de la prospérité de son économie. En effet, la position du Centrafrique dans le monde, figurant parmi les pays les plus pauvres de la planète, donne la mesure des contraintes à surmonter pour s'engager dans la voie de l'émergence économique. Il est clair qu'en faisant la balance des obstacles et des atouts de l'économie centrafricaine, les premiers l'emportent sur les seconds. L'examen des potentialités naturelles centrafricaines fait ressortir d'immenses richesses qui sont peu ou pas exploitées. Les cultures de rente laissées par les colons ont constitué les bases de l'économie. C'est ainsi que les cultures du coton, du café et du tabac auxquelles il convient d'ajouter les ressources minières ont assuré pendant un certain temps la stabilité économique du pays[80]. Cependant,

---

[77] Damien FORTERRE, Catherine LAFARGE, Gérer les risques des achats à l'international – opportunités de développement dans les pays émergents, Éditions Dunod, 2013, p. 1.

[78] Jean-Jacques GABAS et Bruno LOSCH, Rubrique « La fabrique en trompe-l'œil de l'émergence », vs Christophe JAFFRELOT, L'enjeu mondial : les pays émergents, Presses de Sciences Po L'Express, 2008, p. 25.

[79] Jean COUSSY, Rubrique « Un essai de typologie », vs Christophe JAFFRELOT, L'enjeu mondial : les pays émergents, Presses de Sciences Po L'Express, 2008, p. 74.

[80] Xavier MBEMBELE, La contribution des sociétés tabacoles au développement socioéconomique du Sud-ouest centrafricain de 1951 à 2001, Mémoire, Master II Histoire, Université de Bangui, 2007, p. 67.

l'évolution de l'économie au niveau mondial a entravé cette pratique rentière de l'économie nationale.

41.— Pays enclavé, les perspectives de développement en Centrafrique sont freinées par le manque d'infrastructures et la faiblesse énergétique. La faiblesse des infrastructures est un défi majeur. Il suffit de regarder la carte du pays pour se rendre compte que le réseau routier centrafricain est très fragmenté. Ainsi, la médiocrité des infrastructures et les coûts élevés des transports entravent la croissance économique. Sans parler du secteur agricole qui dépend fortement des routes, les infrastructures de transport sont des moyens de promotion du développement. Par ailleurs, les perspectives de croissance pour l'économie centrafricaine restent liées à l'évolution de la situation politique intérieure. L'insécurité et l'instabilité politique continuent de constituer des défis au développement économique de la République centrafricaine.

42.— Dans ce contexte, les activités économiques peinent à reprendre. L'incertitude liée à la récurrence des conflits armés n'est pas de nature à y attirer des investissements étrangers. La République centrafricaine est un État failli en situation de post-conflit[81]. Les multiples conflits armés qu'a connus le pays ont miné le tissu économique et social. De surcroît, l'État centrafricain est dépendant entièrement de l'aide extérieure pour assurer ses missions régaliennes. Cette situation annihile sa capacité à attirer les investissements privés et à mobiliser efficacement les ressources fiscales nécessaires au financement endogène du développement. Ce faisant, le Centrafrique ne remplit pas tous les critères indispensables pour être classés comme un pays émergent. Après avoir mis en relief les caractéristiques indispensables aux classements des pays émergents, il faut noter que le problème fiscal est un des aspects essentiels du développement[82].

D) L'intérêt du sujet et le domaine d'étude

43.— La connaissance et la prise en compte de l'évolution politique et économique de l'État centrafricain sont nécessaires pour traiter de ce sujet. Elles servent de repères en vue de dégager une véritable vision future d'un développement économique. L'analyse de l'histoire coloniale fournit des éléments sur les rapports entre développement et fiscalité en Centrafrique. On ne peut apprécier le rôle de la fiscalité dans le processus du développement sans évoquer au préalable le rôle combien contradictoire qu'avait joué l'impôt pendant la période coloniale ! Ce faisant, le thème de

---

[81] Rapport Afrique de Crisis Group N° 136, République centrafricaine : anatomie d'un État fantôme, 13 décembre 2007.

[82] Jean-Marc GASTELLU, Jean Yves MOISSERON et Guy POURCET, Fiscalité, Développement et Mondialisation, Maisonneuve et Larose, 1999, p. 7.

la fiscalité et le développement n'est pas nouveau. Les débats sur le rôle de l'impôt dans le financement du développement économique d'un pays ne sont pas des débats d'actualité, mais ont déjà été intensément abordés. Cependant, le lien entre la fiscalité et le développement traité dans le cas de la République centrafricaine est un sujet d'actualité, caractérisé par la contre-performance des recettes budgétaires. D'où l'impérieuse nécessité de renforcer les capacités de mobilisation des ressources fiscales.

1. Le domaine d'étude

44.— Au cours de la période de l'histoire politique et économique centrafricaine, étant un instrument budgétaire, l'impôt jouait un autre rôle dans la colonie. Les autochtones furent contraints de s'adonner à la culture des produits d'exportation ou de travailler dans de grandes compagnies concessionnaires afin d'honorer de leurs obligations fiscales. Ce faisant, l'instauration d'un système fiscal a changé les habitudes ancestrales de la population pour leur faire adopter de nouveaux comportements sociaux. En effet, les faits de l'histoire politique et économique de ce pays ont créé les conditions de l'édification du système fiscal centrafricain. Conçu sous la colonisation comme un instrument de civilisation, l'impôt est présenté dans l'État postcolonial comme un instrument de développement. Ce recul historique semble nécessaire afin de permettre d'aborder la question fiscale aux différentes phases d'élaboration et d'application des politiques de développement.

45.— Par ailleurs, la mise en œuvre des différentes politiques de développement a été marquée par une crise économique sans précédent pour la plupart des États africains subsahariens à partir de la décennie 80. Cette période est référencée comme une date phare dans l'analyse de toute politique de développement en Afrique[83]. Les effets de la crise ont eu des répercussions au niveau des finances publiques par une chute des recettes fiscales qui a aggravé les déficits budgétaires. C'est dans ce contexte de débâcle économique que les institutions financières internationales[84] ont imposé aux États africains la mise en place de réformes fiscales dans le cadre des programmes de stabilisation et d'ajustement structurel. Les mesures envisagées visaient à assurer un meilleur rendement budgétaire de l'impôt sans compromettre les objectifs de diversification des économies africaines et d'ouverture aux échanges internationaux[85].

[83] Idrissa NDIAYE, La politique fiscale des sociétés dans les États membres de l'espace OHADA : la problématique de l'assiette fiscale et solutions pour le développement, Thèse, Université Paris 13, 2008, p. 26.
[84] Fonds monétaire international et Banque mondiale.
[85] Idrissa NDIAYE, op. cit., p. 28.

46.— Mais, la mise en œuvre des mesures d'ajustement structurel n'est guère parvenue à enclencher le développement. Ces programmes, visant à accélérer la croissance économique, ont brillé par un manque de prévision et un déficit de planification qui illustrent parfaitement leur inadaptation les conduisant à l'échec. Malgré ce bilan mitigé, les réformes financières prévues par les programmes ont été poursuivies dans le cadre de la mobilisation des ressources intérieures. Cet objectif a été renforcé par les recommandations des états généraux des finances publiques en Centrafrique[86]. Néanmoins, le rendement fiscal est resté en deçà de la performance souhaitée. De multiples problèmes se posent lorsqu'il faut porter l'économie centrafricaine à un niveau désirable[87]. La promotion du développement économique du pays rencontre des goulets d'étranglement qui justifient l'insuffisance des ressources fiscales. La solution à envisager réside dans la mise en œuvre d'une politique fiscale compatible avec les objectifs économiques.

2. L'intérêt du sujet

47.— L'un des problèmes-clés du développement économique est celui de son financement endogène. La politique fiscale a un rôle important à jouer dans le développement économique d'un pays. Elle consiste à choisir le mode de financement adéquat pour assurer la réalisation des obligations de l'État ainsi que pour concilier ses différents objectifs financiers, économiques et sociaux. En effet, la politique fiscale est utilisée pour financer le développement en répondant à plusieurs objectifs économiques et sociaux. La fiscalité est, de ce fait, un instrument de politique économique et sociale. De manière générale, les objectifs de l'impôt sont classés en trois catégories principales : le financement des dépenses publiques, la redistribution, et la correction des imperfections et des externalités.

48.— Ces trois fonctions, restituées dans le contexte des pays en développement, revêtent des formes et caractéristiques très variées, sous la contrainte du niveau de développement. Ainsi, la politique fiscale doit être définie en fonction de la stratégie de développement économique et social du pays. À cet effet, le système fiscal est l'une des expressions du système économique à la régulation duquel il participe[88]. Pour le Professeur Michel BOUVIER, la fiscalité et le développement partagent en réalité un même dénominateur, le modèle de société à bâtir, pour lequel la première est l'une des institutions cardinales et le deuxième le processus. Les défis que pose aujourd'hui la fiscalité sont étroitement liés aux transformations

---

[86] Les assises des États généraux des Finances publiques de la République centrafricaine sont tenues à Bangui du 08 au 10 septembre 2011.

[87] Luc Bourcier de CARBON, Revue de Science financière, rubrique : « Financement interne et financement externe des pays en voie de développement », janvier 1961 – n° 1, p. 83.

[88] Jean-Marc GASTELLU, Jean Yves MOISSERON et Guy POURCET, op. cit., p. 9.

présentes et à venir des sociétés. La fiscalité et le processus de développement sont le reflet de la gouvernance publique de chaque pays, de la vision commune du futur. C'est le modèle politique, économique et social qui détermine l'efficacité de la fiscalité[89].

49.— Pour ce faire, l'impôt est la condition sine qua non du développement économique et social avec lequel il cultive une relation d'équivalence[90]. C'est à juste titre que Monsieur Jack LANG affirme que le système fiscal est ce palimpseste sur lequel sont écrits et réécrits sans cesse les termes des équilibres économiques et sociaux[91]. Cette implication de la fiscalité pose le problème du rôle de la politique fiscale dans le financement du développement économique. Sans ressource financière suffisante, l'État ne peut procéder à des investissements productifs afin de parvenir à la croissance et au développement économiques. C'est dire que le lien entre la fiscalité et le développement montre à quel point la nécessité d'améliorer la mobilisation des ressources fiscales est considérée comme une des solutions à la problématique du développement économique et social de la République centrafricaine. C'est tout l'intérêt qu'il faut porter au thème : fiscalité et développement en République centrafricaine.

50.— Les pays en développement et les partenaires, lors des conférences internationales sur le financement du développement, ont mis l'accent sur l'importance de mobiliser les ressources financières intérieures pour le développement. La conférence de Monterrey au Mexique en 2002, la Déclaration de Doha au Qatar en 2008 et le Partenariat de Busan en Corée du Sud en 2011 ont préconisé un renforcement du rôle des ressources intérieures, notamment fiscales, pour financer le développement. En 2015, la conférence des Nations unies sur le financement du développement a mis l'accent sur l'accroissement des recettes fiscales comme levier essentiel du développement en Afrique. Car pour réussir une transformation structurelle, rien ne peut remplacer l'effort d'accumulation sur la base des ressources nationales[92].

51.— En Centrafrique, les recettes fiscales sont la première source de financement public. Cependant, l'État centrafricain rencontre des difficultés pour mobiliser les ressources publiques. Ces difficultés sont multiples et résultent d'une part, de l'insuffisance de l'effort fiscal qui incombe aux

---

[89] Michel BOUVIER, Pour une renaissance de la théorie de l'impôt, Revue de droit fiscal, n° 24, 2006 ; p.1123.
[90] René OSSA, Réformes fiscales et développement en Afrique subsaharienne, Edilivre, 2012, p. 41.
[91] Jack LANG, Faire la révolution fiscale, Paris, Plon, 2006, p. 14.
[92] Pierre JACQUEMOT et Marc RAFFINOT, La mobilisation fiscale en Afrique, Revue d'économie financière, n° 131, 2018, pp. 243-263.

facteurs internes inhérents à la politique fiscale. D'autre part, elles découlent des facteurs exogènes qui entretiennent un déficit budgétaire chronique, notamment le remboursement de la dette publique. En effet, avec des taux d'intérêt d'emprunts très élevés, d'importantes sommes d'argent sont consacrées au remboursement de la dette publique au détriment des investissements en infrastructure propices à la croissance économique. Cette faiblesse des ressources financières est consécutive à une politique fiscale inappropriée rendant la fiscalité défavorable au développement.

52.— Le Centrafrique collecte en moyenne 8 % de son PIB sous forme d'impôts. La mobilisation des recettes fiscales en Centrafrique n'atteint pas les résultats attendus pour faire face au financement du développement. Or la capacité à prélever les impôts conditionne l'aptitude à financer le développement. Cette faiblesse de mobilisation des ressources financières met en péril son développement économique. Par ailleurs, dans le contexte d'un État fragile, d'autres objectifs viennent se greffer aux missions traditionnelles de la fiscalité, ne rendant pas toujours aisée la détermination d'un système fiscal efficace. Des mesures structurelles ont été prises, mais les résultats furent mitigés. Certes, des améliorations sont enregistrées, mais le constat reste le même et confirme la contre-performance dans la réalisation des recettes fiscales.

53.— Une question semble centrale : Quel rôle doit jouer la fiscalité pour le financement du développement économique et social de la République centrafricaine ? Il n'y a pas une réponse univoque, mais une pluralité de stratégies à mettre en œuvre. C'est pourquoi des solutions à une mobilisation efficace des ressources fiscales doivent être recherchées. Les voies de réformes à proposer doivent, pour pouvoir soutenir le développement économique, être adaptées aux spécificités du pays. Elles nécessitent la réunion de trois éléments d'appropriation. Premièrement, les réformes exigent un réel engagement politique et social. Deuxièmement, elles doivent reposer sur des stratégies globales établissant une cohérence entre la matière imposable et la structure du prélèvement fiscal. Enfin, elles doivent être élaborées avec une perspective sur le long terme. Ces éléments d'appropriation des réformes constituent la trame de ce travail.

54.— De ce fait, l'analyse de la fiscalité centrafricaine soulève plusieurs questions. Comment se développer si l'on ne dispose pas de ressources propres ? Pourquoi la fiscalité influe-t-elle sur le développement du pays ? Est-ce que la politique fiscale est compatible avec les objectifs de développement ? Est-ce que le système fiscal permet de mobiliser efficacement les ressources fiscales nécessaires au financement endogène du développement ? Quelles sont les stratégies mises en œuvre pour renforcer la performance fiscale ? Par ce questionnement, le thème de ce travail amène à s'interroger au-delà du présent, sur le passé et sur l'avenir de la République centrafricaine. Il s'agit de mettre en perspective la question du financement endogène du développement de la République centrafricaine. Il ambitionne d'apporter quelques éléments de réponse permettant de déterminer quel est le rôle et l'importance de la politique fiscale pour le développement économique et social de la République centrafricaine.

55.— C'est la mission assignée aux administrations fiscale et douanière centrafricaines. Pour ce travail, l'emploi de l'expression « les administrations fiscale et douanière » s'inscrit dans une problématique d'ensemble. L'action des différentes administrations doit être étroitement coordonnée, car elles partagent largement une problématique commune d'administration de l'impôt. Ainsi, elles satisfont aux conditions essentielles pour disposer d'un instrument administratif efficace du recouvrement de l'impôt. Ceci dans le but d'éviter l'écueil de la tradition de consacrer des analyses séparées à chacune des administrations participant à la mobilisation de l'impôt. Ce qui pourrait conduire, dans le cas centrafricain, à des stratégies peu efficaces.

56.— Les administrations participant à la mobilisation de l'impôt ont un triple rôle à jouer, celui de mobiliser les ressources publiques, d'orienter la gestion vers l'efficacité et de rechercher des synergies et des complémentarités entre ces administrations. La démarche qui préside à l'élaboration de ce travail consiste à mettre en évidence le lien de causalité entre la fiscalité et le développement. En effet, la fiscalité est un instrument de développement économique. Cette relation de causalité procède de l'interaction entre les impôts et la douane qui constituent le système fiscal centrafricain. Pour être efficace, la politique fiscale doit être coordonnée avec la politique de développement. En Centrafrique comme ailleurs, la carte maîtresse de toute politique de financement adéquat du développement est la fiscalité. Elle est un véritable instrument de politique économique et sociale[93].

57.— Ce qui élargit les fonctions de la fiscalité qui doit non seulement financer le développement, mais aussi le promouvoir. Elle constitue un moyen privilégié d'intervention de l'État[94]. Malgré les faiblesses du système fiscal centrafricain, le problème comporte une solution théorique simple. La politique fiscale et la politique économique ont des missions variées au service d'un même objectif qui est la performance des recettes fiscales. Il s'agit de proposer une politique fiscale adaptée à la fois aux besoins d'investissements publics et privés. C'est conclure d'une unité de problèmes à une diversité de solutions[95]. Pour autant, la maîtrise des dépenses publiques

---

[93] Bernard LANDAIS, Leçons de politique budgétaire, Éd. De Boeck, 1998, p. 244.

[94] Luc GODBOUT, L'intervention gouvernementale par la politique fiscale, Rôle des dépenses fiscales — Étude comparée : Canada, USA, France ; Economica, 2006, p. 9.

[95] Michel DROUIN, Le financement du développement, Armand Colin, 1998, p. 5.

doit permettre non seulement d'accroître les ressources disponibles, mais aussi de créer l'espace budgétaire dont le pays a besoin pour s'approprier son processus de développement. Cette situation explique et justifie les appuis budgétaires extérieurs afin de permettre le financement du développement.

58.— C'est pourquoi le financement externe ne doit être que complémentaire de l'effort propre qui peut seul donner au développement son sens national[96]. Le Centrafrique doit prendre l'initiative de son développement en fonction de ses propres potentialités économiques sans tout attendre de l'extérieur. De ce fait, la politique fiscale de la République centrafricaine doit « être taillée sur mesure ». C'est à cet impératif que se plie la présente étude sur la fiscalité et le développement. Elle propose d'examiner comment la fiscalité doit financer le développement économique. En effet, la fiscalité ne doit pas être traitée de manière isolée, mais cela doit se faire dans une vision plus large où les considérations économiques, juridiques, sociologiques et géopolitiques sont prises en compte. Ce qui offre une perspective globale du rôle de la fiscalité dans le cadre des politiques de développement, sans ignorer les conséquences positives comme négatives.

59.— L'analyse de l'ensemble de situations conduit à structurer les développements autour de deux parties. La première partie intitulée la fiscalité, un instrument du développement espéré fait un état des lieux à la fois du système fiscal ainsi que de l'interaction de ce dernier avec les différentes politiques de développement mises en œuvre. La fiscalité est examinée dans une perspective historique. Elle s'intéresse aux régimes fiscaux qui se sont appliqués en Centrafrique de l'époque coloniale jusqu'à nos jours. Elle fait ressortir leur inadéquation au regard de l'objectif de développement économique et social du pays. Ce système fiscal qui avait pour finalité de couvrir les dépenses liées à l'administration de la colonie n'était à aucun égard un instrument de financement du développement.

60.— Le pays devenu un État souverain, une grande partie des dispositifs mis en place à l'époque coloniale a été d'abord maintenue, puis des réformes ont été menées. Ces dispositifs fiscaux sont gérés par des administrations peu efficaces avec du personnel insuffisamment formé. Mais, la gestion déficiente des finances publiques centrafricaines conduit à un manque de ressources nécessaires pour procéder aux investissements supportant un véritable développement économique. L'épargne privée étant elle aussi réduite, le pays se trouve enfermé dans une situation dont les décideurs publics successifs n'ont pu le sortir.

---

[96] Luc Bourcier de CARBON, Revue de Science financière, rubrique : « Financement interne et financement externe des pays en voie de développement », janvier 1961 – n° 1, p. 84.

61.— La seconde partie s'intitule la fiscalité, outil stratégique à parfaire pour le développement économique de la République centrafricaine. Elle analyse l'évolution que doit connaître la fiscalité dans toutes ses dimensions afin de devenir un élément fondamental du développement. L'analyse fait ressortir les atouts et les faiblesses du pays. Elle développe des propositions pour que le système fiscal centrafricain puisse devenir un atout de ce pays et contribuer à son développement. Ces propositions touchent aux domaines de la politique économique et de la gestion de l'impôt. Pour ce faire, la gestion axée sur la performance doit être à la fois un critère de mesure du rendement fiscal et un outil de pilotage des politiques publiques.

62.— La démarche de la performance doit permettre de renseigner sur l'efficacité des choix politiques et l'efficience des modes de gestion. Ce processus s'inscrit pleinement dans le cadre de l'amélioration des politiques publiques. La démarche de la performance a également pour ambition de mobiliser suffisamment les ressources budgétaires compatibles avec les objectifs du développement. En effet, le développement économique d'un pays est un processus endogène où un système efficace d'imposition y contribue. La performance vise à améliorer l'efficacité et l'efficience des services administratifs. Toutefois, elle ne remet pas en cause la légitimité juridique et la nécessité de l'acceptation de l'impôt dans le cas centrafricain.

Première partie —
La fiscalité, un instrument de développement espéré

63.— La République centrafricaine, depuis son indépendance, a mis en place des stratégies de développement afin de parvenir à une croissance économique. Malheureusement, l'absence de vision à long terme et l'inadéquation des plans de développement ont rendu illusoire le développement économique et social du pays. Les faits de l'histoire politique et économique de ce pays ont créé les conditions de l'édification du système fiscal centrafricain. En effet, l'impôt est un des éléments de l'histoire de chaque pays et un facteur de civilisation. Le survol de l'histoire économique de la République centrafricaine rappelle la déclaration faite en 1957 par le Président Barthélemy BOGANDA[97] : « Un peuple mineur, voilà ce que nous sommes sur le plan politique et financier. Mais les contribuables métropolitains sont-ils disposés à servir éternellement de pélicans ? L'indépendance et la souveraineté nationale consistent à se passer des autres et il n'y a pas d'indépendance vraie tant qu'on est tributaire en sens unique et sans contrepartie »[98]. Ainsi, le recul historique permet d'étudier la mise en place du système fiscal centrafricain (Titre I) et de faire ressortir ses limites relatives à la mobilisation des ressources fiscales pour le financement du développement (Titre II).

---

[97] Barthélemy BOGANDA, Homme d'État centrafricain, Père fondateur de l'actuelle République centrafricaine.

[98] Pierre KALCK, Histoire de la République Centrafricaine des origines à nos jours, Ed. Berger-Levrault, 1974.

Titre 1 — La construction du système fiscal, une analyse historique

64.— L'étude historique de l'impôt est un procédé méthodologique indispensable à tout projet de réforme visant à résoudre à la source les problèmes accumulés par le passé. Cette démarche permet notamment de rendre compte de l'évolution du système fiscal, des changements qu'il a subis et des ruptures qui ont marqué le processus de son développement[99]. Comme l'affirmait Joseph CAILLAUX, seule la méthode historique peut donner le mot d'un régime d'impôts, indiquer le sens et le rythme de son évolution[100]. Pour autant, l'histoire de l'impôt est intimement liée à l'histoire générale, à l'histoire économique, mais aussi à l'histoire politique. L'impôt se trouve à l'origine des grands événements qui ont transformé la condition humaine[101].

65.— Avant la colonisation, l'impôt en Afrique était une institution régentant la vie politique, économique et sociale des populations[102]. Cette position centrale attribuée à la fiscalité ne va pas changer avec la colonisation. L'administration coloniale fait de l'impôt le fondement de la structuration de la société et considéré comme vecteur essentiel du développement et de la modernisation. L'impôt est étroitement lié à l'histoire économique du Centrafrique. Il a joué un rôle dans la mise en valeur du territoire en consacrant la création du système fiscal (chapitre I) et son rôle dans l'élaboration des politiques économiques (chapitre II).

---

[99] Nahed Mohamed Ali EL FAKIR, La réforme fiscale dans les pays émergents : le cas de l'impôt sur le revenu des personnes physiques en Egypte, Thèse, Université Aix-Marseille III, 2004, p. 20.
[100] Nahed Mohamed Ali EL FAKIR, op. cit.
[101] Gabriel ARDANT, L'histoire de l'impôt, Tome I, Fayard, 1971, p. 10.
[102] René OSSA, Réformes fiscales et développement en Afrique subsaharienne, Edilivre, 2012, p. 255.

Chapitre 1 — Le tracé historique et l'évolution du système fiscal

66.— L'histoire de la République centrafricaine est si liée à celle de l'ancienne puissance coloniale qu'il paraît quelque peu artificiel de vouloir établir des lignes de rupture ou de fracture. Le chapitre analyse l'histoire de la construction du système fiscal centrafricain. Car, comme l'affirmait Joseph CAILLAUX, la fiscalité est liée à l'histoire d'un pays, à son développement politique et moral[103]. Ainsi, il faut savoir assumer ce passé pour mieux regarder vers l'avenir[104]. Et l'amélioration des systèmes administratifs contemporains ne peut être séparée de la connaissance de leurs origines[105]. L'impôt a joué un rôle important dans la mise en œuvre de la politique coloniale. Au cours de ces périodes de l'histoire centrafricaine, l'impôt était plus qu'un instrument de gestion budgétaire.

67.— En effet, la population autochtone fut contrainte de s'adonner à la culture des produits d'exportation ou de travailler dans de grandes compagnies concessionnaires afin d'honorer leurs obligations fiscales[106]. Ce faisant, l'instauration d'un système fiscal a changé les habitudes ancestrales de la population pour leur faire adopter de nouveaux comportements sociaux. Après l'indépendance, ce système fiscal fut destiné à assurer le financement du développement économique du pays. Mais, l'indépendance politique n'a évidemment pas supprimé les acquis coloniaux en matière fiscale. L'analyse démontre que les caractéristiques structurelles des outils fiscaux remontent à la colonisation (section I). Cet héritage colonial a constitué l'élément fondateur du système fiscal centrafricain (section II).

---

[103] Joseph CAILLAUX, Les impôts en France, LGDJ, 1911, p. XXXI.

[104] Salif YONABA, L'expérience africaine du modèle français du contrôle juridictionnel des finances publiques : traits communs et diversité, Revue française de Finances publiques N° 101, mars 2008, p. 61.

[105] Gabriel ARDANT, L'histoire de l'impôt, Tome I, Fayard, 1971, cité par Nahed Mohamed Ali EL FAKIR, op. cit., p. 10.

[106] Catherine COQUERY-VIDROVITCH, Le Congo du temps des grandes compagnies concessionnaires, Hautes Etudes en Sciences sociales, 2001.

Section 1 — Le fondement du système fiscal colonial

68.— La première dimension d'analyse de l'État en Afrique tel que configuré par sa structure fiscale est historique, découlant de l'impact de la colonisation et de l'organisation coloniale du commerce extérieur[107]. Ainsi pour mieux comprendre le système fiscal centrafricain, un retour sur le passé est nécessaire. Il ne sera pas question dans cette analyse de se mêler aux controverses philosophiques et doctrinales de la colonisation. Il s'agit d'examiner l'évolution générale du système financier dans la fédération de l'Afrique équatoriale française (AEF : voir carte)[108] de 1900 jusqu'aux indépendances des territoires. L'analyse de la mise en place des structures économiques et financières (§ 1) permet de comprendre les phénomènes actuels du pays. Il y a lieu d'analyser par quels moyens l'administration coloniale finance ses dépenses, notamment par l'instauration d'un système fiscal colonial (§ 2).

§ 1 — La mise en place d'un système économique et financier colonial

69.— La colonisation fut considérée comme une extension de l'autorité et de l'activité d'une puissance étrangère à des contrées plus ou moins éloignées dans le but de produire dans celles-ci une triple action politique, morale et économique. Sur le plan politique et moral, la France détient le pouvoir d'organiser les territoires de l'Afrique centrale en général, le territoire de l'Oubangui-Chari en particulier et le doter d'institutions appropriées. Du point de vue économique, l'esprit de colonisation impliquait l'idée de profit. Ce profit avait deux sources : l'exploitation des ressources locales et l'écoulement des marchandises de la métropole. C'est dans ce contexte général d'approche que la France va développer en Oubangui-Chari son système économique (A) et instituer un régime financier (B).

A) L'établissement d'un système économique colonial

70.— Le système économique colonial se caractérisait par la prédominance de l'économie de traite[109], au détriment d'une production locale. Il procédait d'une organisation économique fondée sur la collecte et

---

[107] Alice SINDZINGRE, État et intégration internationale des États d'Afrique subsaharienne : l'exemple de la fiscalité, Afrique contemporaine, numéro spécial, 3e trimestre 2001, p. 64.

[108] L'AEF (Afrique équatoriale française) est le nom donné au gouvernement général créé en 1910 et regroupant en une fédération les quatre territoires français de l'Afrique équatoriale : le Cameroun, le Gabon, le Moyen-Congo (aujourd'hui Congo-Brazzaville), l'Oubangui-Chari (aujourd'hui Centrafrique) et le Tchad.

[109] Samir AMIN et Catherine COQUERY-VIDROVITCH, Histoire économique du Congo 1880-1968, IFAN Dakar, Éd. Anthropos, 1969, p. 12.

l'exportation des matières premières agricoles et minières. Au cœur du système, quelques grandes compagnies commerciales avaient une mainmise sur l'économie de cette colonie. Ces compagnies commerciales avaient le monopole de la collecte et de l'exploitation des produits primaires agricoles ou miniers. En Afrique équatoriale française (AEF), environ 70 % de la superficie, soit 650 000 km^2, ont été attribués à quelques grandes compagnies[110]. Elles détenaient également le monopole de l'importation et de la distribution des produits industriels et des denrées alimentaires sur le marché local. Les factoreries implantées[111] dans l'arrière-pays furent un maillon important du dispositif.

71.— Puisqu'elles permettaient à la fois le drainage des matières premières vers la capitale en vue d'être exportées et l'écoulement des biens manufacturés de même que des biens de première nécessité importés sur les marchés locaux. La conquête coloniale de l'Afrique n'avait pas été dictée par un souci de mise en valeur rationnelle immédiate. Il s'agissait de faire de l'Afrique noire francophone un débouché privilégié pour les produits de l'industrie française et une source de produits bruts et de matières premières pour l'industrie[112]. En effet, le rôle de l'administration coloniale était d'assurer les conditions nécessaires à la valorisation du capital marchand. C'est ainsi que l'administration coloniale avait mis en place des dispositifs juridiques et institutionnels visant à protéger les marchés nationaux au moyen des droits de douane et à l'impôt de capitation. Elle institue de ce fait un régime financier colonial.

[110] Joseph KI-ZERBO, Histoire de l'Afrique noire. D'hier à demain, Éd. Hâtier, 1978, pp. 429-435.
[111] Pierre Savorgnan de BRAZZA, Le rapport BRAZZA. Mission d'enquête du Congo : rapport et documents (1905-1907), Ed. Le passager clandestin, 2014.
[112] Jean SURET-CANALE, De la colonisation aux indépendances (1945-1960) : crise du système colonial et capitalisme monopoliste d'État, Ed. Sociales, 1977, p. 133.

Carte n° 2 : Les colonies et possessions françaises

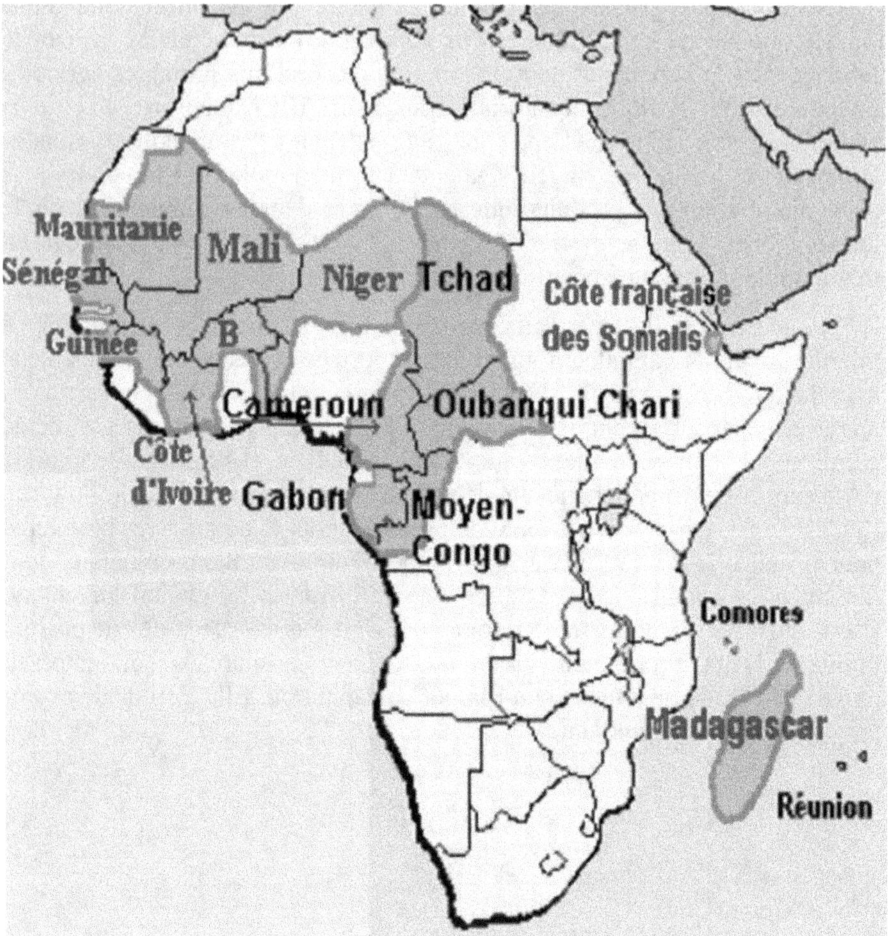

Source : www.tlfq.ulaval.ca

Légende :

- **Gris** : L'Afrique occidentale française (AOF)
- **Vert** : L'Afrique équatoriale française (AEF)

B) L'institution d'un régime financier colonial

72.— Les différentes dispositions juridiques organisent les finances publiques dans l'ancienne fédération de l'Afrique équatoriale française à partir de diverses expériences budgétaires, et donnent l'autonomie financière aux territoires du Congo français[113]. Cette adoption du principe des budgets coloniaux va entraîner la mise en place des services administratifs financiers. En effet, l'adoption du principe des budgets autonomes coloniaux a permis d'organiser la production et la circulation des biens[114]. Une nouvelle loi de finances[115] a été votée créant deux nouveaux budgets. Un budget qui concernait la colonie de l'Oubangui-Tchad, comprenant une section pour chacun des deux territoires. Un autre budget général pour toutes les possessions du Congo français. À ce sujet, une rétribution des recettes et des dépenses est opérée, principalement au profit du nouveau budget général qui doit satisfaire non seulement à ses dépenses, mais aussi à celles de certains services.

73.— Ce budget général reçoit en contrepartie, les recettes douanières et les produits du domaine. Mais, le volume de ces recettes et de ces dépenses représente les 3/4 du total des crédits budgétaires du Congo français[116]. Cette situation va obliger les autorités financières à instaurer de façon brutale un régime de centralisation très poussé qui ne donna pas des résultats satisfaisants. Ce fut l'échec au niveau de l'exécution du budget qui enregistra des déficits importants[117]. Il est évident que dans ces conditions le budget général, principal moyen d'action financière, ne pouvait être exécuté convenablement. Mais compte tenu de la tendance à la baisse de ce déficit, il était opportun de recourir à un autre système d'organisation financière. Des

---

[113] La loi du 13 avril 1900 organisa les finances publiques de l'AEF. Mais l'autonomie financière accordée par cette loi ne coupait pas totalement les territoires du Congo français de la métropole. Les dépenses militaires, par exemple, restaient à la charge de cette dernière. Dans ce cadre, des subventions furent octroyées par la métropole à l'AEF, subventions destinées spécialement à assurer l'occupation du Haut-oubangui, la Mission Congo-Nil et l'occupation du Chari. Après 1901, un chapitre du budget colonial métropolitain prévoit les dépenses militaires du Chari, puis du territoire militaire du Tchad. Le décret du 29 décembre 1903 devait doter le Congo et le Gabon d'un budget propre. Ce fut le processus d'organisation des finances publiques en A.E.F. Ce décret précisait par ailleurs que les dépenses du Commissariat général du Congo et celles des territoires de l'Oubangui-Chari et du Tchad devaient être regroupées dans une section spéciale du budget du Moyen-Congo. La justification officielle de la mesure était que cette mise en œuvre tenait lieu de « solution provisoire » qui correspond surtout à une étape de la pénétration française.
Le Congo français regroupait à l'époque le Moyen-Congo et le territoire actuel du Gabon.

[114] Rapports des officiels coloniaux, Archives nationales.

[115] La loi de finances du 11 février 1906.

[116] Rapports des autorités financières de l'AEF, Archives nationales.

[117] L'une des raisons invoquées à l'époque par les autorités financières pour expliquer les causes de ce déficit était que la centralisation financière dépend obligatoirement de la possibilité qu'ont les divers services de se correspondre rapidement pour l'engagement et la liquidation des dépenses. Il faut reconnaître que ce problème se pose encore avec acuité dans les administrations publiques centrafricaines. À l'époque, les moyens de communication étaient trop limités et difficiles pour réussir la centralisation financière. Pour preuve, l'impossibilité de communication entre Brazzaville et Fort — Lamy pouvait durer de longs mois. Il s'écoule facilement six mois entre le temps où un courrier part de Brazzaville vers Fort-Lamy et où la réponse revient à destination.

réformes intervinrent afin d'améliorer les finances publiques des territoires. Ainsi, la création du gouvernement général de l'AEF[118] a apporté un certain nombre de modifications sur le plan budgétaire.

74.— Le budget général prend essentiellement à charge les dépenses d'intérêt commun à toute l'AEF, emprunt et services généraux dont les recettes lui sont attribuées. Par ailleurs, des budgets autonomes furent créés. Ils proviennent essentiellement de chacun des territoires fédérés. La coordination de ces budgets incombe à chaque Lieutenant-gouverneur sous le contrôle du Gouverneur général. On a déjà là des éléments sur l'organisation des services financiers de l'AEF. Le budget général de l'AEF assure ici un rôle d'intermédiaire entre les finances publiques de la métropole et celles des colonies. Parmi les apports les plus importants de la loi du 15 janvier 1910, on retient la création des « budgets spéciaux annexes » pour la gestion des emprunts que le Gouverneur général était autorisés à y recourir en cas de nécessité et pour l'exploitation des chemins de fer. Ces budgets étaient préparés, arrêtés et administrés dans les mêmes conditions que le budget du gouvernement général[119].

75.— Cette situation devait instaurer de nouvelles réformes sur le plan général pour une meilleure prise en charge financière par les structures administratives coloniales. L'organisation des services financiers appelle au préalable la prise en considération d'une structure générale de l'empire colonial et de l'organisation technique de chaque colonie. On distingue de manière globale, les services d'administration générale et les services techniques spécialisés. Ces services d'administration générale comprennent les services locaux spécifiques à chaque colonie et les services des collectivités secondaires constitués par les services provinciaux et municipaux.

76.— Ainsi, les services financiers coloniaux sont répartis en services techniques spécialisés[120]. Ces services sont répartis en bureaux centraux,

---

[118] La loi du 15 janvier 1910.

[119] Rapport sur la situation financière en AEF, Archives nationales.

[120] Ce personnel est classé en trois catégories. Il y a d'abord le personnel colonial général qui est recruté dans la métropole et nommé par le Chef de l'Etat ou le ministre des Colonies. Il occupe les fonctions de chef de service. Ensuite, il y a le personnel métropolitain détaché. Ils appartiennent aux cadres techniques et sont des agents détachés de l'administration en France et envoyés dans les colonies. Ce sont généralement les chefs des bureaux. Enfin, on y trouve le personnel des services locaux recrutés par Arrêté du Gouverneur. De cette catégorie, il est fait une distinction entre personnel de l'ordre administratif et personnel intermédiaire. Le personnel de l'ordre administratif constate les droits acquis aux budgets, dresse les titres de perception et les états de justificatifs des recettes. Il assure aussi les services actifs et les contrôles. De même, il perçoit le montant des recettes fiscales. Le personnel intermédiaire supplée le personnel de l'ordre administratif et effectue les travaux d'Enregistrement, du Timbre et des Domaines.

bureaux secondaires et bureaux annexes au niveau de chaque territoire[121]. Des modifications ont été apportées par la suppression de l'autonomie financière des territoires et par l'instauration d'un budget unique pour toute l'AEF[122]. Ces modifications sont justifiées par l'excédent des dépenses du personnel prévues dans les divers budgets. Cette pléthore dans le haut commandement entraîne non seulement la constitution d'états-majors dispendieux, mais encore la multiplication des services et l'immobilisation aux chefs-lieux de fonctionnaires plus utiles dans les circonscriptions[123]. La mise en œuvre de cette réforme a permis une meilleure répartition des charges fiscales et la mise en valeur du territoire.

77.— Sur le plan de l'élaboration du budget, la réorganisation administrative de l'AEF a eu pour conséquence en dehors de l'unification budgétaire, la déconcentration du budget[124]. On peut distinguer à l'intérieur de chaque chapitre de dépenses, les dépenses générales ou communes et les dépenses spéciales aux territoires. Cette approche budgétaire a fait apparaître un meilleur rendement de recettes, principalement des recettes douanières. Elle a permis un investissement important dans le développement économique et social du territoire. Dans les faits, le doublement du budget a été le signe avant-coureur de la prospérité financière qu'a connu l'AEF entre 1940 et 1946. Cette période fut marquée par un accroissement important de recettes douanières, provenant principalement du développement des importations. En revanche, elle est caractérisée par une augmentation considérable de certains postes de dépenses, notamment les dépenses de personnel.

78.— Cette amélioration financière de l'AEF a été le fait de la rupture de la dépendance financière envers la métropole. Cette rupture a été pour la colonie le point de départ d'une prospérité financière[125]. Mais, cette situation financière excédentaire aurait été profitable aux ex-colonies si leurs relations financières avec la métropole étaient équilibrées afin de favoriser leur développement économique. En 1956, on procéda aux réformes dans tous les

[121] Dans l'organisation des services des douanes, il y a un bureau central qui a une compétence générale et des bureaux secondaires à compétence limitée. Sous l'autorité de différents chefs de bureau sont placés des personnels de bureau et de brigade. Les uns assument les travaux de taxation, de perception et de comptabilité administrative, alors que les autres assurent la surveillance du territoire douanier. En revanche, les services des contributions directes et indirectes s'organisent en Division de contrôle qui coiffe deux subdivisions de contrôle. Les personnels de subdivisions assurent l'assiette, l'instruction du contentieux, la confection des côtes irrécouvrables et établissent les états de dégrèvement d'office ou de remboursement.

[122] Le décret du 30 juin 1934.

[123] Rapport de présentation du Décret du 30 juin 1934.

[124] La déconcentration budgétaire fut opérée par le décret du 31 décembre 1937.

[125] Rapport sur la situation financière en AEF, Archives nationales.

territoires d'outre-mer[126]. Le groupe de territoires avait son budget alimenté par le produit des droits et taxes perçus à l'entrée, la moitié des redevances minières et pétrolières et des droits perçus à la sortie sur les produits miniers et pétroliers. Les budgets territoriaux disposaient des droits et taxes de sortie sur les autres produits, et des ressources provenant des contributions directes et de l'enregistrement[127]. C'est ainsi que l'institution du régime financier colonial a permis d'instaurer le système fiscal importé de la métropole.

§ 2 — L'instauration d'un système fiscal colonial

79.— L'impact de la période coloniale sur la vie politique, économique, sociale et culturelle de l'Afrique reste indélébile[128]. En effet, la colonisation était apparue comme un phénomène de désintégration des structures sociétales existantes. C'est un processus complet d'acculturation fondé sur le principe selon lequel la civilisation occidentale est supérieure. C'est à cette fin que l'impôt va être l'instrument nécessaire et indispensable à la mise en place d'une théorie politique[129]. Le principe de l'autonomie financière permettait aux colonies de disposer de moyens financiers adéquats pour assumer l'ensemble des compétences qui leur sont confiées. La mise en œuvre de ce principe a conduit à l'instauration d'un système fiscal colonial. Ce système a occasionné l'institution de l'impôt de capitation (A) et la perception des droits de douane sur les marchandises (B).

A) L'impôt de capitation, instrument du régime concessionnaire

80.— La situation financière de l'AEF a amené les autorités à réfléchir sur une autre source de financement des dépenses. Le déficit budgétaire de la colonie était inquiétant. À défaut des capitaux qu'auraient dû apporter le gouvernement de la métropole et les investissements privés, le gouverneur général de la colonie ne pouvait que se rabattre sur les populations locales par le biais de l'impôt. C'est dans ce contexte que se définit l'impôt de capitation (1). Il fallait combler le déficit et les fonctionnaires devaient se voir confier la lourde charge de percevoir les impôts (2).

---

[126] En application de la loi du 23 juin 1956, un Décret du 4 avril 1957 a été pris afin d'organiser l'AEF, composée des territoires du Gabon, du Moyen-Congo, de l'Oubangui-Chari et du Tchad. Ils étaient dotés de la personnalité civile et de l'autonomie financière.

[127] André G. AGUILE et Jacques E. DAVID, L'Afrique sans frontières, Éd. Paul Bory, Monaco, 1965, p. 27.

[128] Simon Pierre EKANZA, « La colonisation, un défi pour l'Afrique », extrait d'un discours prononcé à la conférence du 4 mars 2005, CERAP Abidjan.

[129] René OSSA, Réformes fiscales et développement en Afrique subsaharienne, Édilivre, 2012, p. 141.

1. L'introduction de l'impôt de capitation

81.— Le décret du 12 septembre 1895 institua l'impôt de capitation en AEF. Cette forme d'imposition existait déjà dans certaines colonies[130]. Pour faire face aux difficultés financières, l'administration du Congo français recherchait les moyens de généraliser la taxe indigène dans tous les territoires français. Il fallait faire supporter par la population indigène toute la charge des dépenses liées au fonctionnement de la colonie. C'est dans ce contexte que le ministre des Colonies écrivait au Commissaire général : « J'ai été amené à considérer que le seul moyen que nous possédions de déterminer peu à peu les "indigènes" au travail était d'instaurer le régime de l'impôt de capitation payé en nature dans la colonie d'une façon définitive. Je prie monsieur le Commissaire général du Congo français, d'étudier les moyens de réaliser auprès des sociétés concessionnaires la transformation en numéraire de l'impôt ainsi perçu dans les territoires concédés »[131].

82.— Cette situation a obligé le Gouverneur général de consulter les chefs de circonscriptions sur les modalités de perception de l'impôt afin d'alimenter le budget de la colonie en ressources propres. Ainsi, un arrêté du 11 février 1902 institua l'impôt de capitation en AEF. L'impôt de capitation ou *per capita (caput = tête)* était littéralement un impôt par habitant et qui ne tenait pas compte des capacités contributives des individus. Chaque adulte en état de travailler acquittait cet impôt. L'impôt de capitation poursuivait également un but religieux. C'est ainsi que les polygames payaient plus d'impôt que les monogames. Dans les modalités de perception, le taux de l'impôt de capitation variait d'un à trois francs ou de deux à six francs par case[132]. Diverses autres contributions et taxes contribuaient également à la réalisation d'objectifs budgétaires en AEF[133].

83.— Hormis l'impôt de capitation, les principaux impôts directs faisaient partie de la législation fiscale en vigueur dans les colonies. Au sein des colonies, les sociétés privées réalisèrent la mise en valeur des territoires. Le décret d'octroi de concessions et le cahier des charges obligeaient les concessionnaires à verser des contributions financières au gouvernement de la métropole. Ces compagnies devaient acquitter un impôt forfaitaire de 15 % des bénéfices. Ce prélèvement devait être considéré comme un impôt

---

[130] Au Gabon, l'impôt indigène fut introduit depuis 1894. L'impôt indigène était institué et recouvré dans les régions de Libreville, Ogooué, Mayumba et Loango.

[131] Georges MONDONGOU, L'impôt de capitation et le régime des prestations en Centrafrique : de 1902 au lendemain de la seconde guerre mondiale, Thèse, Université de Provence Aix-Marseille 1, 1986, p.62.

[132] Catherine COQUERY-VIDROVITCH, L'échec d'une tentative économique : L'impôt de capitation au service des compagnies concessionnaires du « Congo français » (1900-1909). In : Cahiers d'études africaines, vol. 8, n° 29, 1968. pp. 96-109.

[133] Ibrahima BABA KAKE « L'Afrique coloniale », Collection Histoire générale de l'Afrique ACCT – 1990, p. 102.

sur les bénéfices[134]. Dans le processus de la mise en œuvre de la stratégie coloniale, l'impôt a joué un rôle fondamental. L'impôt colonial constitue le vecteur de cette politique de mise en valeur élaborée dans le but de procurer aux peuples d'Afrique les bienfaits de la civilisation, en leur inculquant l'idée de l'utilité du travail.

84.— Pendant la période coloniale, l'impôt joua un rôle multiple. Il détermine la politique budgétaire, administrative, économique et moralisatrice voulue par les colonisateurs[135]. De ce fait, il devient un instrument de civilisation. [136] Le peuple autochtone reçoit en contrepartie de la redevance due l'ordre et la sécurité. Il a pour objectifs de pourvoir les budgets locaux afin d'assurer le financement local des dépenses de fonctionnement et d'équipement et de favoriser la monétarisation de l'économie. L'impôt indigène a pour but d'abord d'alimenter les caisses de l'État colonial et de fournir à la puissance colonisatrice des moyens financiers nécessaires à la poursuite de l'occupation des territoires. Le décret du 15 janvier 1910 posa le fondement de l'autonomie financière des colonies de l'Afrique-Équatoriale française.

85.— Les recettes fiscales de la colonie devaient fournir des allocations budgétaires pour leur fonctionnement. Ce principe d'autofinancement devrait permettre de dégager à terme des excédents pour alimenter le budget général. Pour autant, les rentrées fiscales des colonies n'avaient pas seulement une importance budgétaire. Elles constituaient aussi un baromètre des efforts menés par les autorités coloniales et du degré d'acceptation par les indigènes de l'œuvre colonisatrice. En effet, la perception de l'impôt supposait l'anéantissement de l'autorité traditionnelle existante et son remplacement par une organisation et des pratiques administratives modernes. De ce fait, la connaissance géographique du territoire et l'encadrement des populations autochtones constituaient l'un des axes stratégiques de la mobilisation des recettes fiscales. Cette action a conduit au recensement de la population afin de s'assurer de la bonne maîtrise de la matière imposable.

86.— Pour améliorer le rendement fiscal, les autorités ajoutèrent à l'impôt une fonction monétaire. En exigeant la perception de l'impôt en monnaie occidentale, le système colonial amena la population à la pratique des cultures d'exportation et à la monétisation de leur économie. Le but consistait à inciter les indigènes à collecter les matières premières dont ont

---

[134] Arthur GIRAULT, Les Finances de la colonisation et de la législation coloniale : Notions administratives, juridiques et financières, Sirey, 1929, p. 151.
[135] Gilchrist Anicet NZENGUET IGUEMBA, Colonisation, fiscalité et mutations au Gabon 1910-1947, L'Harmattan, 2005, p. 62.
[136] Jean-Baptiste FOTSING, Le pouvoir fiscal en Afrique : Essai sur la légitimité fiscale dans les Etats d'Afrique noire francophone, LGDJ, 1995, p. 39.

besoin les industries de transformation de la métropole. Pour ce faire, l'impôt était destiné à inculquer aux indigènes le goût du travail et une source d'enrichissement individuel. C'est ainsi que l'impôt fut présenté comme vertueux dans la mesure où il imposait aux indigènes des habitudes de travail régulières indispensables à la mise en valeur des territoires concédés[137]. On peut affirmer que l'impôt de capitation a joué le rôle « d'ascenseur social » dans la colonie.

2. La perception de l'impôt de capitation

87.— Le recouvrement de cet impôt payé par les hommes et les femmes s'effectuait aussi bien en argent qu'en nature. Le personnel de l'administration coloniale assura la perception de l'impôt de capitation. Les personnels collectaient le caoutchouc qui correspondait au montant de l'impôt et en versaient directement le montant dans les caisses du trésor[138]. Il apparut comme un instrument de mesure de la production, le moteur des cultures d'exportation. Contrairement aux rôles de l'impôt, le niveau de mobilisation des recettes fiscales constituait le baromètre par excellence de l'efficacité d'une autorité coloniale ou de la soumission d'une autorité traditionnelle et de ses sujets.

88.— Cependant, dans le cadre de mobilisation des recettes fiscales, le gouvernement de la métropole a décidé de recourir aux personnels des sociétés concessionnaires[139]. Afin d'assurer le recouvrement de l'impôt, l'administration coloniale employa la méthode de contrainte par corps. Le recouvrement est réalisé de force : emprisonnement, séquestration, confiscation, travaux forcés, villages terrorisés par les milices appelés « tirailleurs sénégalais ». En effet, l'administration coloniale emploie les méthodes policières pour le recouvrement de l'impôt. On capturait les femmes et les enfants des villages en guise de monnaie d'échange après paiement du montant de l'impôt dû. Cette méthode a occasionné d'énormes pertes en vie humaine parmi les captifs du fait des violences subies. C'est ainsi que la notion d'impôt, pendant la période coloniale, intègre la violence comme stratégie de mobilisation des recettes fiscales.

89.— L'obligation de payer l'impôt avait créé un sentiment de spoliation chez les indigènes qui refusèrent de s'en acquitter et désertèrent les villages. Pour autant, la violence et les autres modes opératoires de recouvrement de l'impôt vont conduire les indigènes à adopter des comportements antifiscaux qui vont de l'esquive à la confrontation directe. C'est ainsi que toute

---

[137] René OSSA, Réformes fiscales et développement en Afrique subsaharienne, Édilivre, 2012, p. 145.

[138] Pierre KALCK, Histoire de la RCA, éditions Berger-Levrault, 1974, p. 217.

[139] Georges BRUEL, Notes ethnographiques sur quelques tribus de l'Afrique Equatoriale Française, Leroux, 1911, p. 417.

tentative de recrutement des manœuvres, ou d'introduire la perception de l'impôt devait faire éclater les hostilités[140]. Les populations autochtones considéraient l'impôt comme une amende ou une punition. Elles multiplièrent en conséquence toutes les formes de résistances[141]. Ces révoltes fiscales prenaient des formes diverses, allant du pillage et de l'incendie des locaux professionnels des colons au meurtre des personnes chargées d'exécuter ou de protéger les activités des colonisateurs[142].

90.— L'impôt a joué un rôle important dans la mise en place de l'exploitation économique dans l'ex-colonie de l'Oubangui-Chari. Toutefois, l'exercice de la contrainte pour la perception de l'impôt a produit des effets néfastes sur la mobilisation des recettes fiscales. L'exercice de la contrainte a conduit à un échec financier[143] du système fiscal. Les recettes fiscales n'étaient pas entièrement destinées au budget local de l'ex-colonie. Elles n'avaient pas permis de couvrir toutes les dépenses publiques. Or, l'instauration de l'impôt de capitation avait pour but d'assurer le financement endogène du développement économique et social de l'ex-colonie. Cet impôt n'a pas permis à la colonie de l'Oubangui-Chari de tirer profit des recettes fiscales afin de garantir son développement économique et social. Ainsi, la réflexion sur la fiscalité intérieure coloniale n'exclut pas l'apport de la fiscalité de porte dans les colonies.

B) Les droits de douane dans les colonies

91.— La perception des droits et taxes lors du franchissement d'une frontière par une marchandise remonte à l'Antiquité dans les pays d'Europe, la Chine, l'Egypte et l'Inde. Avant la colonisation, des chefs africains faisaient percevoir un tribut aux personnes et aux marchandises au franchissement des limites de leurs terres[144]. L'une des motivations premières de la conquête coloniale française consistait à faciliter l'activité des factoreries et autres points de vente européens installés sur les côtes d'Afrique. L'application de la réglementation douanière coloniale en AEF a

---

[140] Jean SURRET-CANALE, L'Afrique noire occidentale et centrale, Éd. Sociales, 1986, p. 126.

[141] Raphaël NZAPAKOMANDA YAKOMA, L'Afrique centrale insurgée. La guerre du Kongo-wara 1928-1931, Ed. L'Harmattan, 1986, p. 14-15.

[142] Jean-Baptiste FOTSING, Le pouvoir fiscal en Afrique : Essai sur la légitimité fiscale dans les Etats d'Afrique noire francophone, LGDJ, 1995, p. 142.

[143] Catherine COQUERY-VIDROVITCH, L'échec d'une tentative économique : L'impôt de capitation au service des compagnies concessionnaires du « Congo français » (1900-1909). In : Cahiers d'études africaines, vol. 8, n° 29, 1968. pp. 96-109.

[144] Alphonse AYESSA, Éléments de droit douanier - des procédures et des techniques douanières dans les états membres de la CEMAC, Editions Connaissances et Savoirs, 2010, p. 14.

permis la mise en œuvre de la charte du régime douanier colonial par la loi du 13 avril 1928 et la création d'une union douanière.

92.— L'histoire du régime douanier colonial d'Afrique se divise en deux périodes : la période du pacte colonial et celle du régime d'assimilation. Le régime du pacte colonial dérivait de cette idée que les colonies avaient pour existence de procurer des bénéfices à la métropole. A ce sujet, Montesquieu déclarait : « *L'objet de ces colonies est de faire le commerce à de meilleures conditions qu'on ne le fait avec les peuples voisins avec lesquels tous les avantages sont réciproques. On a établi que la métropole pourrait seule négocier avec les colonies, et cela avec grande raison parce que le but de l'établissement a été l'extension du commerce, non la fondation d'une ville ou d'un nouvel empire* »[145].

93.— De ce fait, les colonies ne devaient acheter, vendre, recevoir et expédier de marchandise que sous le pavillon de la métropole. Elles ne devaient pas créer des usines pour ne pas être tentées de consommer leurs propres produits[146]. Le pacte colonial reçut, à la fin de l'Ancien Régime, d'importantes atténuations. L'interdiction imposée aux colons de commercer avec l'étranger perdit son caractère absolu. Dans le régime de l'assimilation, la colonie est considérée comme une province de la mère patrie. Selon Camille GUY, *« Il faut de plus en plus nous habituer à considérer nos colonies comme des prolongements de la mère patrie, comme des morceaux de France flottant sur les mers lointaines... »*[147]. L'introduction des produits métropolitains dans la colonie et l'importation des produits coloniaux dans la métropole bénéficiaient de la franchise.

94.— Ces produits passaient simplement d'une province à une autre province d'un même pays. Le régime de l'assimilation fut généralisé dans toutes les colonies de la France. Il établit une réglementation fiscale en matière de droits de douane[148]. Par ailleurs, le régime de l'assimilation a consacré la division des colonies en deux groupes. Dans le premier groupe, on y appliquait les mêmes droits douaniers avec la métropole. Ce sont les colonies dites assimilées. Dans le second groupe, c'était une autre réglementation douanière qui était appliquée aux colonies dites non assimilées. Elles sont constituées des colonies françaises d'Afrique noire.

---

[145] Esprit des Lois, Livre XXI, chap. 21, La Réforme du régime douanier colonial, cité par Maurice CAULLERY, Thèse, Ed. Domat-Montchrestien, 1930, p. 4.

[146] Maurice CAULLERY, La réforme du régime douanier colonial, Thèse, éd. Domat-Montchrestien, 1930, p. 5.

[147] Camille GUY, Les colonies françaises ; mise en valeur de notre domaine colonial, Paris, 1900, p. 45.

[148] La loi du 11 janvier 1928.

95.— Toutes les colonies de l'AEF appartenaient au groupe des « Colonies non assimilées », considérées comme « colonie de la porte ouverte ». Par exception, le Gabon bénéficiait d'un statut particulier au regard du régime douanier. Le statut particulier consacra la division des territoires de l'AEF en deux parties soumises à un régime douanier différent[149]. Cependant, le régime douanier de l'AEF fut unifié en étendant au Gabon la législation appliquée dans le reste de la fédération[150]. Toutes les marchandises importées au Gabon et dans les autres territoires de l'AEF supportaient les mêmes taxes fiscales. Tout le régime d'importation et d'exportation reste soumis aux règles métropolitaines prévues en matière de douane[151].

96.— En 1944, la conférence de Brazzaville dota les colonies françaises d'un système douanier dans la perspective d'intégrer l'économie mondiale. Jusqu'en 1950, deux régimes particuliers en matière douanière existaient. D'une part, on trouvait le régime de transit par chemin de fer qui couvrait le transport Pointe-Noire — Brazzaville. D'autre part, le régime de transit par voie fluviale qui concernait le transport de Brazzaville-Bangui. Les deux régimes démontrent comment la marchandise ou le produit circule sous le contrôle douanier à travers l'AEF. Au moment de la mise en service du chemin de fer Congo-océan, un régime spécial de transit fut institué afin de faciliter le transport des marchandises sous douane à l'intérieur de la fédération.

97.— Ce régime douanier de l'AEF, notamment la fiscalité qui concernait l'entrée et la sortie des marchandises ou produits, a subi une profonde mutation. Avant la réforme, les marchandises étaient soumises à une double taxation à l'importation. Elles supportaient d'une part un droit d'entrée à taux uniforme, et d'autre part, une taxe additionnelle qui tenait lieu de taxe sur le chiffre d'affaires à taux unique. A l'exportation, les produits de l'AEF devaient supporter un droit de sortie, une taxe additionnelle tenant lieu de taxe sur le chiffre d'affaires, une taxe d'abattage des bois et une taxe spéciale.

98.— Auparavant, un vaste mouvement de coopération économique inspiré des principes posés en 1941 par la Charte de l'Atlantique visait à favoriser la restauration et l'expansion du commerce entre les nations. L'adoption, en 1947, d'un Accord général sur les tarifs douaniers et le commerce (GATT) a fixé pour l'avenir le rôle et la place des mécanismes

---

[149] Décret du 17 février 1921.
[150] Décret du 21 septembre 1940.
[151] Article 8, arrêté du 13 décembre 1940 relatif aux droits et taxes d'entrée applicables à l'importation et à l'exportation dans les territoires de l'AEF.

douaniers dans le commerce international[152]. Conformément aux dispositions de l'Accord général sur les tarifs douaniers et le commerce, un nouveau régime douanier fut créé[153]. Il abrogea la loi du 13 avril 1928 sur le régime douanier colonial et posa le principe de la préférence réciproque et inconditionnelle à l'intérieur de l'Union française[154].

99.— Tous les produits et marchandises originaires du territoire douanier français bénéficiaient de la franchise douanière. Toutefois, il ne modifia pratiquement pas ce régime et maintint implicitement le régime de la porte ouverte. Par ailleurs, la réforme fiscale de 1950 a apporté de modifications au statut juridique de différents territoires[155]. Cette réforme a mentionné la nécessité de maintenir les liens entre les quatre États de l'ex-AEF. Ainsi, les nouvelles Républiques d'Afrique centrale décidèrent de prolonger cette collaboration en créant une Union douanière entre le Congo-Brazzaville, le Gabon, le Tchad et la République centrafricaine.

100.— Démunis de compétences nécessaires pour prétendre au développement de leurs marchés nationaux, la plupart des nouveaux États africains n'ont guère le choix. Ils étaient obligés de conjuguer leurs politiques compte tenu de la configuration géographique des États, de l'étroitesse des marchés pour atténuer les désavantages de leur situation individuelle afin d'améliorer les perspectives de leur développement économique. Par suite de la réforme de 1954[156], toute la nomenclature douanière en matière de tarifs d'entrée fut complètement fondue. Dans ses grandes lignes, la réforme adoptait la nomenclature douanière métropolitaine.

101.— Ainsi, la réforme a supprimé le taux uniforme pour introduire un taux fixe et un taux réduit. Elle a procédé à la différenciation et à l'élargissement de l'éventail de la tarification. Cette réforme marqua la rupture quasi totale avec les principales étapes de l'histoire économique de l'AEF. En 1958, à la veille du référendum d'autodétermination, l'AEF constituait une véritable unité économique. Les personnes, les capitaux et surtout les marchandises circulaient librement entre les divers territoires constitutifs de cette fédération. Fort de cet héritage, les nouvelles Républiques d'Afrique centrale ont voulu maintenir et consolider les acquis économiques et financiers de la Communauté.

---

[152] Dominique CARREAU et Patrick JUILLARD, Droit international économique, 2ème Ed., 2005, Dalloz.

[153] Décret du 14 octobre 1954.

[154] Ibidem.

[155] Le 28 novembre et le 1er décembre 1958, les Assemblées territoriales adoptaient des délibérations qui créaient la République du Congo, du Gabon, du Tchad et de la République centrafricaine.

[156] Michel Jean JACQUOT, La politique douanière et la coopération franco-africaine, la Documentation africaine, 1962, p. 20.

102.— Aux termes d'un protocole[157], le Congo, le Gabon, le Tchad et le Centrafrique se constituèrent en Union douanière équatoriale (U.D.E.), où le principe de la libre circulation des marchandises, biens et capitaux était établi. Cette union douanière fut mise en œuvre le 29 juin 1959 à Brazzaville et consacrée par la convention du 7 décembre 1959 qui institua les principaux organes[158]. Elle instaura un tarif extérieur commun et une convention commune sur les investissements élaborée comme une sorte de catalogue d'avantages fiscaux et douaniers. Un code commun des douanes fut aussi élaboré. La fiscalité était la source principale de revenus des colonies de l'AEF. Cette étude conduit à examiner la survivance du système fiscal colonial après l'indépendance.

Section 2 — La survivance du système fiscal colonial

103.— La marche des pays d'Afrique noire vers un ensemble régional était difficile à appliquer dans la partie centrale du continent[159]. Malgré une certaine homogénéité administrative des territoires coloniaux français, certaines pesanteurs notamment socioculturelles et les difficultés économiques n'ont pas facilité l'émergence d'un courant fédérateur en Afrique centrale. Les diverses tentatives d'évolution vers une fédération d'États indépendants prônées par certains leaders locaux[160] échouèrent rapidement. C'est en rangs dispersés que les États accédèrent à l'indépendance en 1960. Chaque Etat était convaincu de disposer de moyens suffisants pour impulser son développement économique. Toutefois, le legs fiscal colonial demeure le fondement de la politique fiscale des nouveaux États d'Afrique centrale, dont le Centrafrique. Cependant, loin d'innover en matière fiscale, les autorités nationales ont entériné ce qui a existé en le réaménageant (§ 1) et en élaborant des mesures fiscales incitatives (§ 2).

§ 1 — Le réaménagement du système fiscal colonial

104.— L'évolution du système fiscal est caractérisée par l'influence persistante du modèle français, fondement du système administratif que connaît le Centrafrique. Cette persistance du modèle français se manifeste dans le maintien des règles juridiques et financières mises en place à l'époque des colonies. En effet, des impôts nouveaux furent créés (A) afin de

[157] Le protocole est établi à Paris le 17 janvier 1959.

[158] Alphonse AYESSA, op. cit., p. 15.

[159] Edouard GNIMPIEBA TONNANG, Droit matériel et intégration sous régionale en Afrique centrale (Contribution à l'étude des mutations récentes du Marché intérieur et du droit de la concurrence CEMAC), Thèse, Université de Nice-Sophia Antipolis, 2004, p. 18.

[160] Barthélemy BOGANDA fit de la création de l'Union des Républiques d'Afrique centrale (URAC) son principal cheval de bataille. Mais sa disparition subite en 1959 vint enterrer définitivement cet idéal.

procurer des recettes fiscales. Aussi, le développement des échanges commerciaux contribue à faire évoluer l'application du régime douanier (B) afin de garantir la mobilisation des ressources fiscales.

A) L'évolution de la législation fiscale

105.— La dynamique d'instauration d'un pouvoir fiscal nouveau qui a présidé à l'adoption des institutions et pratiques fiscales métropolitaines en Afrique au moment des indépendances a révélé le « mimétisme servile »[161] de la politique fiscale centrafricaine. Celle-ci a reconduit littéralement la législation coloniale en la matière. Elle n'affecte pas sensiblement le prélèvement fiscal dans ses aspects fondamentaux, c'est-à-dire dans son ampleur ou dans les modalités de sa répartition. De cette mutation, on peut appréhender l'évolution de la législation fiscale fondée sur deux types d'impôts : les impôts directs et les impôts indirects. Au début du XXe siècle coexistaient plusieurs modes d'impositions directes.

106.— En effet, l'impôt de capitation, introduit lors de la période coloniale, constituait la base de la fiscalité directe en Centrafrique. Sans rapport avec les capacités de chaque individu, cet impôt est également supposé accroître les échanges monétaires. Sa véritable fonction reste d'intégrer le monde rural à l'économie marchande. L'évolution de la fiscalité directe en matière de revenus des personnes physiques a connu un changement notable. L'impôt de capitation devient impôt personnel numérique (IPN)[162]. Il conserve l'essentiel des principes liés à l'impôt de capitation. Outre les perspectives de produire les recettes budgétaires, l'IPN incite la population à épargner.

107.— Les objectifs économiques visaient à inciter la population rurale à cultiver et à monétariser le secteur rural. Tout individu de sexe masculin âgé de plus de 18 ans devait payer annuellement cet impôt. Cependant, les chefs de famille de trois enfants et plus bénéficiaient de l'exonération. De même, les fonctionnaires, les travailleurs du secteur privé, les étudiants et élèves, les commerçants, les expatriés soumis à l'impôt sur le revenu. Dans ce nouveau système, la perception de cet impôt s'effectuait par des tiers qui délivraient un reçu de paiement. Ce reçu fiscal joint à une carte d'identité servait de document administratif qui justifiait la citoyenneté et permettait de circuler librement à l'intérieur du pays.

---

[161] Jean-Baptiste FOTSING, Le pouvoir fiscal en Afrique : Essai sur la légitimité fiscale dans les Etats d'Afrique noire francophone ; LGDJ, 1995, p. 161.
[162] Loi de finances 1980.

108.— En Centrafrique, l'impôt sur le revenu n'existait que pour les revenus élevés. Les traitements et salaires étaient soumis à l'IFPP, perçu au taux de 5 %. Cette base d'imposition mensuelle a existé jusqu'en 1980[163]. Un système fiscal moderne d'imposition du revenu était introduit. De même, la fiscalité directe a évolué en intégrant l'imposition des revenus accessoires : revenus fonciers et revenus de capitaux mobiliers. À l'impôt personnel s'ajoutaient divers impôts et taxes dont l'essentiel provenait du commerce. L'imposition des bénéfices des sociétés ne faisait pas partie du système fiscal colonial. Mais, la législation fiscale centrafricaine a évolué dans ledit domaine.

109.— C'est ainsi que l'impôt sur les bénéfices industriels et commerciaux a été institué[164]. En revanche, les contributions de patente et de la licence faisaient partie de l'héritage colonial. Conçues comme contrepartie du droit d'exercer une activité, elles servent au financement des budgets des collectivités locales. Les impôts indirects étaient composés de l'impôt sur le chiffre d'affaires intérieur (ICAI), de la taxe sur les transactions, de la taxe sur les spectacles et de la taxe sur les distributions de crédit.

110.— Ces aménagements concernaient essentiellement la recherche intensive de la matière imposable ou une réforme de la réglementation de l'assiette sans se soucier fondamentalement du développement économique. Au regard de la situation du pays, l'évolution de la législation fiscale n'a pas été d'un apport indispensable à la mobilisation des ressources fiscales. Du fait de nombre insignifiant de contribuables et d'activités soumis à cette catégorie d'impôts directs et indirects, la réalisation du rendement fiscal ne permettait pas « d'endogéiniser » le financement du développement. Les améliorations apportées à la législation n'avaient pour but que la vocation budgétaire. Son rendement ne couvrait pas substantiellement les dépenses publiques. C'est ainsi que les droits de porte ont toujours constitué l'essentiel des prélèvements fiscaux.

---

[163] Loi de finances 1980.
[164] Loi de finances 1980.

Tableau n° 7 : Les différentes catégories d'impôts, 1986

Catégories	Taux
L'impôt personnel numérique avec taxe additionnelle (ancien impôt de capitation)	3 500 F CFA par personne
Impôts forfaitaires sur le revenu des personnes physiques	5 % sur les salaires
	5 % sur les ventes commerciales d'agriculteurs et éleveurs
Impôt général sur le revenu (IGR)	L'IGR est calculé par barème du quotient familial
Impôt sur les sociétés/impôt minimum forfaitaire (IMF)	46 % sur le bénéfice (29,3 % sur le bénéfice agricole), 1,15 % sur le chiffre d'affaires de l'année précédente
Contribution foncière de propriétés bâties	46 % sur 75 % de la valeur locative annuelle pour immeubles de sociétés
	31,6 % pour immeubles d'habitation
Contribution de patentes et licences	Application d'un barème
Impôts sur les chiffres d'affaires	De 4,8 % à 13,9 % selon le type d'entreprise
Taxe sur les transactions	3%
Contribution au Développement social	10 % sur le total des salaires payés

Source : Tableau réalisé par l'auteur.

B) L'émergence du droit douanier communautaire

111.— L'analyse de l'évolution de la législation douanière en République centrafricaine doit s'appuyer sur une compréhension de la législation douanière sur le plan communautaire[165]. L'histoire de la douane centrafricaine est consubstantielle à celle de l'Union douanière équatoriale. L'indépendance de l'ex-colonie française n'a cependant pas modifié le régime douanier transposé à l'échelon national. La réglementation douanière nationale demeure essentiellement celle de l'union douanière. Deux étapes caractérisent le processus de consolidation de l'union douanière et économique. La première période est celle de l'Union douanière et économique de l'Afrique centrale (UDEAC) suivie de l'avènement de la Communauté économique et monétaire d'Afrique centrale (CEMAC). Par ailleurs, la coopération financière s'est consolidée avec la mise en place de la zone franc et la consécration du franc CFA[166] comme instrument monétaire.

112.— A cet effet, on assiste à la mise en place d'une institution chargée de promouvoir l'intégration des marchés nationaux[167]. L'Union douanière et économique de l'Afrique centrale fut créée[168]. L'objectif principal vise à promouvoir la coopération dans divers domaines notamment l'économie, le commerce sous- régional, les transports, etc.[169] Les missions de l'institution étaient plusieurs. Elle devrait d'abord procéder à l'établissement graduel et progressif d'un marché commun entre les États membres. Elle devrait, ensuite, adopter des mesures qui éliminent les entraves au développement des échanges intracommunautaires. En outre, elle aurait pour mission de promouvoir l'extension des marchés nationaux et d'améliorer le niveau de vie des populations. Enfin, elle devrait agir pour le renforcement de l'unité des économies et leur modernisation afin d'en assurer le développement[170].

113.— Le Traité de l'Union douanière pose le principe avec lequel l'Union constitue un seul territoire douanier à l'intérieur duquel circulent

---

[165] En ce qui concerne la législation douanière, d'importantes décisions ont été prises, notamment la codification et la réglementation de la taxe unique, instituée le 17 mai 1960 ;

- de la convention sur le régime des investissements, adoptée le 12 novembre 1960 ;
- de l'institution d'un Tarif extérieur commun (TEC), institué le 27 juin 1962.

[166] Le franc CFA, officiellement franc de la Communauté financière africaine est le nom de deux monnaies communes dans plusieurs pays d'Afrique :

- le franc de la communauté financière en Afrique émis par la Banque centrale des États de l'Afrique de l'Ouest (BCEAO) pour les huit États membres de l'Union économique et monétaire ouest-africaine (UEMOA) ;
- le franc de la coopération financière en Afrique centrale, émis par la Banque des États de l'Afrique centrale (BEAC) pour les six États membres de la Communauté économique et monétaire de l'Afrique centrale (CEMAC).

[167] Edouard GNIMPIEBA TONNANG, Droit matériel et intégration sous régionale en Afrique centrale (Contribution à l'étude des mutations récentes du Marché intérieur et du droit de la concurrence CEMAC), Thèse, Université de Nice-Sophia Antipolis, 2004, p. 19.

[168]Signé le 8 décembre 1964 à Brazzaville au Congo, le traité instituant l'UDEAC était entré en vigueur le 1er janvier 1966 après ratification par tous les États membres (Cameroun, RCA, Congo, Gabon et Tchad).

[169] Idem.

[170]Préambule du Traité qui institua l'UDEAC.

librement les personnes, les marchandises, les biens et les capitaux. En somme, l'UDEAC est conçue non seulement comme une organisation régionale de coopération douanière et fiscale, mais aussi de coopération économique[171]. L'organisation communautaire avait permis, à cet effet, quelques avancées dans le domaine de l'intégration par l'harmonisation des dispositions fiscales[172]. Cependant, en raison de nombreuses distorsions aux règles communautaires et par suite de la montée des difficultés aux plans politique, économique et structurel, l'intégration régionale en Afrique centrale n'a pas connu une avancée notable.

114.— L'inefficacité des différentes politiques de réformes économiques entreprises au plan national a abouti à la remise en question des choix opérés. L'urgence de doter cette nouvelle institution de véritables pouvoirs fut également reconnue. Les progrès limités de l'UDEAC ont conduit les États membres à adopter un programme régional de réforme (PRR)[173]. Ce programme comportait trois volets d'actions, dont le secteur de la fiscalité. En effet, la réforme fiscale vise à harmoniser le système fiscal des États membres afin de parvenir à supprimer progressivement les barrières tarifaires et les restrictions quantitatives aux échanges. Le volet fiscalité du PRR institua un tarif extérieur commun dans la réglementation douanière. Cette réforme a adopté également le système de taxation sélective des marchandises importées et qui sont réparties en quatre catégories.

115.— La première catégorie concerne les biens de première nécessité. La seconde catégorie vise les matières premières et les biens d'équipement. La troisième catégorie touche les biens intermédiaires. La quatrième catégorie regroupe les produits de consommation courante. Sur le plan fiscal, la réforme a institué la taxe sur la valeur ajoutée (TVA). Malheureusement, la mise en œuvre du PRR n'a pas atteint l'objectif escompté. De manière générale, les États membres ont entravé l'application de la réforme par des entorses tarifaires et non tarifaires au commerce intrarégional. Par conséquent, le non-respect des règles d'origine par les États membres a occasionné la remise en cause de toutes les politiques d'intégration économique. L'institution s'était limitée aux seules questions d'harmonisation des politiques fiscales et douanières. Elle n'avait pas préconisé les conditions de la création d'un marché commun.

---

[171] L'UDEAC exerça une certaine autorité supranationale en légiférant et en décidant des mesures douanières et économiques appliquées par les États membres. Elle constitua aussi un cercle de concertation pour la préparation des négociations internationales.

[172] L'impôt sur le chiffre d'affaires intérieur (1969) ; l'impôt sur les sociétés (1972) ; l'impôt sur le revenu des personnes physiques (1977) ; l'assiette et le champ d'application de l'impôt sur les revenus de capitaux et valeurs mobilières (1977).

[173] En 1993, le programme régional de réforme a été adopté.

116.— L'analyse des causes de cet échec a conduit les États membres[174], non à abandonner l'idéal communautaire, mais à redynamiser l'institution. Cela conduit à la dissolution de l'UDEAC pour la remplacer par la CEMAC. La création de la CEMAC vise à raffermir les solidarités géographiques et humaines des peuples de ses États membres. Elle vise également à promouvoir des marchés nationaux par l'élimination des entraves au commerce intercommunautaire. La mission essentielle de l'organisation vise à promouvoir le développement harmonieux des États membres dans le cadre de deux unions : une union économique et une union monétaire[175]. La CEMAC s'organise autour de quatre institutions autonomes, mais solidaires.

117.— Cette organisation régionale a élaboré un droit douanier communautaire qui assure le partage des compétences entre les États membres et la communauté. Ce droit douanier communautaire a le mérite de s'arrimer aux règles de l'OMC en matière d'évaluation en douanes. Cependant, l'application des règles douanières de la CEMAC n'est pas uniforme au niveau des différentes administrations douanières des États membres. Le passage d'un État à un autre s'effectue au passage par un poste ou un bureau de douane où l'on subit le contrôle douanier[176]. Malgré le fait que la CEMAC constitue un territoire douanier, la douane en Afrique centrale reste une administration dont la mission consiste à assurer le contrôle et la taxation des marchandises au franchissement des frontières nationales.

118.— C'est à ce titre que les différentes administrations douanières nationales des États de la CEMAC, dont la République centrafricaine, détiennent des attributions en ce qui concerne les opérations de dédouanement. En effet, la législation douanière nationale s'inscrit dans le cadre d'une coopération régionale qui détermine des règles communes d'imposition. Dans le cadre de sa mission de mobilisation des recettes fiscales, l'administration des douanes centrafricaine dispose d'un ensemble des textes législatifs et réglementaires qui permettent la réalisation de cet objectif. Ce dispositif légal a pour sources les conventions internationales, le code des douanes de la CEMAC et l'ensemble des textes nationaux. Du fait de son appartenance à une Communauté, l'État centrafricain n'a de compétence que sur les domaines qui relèvent de sa souveraineté.

119.— Dans le cadre de la réglementation de la CEMAC, les États ne disposent pas de compétences élargies en matière de politique tarifaire. Ces compétences relèvent de la CEMAC. Cette politique d'harmonisation

---

[174] En 1982, la Guinée Equatoriale a intégré l'UDEAC.

[175] Article 1er du Traité qui institue la CEMAC.

[176] Emmanuel D. KAM YOGO, Le droit douanier de la communauté économique et monétaire de l'Afrique centrale à l'épreuve des règles de l'Organisation mondiale du commerce. In: Revue québécoise de droit international, volume 22-1, 2009. pp. 27-51.

consacre l'émergence du droit douanier communautaire d'application par tous les États membres de la Communauté d'Afrique centrale. En effet, les droits et taxes sur le commerce extérieur constituent la principale source des recettes fiscales en Centrafrique. Pour autant, le rendement de l'impôt n'a pas atteint le niveau de la performance escomptée. La mobilisation des ressources fiscales ne suit pas la locomotive du développement, d'où l'intérêt d'élaborer des mesures fiscales afin d'encourager les capitaux étrangers à s'investir dans l'économie nationale.

§ 2 — L'élaboration des mesures fiscales incitatives

120.— L'indépendance politique a donné la possibilité aux autorités politiques de promouvoir le développement. L'objectif essentiel consiste à attirer les capitaux étrangers à s'investir dans le pays. L'incitation aux investissements se traduit par une série de dispositions législatives et réglementaires qui sont regroupées dans un code des investissements. Il détermine le régime fiscal de faveur qui est appliqué aux opérations d'investissement. Le Centrafrique connaît plusieurs générations de codes des investissements. Il convient d'abord d'analyser le régime juridique de ces mesures de faveur (A) avant de s'interroger sur les résultats obtenus en matière de rendement fiscal (B).

A) Le régime fiscal de faveur

121.— Pour favoriser le développement économique et assurer son financement, des personnes physiques et morales qui réalisent des investissements en Centrafrique bénéficient des mesures fiscales dérogatoires. L'impératif du développement économique et social s'est traduit par l'adoption de deux codes : le code des avantages fiscaux de droit commun et le code des investissements. L'analyse de ce régime fiscal de faveur marque l'évolution historique des différents codes des investissements. Après son indépendance, le Centrafrique a fait appel aux investissements privés. Cette ouverture s'est traduite par un ensemble de textes[177] qui favorisent les investissements dans le pays.

122.— À cet effet, toute entreprise constituée en vue de créer une activité nouvelle ou désireuse de développer une activité existante en Centrafrique peut bénéficier d'un agrément au régime de faveur. Le code des investissements énumère les activités à privilégier dans des domaines multiples. En plus, le code spécifie les critères d'investissement en matière de capitaux investis et d'infrastructures sociales. Ces avantages fiscaux relèvent des dispositions fiscales, déjà inscrites dans le code ou les tarifs de

[177] La loi n° 62-355 du 19 février 1963.

l'époque coloniale, qui favorisent les investissements. Ces dispositions fiscales de faveur ont été réunies en un code des avantages fiscaux de droit commun[178].

123.— Ce code s'applique à toutes les personnes physiques ou morales qui exercent des activités soumises à imposition. Il a prévu une catégorie d'avantages fiscaux afin d'encourager l'investissement. Cependant, ces avantages fiscaux ne concernent que des investissements dans le cadre des petites et moyennes entreprises. Ils n'ont pas favorisé le développement du tissu industriel. Toutes ces garanties de l'État n'ont pas contribué à construire une industrie nationale compétitive. Toutefois, la législation communautaire en matière d'investissement a harmonisé les codes des investissements des pays membres.

124.— La plupart des incitations fiscales à l'investissement sont contenues dans le code des investissements. Le code des investissements distingue quatre types de régimes préférentiels accordés aux entreprises selon l'importance de leur rôle dans le développement économique du pays, de leur marché et de leur investissement. Les codes nationaux peuvent contenir des particularités propres à chaque économie, mais ils présentent une certaine conformité aux principes généraux du code communautaire. Les avantages consentis en matière d'impôts intérieurs et de droits de douane sont identiques dans les États membres de la CEMAC. Toutefois, la mise en œuvre de ce dispositif d'incitation n'a pas connu une application homogène dans l'espace communautaire.

125.— Les entreprises qui investissent à l'intérieur de la Communauté bénéficient également des avantages fiscaux. Ceci est conçu dans le but d'accélérer le développement économique et d'attirer les investissements étrangers au sein du territoire douanier. Ces avantages figurent dans la Convention commune sur les investissements des États membres de la CEMAC. Ainsi, les accords conclus dans le cadre du code d'investissement communautaire prévoient des dérogations aux lois fiscales existantes. Le code utilise un certain nombre de critères pour définir les conditions d'éligibilité aux différents régimes prévus en matière d'avantages fiscaux. Il fixe la durée d'application de certains avantages. Cependant, l'application du code des investissements ne permet pas d'évaluer l'impact des mesures fiscales sur le rendement de l'impôt.

[178] Ordonnance n° 67-62 du 20 décembre 1967.

B) Des mesures fiscales à l'efficacité relative

126.— La législation centrafricaine en matière d'investissement a élaboré des mécanismes fiscaux ou des régimes de libéralités fiscales qui, dans la pratique, finissent par affranchir partiellement ou totalement le contribuable de s'acquitter de l'impôt. Or, l'objectif des pouvoirs publics, en aménageant ces régimes dérogatoires, vise à encourager l'investissement dans certains domaines spécifiques d'activités. Mais l'efficacité attendue de ces mesures de faveur est restée relative. Le Centrafrique vit la même situation des investissements privés que celle qui a prévalu à l'époque coloniale. L'échec des régimes fiscaux de faveur porte des causes internes et externes. Les causes internes résident dans un climat politique marqué par une instabilité récurrente et dans l'incohérence des politiques publiques.

127.— Dans ce contexte, les mesures d'encouragement fiscales à l'investissement ne constituent pas le facteur primordial qui emporte la décision de l'investissement. La stabilité économique et politique, la présence de la main-d'œuvre qualifiée, les équipements d'infrastructure, la proximité des matières premières, la situation géographique du pays constituent autant de facteurs décisifs qui figurent avant l'élément fiscal. Tous ces éléments constituent un handicap sérieux aux investissements privés en Centrafrique. Les causes externes concernent essentiellement l'aide extérieure. Les autorités centrafricaines ont toujours compté sur l'aide extérieure pour financer le développement économique du pays sans perspective réelle de rentabilité budgétaire. En effet, le fait de compter sur le financement extérieur engendre deux conséquences essentielles sur l'effort du développement en Centrafrique.

128.— D'une part, cette aide se substitue à l'effort fiscal national, favorise l'irresponsabilité budgétaire et annihile toute volonté politique de procéder à une véritable réforme fiscale, garantissant la mobilisation des ressources fiscales. D'autre part, l'aide est soumise à des conditionnalités qui, sans un diagnostic pertinent lié à la recherche du financement[179], ne favorisent pas la croissance de l'économie. Le pays est, de ce fait, entré dans une dynamique d'endettement qui ne lui laisse pas une marge de manœuvre pour assurer par les ressources propres le financement du développement. Cependant, avec la volatilité de l'aide au développement, l'État centrafricain n'est plus en mesure d'assurer la continuité des services publics et la réalisation de projets de développement dans les principaux secteurs de l'économie.

---

[179] Richard EVINA OBAM, La politique fiscale au Cameroun depuis les années 1980, Éd. L'Harmattan, 2016, p. 151.

Conclusion du chapitre 1

129.— L'étude historique du système fiscal fait apparaître le rapport qui existe entre la fiscalité et la politique. C'est pourquoi un détour par l'histoire s'impose parce que certaines questions se posent aujourd'hui sur ce lien. La fiscalité en vigueur dans les pays francophones d'Afrique réunit plusieurs facteurs notamment historique, économique, politique et social. Le facteur historique revêt une portée particulière dans la définition de la politique fiscale. Le pouvoir fiscal colonial se transforme en pouvoir fiscal nouveau dans le cadre d'un État nouveau. Cet aperçu historique explique la reproduction servile des techniques constitutionnelles en matière d'impôt dans les États africains au moment de l'accession à l'indépendance. Né du fait colonial, le système fiscal centrafricain demeure marqué par son origine. Loin d'innover en matière fiscale, les autorités d'alors se trouvèrent dans l'obligation d'entériner et d'utiliser ce qui avait le mérite d'exister. Conçu sous la colonisation comme un « instrument de civilisation » et perçu comme un moyen de domination, l'impôt est présenté dans l'État

Chapitre 2 — L'impôt et l'évolution de la politique économique

130.— L'État se doit d'intervenir, d'agir pour améliorer la situation économique et sociale du pays. Plusieurs moyens sont à sa disposition pour améliorer la croissance économique. La régulation de l'activité économique par les autorités publiques s'effectue par le biais des politiques économiques. En effet, la notion de politique économique est définie comme l'ensemble des moyens mis en œuvre par l'État pour orienter et réguler l'économique nationale[180]. La politique économique a pour objectif la réalisation du bien-être social et la croissance économique. Il existe deux types de politiques économiques : la politique conjoncturelle et la politique structurelle. La politique conjoncturelle vise à agir dans le court terme pour maintenir les grands équilibres économiques, tandis que la politique structurelle cherche à améliorer ou modifier les structures économiques[181]. Il s'agit dans ce cas d'orienter l'économie vers l'avenir. Cette politique se fait sentir sur le long terme. Ces politiques s'appuient principalement sur la politique budgétaire pour relancer l'activité économique et ainsi créer de la croissance.

131.— La politique budgétaire consiste, de ce fait, à utiliser le budget de l'État comme moyen d'action pour réguler l'économie du pays[182]. C'est le processus par lequel les pouvoirs publics dans le cadre de leurs actions de politique générale, décident de l'importance de certains objectifs et utilisent, pour les atteindre, des instruments financiers. Ces instruments financiers sont les outils fiscaux. En effet, l'analyse des politiques économiques doit mettre en évidence le rôle que doit jouer la fiscalité dans le choix des politiques publiques. Il y a lieu de s'interroger sur la manière à laquelle la fiscalité peut être au service de la politique de développement. Indéniablement, la réponse se trouve dans le lien d'implication qui existe entre l'impôt et la politique économique. L'amélioration de l'outil fiscal suffit à enclencher une dynamique économique et sociale, qui assure le financement des investissements publics. Or, la mise en œuvre des politiques économiques (Section 1) est un échec dans le cadre de la mobilisation des ressources fiscales pour le financement endogène du développement en Centrafrique (Section 2).

---

[180] Lucas SANZ RAMOS & Anne BOULAY, Économie Droit, Delagrave, 2018, p. 171.
[181] Idem.
[182] Ibidem.

Section 1 — La mise en œuvre des politiques économiques

132.— Les politiques économiques sont déterminées par les orientations générales fixées par le gouvernement en raison de choix préalables ou de contraintes imposées par les réalités économiques ou sociales. Elles représentent la manifestation de projets de société mis en place et qui ne peuvent se réaliser qu'à travers l'accomplissement des objectifs qui dépendent eux-mêmes des moyens disponibles, notamment au titre des recettes budgétaires[183]. Mais, la réalisation de ces objectifs se heurte à des difficultés qui tiennent à l'efficacité limitée de ces instruments. Selon la doctrine économique, les difficultés de mise en œuvre des politiques économiques peuvent également être analysées comme les conséquences de conflits entre agents[184]. L'ensemble de ces considérations peut conduire à mettre en doute la pertinence même des politiques économiques. L'analyse des différentes politiques de développement (§ 1) permet de faire ressortir l'implication de l'impôt dans leurs phases de mise en œuvre (§ 2).

§ 1 — Les différentes politiques de développement mises en œuvre

133.— Pour comprendre l'ampleur et la profondeur de la récession de l'économie centrafricaine, une analyse des différentes phases de son évolution s'avère nécessaire. L'histoire économique de ce pays, depuis la colonisation jusqu'à nos jours, est marquée par un parcours erratique et instable. Le Centrafrique a géré en quatre temps la transition d'économies administrées postcoloniales vers des économies libéralisées[185]. Pendant la période coloniale, des plans de développement ont été mis en œuvre de 1946 à 1958[186]. Depuis l'indépendance, la politique économique s'aligne sur la vision politique dont elle se présente comme la déclinaison. Fort de cette déclinaison, l'économie centrafricaine a connu diverses phases de récessions et de reprises économiques. De 1960 à 1985, des plans de développement économique administré ont été élaborés (A). À partir de 1986, le Centrafrique, à l'instar des autres pays en développement, met en œuvre les

---

[183] Lazhar BOUONY et Gérard TOURNIÉ, les Finances publiques : instruments des politiques publiques – les expériences françaises et tunisiennes, IREDE, p. 15.

[184] Alain BEITONE & Christine DOLLO, op. cit., p. 172.

[185] Philippe HUGON, Afriques : Entre puissance et vulnérabilité, Armand Colin, 2016, p. 95.

[186] Ces plans ont vu le jour grâce à l'article 2 de la loi du 30 avril 1946 qui autorisait le ministre de la France d'outre-mer, en vue de la préparation et de l'exécution des plans de développement économique et social, à créer des sociétés d'État fonctionnant avec la souplesse et les méthodes des entreprises commerciales et industrielles privées. Pour ce qui est de la loi du 23 juin 1956, elle donnait au gouvernement à travers l'article 4, le pouvoir d'organiser et de soutenir les productions nécessaires à l'équilibre économique des colonies.

programmes d'ajustement structurel (B) pour aboutir aux programmes de stabilisation économique.

A) Les plans de développement économique administré

134.— Hérités du modèle de développement colonial, les modèles de construction nationale appliqués après l'indépendance sont basés sur un mode d'accumulation précaire. La première phase est celle des politiques volontaristes s'appuyant sur l'État (1960-1974). Les pouvoirs publics avaient pour tâche, à la fois de construire un État, de réaliser un maillage du territoire et de contrôler une partie des centres de décision économique[187]. L'État a joué un rôle central en cherchant à construire le marché, en adoptant des politiques industrielles de substitution des importations financées par des prélèvements sur l'agriculture et en nationalisant de nombreuses entreprises. Cette stratégie a connu de nombreuses dérives qui ont généré, en seconde phase (1975-1985), une spirale d'endettement. Pour pallier ce déficit, les pouvoirs publics ont créé des entreprises publiques afin de remédier à l'absence du secteur privé industriel en effectuant de grands travaux d'infrastructures.

135.— Pour essayer d'inverser la tendance, la République centrafricaine a entamé un processus de diversification de ses structures économiques, à travers la politique industrielle d'import-substitution. Cette politique vise à réduire progressivement la dépendance par rapport aux produits de base. Par ailleurs, une administration nationale a été mise en place. Cependant, l'émergence de la nouvelle administration s'est traduite par le besoin de financement, acquis par des prélèvements autoritaires sur les revenus du monde rural. L'incidence directe d'une telle politique a eu pour effet de décourager la production agricole et entraîner dans son sillage la baisse du revenu par habitant. Afin d'assurer son développement économique, la République centrafricaine est dépendante de l'extérieur pour son financement. Cette dépendance financière vis-à-vis de l'extérieur a accentué la vulnérabilité de l'économie centrafricaine.

136.— L'économie centrafricaine en 1960 reposait essentiellement sur le secteur agricole. En fait, les modèles de développement n'avaient pas rompu le cordon ombilical sur le plan économique[188]. Sur le plan budgétaire, la politique de l'équilibre budgétaire menée dans le cadre de la communauté française a été maintenue. Les finances publiques sont restées en équilibre grâce aux recettes d'exportation et les déficits éventuels étaient couverts par l'aide extérieure[189]. Au début des années 70, l'économie centrafricaine était

---

[187] Philippe HUGON, op. cit., p. 95.
[188] Jean-Baptiste N. WAGO, L'Afrique face à son destin, Éd. L'Harmattan, 1997, p. 45.
[189] Auguste TENE KOYZOA, op. cit., p. 163.

entrée dans une phase de dégradation progressive. Afin de faire accroître les ressources de l'État, le gouvernement augmente les impôts et taxes sans amélioration des recettes publiques. Qui plus est, la baisse des recettes d'exportation a creusé le déficit budgétaire. Les résultats de cette politique fiscale furent désastreux pour l'économie.

137.— Dans l'objectif de promouvoir le développement, un autre plan quinquennal de redressement économique et social fut élaboré. Le plan de 1976 à 1980 a mis l'accent sur la production et le développement des ressources agricoles, animales et naturelles ainsi que des industries associées. Les résultats économiques furent catastrophiques. À la suite des troubles sociopolitiques enregistrés en 1979 et qui ont entraîné la chute de l'empire, un nouveau plan de redressement économique et social fut élaboré[190]. C'est le cinquième plan économique de la RCA. Ce plan a pour objectif la relance économique et la gestion des finances publiques[191]. Les principales orientations de ce plan sont la poursuite de l'assainissement financier, la relance de la production intérieure, le développement et la mobilisation de l'épargne. Sur le plan financier, il est à noter que des mesures ont été prises pour réduire le déficit public[192].

138.— En matière de recettes publiques, le gouvernement a adopté une contribution exceptionnelle au redressement national. Cette contribution est perçue sur les traitements et salaires des employés du secteur public et paraétatique. Dans le même ordre d'idées, une certaine mesure est prise en vue d'améliorer la situation des finances publiques. Ces mesures sont la répression de la fraude douanière et l'augmentation des taxes à l'importation. Les efforts pour améliorer l'administration fiscale, y compris le recouvrement des arriérés d'impôts sont intensifiés. Ces mesures prises ont permis de stimuler la production et de réduire le déficit budgétaire. L'exécution du plan de redressement économique administré n'a pas contribué à la croissance économique ni assuré une mobilisation efficace des ressources fiscales. C'est dans ce contexte de déficit budgétaire que les pouvoirs publics ont adopté les politiques d'ajustement et de stabilisation.

B) Les politiques d'ajustement et de stabilisation

139.— La notion d'ajustement structurel est étroitement liée à l'endettement international. Face à l'ampleur du phénomène d'insolvabilité,

---

[190] Mémorandum économique de la RCA, 22 décembre 1984.

[191] Roger YELE, P. DOKO, A. MAZIDO, Les défis de la Centrafrique — Gouvernance et stabilisation du système économique : Recherche de canevas pour amorcer la croissance, CODESRIA, 2011, p. 66.

[192] Jean-Baptiste N. WAGO, L'économie centrafricaine – pour rompre avec la logique de rente, L'Harmattan, 2000, p. 102.

le FMI et la Banque mondiale avaient décidé d'exiger des pays emprunteurs de s'engager à prendre des mesures économiques et financières pour parvenir à dégager des excédents financiers et rembourser leur dette extérieure[193]. Par définition, le programme d'ajustement structurel (PAS) consiste en un ensemble de mesures économiques conçues pour atteindre des objectifs macroéconomiques[194]. D'après Philippe HUGON, l'ajustement exprime une adaptation à un environnement extérieur de la part de pays ayant subi des chocs ou des erreurs de politique économique[195]. Pour Christian DOMPTIN, l'ajustement structurel désigne une mesure de politique économique dont le but est d'améliorer le fonctionnement de l'économie d'un pays[196].

140.— Le terme d'ajustement structurel regroupe deux niveaux d'intervention : la stabilisation à court terme en réponse à des déséquilibres macroéconomiques et l'amélioration sur le long terme des structures de l'économie[197]. En effet, on ne peut parler du programme d'ajustement structurel que si un ensemble de mesures d'ordre monétaire, budgétaire, fiscal et commercial sont prises en considération. La stabilisation, la libéralisation et la privatisation sont les éléments qui synthétisent les différents critères et conditions de mise en œuvre de l'ajustement structurel (1). Les défis sont énormes qu'un programme de relèvement a été élaboré (2).

1. La mise en œuvre de programmes d'ajustement structurel

141.— En Centrafrique, la poursuite des actions de redressement économique et financier a nécessité, à partir de 1986, la mise en œuvre de différents programmes d'ajustement structurel. Les objectifs essentiels se résument à la croissance et à l'assainissement des bases de l'économie. Pour mener à bien cette stratégie d'ajustement structurel, plusieurs mesures ont été prises à court et à moyen terme tant au niveau macroéconomique qu'au niveau sectoriel[198]. Afin d'assurer la cohérence

---

193 Christian DOMPTIN, Les politiques d'ajustement structurel, Alternatives économiques n° 114 — février 1994.

194 Philippe HUGON, Les politiques d'ajustement dans les pays en voie de développement, Environnement africain, n° 25-28 spécial, Environnement et développement du Tiers monde (Enda), Dakar, 1989, p.83.

195 Philippe HUGON, op. cit.

196 Christian DOMPTIN, op. cit.

197 Jean-Pierre BERDOT, L'ajustement structurel dans les pays en développement. Une analyse de la faisabilité, in : Revue économique, volume 49, n° 4, 1998. pp. 1151-1164.

198 Pour cela, l'action du gouvernement doit être guidée par une stratégie de croissance basée sur l'agriculture, la contraction du secteur parapublic et sa concentration sur les activités pour lesquelles il est plus indiqué, la mobilisation des ressources privées et publiques en vue d'accroître le taux d'épargne intérieur.

de la gestion de l'économie, certaines mesures ont été prises en ce qui concerne l'augmentation des recettes budgétaires et la réduction des dépenses publiques. Les objectifs généraux ont consisté à assurer la stabilisation de l'économie et à rétablir le potentiel de croissance du pays.

142.— Il s'agit de réduire les dépenses publiques, considérées comme la principale source de déséquilibre et d'augmenter les recettes afin de réduire le déficit des finances publiques. La politique économique et financière de la République centrafricaine demeure confrontée à des handicaps liés à la faiblesse des recettes publiques. Pour ce faire, les réformes engagées dans les administrations fiscale et douanière inspirent des réformes dans d'autres domaines du secteur public. C'est pourquoi les recettes fiscales jouent un rôle crucial pour atteindre ces objectifs. Dans cette perspective, la fiscalité est indéniablement liée à la bonne gouvernance. Le système fiscal est un vecteur d'amélioration des relations entre l'État et la société, et de renforcement de la responsabilité à l'égard des citoyens[199].

143.— Avec l'application des mesures fiscales préconisées par les différents PAS, la situation des finances publiques demeure difficile. La mobilisation des ressources publiques n'a pas atteint le résultat attendu. Au demeurant, les PAS, initiés avec l'appréciation des institutions de Bretton Woods, n'ont pas produit des résultats escomptés. On peut toutefois admettre qu'en Centrafrique, les différents objectifs ou cibles visés par les PAS n'ont été que très partiellement atteints. Les résultats enregistrés ont été dans l'ensemble peu satisfaisants pour multiples raisons. La mise en œuvre des PAS a été réalisée dans un contexte de crise économique où les facteurs exogènes ont étouffé les effets attendus. Il a été difficile sur une très courte période de penser réaliser simultanément la stabilisation et la croissance économique.

144.— Sur le plan budgétaire, l'objectif qui visait à réduire le déficit budgétaire en insistant sur l'augmentation des recettes fiscales que sur une diminution des dépenses publiques n'a pas été atteint. Ceci est dû non seulement à un faible recouvrement des recettes fiscales, mais aussi au déclin du secteur industriel et commercial moderne qui représente la part la plus importante des recettes fiscales et douanières centrafricaines. L'effort de stabilisation macroéconomique n'ayant pas pu augmenter les recettes fiscales s'est manifesté par la réduction des dépenses publiques[200]. Pour le Professeur Jean Claude MARTINEZ, tout se passe comme si le FMI était une chaîne de prêt-à-porter fiscal. Dans les trois semaines que durent les

---

[199] Lionel PASCAL, La privatisation des missions douanières en République centrafricaine (RCA) : une opportunité d'amélioration des finances publiques ? Université de Bordeaux, 2014, p. 51.

[200] Clément BELIBANGA, L'étude des impacts des mesures macroéconomiques des PAS sur le secteur rural en RCA, 1992, p. 10.

missions de ses experts, elle fournit aux États qui la consultent une réforme complète comme d'autres livrent une usine clé en main[201].

145.— Au regard des résultats mitigés des plans de développement, la communauté financière internationale a incité les gouvernements à changer de paradigme axé sur la politique de lutte contre la pauvreté. En effet, l'initiative en faveur des pays pauvres très endettés (IPPTE) mise en place à la fin des années 90[202] est venue consacrer une nouvelle phase. L'objectif de cette initiative était de réduire davantage la dette des PPTE afin de leur fournir des ressources supplémentaires pour les aider à promouvoir leur développement économique[203]. À l'instar des autres pays de la planète, le Centrafrique a élaboré le premier document stratégique de réduction de la pauvreté (DSRP1)[204]. Pour atteindre le point d'achèvement de l'initiative PPTE[205], la République centrafricaine a pris un certain nombre de mesures visant à préserver la stabilité macroéconomique[206].

146.— Néanmoins, la situation sécuritaire dégradée du pays n'a pas permis une réelle capitalisation des retombées financières de l'allègement de la dette consentie à la RCA. Au terme de sa mise en œuvre, le gouvernement centrafricain a élaboré et adopté en novembre 2011 un deuxième document de réduction de la pauvreté. Cependant, la crise politique postélectorale de 2011 et les difficultés de mobilisation des ressources nécessaires n'ont pas permis de mettre en œuvre le DSRP 2 avant la fin de l'année 2012. La crise a ravagé l'économie du pays et conduit à l'effondrement des principaux secteurs productifs. Mais les défis auxquels la République centrafricaine se trouvait confronter, étaient considérables si bien qu'un énième programme de relèvement et de développement a été conçu.

---

[201] Jean Claude Martinez, Le statut du contribuable, LGDJ, 1980, p.306.

[202] En 1996, la Banque mondiale et le FMI ont lancé l'initiative en faveur des pays pauvres très endettés pour créer une structure dans laquelle tous les créanciers peuvent leur accorder un allègement de la dette.

[203] Lors du sommet du millénaire pour le développement en septembre 2000.

[204] En 2007, avec l'appui des partenaires au développement, la RCA s'est dotée de son premier document de stratégie de réduction de la pauvreté (DSRP), cadre unique de référence des actions gouvernementales. Le DSRP a été présenté aux partenaires au développement et approuvé lors de la table ronde de Bruxelles du 26 octobre 2007. L'année 2008 a marqué le début de sa mise en œuvre.

[205] Le 30 juin 2009, la RCA a atteint le point de décision de l'initiative PPTE.

[206] L'atteinte du point d'achèvement de l'initiative PPTE offre de réelles opportunités au pays pour la relance de son économie. Au-delà de la crédibilité retrouvée, d'importantes ressources financières sont à mobiliser afin d'appuyer les actions du gouvernement de lutte contre la pauvreté. En fait, les ressources libérées doivent être utilisées à l'appui de stratégies de réduction de la pauvreté établies par les autorités nationales. Par conséquent, les autorités doivent s'efforcer de maintenir l'endettement à un seuil acceptable.

2. Le plan de relèvement et de développement post-crise

147.— Le pays émerge d'un conflit qui a impacté son économie. Les pouvoirs publics ont amorcé un processus de relèvement et de développement appelé le Plan national de relèvement et de consolidation de la paix pour la République centrafricaine (RCPCA). Ce énième programme de développement de la RCA vise à rétablir la paix et la sécurité, et poser les bases du relèvement et du développement économique[207]. Adoptée en octobre 2016, cette stratégie est le résultat d'une concertation entre le gouvernement et ses partenaires. Elle est fondée sur une évaluation des besoins pour le relèvement et la consolidation de la paix. Elle s'inscrit également dans une démarche de mise en cohérence des actions d'aide d'urgence, de réhabilitation et de développement.

148.— L'objectif du RCPCA est de créer les bases d'un développement économique et social à travers un investissement public[208]. Cette stratégie du gouvernement est axée autour de trois (3) piliers[209]. Tous ces piliers reflètent l'ampleur des défis structurels que doit relever la RCA. En effet, le rétablissement de la sécurité est nécessaire pour pouvoir engager un processus de développement et de rétablissement du contrat social. La promotion du relèvement économique pourrait donner les moyens à l'État de générer les recettes publiques. A cet effet, un programme de réforme a été établi avec le FMI autour de la gestion des finances publiques. De ce fait, une bonne gestion des finances publiques permet d'une part à l'État de reconstruire une base fiscale et de collecter des revenus, et d'autre part, d'investir dans les secteurs productifs prioritaires, de sorte à optimiser l'impact économique.

149.— Les pouvoirs publics prévoient le renforcement de capacités des administrations fiscale et douanière. Ils envisagent d'entreprendre la réforme de la politique fiscale afin de mobiliser efficacement les recettes publiques. Ainsi, les mécanismes de recouvrement des recettes seront renforcés par la formation des agents. Toutefois, ce programme ressemble à un catalogue de mesures de bonnes intentions qui, dans la situation actuelle de risque sécuritaire très élevé et sans avoir un regard pessimiste, ne saurait être mis en œuvre effectivement afin de créer les conditions propices au développement économique du pays. Il importe de dégager les implications de l'impôt dans les politiques économiques.

---

[207] République centrafricaine : Plan national de relèvement et de consolidation de la paix 2017-2021, Rapport, 2016, p. 3.

[208] Programme indicatif national pour la période 2014-2020 pour la République centrafricaine, Rapport, Union européenne, 2013, p. 12.

[209] Les trois (3) piliers du programme : pilier 1 : Soutenir la paix, la sécurité et la réconciliation ; pilier 2 : Renouveler le contrat social entre l'Etat et la population ; pilier 3 : Assurer le relèvement économique et la relance des secteurs productifs.

§ 2 — Le rôle de l'impôt dans les politiques économiques

150.— La conception d'une politique économique suppose la définition d'objectifs et la manipulation d'instruments en vue de leur réalisation[210]. Elle exprime les choix et les modalités d'action mis en œuvre par l'État. Ainsi, la collecte des impôts permet à l'État d'assumer une triple fonction. La première est la production et l'allocation de biens publics, que le marché ne peut produire, car non rentable pour le secteur privé. Au-delà du but financier de la fiscalité, il existe un second but qui appartient au domaine de la politique sociale. La fiscalité est un facteur régulateur de la distribution du revenu national. La troisième fonction est l'utilisation de la politique fiscale et budgétaire à des fins de relance économique. C'est ce qui atteste de l'importance du rôle de la fiscalité dans le développement économique et social. Le lien de la fiscalité centrafricaine avec le développement passe la justification économique de l'impôt (A) et la définition de la place de la fiscalité dans la stratégie de développement (B).

A) La justification économique de l'impôt

151.— Longtemps, l'impôt fut considéré comme un moyen d'obtenir les ressources publiques et de redistribution des revenus[211]. De nos jours, la politique fiscale a dépassé sa simple mission de collecte des recettes en vue de financer les dépenses publiques. Les pouvoirs publics lui confèrent des objectifs d'ordre économique et social. On est passé progressivement vers une fiscalité de développement. La fonction économique de l'impôt prend une dimension importante dans la détermination de la politique fiscale. Cette fonction comporte de nombreux aspects qui ont une incidence directe sur l'économie d'un pays. L'État peut, de ce fait, utiliser les mesures fiscales pour orienter les choix économiques. L'impôt est l'une des principales ressources qui permettent à l'État de subvenir aux charges d'intérêt général[212] à travers le service public.

152.— En effet, le fondement théorique de l'utilisation de l'impôt comme moyen de politique économique se trouve dans l'analyse keynésienne. Les théoriciens de l'offre considèrent l'utilisation de l'impôt comme une condition essentielle de la croissance économique. L'accélération de la

---

[210] Fiche de lecture : Fondements, objectifs et instruments de la politique économique, assistance scolaire personnalisée (ASP).

[211] Bernard JURION, Quelques réflexions sur l'évolution du rôle économique de l'impôt, p. 1. Document en ligne : http://orbi.ulg.ac.be

[212] L'expression intérêt général désigne les intérêts, valeurs ou objectifs qui sont partagés par l'ensemble des membres d'une société. En politique, l'intérêt général ou intérêt public décrit la finalité de l'action de l'État au niveau d'un pays sans qu'il soit nécessaire d'en définir le contenu exact.

croissance économique entraîne, en effet, un accroissement proportionnel des recettes fiscales[213]. À cet effet, l'impôt est crucial pour l'analyse des politiques publiques, aussi bien dans ses fondements et mécanismes de collecte. C'est aussi un vecteur de politique sociale qui intègre un objectif de redistribution des revenus. Depuis l'accession de la République centrafricaine à l'indépendance, les efforts entrepris par les autorités politiques pour promouvoir le développement économique et social ont été contrariés par la conjoncture économique nationale et internationale.

153.— La prise en charge des dépenses de fonctionnement de l'État paraissait particulièrement lourde. Cet interventionnisme s'est manifesté par l'établissement de plans de développement économique et social. L'ambition est l'utilisation de la fiscalité comme facteur de stimulation de ces plans de développement. De cette ambition naît la relation entre la politique fiscale et l'environnement économique[214]. Elle influence directement l'activité économique. Car, l'impôt n'est plus seulement le mode normal de financement des dépenses publiques, il est également un moyen de redistribution des revenus, de stabilisation de l'activité économique. La fiscalité a ainsi des effets sur l'ensemble de l'économie et sur l'affectation des ressources. L'évolution de la théorie économique interventionniste a conduit à mettre en évidence la fonction économique potentielle du prélèvement fiscal.

154.— La valorisation de la fonction économique de l'impôt s'analyse en une politique de stimulation fiscale. L'introduction de mesures d'allègements ou d'exemptions le met au service d'objectifs économiques. Trois types d'avantages sont accordés aux agents économiques. Le premier type d'avantages concerne l'exonération fiscale. Le second type d'avantages concerne la liberté de rapatriement des bénéfices et du capital par l'atténuation ou la suppression de la taxation des distributions. Le dernier type d'avantages est relatif à l'exonération douanière. Elle concerne les biens d'équipement nécessaires à la réalisation de l'investissement productif. Instrument de politique économique et sociale, l'impôt doit être en adéquation avec les objectifs de développement afin de garantir son financement.

---

[213] Michel PEBEREAU, La politique économique de la France – les instruments, Éd. Armand Colin, 1985, p. 144.

[214] Michel BOUVIER, Introduction au droit fiscal général et à la théorie de l'impôt, LGDJ, 2012, p. 204.

B) Impôt et stratégie de développement

155.— La fiscalité occupe une place privilégiée dans la stratégie du développement économique et social d'un pays. L'impôt joue un rôle déterminant dans l'orientation et la réalisation des choix économiques. L'action de la fiscalité s'inscrit comme instrument de politique structurelle et conjoncturelle à tous les niveaux de la vie économique et sociale. Il n'est pas de politique de relance, de stabilisation ou de croissance qui ne recourt pas à l'utilisation de l'instrument fiscal[215]. Pourtant, les objectifs de croissance économique visés par les différentes politiques de développement en Centrafrique apparaissent difficilement conciliables avec la politique fiscale. L'analyse des différentes politiques de développement fait apparaître la période sous ajustement structurel (1) et la période de la stratégie pour la réduction de la pauvreté (2).

1. La période de l'ajustement structurel

156.— La période après indépendance couvre la période des années 1960 à 1985. Elle est caractérisée par la consécration du modèle économique hérité de la colonisation. Celui-ci est fondé sur la petite économie ouverte vers l'extérieur et basée sur le commerce des produits de rente. Le modèle économique centrafricain ne s'est pas détourné de l'exportation des matières premières en échange d'importations des produits manufacturés[216]. Durant cette période, l'impôt est au centre des contradictions. Le civisme fiscal n'est pas un enjeu prioritaire pour les autorités politiques. Du fait que la quête de légitimité auprès des populations peut être affaiblie par des opérations de recouvrement forcé. Monsieur Rolland ATANGA FONGUE constate que l'État nouveau est disposé à sacrifier le caractère autoritaire et légal de l'impôt sur l'autel de son acceptation, de la captation de l'imaginaire et des pulsions affectives des populations[217].

157.— Les sources de financement alternatives comme les redevances sur l'exploitation des ressources naturelles, l'emprunt ou l'aide extérieure sont privilégiées au détriment de l'extraction fiscale. Sur le plan législatif, les règles fiscales prévoient une taxation excessive et inappropriée des échanges commerciaux. Alors que les exonérations de diverses natures rétrécissent substantiellement l'assiette fiscale. Ce qui entraîne des pertes de recettes considérables et préjudiciables au développement économique. Quant à l'aspect administratif, les règles fiscales mises en place ne peuvent

---

[215] Elktiri MUSTAPHA, Fiscalité et développement au Maroc, Ed. Maghrébines, 1982, p. 119.

[216] Alice SINDZINGRE, Mondialisation et réforme de l'Etat, Afrique contemporaine, numéro spécial, 3e trimestre, 2001.

[217] Rolland ATANGA FONGUE, Contrôle fiscal et protection du contribuable dans un contexte d'ajustement structurel : Le cas du Cameroun, L'Harmattan, 2007, p. 34.

être appliquées sur l'étendue du territoire par manque de personnel qualifié. C'est ainsi que des fonctionnaires sont recrutés massivement sans tenir compte des critères de compétences. Ce recrutement de masse va favoriser une corruption endémique dans les administrations des douanes et des impôts[218].

158.— Dans la décennie 80, les ressources budgétaires s'amenuisent du fait de la détérioration des termes des échanges internationaux. Dans ce contexte, la fiscalité va constituer l'un des leviers pour résorber les difficultés budgétaires. Cependant, des études variées ont montré que le système fiscal est caractérisé par une multiplicité de types d'impôts assortis de taux d'imposition prohibitifs. A cet effet, l'impôt n'est pas l'outil par excellence de pilotage des politiques économiques et sociales pour financer le développement. Par conséquent, l'économie centrafricaine s'est effondrée accumulant des dettes énormes. Ainsi, les organismes créanciers ont remis en cause le modèle de développement qui a prévalu. Ils ont incité les débiteurs à soumettre leur économie nationale à des plans d'ajustement structurel[219].

159.— Les programmes d'ajustement structurel promeuvent la création d'un secteur public générateur de croissance. Ces plans visent à réduire l'endettement en assurant l'équilibre budgétaire et financier de l'État. En effet, les programmes d'ajustement structurel conséquemment mis en place ont connu deux étapes majeures : la première, dite « étape de stabilisation », concerne la réduction des dépenses publiques. La deuxième porte prioritairement sur l'amélioration du taux de pression fiscale, volet essentiel de l'équilibre budgétaire. C'est dire que l'État sous-programme doit s'engager à supprimer tous les obstacles à l'investissement privé[220].

160.— Ces programmes vont avoir un impact majeur sur la politique économique et sociale des pays contractants. Selon Monsieur Rolland ATANGA FONGUE, ces programmes ont foudroyé les fondements idéologiques, bouleversé les mécanismes de fonctionnement de l'économie nationale et les bases juridiques qui ont naguère soutenu le fonctionnement de l'État[221]. Cette réorganisation du rôle de l'État suggère une nouvelle politique fiscale et une importance accrue de l'impôt. La politique fiscale est de ce fait, au service d'une politique budgétaire axée sur la recherche de l'équilibre financier des comptes de l'État. Concrètement, les principales

---

[218] Alice SINDZINGRE, op. cit.
[219] Rolph Van Der HOEVEN et Fred Van Der KRAAIJ, L'ajustement structurel et au-delà en Afrique subsaharienne : Thèmes de recherche et thèmes politiques, Karthala, 1995, p. 67-130.
[220] Sylvie BELANGER, L'Ajustement structurel ou restructurer pour la croissance de l'Etat, Université du Québec, collection Cahier du GRETSE, janvier 1992.
[221] Rolland ATANGA FONGUE, op. cit., p. 10.

composantes du volet fiscal du programme d'ajustement structurel avaient trois objectifs essentiels : le rendement, l'efficacité et l'équité.

161.— Concernant le critère de rentabilité, les politiques d'ajustement structurel avaient pour but primordial d'assainir les finances des pays en développement pour les amener à honorer leurs dettes. Cette question de rentabilité des systèmes fiscaux a pour corollaire la question de l'équité, dont Monsieur Vito TANZI précisait que la pression fiscale des pays en développement est tellement élevée, qu'ils sont incapables de supporter une élévation additionnelle de celle-ci pour augmenter leurs recettes fiscales[222]. Il y a lieu de les réformer afin de les rendre efficaces par des mécanismes tels que l'abaissement des taux et l'élargissement de l'assiette fiscale. Ces mécanismes avaient l'obligation d'améliorer le niveau de la pression fiscale à court terme.

162.— Il ressort de cette analyse que le système fiscal au sortir des programmes d'ajustement structurel est réputé inadapté à la croissance économique recherchée. Le système fiscal reste basé sur des taux élevés d'imposition conjugués à de nombreuses exemptions, déductions et exonérations. Malgré des réformes entreprises, le système fiscal est complexe, inéquitable et inefficient. La mobilisation des ressources fiscales prônée par les programmes n'a pas permis une amélioration du rendement de l'impôt. L'assainissement des finances publiques s'est traduit par une faible mobilisation des ressources intérieures. Mais, la crise de l'endettement qui s'en est suivi va sonner le glas de la théorie de l'État acteur privilégié du développement prônée par les PAS. D'où l'intérêt de la mise en œuvre d'un autre plan de développement.

2. La stratégie pour la réduction de la pauvreté

163.— Malgré d'importantes réformes engagées pendant deux décennies et le concours de la communauté financière internationale, les pays d'Afrique subsaharienne ont continué à éprouver de grandes difficultés pour honorer leurs engagements financiers internationaux. Pour faire face à cette situation, le FMI et la Banque Mondiale lancent en septembre 1996 une initiative en faveur des pays pauvres très endettés (IPPTE). En 1999, l'Initiative PPTE va connaître une évolution dans ses principes directeurs pour devenir une initiative renforcée de lutte contre la pauvreté. L'objectif de l'initiative est de réduire la charge de la dette, sous réserve de la mise en

---

222 Vito TANZI, Augmentation des impôts et niveau des prix, Revue « finances et développement », septembre 1982, pp. 27-30.

place par les bénéficiaires de profondes réformes structurelles, notamment dans le secteur public[223].

164.— En effet, les institutions visent à faire de la lutte contre la pauvreté un élément fondamental et explicite d'une stratégie économique axée sur la croissance, énoncée dans un document de stratégie pour la réduction de la pauvreté (DSRP)[224]. L'atteinte du point d'achèvement de l'Initiative PPTE, accompagnée d'une annulation substantielle de la dette, devrait ouvrir de nouvelles perspectives de développement pour les économies à faibles revenus. Ainsi, la réussite de l'initiative d'allègement de la dette comme moteur de croissance repose sur la capacité du pays à mobiliser suffisamment de recettes fiscales pour que les sommes préalablement affectées au service de la dette soient investies dans les domaines sociaux. Concrètement, ces annulations de dettes s'analysent en une technique par laquelle le pays continue à rembourser, à chaque échéance, ses prêts aux États créanciers.

165.— Aussitôt le remboursement constaté, les sommes correspondantes sont reversées sur un compte spécifique de la Banque centrale du pays. Les fonds disponibles sur le compte sont considérés comme des dons. Leur utilisation sert à financer les politiques de réduction de la pauvreté, conformément au document de stratégie pour la réduction de la pauvreté[225]. Il arrive cependant que l'annulation soit définitive dès l'atteinte du point d'achèvement. Mais, dans les deux cas, ces allègements de dette ne deviennent des financements concrets que si les administrations fiscale et douanière sont capables de maintenir ou d'améliorer le niveau de mobilisation des recettes fiscales. L'impact budgétaire de l'atteinte du point d'achèvement se résume en un changement de destination des ressources fiscales, jadis transférées aux créanciers, celles-ci contribuent au financement du budget national.

166.— Sur le plan fiscal, l'atteinte du point d'achèvement n'induit pas une baisse de l'effort de mobilisation des recettes fiscales. Ainsi, la réforme du système fiscal et de son administration est une nouvelle fois au centre du programme. En Centrafrique, la période d'IPPTE se situe entre 2005 et 2012. Sous l'impulsion de la communauté financière internationale[226], le gouvernement centrafricain a multiplié les actions en faveur de la réforme globale des finances publiques. En effet, l'objectif de ces réformes est de

---

223 David ANDREWS, Anthony R. BOOTE, Syed S. RIZAVI, Sukhwinder SINGH, L'initiative renforcée en faveur des pays pauvres très endettés, Brochure Fonds monétaire international, Washington, 1999.
224 René OSSA, Réformes fiscales et développement en Afrique subsaharienne, Édilivre, 2012, p. 93.
225 République centrafricaine, Rapport national sur le suivi des objectifs du millénaire pour le Développement, 2007.
226 Gilbert AHO, Pour une stratégie de croissance propauvre, PNUD, 2006.

modifier la structure du système fiscal au profit d'impôts considérés comme neutre sur l'économie, notamment la TVA. Cet objectif vise également à rationaliser et à réduire les taux d'imposition qui frappent le commerce extérieur. De même, la méthode de la valeur transactionnelle en douane est appliquée comme valeur de référence à l'importation[227].

167.— Sur le plan administratif, les initiatives visent à renforcer la capacité institutionnelle des administrations fiscale et douanière par l'accroissement des effectifs, la simplification des procédures, l'offre de formation et l'amélioration du matériel technique[228]. Séduisant sur le papier, ces réformes fiscales vont pourtant être d'un apport limité. Dans un contexte où les faiblesses structurelles des administrations fiscale et douanière centrafricaines, dont les causes sont par essence politiques, n'ont pas été résorbées. Les réformes envisagées n'ont pas produit les effets escomptés. Toutes ces contingences ont durablement hypothéqué les capacités du pays à mobiliser efficacement les ressources fiscales.

168.— Or, l'objectif assigné au système fiscal centrafricain est un objectif budgétaire, visant à accroître les ressources de l'État sans préoccupation apparente pour les conséquences économiques et sociales. Il est à souligner que cette approche exclusivement budgétaire est malheureusement ce qui a été jusqu'à présent encouragé par les partenaires techniques financiers (PTF). Cette situation a des impacts négatifs sur le développement économique et social de la RCA. On pourrait affirmer que l'approche fiscale mise en œuvre jusque-là et renforcée depuis l'adoption d'une politique d'ajustement structurel est contre-productive. Car, elle conduit à biaiser le développement économique et social et donc à réduire la base fiscale qui permettrait au pays d'accroître sensiblement ses recettes.

169.— Nonobstant les objectifs énoncés dans le document de stratégie, le système fiscal centrafricain n'a pu trouver une certaine efficacité à pouvoir améliorer le niveau des recettes fiscales. Or, le développement économique implique la mobilisation des ressources financières internes. L'État ne peut plus ignorer que de la santé de l'économie dépend sa capacité à faire face aux charges qui lui incombent et qu'il ne peut rester dès lors indifférent à la rentabilité et à l'efficacité de la fiscalité[229]. Il en résulte que le système fiscal a un impact sur le développement, comme ce dernier rétroagit positivement sur le civisme fiscal. C'est cette interaction entre l'impôt et le

---

[227] La coopération au développement : UE-RCA, Rapport sur l'appui macroéconomique : redressement des finances publiques, 2005.
[228] La coopération au développement : UE-RCA, Rapport sur l'appui macroéconomique : redressement des finances publiques, 2005.
[229] Michel BOUVIER, Introduction au droit fiscal général et à la théorie de l'impôt, LGDJ, 2012, p. 205.

développement qu'une réforme fiscale doit optimiser[230]. Cependant, l'échec des politiques de développement consacre leur inadéquation avec la politique fiscale. Elles attestent du peu d'intérêt accordé à la fonction économique de l'impôt dans la mise en œuvre des plans de relance économique.

Section 2 — Incompatibilité des objectifs de la politique économique

170.— Une politique économique suppose des objectifs et des instruments destinés à en assurer la réalisation. Pour ce faire, une compatibilité doit exister entre les objectifs et les instruments devant permettre de les atteindre. Depuis son indépendance, le Centrafrique a connu divers plans de développement économique et social. Si les objectifs étaient bien définis par ces différents plans, le fait que leur réalisation dépendait essentiellement de sources de financement externes les a réduits à de simples catalogues de projets alors qu'ils devraient servir de véritables instruments de stratégie de développement. Cette remarque déplore l'absence de corrélation étroite entre le pouvoir de décisions et les capacités de leur réalisation.

171.— Mais elle déplore aussi la situation de déficit qu'ils ont contribué à créer, à cause de leurs contenus politiques et sociaux vagues et imprécis. Le financement des projets et programmes de développement demeure tributaire de sources externes accentuant la dépendance de l'économie nationale. Étant donné que le support des actions de développement échappe aux autorités, leur liberté de choix est donc aussi entamée. On est tenté d'affirmer, sans trop de pessimisme, que le Centrafrique n'a pas les moyens de sa stratégie de développement. Ce phénomène résume toute l'incohérence (§ 1) et l'inadéquation des modèles de développement mis en œuvre en République centrafricaine (§ 2).

§ 1 — Incohérence des politiques économiques

172.— L'observation de la trajectoire historique du pays révèle une gestion irresponsable en matière de politique économique. Depuis l'indépendance, la logique de la rente érigée en politique économique ne pouvait pas créer les conditions d'un décollage économique. En effet, fondée sur la captation des rentes agricole et minière ainsi que l'aide extérieure, la logique de rente empêche non seulement la diversification économique, mais aussi le développement de la production nationale. Dans ces circonstances, un retournement conjoncturel ne pouvait qu'avoir des conséquences néfastes

---

[230] René OSSA, Réformes fiscales et développement en Afrique subsaharienne, Edilivre, 2012, p. 40.

sur l'économie nationale[231]. Malgré les efforts déployés, le bilan reste mitigé (A) au regard des multiples programmes élaborés qui contrastent avec un héritage présentant une économie sinistrée (B).

A) Le bilan contrasté des programmes d'ajustement

173.— Les politiques économiques menées successivement en Centrafrique constituent un perpétuel recommencement. Les réformes économiques, menées depuis les années 1980, ont joué un rôle important dans la configuration actuelle des capacités à mobiliser des ressources fiscales. En effet, à partir de 1986, la République centrafricaine était entrée dans un processus de réformes économiques successives sur le plan structurel avec l'appui des partenaires au développement qui prescrivaient des réformes de libéralisation et de démantèlements des offices publics[232]. C'est ainsi que différents plans de développement ont été initiés et appliqués afin de trouver des solutions idoines aux difficultés économiques et financières que traverse le pays. Elles ont entraîné l'adoption de la politique d'ajustement structurel. Dans l'ensemble, les résultats enregistrés ont été peu satisfaisants pour multiples raisons.

174.— Les effets attendus de la mise en œuvre des programmes ont été obérés, soit par le contexte socioéconomique national, soit par les facteurs exogènes, notamment la fluctuation des cours mondiaux des principaux produits d'exportation. Après une période de transition politique, les changements intervenus n'ont pas occasionné le progrès espéré. Ils n'ont pas apporté de solutions aux problèmes structurels auxquels l'économie centrafricaine est confrontée. Bien au contraire, force est de constater l'incapacité de l'État à impulser les changements économiques et sociaux[233]. Sur le plan budgétaire, l'objectif est de réduire le déficit budgétaire en insistant plus sur l'augmentation des recettes fiscales que sur une diminution des dépenses publiques. Cet objectif n'est pas atteint à cause du faible recouvrement et du déclin du secteur industriel et commercial.

175.— Cette baisse des recettes publiques est occasionnée par la recrudescence de la fraude, de la corruption et l'effervescence du secteur informel. Ce déficit budgétaire est également accru par la chute des cours mondiaux d'échanges. L'État centrafricain se trouve dans l'incapacité de

---

[231] Jean-Baptiste Noël WAGO, L'économie centrafricaine : pour rompre avec la logique de rente, Ed. L'Harmattan, 2000, p. 10.

[232] Alice SINDZINGRE, État et intégration internationale des États d'Afrique subsaharienne : l'exemple de la fiscalité, Revue Afrique contemporaine, numéro spécial, 3e trimestre 2001, p. 71

[233] Banque Mondiale, Mémorandum sur la politique économique et financière de la Centrafrique, 1998.

faire face à ses dépenses courantes et sociales. En effet, cette tension permanente des finances publiques s'explique par le caractère aléatoire des recettes publiques. Par conséquent, l'impécuniosité de l'État centrafricain exige un recours incessant aux concours financiers internationaux, en l'occurrence l'aide française, pour faire face aux besoins de financements publics tant de fonctionnement que d'investissement. Ce maternage particulier de la part de la France, du fait des concours financiers accordés depuis les années soixante pour des raisons géostratégiques en Centrafrique[234], a été très pernicieux pour le développement du pays. Partant de ce constat, la mise en place des bases d'un développement afin d'éradiquer la pauvreté nécessite la rupture avec cette spécialisation régressive de l'économie centrafricaine.

B) Les effets controversés des mesures préconisées

176.— Trois phénomènes importants constituent les traits fondamentaux de l'économie centrafricaine. Elle se caractérise d'abord par un secteur informel croissant qui met en difficulté les activités d'un secteur moderne embryonnaire. Ensuite, elle est marquée par un secteur étatique qui comporte toutes les contradictions d'une économie sous-développée[235]. Enfin, un système économique fondé sur un secteur extraverti[236], producteur de matières premières dont le pays tire l'essentiel de ses ressources en devises. Il mobilise de ce fait tout l'appareil de production pour les besoins du marché international au détriment des besoins économiques internes. Il n'est point ignoré que les cours de ses matières premières sont sujets à de fortes variations. Ce qui non seulement affecte les recettes de l'État, mais rend ces dernières assez aléatoires au fil des conjonctures internationales.

177.— Ainsi, le choix de la stratégie de développement fondé sur les rentes agricole et minière et sur la captation de l'aide internationale favorise l'extraversion de l'économie centrafricaine préjudiciable à son développement économique. L'économie de rente est le terme utilisé pour stigmatiser toute économie pouvant se reproduire sans accumulation du capital[237]. L'acception la plus courante de la rente est le revenu obtenu sans création supplémentaire de biens et services. Dans ce contexte de mise en valeur sans possibilité d'accumulation du capital, la rente provient des prélèvements opérés par l'État sur les produits de base, rentes agricole et

---

[234] Jean-Baptiste N. WAGO, L'économie centrafricaine – Pour rompre avec la logique de rente, L'Harmattan, 2000, p. 9.

[235] Gérard GRELLET, Monique MAINGUET et Pierre SOUMILLE, la République centrafricaine, Que sais-je, 1982, p. 106.

[236] Jean-Baptiste Noël WAGO, L'économie centrafricaine : pour rompre avec la logique de rente, Ed. L'Harmattan, 2000, p. 10.

[237] Idem, p. 23.

minière, et l'aide internationale[238]. La logique de la rente privilégie une orientation préférentielle des investissements productifs vers les cultures d'exportations et les activités minières.

178.— Ce choix économique désavantage le secteur manufacturier. Cependant, cette logique de rente a obtenu un soutien actif, jadis, des partenaires au développement[239], notamment l'Union européenne à travers les mécanismes de fonds STABEX[240] et SYSMIN[241]. Un tel système économique favorise non seulement une forte contribution du secteur primaire, mais une marginalisation du secteur tertiaire et secondaire. En effet, il en résulte un modèle de croissance de type rentier dans lequel quelques productions agropastorales et minières déterminent le niveau des recettes fiscales. Le Centrafrique continue de conserver un système économique archaïque qui hypothèque tout espoir de développement économique. La logique de rente qui domine la valorisation de la richesse nationale joue en défaveur de l'industrie manufacturière et de l'artisanat.

179.— Cette stratégie de développement constitue un facteur d'extraversion de l'économie centrafricaine. L'économie centrafricaine reste tributaire des facteurs externes relatifs aux débouchés, à la technologie et aux capitaux, renforçant ainsi sa vulnérabilité. L'absence d'un marché intérieur oblige le pays à recourir aux marchés internationaux à la fois pour vendre ses produits de rente et pour s'approvisionner en biens courants et en biens d'équipement. Les échanges extérieurs constituent un enjeu vital pour l'économie centrafricaine. Dans ce contexte, force est de constater que le niveau d'activité économique est déterminé par les besoins des marchés extérieurs et que l'orientation sectorielle d'investissements des firmes étrangères se fait en fonction de leurs intérêts.

180.— Les échanges extérieurs centrafricains concernent quelques produits agricoles, miniers et le bois. La performance économique centrafricaine est soumise aux aléas de l'environnement économique et monétaire international. En outre, l'irrégularité des recettes tirées par l'État de ces exportations amplifie la contrainte externe, notamment la dette, et renforce la dépendance financière. Au demeurant, la tension permanente des finances publiques centrafricaines s'explique par l'étroitesse de la base fiscale qui génère moins de recettes budgétaires. Contrairement aux autres pays de la Communauté économique et monétaire de l'Afrique centrale

[238] Philippe HUGON, L'économie de l'Afrique, Éd. La Découverte, 2006, p. 9.
[239] Jean-Baptiste N. WAGO, L'Afrique face à son destin, Éd. L'Harmattan, 1997, p. 18.
[240] Le STABEX ou Fonds de stabilisation des recettes d'exportation sur les produits agricoles a pour but de compenser pour certains pays la baisse brutale de leurs recettes d'exportation due à la chute des cours de certains produits tropicaux sur le marché international.
[241] Le SYSMIN, le système de développement du potentiel minier, a été créé pour faire face aux difficultés d'un État qui détient un secteur minier important et dont les exportations baissent du fait de changements intervenus sur le marché international.

(CEMAC), où les recettes budgétaires représentent en moyenne 20 % du PIB, celles de la République centrafricaine sont à environ 10 % du PIB[242].

181.— De même, l'absence de diversification et l'exploitation d'un nombre limité des matières premières végétales et minérales constituent la faiblesse majeure de l'économie centrafricaine[243]. Ce contexte particulier de mise en valeur crée des conditions de dépendance permanentes et rend l'économie centrafricaine tributaire de « béquilles » financières internationales[244]. Et pourtant, bien que confrontée aux contraintes internes et externes, l'économie centrafricaine présente de fortes potentialités de développement qui sont insuffisamment ou pas exploitées. Il va sans dire que les politiques économiques élaborées et mises en œuvre ne créent pas une cohérence entre les objectifs et les instruments.

§ 2 — Inadéquation des politiques économiques

182.— La politique économique a comme objectif prioritaire le renforcement de l'investissement productif, considéré comme principal déterminant de la croissance. La mise en œuvre de la politique économique se heurte à la faiblesse de l'épargne domestique et aux contraintes extérieures. Cela conduit à une remise en cause radicale de l'efficacité de la politique budgétaire. C'est notamment le cas pour les politiques recommandées par le FMI, dans des situations de crise financière ou d'insolvabilité. Ces politiques d'ajustement structurel ont été remises en cause à la fois pour leurs effets déstabilisants sur les économies concernées et leurs conséquences sociales (A). Dans le cas centrafricain, le système fiscal est incompatible avec les objectifs de développement (B).

A) Les effets déstabilisants des politiques économiques

183.— La situation difficile dans laquelle se trouve ce pays s'explique par l'échec des politiques de développement mises en œuvre. À cet effet, trois types d'échecs principaux caractérisent ces politiques de développement : l'échec de l'industrialisation, la dégradation des conditions de vie et l'accroissement des inégalités. D'abord l'industrialisation, elle préconisait la politique de substitution à l'importation. Son succès serait garanti grâce au transfert de technologies et à l'investissement direct étranger. L'échec de l'industrialisation n'est pas à démontrer. En dépit de nombreux avantages fiscaux, accordés aux entreprises étrangères qui s'y

---

[242] Rapport sur la situation économique des pays de l'Afrique centrale, BEAC, 2010.
[243] Jean-Baptiste Noël WAGO, L'économie centrafricaine : pour rompre avec la logique de rente, Éd L'Harmattan, 2000, p. 23.
[244] Idem.

installent, l'industrie demeure marginale. Quant à la dégradation des conditions de vie des populations, celle-ci représente incontestablement la principale et la plus grave manifestation de l'échec des politiques du développement préconisées[245].

184.— Dans beaucoup de pays africains, tels que le Centrafrique, les PAS n'ont pas eu l'effet attendu sur la croissance économique[246]. Les réformes structurelles induites par les PAS ont permis des avancées dans la gestion économique du pays, mais le bilan sur le plan social est négatif. L'impact socioéconomique des efforts entrepris fut mitigé. La forte contraction des exportations due surtout à des facteurs exogènes a déprimé l'activité économique et a beaucoup contribué à la dégradation financière du pays[247]. Les recettes d'exportation ont baissé amplifiant ainsi la baisse des recettes de l'État. La conséquence de cette réduction drastique a été la contraction des recettes publiques et une augmentation du service de la dette. Malgré les critiques à l'encontre de l'action du FMI, à la fois dans les pays en développement et dans les pays industrialisés, l'institution monétaire a maintenu les recommandations[248].

185.— Loin de relancer la dynamique de la croissance économique, ces programmes d'ajustement structurel ont eu un effet récessif qui a accentué le décrochage des économies africaines de l'économie mondiale[249]. Néanmoins, l'effort de stabilisation macroéconomique prôné par les PAS s'est manifesté partiellement par des mesures de réduction des dépenses publiques sans augmenter les recettes fiscales. Ces mesures ont eu des impacts négatifs sur le plan social. Les politiques d'ajustement structurel n'ont pas permis de construire de nouvelles normes économique et sociale pour succéder aux normes en crise. Au contraire, elles ont accéléré la décomposition des normes en crise, approfondi la régression économique et sociale et ouvert la voie à une désintégration des sociétés[250].

186.— Les déboires de ces nouvelles orientations économiques s'expliquent par l'incapacité des institutions internationales à penser la

[245] Elle reflète de la détérioration des structures économiques et sociales en raison de leurs incidences. Aujourd'hui, la RCA se trouve dans l'incapacité de nourrir sa population par son agriculture. La dégradation de la production agricole vivrière résulte d'une politique visant à encourager les cultures de rente.
[246]Jean-Pierre FOIRRY, L'Afrique : continent d'avenir ? Éd. Ellipses, 2006, p. 79.
[247] Document statistique du Ministère du Plan et de l'Economie.
[248] Jean-Pascal BASSINO, Jean-Yves LEROUX et Pascal MICHELENA, Éd. Les politiques économiques, Foucher, 1999, p. 177-178.
[249] Jean-Baptiste N. WAGO, L'Afrique face à son destin, Éd. L'Harmattan, 1997, p. 55.
[250] Samir AMIN, L'importance du sommet social des Nations unies, in Afrique et monde arabe. Echec de l'insertion internationale, Forum du tiers monde, Éd. L'Harmattan, 1995, p. 30.

complexité du développement économique[251]. Les PAS ont échoué à cause des restrictions budgétaires qu'ils imposent. Or, les réformes fiscales lors des plans d'ajustement structurel ont été régies par des principes libéraux de neutralité fiscale[252]. La fiscalité ne devait pas perturber les choix individuels d'allocation des ressources. L'objectif était d'élargir les bases fiscales et instaurer des impôts uniformes. Les droits de porte ont été réduits et uniformisés. Ce qui est appelé la transition fiscalo-douanière[253]. L'objectif financier des réformes fiscales à savoir un élargissement de l'assiette fiscale a partiellement été atteint. Dans ce contexte, le système fiscal est incompatible avec les objectifs de développement.

B) Incompatibilité du système fiscal avec la politique économique

187.— Les ressources de l'État sont essentiellement générées par l'exportation des produits primaires, perpétuant ainsi la spécialisation des échanges économiques en vigueur pendant la colonisation[254]. Ce modèle de développement constitue, en effet, l'une des causes majeures de la faible mobilisation des recettes fiscales. Dans le cas du Centrafrique, le financement des actions du développement n'est pas assuré par les ressources fiscales. Le problème réel est que l'approche du développement en Centrafrique n'a jamais créé des conditions politique, économique et sociale pour l'amélioration du système fiscal. L'histoire de la fiscalité centrafricaine montre que les tentatives de mise en place d'une fiscalité juste, effective et mieux repartie se sont souvent heurtées à des contraintes qui dépassaient la simple limite de la technique fiscale[255].

188.— En effet, le manque d'articulation des types de taxation avec les politiques publiques d'incitation à l'investissement privé a freiné le développement économique de la République centrafricaine. Or, l'un des problèmes-clés du développement économique est celui de son financement endogène. Si les capacités contributives font défaut, il est impossible d'assurer un développement harmonieux de l'économie. Ce qui met en évidence l'incompatibilité de la politique fiscale avec les politiques de développement économique. Elle caractérise à la fois la cause et la

---

[251] Sandrine TROUVELOT, Ajustement structurel : la faillite d'un modèle, Alternatives économiques, n° 131, novembre 1995, p. 19.

[252] Nicholas Herbert STERN, Le rôle de l'Etat dans le développement économique, Conférence Walras-Pareto, Editions Payot Lausanne, 1992, p. 120.

[253] Gérard CHAMBAS, Afrique au sud du Sahara : quelle stratégie de transition fiscale ? Afrique Contemporaine, 2005, 213-1, pp. 133-164.

[254] Tous les plans de développement dépendent exclusivement de l'aide extérieure pour leur exécution. D'où les difficultés de leur réalisation en l'absence d'une épargne nationale.

[255] Frantz PENTZLIN, Politique fiscale en République centrafricaine, ministère du Plan et de la Coopération, 1986, p. 15.

conséquence de la trappe à pauvreté dans laquelle le pays se trouve. Aucun plan de développement n'a pu aboutir au réel décollage économique du pays. Par conséquent, les objectifs du développement en corrélation avec la fiscalité appellent à une transformation globale des structures politiques, économiques et sociales.

189.— La capacité à enclencher un processus de développement économique dépend du niveau de mobilisation des recettes budgétaires nécessaires à la mise en œuvre des stratégies de développement. La stratégie usuelle est de renforcer les capacités des administrations fiscale et douanière. Ce qui n'était pas l'objectif des pouvoirs publics qui ne misaient que sur l'afflux des fonds extérieurs pour financer le développement. Il faut dire que l'afflux des financements extérieurs grâce aux exportations, aux investissements directs étrangers et à l'aide internationale doit produire de la croissance, lutter contre la pauvreté et enclencher le développement. Ce modèle économique n'a pas prospéré. Il n'a pas permis à la fiscalité de jouer le rôle de lien entre impôts et objectifs du développement économique en Centrafrique.

Conclusion du chapitre 2

190.— Plusieurs programmes de développement ont été élaborés en Centrafrique. Le résultat escompté est loin d'être perceptible au regard du bilan mitigé. Tous les programmes rapportés clé en main n'avaient aucune chance de produire de la croissance[256]. Le bilan des politiques économiques en Centrafrique donne la mesure du niveau de son développement. Ces politiques économiques ont manqué de vision et de stratégie globale, caractérisées par une instabilité récurrente. D'où la fâcheuse impression d'un éternel recommencement à chaque changement de régime. C'est dire que la RCA est condamnée au même supplice que Sisyphe[257], à toujours reprendre à zéro le moindre effort fourni. Le fait de « vivre dans un mythe de Sisyphe » signifie que l'on vit une situation absurde répétitive dont on ne voit jamais la fin ou l'aboutissement. Ce supplice éveille des échos dans notre monde moderne.

191.— De graves problèmes de gouvernance et l'instabilité politique récurrente apparaissent comme les causes principales de contre-performances de ces politiques. De même, la mauvaise insertion internationale de l'économie centrafricaine, n'ayant aucune base interne, a favorisé une forte dépendance à l'égard des partenaires. Pour favoriser la croissance de l'économie, les partenaires au développement ont apporté un appui multiforme dans le domaine des réformes macroéconomique, institutionnelle et structurelle. Ces différents appuis ont, certes, posé les bases d'un processus de réformes visant à assainir les finances publiques pour une meilleure efficacité du rendement de l'impôt. Pour ce faire, l'amélioration des recettes fiscales nécessite la levée de certaines contraintes et difficultés majeures.

---

[256] Marcel ZADY, Développement de proximité et gestion des communautés villageoises, Paris, Éd. Brunie, 2004 ; cité par René OSSA, op. cit., p. 67.
[257] Albert CAMUS, L'Etranger, Éd. Gallimard, Paris, 1942.

Conclusion du titre 1

192.— Plus qu'une simple source d'informations, la connaissance historique est un élément incontournable permettant de comprendre les conditions politiques et économiques dans lesquelles a évolué le système fiscal centrafricain. En effet, l'évolution économique ne peut se comprendre si l'on fait abstraction du système fiscal dans lequel toutes les activités économiques sont concernées. De même, aucune construction politique ne peut être comprise si l'on fait abstraction de son infrastructure économique. Dans une large mesure, le lien entre l'une et l'autre s'établit par l'impôt. Le développement du système fiscal dans toutes ses phases ne peut être étudié sans tenir compte de cette réciprocité[258]. Dès lors, la construction d'un système fiscal a pour corollaire la mise en commun des politiques économiques et financières.

193.— Les finances de l'État étaient basées sur les rentes des matières premières et l'aide internationale pour le financement du développement. L'extranéité du processus de développement et de son financement a des impacts sur la mobilisation des ressources fiscales. Lorsque cette option a montré ses limites et qu'apparaissent les PAS, l'impôt devient alors l'outil par excellence d'équilibre budgétaire. Ainsi, le rôle de la fiscalité est mis en évidence dans les plans de développement. Pour autant, les décisions en matière fiscale sont porteuses de choix politiques et économiques qui renvoient à des questions d'efficacité économique[259]. Mais le rapport qui existe entre l'impôt et les politiques de développement a montré les limites du système fiscal.

---

[258] Nahed Mohamed Ali EL FAKIR, La réforme fiscale dans les pays émergents : le cas de l'impôt sur le revenu des personnes physiques en Egypte, Thèse, Université Aix-Marseille III, 2004, p. 20.

[259] Marc LEROY, L'impôt, l'État et la société : la sociologie fiscale de la démocratie interventionniste, Economica, 2010.

Titre 2 — Les limites du système fiscal

194.— Le financement des politiques de développement doit s'appuyer prioritairement sur la mobilisation de ressources propres, en particulier les ressources fiscales[260]. De ce fait, la mobilisation des ressources intérieures permet de financer avec efficacité une croissance et un développement inscrits dans une longue durée. Mais, en Centrafrique, la mobilisation des ressources internes pour le financement du développement est faible du fait des difficultés rencontrées dans la collecte des recettes fiscales par les administrations fiscale et douanière. Pour le Professeur Michel BOUVIER, les enjeux contemporains de la fiscalité sont intimement liés aux transformations de tous ordres qui sont à l'œuvre dans les sociétés[261].

195.— La fiscalité est étroitement liée à la politique de développement. De ce fait, on assigne à la politique fiscale une variété d'objectifs[262] qui ne peuvent pas être tous compatibles dans la situation que traverse le Centrafrique. L'une des tâches les plus difficiles de la réforme structurelle d'une économie est de réviser le régime fiscal de façon à éliminer les obstacles tout en évitant, par ailleurs, d'affaiblir l'assiette fiscale. La réforme doit également concilier le rendement de l'impôt et les objectifs de politique économique. Ainsi, l'analyse du système fiscal centrafricain (Chapitre 1) fait ressortir les facteurs de sa vulnérabilité (Chapitre 2).

---

260 Centre d'Etudes et de Recherches sur le Développement international (CERDI), Le financement du développement ; Document en ligne : http://cerdi.org/axe/show/id/1

261 Michel BOUVIER, Introduction au droit fiscal et à la théorie de l'impôt, LGDJ, 2012, 11e éd., p. 289.

262 Ralph DAVIDSON, Les problèmes fiscaux et monétaires dans les pays en voie de développement, 3e conférence de Réhovoth, Dunod, 1967, p. 227.

Chapitre 1 — Le système fiscal centrafricain

196.— Le Consensus de Monterrey donne les orientations sur la manière d'aborder les questions de mobilisation des ressources. Il part du principe que les pays en développement doivent se fonder sur la mobilisation des ressources internes[263]. À cet effet, la mobilisation des ressources fiscales permet de financer avec efficacité le développement économique. La fiscalité constitue la principale source de financement des États[264]. C'est ainsi que, toute politique fiscale vise deux objectifs. D'une part, elle doit garantir les rentrées fiscales destinées au financement des dépenses publiques. D'autre part, elle doit orienter la fiscalité pour stimuler les activités productrices. En Centrafrique, la politique fiscale vise à assurer le rendement efficace de l'impôt et à exercer une action d'orientation, d'incitation et de correction dans les domaines économique et social. Il est nécessaire que la structure fiscale soit un stimulant d'incitation à l'investissement productif (Section 2) tout en étant un outil de mobilisation de ressources propres (Section 1).

Section 1 — La structure fiscale

197.— La mobilisation de ressources fiscales est une nécessité pour le financement du développement économique et social. Un État prélève divers impôts sur le revenu des personnes physiques et morales, des taxes sur la consommation de certains biens et services. Cette diversification d'imposition constitue la structure fiscale d'un pays. En effet, la structure fiscale est un instrument important qui est utilisé pour mobiliser les ressources fiscales. La notion de structure fiscale renvoie à l'équilibre entre les différentes contributions qui constituent les recettes qu'un pays tire de l'impôt. L'objectif principal est de financer les dépenses publiques, mais il sert également à réguler le comportement social et économique, ainsi qu'à gérer la répartition des richesses. La structure fiscale est un révélateur du but poursuivi par l'imposition ainsi que de ses effets sur le plan du bien-être social.

---

[263] La conférence de Monterrey est établie lors de la conférence internationale sur le financement du développement organisée en 2002 au Mexique.

[264] OCDE, « Les recettes fiscales, moteur du développement durable », dans Coopération pour le développement 2014 : Mobiliser les ressources au service du développement durable, Éditions OCDE, 2015, p. 101-109.

198.— Pour ce faire, la politique fiscale, comme les politiques économiques, a une variété d'objectifs à atteindre[265]. Comme outil de développement économique, l'opération de collecte des recettes fiscales en Centrafrique se fait par application d'un ensemble de règles et pratiques légales relatives aux impôts qui forment le système fiscal centrafricain. Maurice DUVERGER qualifiait le système fiscal de constellations dont les impôts et droits divers perçus dans le pays sont les étoiles[266]. Le lien entre la fiscalité et le développement permet d'examiner le système de taxation intérieure (§ 1) et le système de taxation des échanges extérieurs avec la fiscalité spécifique (§ 2).

§ 1 — Le système de taxation intérieure

199.— La problématique majeure est de concevoir et d'exécuter un système fiscal qui mobilise des recettes fiscales pour le financement du développement. La stratégie de mobilisation des recettes fiscales consiste en l'identification des sources de financement à mobiliser au niveau interne. En effet, pour la mobilisation des recettes de source interne, il est mis en œuvre les mécanismes de la fiscalité intérieure. Elle désigne l'ensemble des impôts directs et indirects perçus à l'occasion d'opérations sur les biens et services ou des activités se déroulant entièrement à l'intérieur du territoire national[267]. La mobilisation des recettes fiscales est essentiellement basée sur un système fiscal déclaratif. Les recettes fiscales sont réalisées par la fiscalité directe (A) et par la fiscalité indirecte (B).

A) La fiscalité directe

200.— La fiscalité directe, constituée des impôts frappant directement les revenus et la richesse, soit de personnes physiques, soit de personnes morales, est considérée comme un instrument privilégié pour agir sur la répartition des revenus ou des richesses[268]. En effet, l'imposition directe est constituée des taxes levées directement sur le revenu des particuliers ou les bénéfices des entreprises. En Centrafrique, la fiscalité directe est composée d'impôts directs (1) et diverses taxes assimilées aux impôts directs (2).

---

265 Traditionnellement, les objectifs de la politique fiscale revoient aux trois fonctions : allocation, redistribution et régulation. En effet, la justice, l'équité et l'efficacité apparaissent très contradictoires dans leur mise en œuvre.

266 Maurice DUVERGER, Finances publiques, PUF, 1971, p. 462.

267 Michel BOUVIER, Introduction au droit fiscal général et à la théorie d'impôt, LGDJ, 2005, p. 29.

268 Gérard CHAMBAS, L'Afrique subsaharienne : Mobiliser des ressources fiscales pour le développement, Economica, 2005, p. 81.

1. Les impôts directs

201.— En matière d'impôts directs, l'imposition porte sur les revenus des contribuables. Outre la notion de prélèvement annuel, les impôts directs constituent un prélèvement qui demeure à la charge exclusive du contribuable par opposition aux impôts indirects dont les redevables répercutent le montant sur les clients[269]. En Centrafrique, l'impôt sur le revenu des personnes physiques concerne une faible partie de la population et sa contribution aux recettes publiques reste marginale. En revanche, la fiscalité sur les entreprises-personne morale se justifie par l'existence d'une capacité contributive[270] substantielle au budget national. La législation fiscale centrafricaine a prévu l'impôt sur le revenu des personnes physiques (IRPP)[271], l'impôt sur les bénéfices des sociétés (IS)[272].

202.— S'agissant de l'impôt sur le revenu des personnes physiques, il doit être perçu pour assurer une certaine égalité dans la répartition de la charge fiscale entre les diverses catégories de revenus. L'imposition porte sur un revenu global qui est constitué à la fois de différents revenus nets catégoriels et de l'ensemble de ceux qui ont été perçus par les membres du foyer fiscal duquel sont déduites certaines charges[273]. Les dispositions du CGI relatives à l'IRPP restent conformes pour l'essentiel à la législation communautaire. Cependant, celles qui ont été instituées par la législation fiscale centrafricaine conformément à la faculté offerte par la directive de la CEMAC[274] rendent inefficient le système[275]. La multiplicité des taux de retenue à la source et la coexistence des barèmes de l'impôt rendent difficiles la gestion administrative et la maîtrise de l'efficacité des opérations de recouvrement.

203.— En ce qui concerne l'impôt sur les sociétés, il frappe les revenus des personnes morales qui exercent des activités industrielles, commerciales, agricoles et artisanales. Il constitue un atout qui participe de l'efficience du système fiscal centrafricain. Les dispositions relatives à l'IS correspondent pour l'essentiel à celles de la directive CEMAC relative à l'impôt sur les sociétés[276], qui ont été entièrement transposées dans le code général des impôts. Toutefois,

---

[269] Claude GAMBIER, Les impôts en France, Francis Lefebvre, 1983, p. 13.
[270] Idem.
[271] Article 1er et suivant du Code général des impôts centrafricain.
[272] Article 121 et suivants du Code général des impôts centrafricain.
[273] Jean-Jacques BIENVENU et Thierry LAMBERT, Droit fiscal, PUF, 2010, p. 334.
[274] La directive n° 01/04 — UEAC-177-U-CM-12 du 29 juillet 2004 portant révision de l'Acte n° 3/77 — UDEAC-177 instituant l'impôt unique sur le revenu des personnes physiques.
[275] Denis Papin NGANDA, La fiscalité comme instrument de politique économique et sociale en République centrafricaine, Mémoire de master 2 professionnel, Université de Douala, 2011, p. 13.
[276] Acte 3/72 — 153-UDEAC du 22 décembre 1972, puis révisé par la Directive CEMAC n° 02/01/UEAC-050-CM-06 du 3 août 2000 relative à l'impôt sur les sociétés.

l'examen de certaines dispositions de la législation fiscale centrafricaine, pour lesquelles la directive autorise chaque État à légiférer, révèle certaines insuffisances. L'existence de deux taux, 20 % destinés au secteur agricole et 30 % pour les autres activités, est contraire aux dispositions de l'article 55 de la directive de la CEMAC relative à l'IS. Cette disposition autorise un seul taux à fixer dans la fourchette comprise entre 25 % et 40 % et non un taux réduit en matière d'IS.

204.— Or, cette imposition au taux réduit de 20 %, instituée par le législateur centrafricain et appliqué exclusivement au seul secteur agricole, vise à encourager le développement dudit secteur en Centrafrique. Non seulement cette disposition porte une entorse à la législation communautaire, mais elle participe à la discrimination dans l'imposition des bénéfices réalisés par des personnes morales imposables à l'IS. Toutefois, du fait de manque d'engouement des investissements dans ledit secteur, sa contribution aux recettes fiscales reste très marginale. Car, il n'existe pas de grands domaines agricoles en Centrafrique susceptible de contribuer à l'économie nationale. L'agriculture pratiquée par la population est une agriculture de subsistance. Les impôts sur le revenu des personnes physiques et les bénéfices des sociétés ne contribuent pas à parts égales dans l'ensemble des impôts sur le revenu. En marge des impôts ci-dessus énumérés, diverses taxes assimilées aux impôts directs existent, dont la contribution au budget de l'État est marginale.

2. Diverses taxes assimilées à l'imposition directe

205.— Il s'agit de la contribution des patentes, la taxe foncière et l'impôt global unique[277]. En ce qui concerne la patente, elle est un impôt lié à l'exercice d'une activité professionnelle non-salariée. L'article 185 du CGI dispose : « Toute personne physique ou morale de nationalité centrafricaine ou étrangère, qui exerce en RCA un commerce, une industrie, une profession non explicitement compris dans la liste des exemptions prévues par l'article 188 ci-après et dont le chiffre d'affaires est supérieur à 30 000 000 FCFA est assujettie à la contribution de patentes. Est également passible de la contribution des patentes tout établissement public ainsi que tout organisme de l'État, des départements, ou des communes remplissant les critères définis au 1er alinéa du présent article ». La patente est due par établissement. Par établissement, il faut entendre une installation fixe ou une entreprise peut exercer une ou plusieurs activités. C'est un impôt annuel.

[277] Articles 189, 197, 199 du Code général des impôts de la RCA.

Tableau n° 8 : Classe des patentes

Classe de patentes	Tranches de chiffres d'affaires (CA)	Taux
4e	CA compris entre 30 millions et 100 millions	1,00 %
3e	CA compris entre 100 000 millions et 1 milliard	0,60 %
2e	CA compris entre 1 milliard et 10 milliards	0,45 %
1re	CA supérieur à 10 milliards	0,20 %

Source : Tableau réalisé par l'auteur.

206.— Quant à la taxe foncière, elle est une contribution annuelle établie sur les propriétés bâties et les propriétés non bâties. La faiblesse d'imposition de la propriété implique d'importantes pertes de recettes pour le budget de l'État. La taxe foncière a un apport très marginal dans la collecte des recettes fiscales en Centrafrique[278]. Le montant collecté est de 473 millions FCFA en 2015, de 528 millions FCFA en 2016 et de 846 millions FCFA en 2017, soit 0,1 % des recettes fiscales[279]. Pour ce qui est de l'impôt global unique, il est un impôt forfaitaire établi pour le compte des personnes physiques exerçant une activité dans le cadre d'une entreprise individuelle ou à titre personnel, dont le chiffre d'affaires annuel ne dépassant pas un certain seuil. L'administration fiscale a des difficultés pour maîtriser les contribuables soumis à cet impôt. Cependant, son rendement budgétaire est faible.

207.— En 2015, le montant collecté est de 1 milliard FCFA, 804 millions FCFA en 2016 et 1,1 milliard FCFA en 2017, soit en moyenne 0,1 % des recettes fiscales[280]. Ces taxes assimilées aux impôts directs ont très peu d'importance dans les recettes fiscales centrafricaines. Sur la période considérée, les taxes assimilées aux impôts directs ont été recouvrées pour un montant de 1,5 milliard FCFA en 2015, de 4,9 milliards FCFA en 2016 et de 6,8 milliards FCFA en 2017, soit 0,4 % des recettes fiscales[281]. Dans l'ensemble, le rendement des impôts directs est assis sur les revenus des personnes physiques ou morales, mais aussi, en partie, sur des taxes assimilées (impôts fonciers, patente). S'il faut considérer la performance globale des recettes fiscales, le rendement des impôts directs est faible en Centrafrique. Plusieurs facteurs contribuent à l'explication de cette situation.

---

278 Ce manque de performance dans la collecte de l'impôt foncier relève en partie du fait que la majorité des propriétés immobilières en Centrafrique ne possède pas un Titre foncier donnant droit à une imposition foncière. Le domaine foncier en Centrafrique semble, s'il faut le dire ainsi, demeurer encore dans l'informel. Pour la simple raison que la plupart des propriétaires ne font pas enregistrer leurs propriétés au service des domaines.

279 Administration fiscale.

280 Statistiques fournies par l'Administration fiscale.

281 Idem.

208.— En partant des taux élevés d'imposition, on ajoute l'effectif peu important des contribuables soumis à l'impôt sur le revenu des personnes physiques. En effet, les taux d'imposition élevés, entre 25 % et 40 %, ont conduit au développement de distributions d'avantages en nature. Ces avantages en nature sont particulièrement importants pour les titulaires des revenus les plus élevés[282]. Dans le secteur non enregistré ou le secteur informel, les salariés sont nombreux, mais généralement leurs contrats de travail sont non écrits et les employeurs ne sont pas connus de l'administration fiscale. Le niveau des salaires payés est généralement faible et aucune procédure de retenue à la source n'est envisageable compte tenu du non-enregistrement des employeurs.

209.— Également, les grandes entreprises constituent une source importante de recettes directes. Néanmoins, en raison de la faiblesse relative à leur nombre, le résultat des entreprises forme une assiette limitée et une concentration excessive[283] de l'impôt sur un nombre réduit d'entreprises. Un risque important est la substitution d'activités non enregistrées aux activités des entreprises modernes qui jouent un rôle crucial de collecteur d'impôts pour le compte de l'État[284]. Certaines activités menées dans le cadre d'entreprises individuelles produisent des revenus professionnels relativement élevés, mais qui ne sont pas imposés. Si les impôts directs dans les économies développées constituent un instrument privilégié pour agir sur la distribution des revenus, leur effet reste faible dans la plupart des PED[285], tout particulièrement en Centrafrique. Fort de cela, les pouvoirs publics ont mis l'accent sur la mobilisation des recettes par la fiscalité indirecte.

B) La fiscalité indirecte

210.— La fiscalité indirecte concerne les consommations de biens et services. Elle est constituée de taxes sur la dépense. En effet, les impôts indirects sont appliqués indépendamment du niveau de revenus des agents économiques. Ils s'appliquent de manière uniforme contrairement aux impôts directs. De façon générale, la fiscalité indirecte est le système qui regroupe tous les impôts sur la dépense et la circulation des biens. L'imposition de la dépense semble

---

[282] D'une part, les classes dominantes sont très largement parvenues à introduire, malgré des barèmes d'imposition souvent progressifs, de nombreuses exceptions, déductions ou exemptions permettant de se soustraire au paiement des impôts directs. D'autre part, ces mêmes classes dominantes ont pris l'habitude de régler leurs problèmes fiscaux en intervenant directement auprès de l'administration fiscale.

[283] Avec la normalisation des taux d'imposition des bénéfices et des régimes des impôts directs sur les entreprises, ce risque est généralement écarté. L'effet désincitatif pourrait provenir plutôt des conditions d'application de l'impôt : procédures de contrôle inadaptées, phénomènes de corruption.

[284] Gérard CHAMBAS, L'Afrique subsaharienne : Mobiliser des ressources fiscales pour le développement, Economica, 2005, p. 29.

[285] Gérard CHAMBAS, op. cit.

aujourd'hui être la voie privilégiée pour une meilleure efficacité du système fiscal. À cet effet, l'impôt indirect, notamment la TVA, apparaît comme un instrument de recettes en raison de sa neutralité économique[286]. Le Centrafrique, conformément aux dispositions communautaires[287], applique une taxe sur la valeur ajoutée[288] et des droits d'accises ainsi que diverses taxes assimilées aux impôts indirects.

211.— La TVA représente pour le Centrafrique un enjeu budgétaire important, notamment parce qu'elle contribue à environ un tiers des recettes fiscales. En effet, la mobilisation des recettes fiscales intérieures est pourtant une nécessité majeure pour toutes les administrations fiscales et la TVA tient une place centrale dans ce processus. Les régimes, y compris les principes et les bases d'imposition, sont établis au niveau communautaire. La législation fiscale centrafricaine a prévu plusieurs taux en matière de TVA, un taux général de 19 % depuis 2006[289], un taux réduit de 5 % et un taux nul ou 0 % applicable aux opérations d'exportation[290]. La TVA est prélevée sur les marchandises mises à la consommation sur le territoire, quelle que soit leur origine[291]. Elle vient dans ce cadre en complément des droits de douane. Certains biens de première nécessité sont exonérés de la TVA même s'ils sont importés ou produits localement[292].

212.— La législation centrafricaine en matière de TVA exonère certains biens produits localement[293], contrairement aux produits importés. Ce qui constitue une violation du principe de traitement national. Certains produits de consommation font l'objet de taxes substantielles. Ce sont les droits d'accises qui concernent des biens de consommation finale[294]. D'application plus étendue dans certains pays en développement, en Centrafrique, les droits d'accises limités à quelques biens de consommation finale complètent le régime de fiscalité indirecte fondé sur la TVA[295]. Les droits d'accises sont harmonisés au sein de la CEMAC depuis 1999, avec un taux compris entre 0 % et 25 %. Ce

---

[286] Gérard CHAMBAS, L'Afrique subsaharienne : Mobiliser des ressources fiscales pour le développement, Economica, 2005, p. 91.

[287] Acte n° 1/92 — UDEAC-556-CD-SE1, modifié par l'Acte n° 4/94 — UDEAC-556-CD-SE1 et l'Acte n° 1/96 — UDEAC-556-CD. La directive n° 1/99/CEMAC-028-CM-03 du 17 décembre 1999, portant harmonisation des législations des États membres en matière de taxe sur la valeur ajoutée et du droit d'accises qui a simplifié le dispositif de taxation intérieure.

[288] Depuis le 1er janvier 2001.

[289] Loi des finances de 2006.

[290] Article 57 du Code général des impôts.

[291] Article 253, Chapitre I, Livre II, Code général des impôts.

[292] Annexe du Chapitre I, Livre II, Code général des impôts

[293] La viande, les fruits et légumes.

[294] Alcools, tabacs, certains produits de luxe…

[295] Gérard CHAMBAS, Fiscalité et développement en Afrique subsaharienne, Economica, 1994, p. 53.

taux est de 25 % en Centrafrique et s'applique à une liste de produits importés ou fabriqués localement. Les boissons non alcoolisées sont soumises au taux de 10 %. Mais, les droits sur celles de production locale ne sont pas acquittés.

213.— Ce qui constitue une violation au principe de traitement national. En cas d'exonération d'un produit de la TVA, il l'est également du droit d'accises. Les droits d'accises sont susceptibles de permettre la mobilisation de ressources fiscales substantielles en raison de l'importance des consommations des biens concernés[296]. Depuis 2009, les droits d'accises sont assis sur la valeur transactionnelle pour les achats à l'importation de certaines boissons alcooliques, pour un alignement aux règles de l'Organisation mondiale du commerce (OMC). De manière générale, la perception de la fiscalité indirecte interne au cordon douanier permet de sécuriser les recettes tout en assurant un avantage de trésorerie à l'État. Tandis que la fiscalité indirecte externe consiste à appliquer aux importations et à certaines exportations des droits de porte. La RCA fait face à des difficultés majeures pour mobiliser les recettes fiscales intérieures.

214.— Malgré les progrès réalisés dans le cadre des réformes fiscales, force est de constater que la performance des administrations fiscales reste en deçà de leur potentiel, privant le budget national des ressources fiscales. Sur le plan économique, la TVA est un impôt neutre et qui encourage l'investissement. Malheureusement, certaines pratiques telles que les exonérations introduisent des distorsions de concurrence et empêchent cette taxe d'assurer pleinement sa fonction de soutien à l'efficacité économique. Pour autant, le bon suivi de la TVA impacte de manière positive tous les domaines de la gestion de l'impôt. Cependant, les administrations fiscale et douanière mobilisent partiellement le potentiel de cet impôt. L'analyse de la structure fiscale centrafricaine porte aussi sur la taxation des échanges extérieurs et la taxation spécifique de certaines activités.

§ 2 — Les régimes fiscaux des échanges extérieurs et des secteurs spécifiques

215.— Le commerce international est organisé sur le concept de la mondialisation ou globalisation qui implique la liberté des échanges[297]. En effet, le développement du commerce international est l'un des leviers de l'économie nationale. Cependant, il faut remarquer que la nécessité de se procurer des ressources et la volonté d'intervenir dans l'économie conduisent les États à contrôler et imposer le commerce extérieur. Ces missions justifient les rôles fiscal et économique de la douane. La taxation des échanges extérieurs est le

---

[296] Gérard CHAMBAS, op. cit., p. 101.

[297] Alphonse AYESSA, Eléments de droit douanier, des procédures et des techniques douanières dans les Etats membres de la CEMAC, Connaissances et Savoirs, 2010, p. 67.

moyen dont dispose la douane centrafricaine pour assumer ses missions essentielles. Elle obéit à la réglementation de la CEMAC complétée par les textes nationaux. Ainsi, les droits de porte constituent une ressource que le passage obligé aux frontières rend accessible. À côté des prélèvements assis sur les échanges extérieurs (A), il existe des impôts et taxes spécifiques à certains secteurs d'activités qui sont une source de recettes substantielles pour l'État (B).

A) La taxation des échanges extérieurs

216.— L'analyse de la fiscalité de porte en Centrafrique doit s'appuyer sur une lecture attentive de l'environnement économique et une compréhension de la législation douanière sur le plan communautaire. Dès les indépendances, les pays d'Afrique centrale ont manifesté la volonté commune de coopération économique régionale au sein d'une organisation, la CEMAC. En effet, la CEMAC dispose d'une législation douanière qui s'inscrit dans un cadre juridique communautaire qui détermine des règles communes d'imposition. À ce propos, le code des douanes prévoit que le pouvoir de légiférer en matière de droit et taxes d'importation est exercé par le Conseil des ministres de l'UEAC[298]. La CEMAC légifère en matière douanière par la prise des Actes et décisions qui sont exécutoires de plein droit dans les États membres[299]. La législation douanière prévoit la taxation des biens à l'importation (1) et à l'exportation (2).

1. La taxation des biens à l'importation

217.— La législation douanière communautaire détermine l'encadrement juridique des activités douanières en Centrafrique. En effet, le Code des douanes énumère les marchandises selon une présentation appelée : le Système harmonisé qui obéit à certaines règles[300]. Nonobstant une large part de la législation douanière communautaire, certains aspects particuliers à chaque État membre sont réglementés par des textes nationaux. Cette faculté accordée à chaque État membre de légiférer est encadrée par la réglementation qui fixe les conditions en ces termes : « Sauf conventions contraires, les marchandises à l'exportation sont soumises aux droits et taxes fixés par chacun des États membres. En cas de mobilisation, en cas d'agression manifeste mettant les États membres dans la nécessité de pourvoir à leur défense, en période de tension extérieure, lorsque les circonstances l'exigent, les gouvernements peuvent réglementer ou suspendre l'importation de certaines marchandises »[301].

---

[298] Article 7 alinéa 1 du Code des douanes.
[299] Article 7 alinéa 2 du Code des douanes.
[300] Alphonse AYESSA, op. cit., p. 32.
[301] L'article 147 du code des douanes.

218.— L'objectif est que les importations en provenance des pays tiers soient traitées de façon univoque dans l'application du tarif extérieur commun et de la législation[302]. Comme tous les États membres de la CEMAC, le Centrafrique applique le Code des douanes communautaire à l'importation, à l'exportation, et à la réexportation des marchandises[303]. En effet, les marchandises qui entrent sur le territoire douanier sont passibles des droits d'importation. Celles qui sortent du territoire douanier sont passibles des droits de sortie[304]. Il est également prévu les modalités de paiement de ces droits et taxes[305], ainsi que les modalités de leur remboursement en cas d'indue perception[306]. Conformément à la loi tarifaire et dans les conditions prévues par la législation douanière, la fiscalité sur les échanges extérieurs distingue le droit de douane, le droit d'accise, la TVA à l'importation et les taxes complémentaires.

219.— L'administration douanière centrafricaine applique ces différents droits et taxes sur les échanges internationaux afin de mobiliser les recettes budgétaires supplémentaires. Ainsi, la collecte des recettes tarifaires à l'importation comme à l'exportation participe d'un dédouanement efficace pour une vocation budgétaire. Un dédouanement efficace consiste, à travers un respect rigoureux des différentes phases des procédures de dédouanement, à appliquer l'ensemble des dispositions de fiscalité douanière[307]. Cette application doit être conforme à la législation en vigueur tout en minimisant les coûts divers et les effets négatifs sur l'activité économique. Un dédouanement efficace constitue aussi une condition fondamentale à l'effectivité du système d'incitation qui dépend d'une application correcte non seulement des tarifs, mais aussi de l'ensemble des prélèvements fiscaux.

220.— Les pays de la CEMAC appliquent un tarif extérieur commun (TEC) aux importations en provenance des pays tiers. Il est perçu de façon univoque sur l'ensemble du pourtour de la communauté et de manière ad valorem sur les marchandises importées avec des taux fixés selon quatre catégories de marchandises (voir tableau n° 9). L'administration douanière centrafricaine collecte également les contributions au fonctionnement des institutions régionales (voir tableau n° 10). Elle prélève, en outre, une redevance d'équipement informatique des finances (REIF) au taux de 0,50 % et la redevance de gestion du scanner de 0,5 % aux importations de toute origine. Elle

[302] Alphonse AYESSA, op. cit., 2010, p. 27.
[303] Règlement n° 5/01 — UDEAC-097-CM-06.
[304] L'article 3 du Code des douanes.
[305] Les articles 134 à 137 du Code des douanes.
[306] Les articles 138 à 139 du code des douanes.
[307] Gérard CHAMBAS, L'Afrique subsaharienne : Mobiliser des ressources fiscales pour le développement, Economica, 2005, p. 164.

applique enfin une fiscalité sur les importations des produits pétroliers[308] et les véhicules d'occasion.

Tableau n° 9 : Classification des marchandises par catégorie et taux

Classification	Marchandises	Taux
Catégorie 1	Les biens de première nécessité, exemple : les médicaments	5 %
Catégorie 2	Les matières premières et les biens d'équipement comme les machines	10 %
Catégorie 3	Les biens intermédiaires et divers tels que le ciment et le fer à béton	20 %
Catégorie 4	Les biens de consommation courante tels que les voitures et les alcools	30 %

Source : Tableau réalisé par l'auteur.

Tableau n° 10 : Contributions au fonctionnement des institutions régionales

Contributions	Domaines d'application	Taux
Taxe communautaire d'intégration (TCI/PCI)	Importations originaires des pays tiers à la CEMAC	1 %
Contribution communautaire d'intégration (CCI)	Importations originaires des pays tiers à la CEEAC	0,4 %
Prélèvement pour la Commission des forêts de l'Afrique centrale (COMIFAC)	Marchandises de toute origine	0,1 %
Prélèvement au bénéfice de l'OHADA	Marchandises de toute origine	0,05 %

Source : Tableau réalisé par l'auteur.

308 Le Centrafrique est le seul pays de la zone CEMAC qui n'exploite pas le pétrole.

2. La taxation des biens à l'exportation

221.— De la même manière que l'importation, la collecte à l'exportation est soumise à la réglementation de la CEMAC. Cette réglementation prévoit une procédure de droit commun[309] après des formalités de prise en charge sur la base d'une déclaration sommaire[310] et d'un dépôt temporaire avant attribution d'un régime douanier d'exportation dit définitif. Les formalités d'enregistrement requises en matière d'importation de marchandises à des fins commerciales sont applicables également aux exportations. Toute exportation doit obligatoirement donner lieu à une déclaration d'exportation, ainsi qu'à une déclaration en douane et passible de taxes à l'exportation. Comme l'ensemble des pays africains, le Centrafrique continue de taxer ses exportations. À cet effet, la douane centrafricaine applique l'Accord sur l'évaluation en douane[311] de l'Organisation mondiale du commerce (OMC).

222.— Par ailleurs, certains produits utilisés dans la fabrication des biens à l'exportation bénéficient du régime suspensif sur leurs importations. C'est le régime du perfectionnement actif[312]. Toutefois, les exportations des biens bénéficient du régime à taux zéro de TVA. Le régime à taux zéro de TVA signifie que l'opération est dans le champ d'application et elle est soumise à la TVA. Le montant de la TVA sera payé dans le pays de consommation. Ce régime de taux zéro ne constitue pas une exonération du montant de la TVA, mais il permet la déductibilité des opérations qui sont assujetties à la taxe. En effet, l'administration douanière centrafricaine demeure l'une des principales sources de recettes budgétaires de l'État. La performance des ressources publiques dépend fortement de la qualité du dédouanement.

223.— Toute sous-estimation ou évasion de flux commerciaux se traduit par des pertes de recettes. De même, tout allongement des délais de dédouanement retarde les rentrées de recettes fiscales. Afin de remédier à ces faiblesses, les pouvoirs publics ont pris des mesures d'ordre structurel. Des antennes extérieures de douanes centrafricaines installées aux ports de

---

[309] La procédure de droit commun consiste en l'établissement d'une déclaration douanière en détail auprès des recettes de dédouanement, immédiatement après l'arrivée de la marchandise, sauf passage par un magasin de dépôt temporaire agréé. Ces déclarations sont établies par le propriétaire des marchandises ou un commissionnaire en douane agréé par l'administration.

[310] Déclaration sommaire : manifeste par voies aérienne et maritime, feuille de route par voie routière.

[311] Titre 1er, Chapitre IV, Section IV du Code des douanes et la réglementation de la CEMAC.

[312] Le régime du perfectionnement actif est destiné à favoriser l'activité économique des entreprises qui transforment ou réparent des marchandises. Ce régime permet d'importer des marchandises tierces, de les transformer, de les ouvrer ou de les réparer avant de les réexporter ou de les mettre à la consommation. Il s'agit donc d'un régime destiné à favoriser la production et l'exportation par des entreprises communautaires. http://www.douane.gouv.fr/articles/a10864-regime-particulier-le-perfectionnement-actif

Douala au Cameroun et de Pointe-Noire au Congo[313] sont chargées du suivi des opérations de transit à destination et en provenance du Centrafrique. En vertu d'un Accord d'assistance administrative entre les douanes camerounaises et centrafricaines[314], les autorités centrafricaines ont installé un guichet unique de transit Centrafrique au port de Douala afin d'assurer les premières formalités douanières sur les marchandises[315]. De même, un programme de sécurisation des recettes à l'exportation a été mis en place pour la filière bois.

224.— C'est un contrat passé avec une société privée de préinspection dénommée BIVAC[316], qui garantit les quantités, les essences et la taxation du bois centrafricain à l'exportation. La société privée est seule chargée de la prise en charge des bois, du calcul des droits à payer et de leur recouvrement. Elle reverse au Trésor public centrafricain les sommes encaissées après déductions de ses commissions. C'est la privatisation d'une partie des missions douanières en République centrafricaine[317]. La taxation des biens à l'exportation est effectuée dans le cadre de la mobilisation des recettes fiscales. Mais, le prélèvement fiscal à l'exportation, utilisé sans discernement, avec le seul souci de réaliser des recettes, a une incidence négative sur la production et le commerce extérieur du pays.

225.— Partant du fait que la fiscalité intérieure ne peut mobiliser les ressources fiscales à cause de l'étroitesse de l'assiette, c'est tout l'équilibre budgétaire qui dépend des recettes des droits sur les échanges extérieurs. Pour ce faire, les recettes au titre des droits de douane constituent une ressource budgétaire non négligeable. Malgré cet apport significatif au budget de l'État, les recettes douanières demeurent en deçà de la capacité de mobilisation des ressources fiscales pour le financement endogène du développement économique et social du Centrafrique. Mais à côté de ces droits de porte, les exportations minières et forestières, toile de fond du commerce extérieur de la RCA, sont soumises aux fiscalités spécifiques.

---

[313] La République centrafricaine ne disposant pas d'un accès direct à la mer, environ 80 % des marchandises à l'importation transitent par le port de Douala ou de Pointe-Noire.

[314] Accord signé le 28 avril 2005 à Douala au Cameroun.

[315] D'autres contrôles sont également effectués aux check-points installés le long du corridor routier, avant le dédouanement définitif des conteneurs à la gare routière de Bangui. Depuis lors, avec la mise en place du guichet unique de Douala, on procède à une préliquidation sur toutes les marchandises à destination de la RCA pour éviter leur déversement sur le territoire frauduleux camerounais.

[316] En anglais Bureau Inspection Valuation Assessment Control du groupe Bureau Veritas.

[317] Lionel PASCAL, La privatisation des missions douanières en République centrafricaine : une opportunité d'amélioration des finances publiques ? Thèse, Université Montesquieu Bordeaux 4, 2014, p.

B) La taxation des secteurs spécifiques

226.— À la fiscalité de droit commun applicable à certains secteurs d'activités en Centrafrique, s'ajoutent de nombreux prélèvements spécifiques, comportant des assiettes et des tarifs variables[318]. Certains produits font l'objet d'une taxation spécifique à l'exportation. Il s'agit notamment de l'or, du diamant et du bois. Les dispositions juridiques de ces prélèvements ne se retrouvent pas seulement dans le Code général des impôts centrafricain, mais aussi dans des textes divers et variés, notamment le code minier[319], le code forestier[320], la charte des investissements ou encore une convention d'établissement ou un accord d'agrément. Ce système de taxation spécifique est fondé sur le régime fiscal applicable aux secteurs des ressources naturelles et à l'environnement. Ces secteurs sont soumis à deux régimes de taxation que sont la fiscalité minière (1) et la fiscalité forestière (2).

1. Le régime fiscal des activités minières

227.— La taxation du secteur des industries extractives est spécifique dans des pays en développement et déclinée dans le code minier. En effet, le système d'imposition des activités extractives revêt une importance stratégique pour le développement du secteur minier national. L'argument développé pour justifier l'existence d'une fiscalité propre aux activités minières est celui de l'adaptation de la fiscalité de droit commun aux caractéristiques spécifiques des ressources et de l'industrie minières. Le système de taxation spécifique résulte d'arbitrages sur la répartition des risques entre l'État et l'investisseur privé. Il en résulte que la fiscalité prévue par le code minier est la règle générale à laquelle toutes les dérogations sont permises.

228.— Or, les dispositions du code minier constituent en elles-mêmes une dérogation par rapport à la fiscalité de droit commun. L'objectif est de relever les différents impôts qui s'appliquent dans les différentes phases du développement de l'activité minière. En fait, le code minier distingue deux régimes miniers en RCA : un régime pour les artisans miniers et un autre pour les sociétés minières. Au regard de la fiscalité du droit commun, il y a les prélèvements spécifiques aux entreprises minières. En effet, dans l'industrie minière, il faut distinguer les étapes de la prospection, de la recherche et de l'exploitation. La dernière n'est possible qu'après obtention d'une concession ou d'un permis d'exploitation. Les deux premières se réalisent sur la base d'une autorisation et d'un permis respectifs. La

[318] Albert Léonard DIKOUME, La fiscalité pétrolière des Etats membres de la CEMAC : Cameroun, Congo, Gabon, Guinée Équatoriale, Tchad, Centrafrique, L'Harmattan, 2008, p. 7.
[319] Le Code minier actuellement en vigueur est issu de la Loi n° 09.005 du 29 avril 2009.
[320] Le Code forestier date de la Loi n° 08.22 du 17 octobre 2008.

délivrance de ces différents titres est subordonnée à la perception, au préalable, des droits fixes.

229.— Il en est de même pour leur renouvellement ou leur mutation. Les taux des droits fixes applicables à l'attribution, au renouvellement, à la mutation des titres miniers sont fixés par le code minier[321]. Les deux premières phases placent ces entreprises sous un régime d'exonération des impôts et taxes prévu par le CGI. En phase d'exploitation, les entreprises bénéficiaires d'une autorisation sont soumises au régime de droit commun du CGI tout en continuant de bénéficier de certaines exonérations. Par ailleurs, le Code minier garantit aux titulaires de titres miniers pendant la période de validité de leurs titres et autorisations, la stabilité du régime fiscal et douanier[322]. Ils ont la possibilité, lorsque les charges fiscales et douanières diminuent, d'opter pour ce régime plus favorable à condition d'adopter celui-ci dans son intégralité.

230.— Toutefois, cette garantie de stabilité du régime fiscal ne s'applique pas aux droits, taxes et redevances miniers ainsi qu'à ceux qui pourraient être édictés par les organisations communautaires. Parmi les prélèvements effectués sur les opérations minières figurent les droits d'enregistrement ou droits de mutation perçus lors de l'accomplissement d'opérations sur les titres miniers. Il y a aussi le bonus de signature qui est perçu au moment de la signature du contrat minier. C'est un versement unique à montant variable. Le bonus résulte d'un accord négocié entre les parties sur le montant en fonction de l'importance de la zone. A défaut du paiement du bonus de signature dans un délai imparti, les droits miniers deviennent caducs. Selon le code minier, les sociétés minières doivent allouer des prises de participation gratuite de l'État au capital de la société, ainsi que 15 % de leur production brute.

231.— Il ressort de la loi minière[323] centrafricaine que les sociétés minières doivent payer, également, la taxe superficiaire qui est liquidée sur la superficie totale du titre d'exploitation et est exigible annuellement. Pour la première année, elle est obligatoire au moment de l'octroi du titre minier ou de l'autorisation administrative délivrée en vertu de la loi minière. S'agissant des années suivantes, elle est exigible à compter du 1er janvier de l'année concernée. Le montant est fixé par le code minier et la perception est assurée par le régisseur du ministère en charge des mines. Enfin, elles doivent s'acquitter de la redevance minière proportionnelle ou royaltie. Cependant, les opérateurs du secteur artisanal sont assujettis à diverses taxes sur la production et le revenu, mais ne versent pas de redevances. Les

---

[321] Article 16 du Code minier centrafricain.
[322] Article 134 du Code minier centrafricain.
[323] Loi n° 9-005 du 29 avril 2009 portant code minier de la République centrafricaine.

artisans, les coopératives et les collecteurs sont assujettis à la taxe additionnelle, à l'IRPP et à la contribution des patentes.

232.— Contrairement aux producteurs artisanaux, les sociétés minières versent des redevances sur leurs productions. La taxation des activités extractives engendre des recettes fiscales. Ces recettes fiscales d'extractions minières échappent dans certains cas au Trésor public. Afin de suivre efficacement l'impact des recettes que doit générer le secteur minier sur le budget national, l'État centrafricain a été déclaré pays conforme à l'initiative pour la transparence dans les industries extractives (ITIE)[324]. Cependant, la contribution du secteur minier dans les recettes publiques est faible. Car, les investissements réalisés dans ledit secteur sont agréés par décret présidentiel, avec des exonérations de la quasi-totalité des impôts et taxes. Chaque société négocie ses propres conditions d'exploitation stipulées dans une convention d'établissement avec le gouvernement centrafricain.

233.— Les mines constituent un secteur particulier en Centrafrique où il y a très peu d'investissements. Avec le régime fiscal qui est octroyé aux sociétés minières, l'État centrafricain veut garantir les conditions de rentabilité de l'investissement, tout en assurant des ressources financières à l'État. Mais force est de constater que l'engouement suscité par l'investissement dans ce secteur a été freiné par la situation sécuritaire du pays. Les sociétés ont fermé et l'espoir suscité par le rendement fiscal lié à l'exploitation des ressources minières pour augmenter les recettes de l'État s'est estompé. En tout état de cause, outre la fiscalité minière, la fiscalité forestière peut être également partie à la réflexion d'ensemble sur les moyens de la mobilisation des recettes fiscales pour le financement endogène du développement économique et social.

---

[324] Le Centrafrique est devenu pays membre de l'ITIE en mars 2011.
L'initiative pour la transparence dans les industries extractives (ITIE) vise à améliorer la gestion des recettes tirées des ressources naturelles par une meilleure transparence. Elle vise à accroître la transparence, essentielle pour mieux gérer la richesse provenant des ressources naturelles dans les pays qui regorgent de ces ressources. L'ITIE exige des pays qui la mettent en œuvre de rapprocher et de publier les paiements des entreprises et les recettes du gouvernement. Information en ligne : http://www.itierca.org/Equipe_r4.html.

Tableau n° 11 : Régime fiscal lié aux activités minières

Régime fiscal des activités minières		
Phase de recherche	**Phase des travaux préparatoir**	**Phase d'exploitation**
L'exonération porte sur :	L'exonération porte sur la TVA en ce qui concerne :	En phase d'exploitation, les titulaires d'un permis d'exploitation sont soumis :
- les droits d'enregistrement et de mutation relatifs aux sociétés minières, à l'exception de ceux relatifs aux baux et location à usage d'habitation ;	- les équipements importés ;	- à la TVA ;
- la TVA sur :	- les biens fabriqués localement à l'exception des biens exclus du droit à déduction ;	- à l'impôt sur les sociétés ;
Les importations ;	- les services fournis par les entreprises de géo-services et assimilées.	- à l'impôt sur les revenus des capitaux mobiliers ;
L'acquisition en régime intérieur des biens nécessaires à la réalisation des activités géologiques et/ou minières, à l'exclusion des biens exclus du droit de déduction ;		
Les services fournis par les entreprises de géo-services et assimilés ;		- aux droits d'enregistrement sur les actes portant création de société, de prorogation et d'augmentation du capital.
- la contribution des patentes ;		Dans cette phase, les titulaires d'un permis d'exploitation bénéficient d'une exonération de trois ans portant sur :
- l'impôt sur les sociétés ;		- L'impôt minimum forfaitaire ;
- l'impôt sur les revenus des capitaux mobiliers ;		- La contribution des patentes ;
- la contribution au développement social (CDS).		- La contribution au développement social (CDS).
		Pour les exploitations dont la durée est inférieure à dix (10) ans, la période d'exonération est limitée à un (1) an.

Source : Tableau réalisé par l'auteur.

2. La fiscalité liée aux activités forestières et à l'environnement

234.— La fiscalité forestière poursuit plusieurs objectifs qui peuvent parfois apparaître contradictoires. Ces objectifs consistent à la capture de la rente forestière pour l'augmentation des recettes fiscales. La fiscalité forestière en Centrafrique s'appuie sur un ensemble de taxes et redevances en amont et en aval de la filière bois. Ce sont :

- Le loyer, perçu annuellement à l'hectare sur la superficie utile définie dans le décret d'attribution ;
- La redevance de superficie peut être considérée comme la contrepartie monétaire du droit d'accès à la ressource ;
- La taxe d'abattage, calculée sur la base du volume du fut abattu sur pied, suivant un taux fixé par la loi de finances appliqué à la valeur FOT[325] ;
- La taxe de reboisement, calculée sur la base du volume de bois d'essences exportées, suivant un taux également fixé par la loi de finances ;
- La redevance de déboisement, dont le montant est fixé par la loi pour toute demande de déboisement dans le cadre d'une activité autre que l'exploitation forestière ;
- La redevance de préreconnaissance.

235.— De même que sont prévues des dispositions relatives à la perception des droits de douane, des impôts et des taxes de droit commun. Toutefois, les modalités d'assiette, de liquidation, de recouvrement et de contrôle sont fixées par un acte réglementaire. Le recouvrement de ces différentes taxes est réalisé par l'émission d'un ordre de recettes avec des taux fixes de répartition. Cependant, les mesures d'incitations fiscales de la filière bois sont contenues dans la Charte des investissements. De manière générale, les ressources naturelles représentent une part significative dans la production de la richesse nationale en Centrafrique. Cependant, la contribution de la filière bois aux recettes fiscales demeure faible au regard du potentiel recensé. Par ailleurs, la protection de l'environnement a nécessité d'intégrer dans les politiques publiques un volet fiscalité environnementale.

236.— Les sommets de Kyoto suivi de la COP21 et de la COP22 sur la préservation du climat ont mis en exergue la nécessité d'un développement économique qui intègre les perturbations causées à la planète. Il a été relevé que les politiques environnementales doivent utiliser les outils juridiques et économiques pour leur mise en œuvre[326]. De ce fait, la fiscalité participe de cette

[325] La RCA a adopté une base FOT (Free on Truck) ou EXW (ex Works, sortie-usine) pour le calcul des taxes d'exportation, en retranchant à la valeur FOB un coût moyen de transport par m3.

[326] Sylvie CAUDAL, La fiscalité de l'environnement, LGDJ, 2014, p. 21.

politique de protection de l'environnement. En effet, la fiscalité environnementale est constituée de l'ensemble des mesures fiscales instituées avec l'objectif de contribuer à sa protection[327]. L'Organisation de coopération et de développement économiques (OCDE) définit la fiscalité environnementale comme l'ensemble des taxes, impôts et redevances dont l'assiette est constituée par un polluant, ou par un produit ou service qui détériore l'environnement ou prélève des ressources naturelles[328].

237.— Au regard des maux qui minent le secteur de l'environnement, l'utilisation du système fiscal pourrait constituer un levier utile pour mieux protéger l'environnement[329]. C'est ainsi que le Centrafrique a prévu un certain nombre de taxes dont l'objectif est la protection de l'environnement. Ces différentes taxes sont : la taxe sur les emballages en plastique, la taxe sur les déchets industriels, la taxe sur les exploitations des ondes magnétiques par les sociétés de télécommunication, la taxe sur les eaux usées, la taxe environnementale sur les déchets biomédicaux[330] et la taxe antipollution[331]. Si l'impôt est un fait de l'homme comme le dit le doyen VEDEL, il doit pouvoir servir les desseins de l'humanité. La fiscalité environnementale trouve là sa première source de légitimité[332]. De ce fait, la fiscalité environnementale s'inscrit dans l'économie du bien-être[333].

238.— L'efficience de l'outil fiscal repose sur la qualité de l'information disponible liée aux dommages environnementaux, aux comportements et aux techniques de production. La mise en place d'une fiscalité environnementale suppose qu'il faut prévoir l'effet des taxes instituées sur les comportements des acteurs et de l'impact de ces pratiques sur les différents milieux naturels. Elle s'appuie sur le principe « pollueur-payeur »[334]. Son utilisation constitue un outil de protection de l'environnement plutôt qu'un moyen de procurer des ressources fiscales à l'État. Alors que ce dernier objectif constitue la vocation première de la fiscalité au sens classique du terme[335]. Comme l'exprime Monsieur

---

[327] Sylvie CAUDAL, op. cit., p. 29.

[328] Rapport OCDE, « VI. Pour une croissance écologique viable : l'expérience des pays de l'OCDE », Perspectives économiques de l'OCDE, 2001/1, n° 69, p. 220.

[329] Nicaise MEDE, Errol M. TONI et Fiacre J. J. AVAHOUNDJE, Réflexions sur la fiscalité environnementale en Afrique francophone, Revue européenne et internationale de droit fiscal, n° 2015/4, pp. 556-562.

[330] Articles 29 à 42 de la loi de finances 2012.

[331] La loi de finances pour 2011.

[332] Nicaise MEDE, Errol M. TONI et Fiacre J. J. AVAHOUNDJE, Réflexions sur la fiscalité environnementale en Afrique francophone, Revue européenne et internationale de droit fiscal, n° 2015/4, pp. 556-562.

[333] Jean De BEIR, La fiscalité environnementale s'inscrit dans l'économie du bien-être, Revue européenne et internationale de droit fiscal, n° 2015/4, pp. 495-502.

[334] André ROUX (Dir —) : Finances publiques, Notice 12 « Fiscalité et politique économique et sociale », Christophe STRASSEL, La Documentation française, 2011, pp. 159-172.

[335] André ROUX, op. cit.

Nicolas CARUANA, c'est une possibilité d'écarter l'objectif de rentabilité de l'impôt[336].

239.— Dès lors que l'on admet la possibilité de retenir un objectif autre que l'objectif budgétaire, il devient possible de s'affranchir de la contrainte de rentabilité de l'impôt, en créant des dispositifs fiscaux qui ne rapportent rien au budget de l'État[337]. En Centrafrique, la contribution de la fiscalité environnementale est très marginale dans les recettes fiscales. Toutefois, la loi a intégré la possibilité d'une fiscalité incitative pour une meilleure prise en compte de l'environnement. Mais, le manque de vision politique à long terme des problèmes que pose l'environnement constitue un obstacle à la fiscalité environnementale. Pour ce faire, la fiscalité environnementale doit être pensée comme une composante d'une réforme globale du système fiscal centrafricain dans l'objectif de contribuer à l'amélioration de la mobilisation des ressources fiscales.

Tableau n° 12 : Régime fiscal des activités forestières

Régime fiscal des activités forestières		
Taxes et redevances forestières	**Mode de perception**	**Exigibilité**
Instrument de la fiscalité forestière interne - Redevance de prospection - Redevance sur la superficie - Taxe d'abattage - Redevance de déboisement - Taxe de reboisement - Autres droits et taxes	Redevance annuelle perçue à l'hectare Calculer sur la base du volume du fut abattu sur pied Redevance perçue à l'hectare	1er janvier de chaque année Tous les mois
Instrument de la fiscalité forestière d'exportation - Droit de douane à l'exportation des grumes - Droit de douane à l'exportation des produits du bois - Droit de douane à l'importation des produits du bois (d'origine hors CEMAC) - IMF sur valeur FOB	Calculer sur la base du volume de Bois d'essences exportés	Tous les mois

Source : Tableau réalisé par l'auteur.

---

336 Nicolas CARUANA, La fiscalité environnementale : Entre impératifs fiscaux et objectifs environnementaux, une approche conceptuelle de la fiscalité environnementale, Thèse, Aix-Marseille Université, 2015, p. 176.

337 Nicolas CARUANA, op. cit.

Section 2 — La politique d'attractivité fiscale

240.— La contribution des implantations étrangères à la croissance économique a poussé les pouvoirs publics à placer l'attractivité des investissements étrangers parmi les priorités économiques du pays. Il apparaît clair dans leur logique que la politique d'incitation par les avantages fiscaux est une condition nécessaire de l'attractivité des investissements. Qu'est-ce que l'on peut entendre par attractivité ? L'attractivité est définie comme la capacité d'un pays à attirer et retenir les entreprises[338]. D'autres auteurs ont également contribué à éclairer la notion d'attractivité. C'est notamment le cas de Monsieur Fabrice HATEM qui donne une définition plus large de l'attractivité. Selon lui, l'attractivité est la capacité pour un territoire d'offrir aux investisseurs des conditions d'accueil suffisamment intéressantes pour les inciter à y localiser leurs projets de préférence à un autre territoire[339].

241.— Car, dans un contexte de mondialisation, l'attractivité d'un pays se mesure par rapport à celles d'autres États[340] et dans un environnement qui stimule la compétitivité[341]. De ce fait, la notion d'attractivité coïncide avec la notion de compétitivité qui fait référence à différents déterminants, dont les mesures fiscales incitatives[342]. En effet, une mesure fiscale n'apparaît comme étant incitative que si la charge d'impôt supportée qu'elle instaure est sensiblement plus faible que la charge d'imposition normalement établie dans les États voisins. Quand le « faix » des impôts réduit la rentabilité des opérations dans un pays, les opérations peuvent se transférer dans un autre pays[343]. Cette politique d'attractivité par des mesures fiscales dérogatoires (§ I) vise à garantir une sécurité juridique dans le cadre de la relation entre l'administration et les contribuables (§ II).

§ 1 — Les mesures fiscales dérogatoires

242.— Les mesures fiscales incitatives en faveur de l'investissement sont couramment utilisées par les pouvoirs publics pour promouvoir la croissance

---

338 Laurence VAPAILLE, article « L'attractivité fiscale », Actes du colloque. François MOURIAUX, Le concept d'attractivité en Union monétaire, Bulletin de la Banque de France — n° 123 — mars 2004, pp. 29-44.

339 Fabrice HATEM, Attractivité : De quoi parlons-nous ? Revue Pouvoirs locaux, n° 61, 2e trimestre 2004.

340 Thierry LAMBERT, La fin des paradis fiscaux, Montchrestien, collection grands colloques, 2011, p. 101.

341 Charles-Albert MICHALET C.A. 1999, « La séduction des nations ou comment attirer les investissements », Economica, pp. 83 — 100.

342 Benoit CŒURÉ et Isabelle RABAUD, cités par Laurence VAPAILLE, op. cit., p. 102.

343 Ralph DAVIDSON, Les problèmes fiscaux et monétaires dans les pays en voie de développement, Article « La fiscalité », 3e conférence de Réhovoth, Dunod, 1967, p. 232.

économique. Le facteur fiscalité n'emporte pas seul la décision d'investir. Ce principe dépend d'une pluralité d'éléments[344]. Pour certains, le choix d'investir dépend des caractéristiques de l'investissement[345]. Cependant, les investisseurs restent soucieux d'effectuer des économies d'impôts. Comme le dit Monsieur Frédéric BOUKOBZA, les considérations de politique fiscale n'interviennent qu'une fois validées certaines données fondamentales[346]. En effet, les mesures incitatives peuvent prendre diverses formes : aides et subventions, avantages fiscaux ou allègements d'impôts, ou d'autres avantages d'origine réglementaire[347]. Pour rendre le pays attractif, les mesures fiscales incitatives prises sont d'ordre général (A) et spécifique à certains secteurs d'activités (B).

A) Les mesures fiscales incitatives d'ordre général

243.— Les incitations fiscales constituent un moyen classique d'intervention de l'État pour attirer les investisseurs et orienter l'activité économique. C'est pourquoi la législation centrafricaine en matière d'investissement a prévu des incitations fiscales que les administrations fiscale et douanière mettent en œuvre. Les dispositions en faveur de l'investissement sont contenues dans la Charte des investissements[348]. Elle constitue le cadre général destiné à améliorer l'environnement juridique, économique et institutionnel des investissements tant nationaux qu'étrangers sur le territoire centrafricain. Son objectif est d'attirer les investissements étrangers, de favoriser les transferts de technologie (2) et son champ d'application porte sur des domaines variés (1).

1. Le champ d'application de la charte des investissements

244.— La Charte des investissements est une transposition des dispositions communautaires en la matière. Son champ d'application porte sur les entreprises exerçant dans divers domaines d'activités économiques. Cependant, les dispositions de la charte excluent de son champ d'application les activités de négoce en tant qu'activité de revente en l'état des produits achetés à l'extérieur de l'entreprise et les activités d'exploitation forestière,

---

344 René OSSA, Réformes fiscales et développement en Afrique subsaharienne, Edilivre, 2012, p. 184.

345 Investir en France, un espace attractif. Rapport du groupe « localisation des investissements transnationaux », La documentation française, avril 1992, p. 165.

346 Frédéric BOUKOBZA, Optimisation fiscale et localisation, R.I.D.C. 2-1995, p. 386.

347 OCDE, « Mesures incitatives en faveur de l'investissement », Note du Président, Groupe de négociation de l'Accord multilatéral sur l'investissement, 19 janvier 1996 (Document en ligne) : www.oecd.org/daf/investment

348 Loi n° 01-010 du 16 juillet 2001 portant Charte des investissements en République centrafricaine et modifiée par la loi de finances 2007.

minière et touristique, régies par les textes particuliers[349]. Pour bénéficier du régime de la charte, l'investisseur doit remplir les conditions de formes et de fond prévues par la loi[350]. La Charte des investissements prévoit, outre une réduction des droits de douane, une exonération d'impôts sur les sociétés, des exonérations d'impôt sur le revenu pour les sociétés nationales et étrangères[351]. La durée des avantages fiscaux dépend du montant de l'investissement ainsi que de sa situation géographique.

245.— L'éligibilité des entreprises au bénéfice des avantages fiscaux et douaniers de la Charte s'effectue par palier de montants d'investissement. En effet, les sociétés nouvelles dont le niveau d'investissement est égal à 100 millions FCFA et inférieur à 1 milliard de FCFA peuvent être exonérées, pendant les trois premières années d'exercice d'exploitation, de l'impôt sur les bénéfices des sociétés[352]. L'exemption de l'impôt sur les sociétés peut être accordée pour une période plus longue selon que le niveau d'investissement réalisé dépasse le milliard FCFA. La société bénéficie alors d'une exonération de l'IS pendant une période de cinq ans[353]. Elle peut être prorogée pour une durée de 2 ans. Dans le cadre d'un réinvestissement qui vise à améliorer les capacités des entreprises par le renouvellement de l'outil de production, la période d'exemption de l'impôt sur les sociétés est réduite aux deux premières années de production.

246.— Les sociétés ont aussi droit à un amortissement accéléré, une réduction de 50 % des droits d'enregistrement perçus sur les transactions en capital et des allègements d'impôt pour la recherche et le développement, de formation et de protection de l'environnement[354]. Enfin, les sociétés qui réinvestissent peuvent se voir accorder une prolongation du privilège de l'exonération allant jusqu'à deux ans sur la totalité de l'investissement[355]. Ces allègements d'impôts ont pour effet d'améliorer la trésorerie des entreprises et de les encourager à maintenir leurs investissements dans l'innovation, ainsi que d'accroître l'attractivité dans un contexte de concurrence internationale en matière d'emplois et d'investissements. Ces avantages sont limités à une durée de trois ans. Des allègements fiscaux sont accordés dans les cas où subsiste le report pour pertes.

247.— Toutes ces mesures sont destinées à utiliser le système fiscal pour stimuler la croissance économique et le développement. À ces dispositions liées à la structure même de l'impôt s'ajoutent des avantages consentis en

---

[349] Les articles 4 et 5 de la charte des investissements.
[350] L'article 6 de la charte des investissements.
[351] L'article 15 de la charte des investissements.
[352] Article 16, op. cit.
[353] Article 17, op. cit.
[354] Article 15, op. cit.
[355] Article 19, op. cit.

faveur de certains types d'investissement ou des mesures conjoncturelles de relance ou de soutien à l'investissement productif[356]. L'État a pris des mesures tendant à favoriser la création des entreprises, leur épanouissement et leur compétitivité. Les mesures fiscales incitatives à la création d'entreprises portent sur la réduction de la contribution de patente[357] et de l'exonération temporaire de l'impôt sur le revenu. Certaines mesures ont à la fois un caractère économique et social. Elles concernent l'exonération de la contribution foncière des propriétés bâties. Par ailleurs, les avantages dépendent aussi du lieu d'implantation.

248.— Les incitations fiscales constituent un moyen traditionnel d'intervention de l'État pour orienter l'activité des entreprises. L'objectif est d'inciter les investisseurs à s'implanter dans des régions qui sont éloignées, consacrant de ce fait la politique de développement des territoires. Pour pouvoir bénéficier de la mesure d'allègement fiscal, les entreprises doivent répondre à certains critères de lieu d'établissement. Les avantages augmentent au fur et à mesure qu'on s'éloigne de la capitale. Ce dispositif fiscal exceptionnel est prévu pour encourager le développement économique des collectivités territoriales. Les entreprises qui créent des emplois en dehors de la ville de Bangui bénéficient des avantages fiscaux supplémentaires[358]. Ces avantages sont consentis dans les cas d'extension ou de création d'activité, ou même en cas de reprise d'entreprise en difficulté.

Tableau n° 13 : Avantages supplémentaires

Localisations	Nombre d'années
A 100 km de la ville de Bangui	1
De 100 à 300 km	2
Au-delà de 300 km	3
Investissement dans le cadre d'une extension	2

Source : Tableau réalisé par l'auteur.

2. Les objectifs assignés à la Charte des investissements

249.— La Charte des investissements a pour objectifs de favoriser et de promouvoir les investissements productifs en Centrafrique. Elle vise également à encourager la production de biens pour le marché intérieur et l'exportation, la création d'emplois, la création d'entreprises dans le cadre de la politique de la décentralisation et l'extension d'entreprise[359]. En effet, le renforcement de l'appareil de production aux fins de créer les conditions

356 Michel PEBERAU, La politique économique de la France - les instruments, Armand Colin, 1985, p. 138.
357 Article 185 du CGI.
358 Article 18 de la charte des investissements.
359 Art. 3 de la Charte des investissements.

idéales d'une croissance économique amène l'État à cibler les grands secteurs de la vie économique auxquels des avantages fiscaux sont accordés[360]. Il s'agit des secteurs à forte potentialité économique. Les stimulants fiscaux traduisent le souci permanent des pouvoirs publics de promouvoir la création d'entreprises nouvelles ou l'extension de celles déjà existantes.

250.— Ces mesures dérogatoires encouragent l'incitation à l'épargne, à l'investissement et à l'implantation d'entreprises dans certaines régions du pays. Le recours à ces mesures dérogatoires, fondement de la stratégie de développement, est quasi permanent. Leur finalité est purement économique. Sur le plan international, cette politique des exonérations est également influencée par les partenaires au développement. Ceux-ci interviennent en effet de manière importante dans le financement des projets de développement. Les ressources financières qu'ils mettent à la disposition du pays, sous forme de subvention ou de prêt, proviennent généralement des fonds publics. Ils souhaitent obtenir de ces fonds une efficacité maximale. À ce titre, ils sont réticents à ce qu'une partie de ces ressources soit affectée au financement des budgets de fonctionnement de l'État par le jeu de la fiscalité.

251.— C'est pourquoi la signature d'un accord de financement international exige l'exonération des matériels, des biens d'équipements, prestations de services financés par ledit accord. Ce qui est un manque à gagner pour les recettes de l'État. Et pourtant, la politique fiscale de soutien à l'activité économique encourage l'investissement privé en vue d'améliorer la rentabilité de l'impôt. L'impact des incitations fiscales sur l'investissement n'est cependant pas mesurable et le rôle des facteurs fiscaux dans la décision d'implantation est très relatif. Par conséquent, les mesures fiscales incitatives d'ordre général érodent substantiellement l'assiette fiscale nécessaire à la mobilisation des ressources fiscales. Dans le but de remédier aux pertes de recettes, les pouvoirs publics ont pris des mesures d'allègements fiscaux afin d'attirer les investissements dans certains secteurs spécifiques.

B) Les mesures fiscales incitatives en faveur des secteurs d'activités spécifiques

252.— Le bénéfice de régimes préférentiels est octroyé aux entreprises agréées à la Charte des investissements en Centrafrique. Le but est de promouvoir les activités des secteurs extractif et forestier porteurs de fort

[360] Richard EVINA OBAM, La politique fiscale au Cameroun depuis les années 1980, L'Harmattan, 2016, p. 197.

potentiel en valeur ajoutée. S'agissant du domaine minier, la fiscalité minière n'exclut pas la perception des droits, impôts, taxes et frais de droit commun. Toutes personnes physiques ou morales, publiques ou privées exerçant en Centrafrique les activités de recherche, d'exploitation des produits des mines et de carrières sont assujetties à la fiscalité minière. Les demandes d'attribution, de renouvellement ou de transfert des autorisations et titres miniers sont soumises au paiement de droits fixes.

253.— Les entreprises qui exercent dans le secteur minier bénéficient de certains avantages fiscaux. Le régime fiscal préférentiel est accordé à toute entreprise de recherche ou d'exploitation minière qui exerce les activités conformément aux dispositions du Code minier[361]. A ce titre, les titulaires de permis de recherche bénéficient de l'exonération de certains impôts, des droits d'enregistrement et de mutation relatifs aux opérations minières. Il est également accordé à tout titulaire de permis de recherche le bénéfice du régime de l'admission temporaire pour leurs matériels utilisés pour la recherche ainsi que pour l'équipement professionnel.

254.— Les titulaires de permis d'exploitation bénéficient, pendant la phase d'installation, de l'exonération des droits et taxes de douane sur les matériels et matériaux de traitement de laboratoire et de construction. L'exonération profite aussi aux biens d'équipement nécessaires à la production. Ils conservent le privilège de l'exonération jusqu'à la date de la première production commerciale dûment constatée par acte réglementaire. Les entreprises et sociétés minières titulaires de permis d'exploitation bénéficient de l'étalement sur un (01) an, du paiement des droits d'enregistrement sur les actes de création de sociétés, de prorogation et d'augmentation du capital. Le montant des droits peut être fractionné et recouvré en plusieurs fois.

255.— S'agissant du secteur forestier, le code forestier stipule que toute personne physique ou morale exerçant en République centrafricaine des activités d'exploitation et de commercialisation de bois est assujettie au paiement des impôts et taxes. Néanmoins, le code forestier prévoit des allègements fiscaux et des exonérations de certains droits et taxes pour toutes entreprises investissent dans la filière bois. Par ces allègements fiscaux, le gouvernement souhaite encourager les efforts d'industrialisation et d'aménagement des massifs forestiers. Contrairement au secteur minier, le code forestier n'accorde pas les mêmes privilèges fiscaux. Pour l'importation des matériels et équipements professionnels, l'investissement ne bénéficie pas automatiquement des exonérations fiscales et douanières.

[361] Ordonnance n° 04/001 du 1er février 2004 portant Code minier de la République centrafricaine.

256.— Au demeurant, l'objectif essentiel d'une politique de développement est d'intéresser les capitaux étrangers à venir investir dans le pays en leur offrant des avantages. Mais, au regard de la faiblesse des investissements et du faible niveau des recettes fiscales, les mesures d'incitations fiscales donnent un résultat marginal dans la mobilisation des ressources fiscales. Il n'en demeure pas moins que les investissements ont besoin d'une réglementation garantissant les conditions favorables à l'environnement des affaires. Pour ce faire, les codes et chartes sont des instruments juridiques qui contiennent des clauses particulières de stabilité juridique et fiscale afin de garantir les investissements[362].

§ 2 — La garantie d'une sécurité juridique

257.— Dans le contexte de la politique d'attractivité des investissements, l'option de maximisation du rendement fiscal se concrétise sur le plan stratégique par la recherche des voies et moyens devant faciliter la consolidation du consentement à l'impôt[363]. C'est la principale préoccupation quant à la recherche de l'amélioration de l'attractivité, non pas du point de vue du poids de l'imposition, mais dans le cadre de la relation entre l'administration et les contribuables en vue d'atteindre un niveau de sécurité[364] satisfaisante, contribuant ainsi à l'acceptation de l'impôt. Pour autant, comment définir la notion de sécurité juridique ? Le principe de sécurité juridique impose la clarté et la précision des règles de droit et des actes individuels qui constituent à un certain moment le cadre juridique dans lequel les autorités exercent leurs compétences et les particuliers leurs activités[365].

258.— Cette préoccupation de sécurité juridique fiscale semble être plus particulièrement dans la perspective de développement de l'attractivité[366]. Les dispositions afférentes à la sécurité fiscale[367] sont importantes dans la mesure où elles permettent au pays hôte de stimuler les investissements étrangers face aux impératifs de la croissance et du développement économiques. C'est pourquoi, les pouvoirs publics centrafricains, dans leur stratégie de mobilisation de ressources fiscales, se sont engagés à promouvoir le rôle du secteur privé dans la relance de l'économie. Pour cela, des mesures fiscales particulières destinées à susciter et encourager les

---

[362] Richard EVINA OBAM, La politique fiscale au Cameroun depuis les années 1980, L'Harmattan, 2016, p.199.

[363] Richard EVINA OBAM, op. cit.

[364] Thierry LAMBERT, La fin des paradis fiscaux, Montchrestien, collection grands colloques, 2011, p. 111.

[365] Jacques BUISSON, La sécurité fiscale, L'Harmattan, collection Finances publiques, 2011, p. 15.

[366] Thierry LAMBERT, op. cit., p. 115.

[367] Jacques BUISSON, La sécurité fiscale, L'Harmattan, collection Finances publiques, 2011.

investissements ont été prises en offrant des garanties liées à l'investissement (A) et une meilleure protection du contribuable (B).

A) La sécurité juridique de l'investissement

259.— La République centrafricaine, en recherchant les solutions au rendement de l'impôt, pratique une politique qui se veut attractive. Cependant, une stratégie d'attractivité des investissements mal conçue risque d'instaurer des systèmes d'incitation qui faussent les décisions des entreprises ou qui découragent les investisseurs privés. Les allègements fiscaux ne peuvent avoir qu'un impact limité sur l'environnement économique s'ils s'accompagnent de nouvelles taxes. Un environnement à haut risque et peu favorable peut être à l'origine de faibles investissements. Or, sans un environnement favorable au secteur privé, la mobilisation efficace des ressources fiscales est illusoire. De même, l'instabilité de la règle empêche toute prévision de l'agent économique et nuit à la cohérence de sa stratégie[368].

260.— Conscients du poids de la fiscalité dans le choix de localisation des investisseurs, les pouvoirs publics ont élaboré des stratégies pour attirer des investissements en offrant des garanties dans la charte des investissements. En effet, l'élaboration et la stabilité des règles permettent aux contribuables d'évoluer dans un environnement juridique garantissant les règles énoncées[369]. En Centrafrique, l'État garantit à toute personne physique ou morale non résidente le droit de transférer les revenus de toute nature provenant des capitaux investis et en cas de cessation de l'investissement, sous réserve qu'elle soit en règle avec l'administration fiscale. En outre, l'État garantit la libre transférabilité des fonds[370].

261.— Ces règles offrent aux investisseurs un cadre légal assurant la prévisibilité, la sécurité et la stabilité des investissements, ainsi que les possibilités de recours en cas de différends. La charte des investissements prévoit la délivrance d'un agrément avant toute exploitation[371]. Un délai de deux ans est accordé pour la réalisation de l'entreprise. Délai au-delà duquel les promoteurs perdent le bénéfice de l'agrément s'ils ne réalisent pas l'investissement. Dans le secteur extractif, les sociétés minières bénéficient d'une garantie de stabilité des règles fiscales pour 25 ans. Malgré cette

---

368 Olivier FOUQUET, Améliorer la sécurité juridique des relations entre l'administration fiscale et les contribuables : une nouvelle approche, Rapport, juin 2008, cité par Thierry LAMBERT, La fin des paradis fiscaux, Montchrestien, collection grands colloques, 2011, p. 117.

369 Jacques BUISSON, La sécurité fiscale, L'Harmattan, collection Finances publiques, 2011, p. 16.

370 L'article 14 de la Charte des investissements.

371 Les articles 20 et 21 de la Charte des investissements.

politique d'incitation, les investissements dans le pays demeurent très faibles. La recherche d'une sécurité juridique permet d'améliorer la qualité de la relation entre l'administration fiscale et le contribuable[372].

B) La sécurité du contribuable vis-à-vis de l'administration[373]

262.— L'amélioration du rendement fiscal s'accompagne par la mise en place des conditions administratives d'une aisance dans l'accomplissement des obligations déclaratives et de paiement[374]. Comme l'affirme le Professeur Thierry LAMBERT, « la sécurité du contribuable vis-à-vis de l'administration n'est pas une préoccupation nouvelle, on peut même dire que c'est l'un des thèmes récurrents des relations, que l'on souhaiterait confiantes, entre l'administration et les contribuables. Ce qui est relativement nouveau c'est que la sécurité du contribuable soit présentée, non comme une revendication, mais comme une exigence dans un État de droit »[375]. Pour atteindre le rendement, l'État entreprend une démarche renforcée afin d'améliorer ses relations avec les contribuables. Et le Professeur Thierry LAMBERT renchérit, chacun aime être rassuré dans l'avenir et souhaite que la sécurité juridique, et notamment fiscale, soit en permanence renforcée[376].

263.— Selon le Professeur Michel BOUVIER, c'est le fondement du nouveau civisme fiscal qui à la différence du civisme fiscal classique fondé uniquement sur la confiance du contribuable dans le processus de politique de décision fiscale suppose, en sus, des rapports de confiance entre les contribuables et l'administration[377]. Cette démarche s'illustre par les dispositions légales de protection du contribuable et de la protection contre les changements de doctrine administrative. Ainsi, la dynamique nouvelle d'amélioration des rapports entre l'administration et le contribuable oblige le législateur centrafricain à édicter des mesures relatives à la protection du contribuable en cours de vérification et des voies de recours reconnues aux contribuables[378]. Ces mesures visent à rationaliser les procédures de contrôle fiscal et à renforcer les droits et garanties des contribuables face à l'administration.

---

[372] Thierry LAMBERT, La fin des paradis fiscaux, Montchrestien, collection grands colloques, 2011, p. 114.
[373] Jacques BUISSON, La sécurité fiscale, L'Harmattan, collection Finances publiques, 2011, p. 157.
[374] Richard EVINA OBAM, La politique fiscale au Cameroun depuis les années 1980, L'Harmattan, 2016, p.173.
[375] Jacques BUISSON, La sécurité fiscale, L'Harmattan, collection Finances publiques, 2011, p. 157.
[376] Idem.
[377] Michel BOUVIER, cité par Richard EVINA OBAM, op. cit.
[378] L'article 98 et l'article 136 alinéa 2 du CGI centrafricain.

264.— De ce fait, elles imposent le respect du principe du contradictoire. Il s'agit de protéger les contribuables contre les pouvoirs excessifs de l'administration. C'est-à-dire les protéger contre les changements et les évolutions que connaît tout système fiscal, qu'ils soient d'origine législative ou jurisprudentielle[379]. En fait, la sécurité juridique doit contribuer à l'établissement de relations apaisées et équilibrées entre le contribuable et l'administration[380] dans le seul objectif de l'amélioration du rendement fiscal. Le contribuable bénéficie également d'une protection contre les changements de doctrine administrative. L'administration joue d'abord un rôle déterminant dans la préparation des lois fiscales. Ensuite, elle se charge de la mise au point des textes réglementaires d'application. Enfin, elle commente les lois fiscales dans des circulaires destinées aux agents et aux contribuables sur la manière d'interpréter la loi.

265.— Cependant, on laisserait le contribuable courir un risque lorsque l'administration fiscale trouve à changer d'interprétation et à s'offrir le privilège que la loi lui a reconnu en exerçant le droit de reprise[381] pour rectifier les impôts portant sur des périodes antérieures à ce revirement. C'est pourquoi, dans l'intérêt du contribuable, tout changement de doctrine administrative ne peut donner lieu aux redressements sur les situations fiscales antérieures. Dès lors que les causes reposent sur un différend portant sur l'interprétation du texte à l'époque formellement admise par l'administration et sur le fondement de laquelle cette dernière avait pris la décision initiale. Toutefois, pour que cette interprétation nouvelle soit juridiquement opposable à l'administration certaines conditions doivent être réunies.

266.— L'interprétation invoquée par le contribuable devrait être admise par l'administration avant la décision d'établissement de l'imposition et non des assurances données par d'autres services extérieurs ou de simples recommandations données aux agents. Cette interprétation devrait être formellement admise par l'administration fiscale, de telle sorte qu'une simple indication fournie par un service fiscal ne suffit pas. Le terme formellement devant s'entendre par une décision claire, ayant un caractère solennel et par conséquent revêtu de la signature de l'autorité en charge de l'administration fiscale. Il faut aussi aborder un élément participant à l'attractivité qui ne se situe pas dans une perspective purement juridique, mais au regard des formalités utiles à l'accomplissement du devoir fiscal. Il

---

379 Jacques BUISSON, op. cit., p. 179.

380 Idem, p. 177.

381 Le droit de reprise est reconnu à l'administration fiscale afin de rectifier les erreurs, omissions insuffisantes constatées dans l'assiette de l'impôt portant sur 4 ans.

s'agit de la simplification des démarches nécessaires aux entreprises en vue de remplir leurs obligations fiscales[382].

267.— Le consentement à l'impôt est un facteur de mobilisation de ressources fiscales. De même, dans l'optique d'améliorer l'environnement des affaires, facteur d'élargissement de l'assiette fiscale, les pouvoirs publics ont mis en place une structure pour faciliter les opérations de création ou de restructuration des entreprises[383]. Toutefois, les efforts accomplis en matière de gestion administrative fiscale ne peuvent suffire seuls à développer l'attractivité fiscale[384] en Centrafrique. Toutefois, la multiplication des mesures de réduction de l'assiette et du montant de l'impôt sont autant d'éléments qui relativisent le rendement fiscal. En fait, si le choix de développer l'attractivité est nécessaire au service d'une économie nationale, la méthode est contre-productive. L'efficacité ne se mesure pas à la seule aune de l'ambition affichée, mais aussi à une réflexion sur les moyens utiles pour l'atteindre[385].

---

[382] Thierry LAMBERT, La fin des paradis fiscaux, Montchrestien, collection grands colloques, 2011, p. 111.

[383] En vue d'améliorer l'environnement des affaires en Centrafrique, il a été créé le guichet unique de formalités de création des entreprises (GUFE). Le GUFE a pour objectifs de permettre aux opérateurs économiques d'accomplir en un seul endroit, dans un délai minimum les formalités requises dans les domaines juridique, administratif, social et fiscal. Cette structure regroupe tous les services impliqués dans le traitement d'un dossier de création d'entreprise. Les missions dévolues au GUFE se présentent de trois ordres. La première mission consiste à simplifier les procédures de formalités de création, modification, dissolution ou de cessation d'activités. La deuxième mission vise à accueillir, informer et conseiller les investisseurs désireux de s'installer en Centrafrique. A cet effet, le GUFE est chargé d'informer les investisseurs sur la procédure à suivre, d'améliorer les prestations de services y relatives et de sensibiliser les opérateurs économiques et investisseurs.

[384] Thierry LAMBERT, op. cit., p. 114.

[385] Idem, p. 117.

Conclusion du chapitre 1

268.— Le problème fiscal est pourtant un des aspects essentiels du développement. La structure de la fiscalité est également importante pour la croissance économique. La solution réside dans la construction d'un système fiscal efficace. En effet, les pays qui collectent des impôts aux moyens d'une large base d'imposition et d'une organisation efficiente réalisent probablement une croissance plus rapide que les pays ayant une base fiscale étroite et une organisation fiscale inefficace. Le Centrafrique n'échappe pas à ce retard de croissance par manque de ressources propres pour financer le développement. Généralement, il est admis que les investissements sont les principaux facteurs de la croissance économique. Ce paradigme est vrai dans la mesure où les différents contextes nationaux, caractéristiques des différentes politiques en matière d'investissement, ont toujours été marqués par la croissance économique.

269.— En réalisant un investissement, une part substantielle de son rendement sera prélevée par l'État sous forme d'impôts[386]. Cette analyse de Joseph E. STIGLITZ met en évidence la prérogative de puissance publique que l'État a de prélever l'impôt pour financer les dépenses régaliennes. Elle met également en relief l'impôt comme un des attributs de la souveraineté de l'État[387]. Cet attribut de souveraineté ne répond plus aux exigences économiques du monde moderne. Or, l'investisseur doit réaliser un profit, traduisant son utilité économique, c'est le supplément de biens qu'il apporte à l'économie[388]. Mais, la fiscalité centrafricaine présente d'innombrables défauts. Elle est caractérisée par sa fragilité due à une assiette particulièrement étroite, ses effets économiques négatifs et ses taux d'imposition prohibitifs.

---

[386] Joseph E. STIGLITZ – Carl E. WALSH, Principes d'économie moderne, édition De Boeck, 2004, p. 391.

[387] Emmanuelle JOUANNET, De la personnalité et la souveraineté de l'État dans la Constitution de 1958 (Théorie française de l'État et intégration européenne), juin 2003, pp. 1-27.

[388] Fernand BAUDHUIN, Les investissements de l'industrie belge, Bruxelles 1969, p.200.

Chapitre 2 — Les facteurs de vulnérabilité du système fiscal

270.— Depuis plusieurs décennies, le Centrafrique s'abîme dans un marasme économique, social et politique. Il apparaît à cet effet dans tous les indicateurs socioéconomiques comme un État fragile[389]. En effet, les difficultés auxquelles le pays est confronté procèdent des conséquences d'une conjonction de facteurs à la fois exogènes et endogènes. Dans l'ensemble, la porosité des frontières, l'absence de diversification économique et l'instabilité politique sont autant de facteurs qui concourent à la faible rentabilité de l'impôt en Centrafrique. Cette faiblesse est le résultat des expériences menées par le passé et qui n'ont pas amélioré le niveau des recettes budgétaires. Il en est résulté sur le plan fiscal, non seulement des outils mal conçus, mais aussi des pratiques ayant toujours révélé une gestion chaotique[390]. Un manque de compétitivité dû aux nombreuses contraintes fiscales et administratives qui brident les investissements privés.

271.— Sa position, figurant parmi les pays les plus pauvres de la planète[391], donne la mesure des contraintes à surmonter pour s'engager dans la voie du développement. Le pays est, à cet effet, conditionné par l'aide extérieure pour financer son développement. Or, le financement externe ne doit être que complémentaire de l'effort propre qui peut seul donner au développement son sens national. Il importe, pour ce faire, de s'appuyer sur un diagnostic des limites du financement endogène du développement en Centrafrique. L'analyse des obstacles à la mobilisation des ressources fiscales fait apparaître les limites liées à une gestion fiscale inadaptée (Section 1) et les limites liées à l'inadaptation du système fiscal à l'environnement économique et social (Section 2).

---

[389] Rapport de suivi des objectifs du millénaire pour le Développement : « Les Progrès vers l'atteinte des OMD dans le contexte d'un Etat fragile », 2010. James D. FEARON, « Fragilité des États, indicateurs de gouvernance et risque de guerre civile », Revue d'économie du développement 2011/4 (Vol. 19), p. 153-154.

[390] Gustave Amavi KOUEVI, Plaidoyer pour une géofiscalité en Afrique : éléments d'une nouvelle approche de la gouvernance économique et financière, Revue Droit fiscal, supplément au n° 25 juin 2007, p. 50.

[391] Elle se place au 185ᵉ rang sur 185 pays selon le rapport Doing Business de 2012.

Section 1 — L'inadéquation des outils de gestion fiscale

272.— La problématique de la mobilisation des ressources fiscales repose sur des constats d'échec imputables aux imperfections du système fiscal. De cette situation d'échec, on déduit un autre constat. Il ne peut y avoir de mobilisation de ressources fiscales sans un système fiscal rationnel, piloté par une administration compétente et intègre[392]. Pour autant, l'application de la fiscalité aux contribuables résulte de la combinaison d'un système et d'un mode de fonctionnement de l'administration fiscale. En effet, le constat fait apparaître que le système fiscal centrafricain a été profondément réformé sans qu'une évaluation précise soit faite de la capacité des administrations à le gérer et à mettre en œuvre les réformes proposées. Or, les administrations fiscales centrafricaines souffrent de dysfonctionnements considérables. De ce fait, l'inadaptation de la gestion fiscale se manifeste sous la forme de deux insuffisances majeures. Le processus de la gestion fiscale est mal maîtrisé (§ 1) et présente quelques archaïsmes relatifs à l'inadéquation des outils du prélèvement fiscal (§ 2).

§ 1 — Un processus de gestion fiscale mal maîtrisé

273.— Le facteur de l'échec du système fiscal centrafricain tient dans la démission des autorités politiques qui ont manqué de s'approprier le processus de gestion en matière fiscale[393]. Les pratiques fiscales tiennent à l'insuffisance de nombreux facteurs nécessaires à l'édification d'une administration publique performante[394]. Le système fiscal doit être porté par un ensemble de gestion adapté au dispositif. Il convient d'identifier les principales faiblesses dont l'organisation interne et les méthodes apparaissent peu adaptées à l'objectif à atteindre. Pour une meilleure compréhension des problèmes que rencontrent les administrations fiscale et douanière centrafricaines, il convient de tenir compte de leur spécificité liée aux dysfonctionnements du cadre organique (A) et à l'inefficacité du capital humain (B).

A) Les facteurs administratifs d'une gestion fiscale mal maîtrisée

274.— Dans un contexte de fortes contraintes économiques et budgétaires, les États cherchent à mettre en place des organisations plus

---

[392] Gustave Amavi KOUEVI, Plaidoyer pour une géofiscalité en Afrique : éléments d'une nouvelle approche de la gouvernance économique et financière, Revue Droit fiscal, supplément au n° 25 juin 2007, p. 50.
[393] Gustave Amavi KOUEVI, op. cit., p. 52.
[394] Mildred KICONCO BARYA, Sciences sociales et l'avenir de l'Afrique, éd. CODESRIA, Dakar, 2005, p. 107.

efficientes[395] pour le prélèvement de l'impôt. Les méthodes de prélèvement fiscal résultent d'une interaction entre le système fiscal et la gestion de ce système par l'Administration. Cependant, la caractéristique principale des administrations fiscales en Afrique subsaharienne est l'insuffisante capacité administrative à mobiliser les recettes fiscales. L'État centrafricain est confronté aux impératifs du développement. Pour atteindre les objectifs imposés par ces impératifs, l'État a besoin de disposer de ressources financières suffisantes. Or, le niveau des recettes fiscales ne connaît pas une amélioration substantielle pour permettre de financer les objectifs du développement. La collecte de l'impôt en Centrafrique est impactée par les carences de l'administration (1) et les faiblesses de l'autorité hiérarchique (2).

1. Les insuffisances inhérentes à l'organisation et aux moyens

275.— Il est admis que l'efficacité du système fiscal est liée étroitement à celle de l'administration et que les difficultés d'ordre administratif entravent les mesures prises en vue de faciliter l'application de l'impôt. L'insuffisante capacité administrative à augmenter les recettes fiscales est caractérisée par les faiblesses dans l'animation des structures et une administration éloignée des contribuables qui limitent les efforts d'accroissement des recettes. En effet, la faiblesse fondamentale des administrations fiscales et douanières des pays africains est leur difficulté à mettre en place des services centraux et locaux performants[396]. Or, les services centraux sont souvent absorbés par des tâches opérationnelles de gestion, y compris les négociations avec les contribuables ou les importateurs.

276.— Cette situation a de graves conséquences pour l'efficacité des administrations douanière et fiscale. Le renforcement des capacités des services centraux à préparer les réformes et à en piloter la mise en œuvre constitue un objectif prioritaire[397]. À cet effet, la recherche de l'efficacité et de la performance requiert, aussi bien pour l'administration des douanes que celle des impôts, une séparation des tâches conceptuelles et opérationnelles. Elle repose également sur la promotion de l'éthique[398]. Ce précepte moral n'est pas perceptible au sein des administrations fiscale et douanière centrafricaines. D'une manière générale, les services centraux disposent de peu d'outils pour

[395] CREDAF, Guide d'aide à la contractualisation des objectifs, 26e colloque, Niamey (Niger), octobre 2012.
[396] Abdoul Hamid FALL, Contribution à une réflexion sur la fiscalité de développement au Sénégal, Thèse, Université des Sciences sociales de Toulouse 1, 2001, p. 307.
[397] Gérard CHAMBAS, Afrique au sud du Sahara : Mobiliser des ressources fiscales pour le développement, Economica, 2005, p. 148.
[398] Idem.

orienter, suivre et contrôler l'activité opérationnelle des services de base.

277.— Ils ne disposent pas d'indicateurs de gestion permettant de juger des aspects quantitatifs et qualitatifs des travaux réalisés. À fortiori, les administrations douanière et fiscale ne disposent pas fréquemment des données qui permettent de comparer leurs performances à celles d'autres administrations travaillant dans des contextes comparables. Faute d'indicateurs de gestion appropriés, il n'est pas aisé de déterminer les besoins des administrations en ressources humaines et matérielles. La plupart des audits mettent en évidence un manque de moyens des administrations par rapport à leurs missions théoriques, mais ils mettent aussi en lumière un manque d'efficacité dans l'utilisation des moyens existants[399]. Ces dysfonctionnements sont constatés tant par la faiblesse de l'autorité hiérarchique que par l'absence d'une vision stratégique.

2. La faiblesse dans le pilotage des services

278.— L'organisation des administrations des impôts et des douanes a connu une instabilité qui ne favorise pas le pilotage par la performance. Viennent aussi aggraver ces entraves à la performance, certains changements intervenus à des échelons supérieurs, intermédiaires ou inférieurs. Il convient de noter que les changements ne sont pas des sources de régression ou d'immobilisme, mais les changements inopportuns et sans pertinence entravent la réalisation des performances. Les difficultés que traversent la plupart des États africains expliquent en partie la gravité de la crise de l'autorité hiérarchique dans les administrations financières. Cette crise se manifeste par la faiblesse du commandement[400]. La faiblesse de l'autorité hiérarchique est aggravée par l'absence quasi générale de contrôles internes ou externes.

279.— La compétence comme critère de désignation au poste de responsabilité est remplacée par la répartition des « dividendes politiques »[401]. Une telle pratique concourt à la faiblesse de l'autorité hiérarchique et annihile l'efficacité des services. Il en résulte que le fonctionnement des services n'est pas maîtrisé par la hiérarchie. Le partage des tâches entre les agents est souvent obscur, car il résulte plus de conflits d'influence entre responsables administratifs soucieux de s'arroger un

---

[399] Ibidem, p. 149.

[400] Gérard CHAMBAS, Fiscalité et Développement en Afrique subsaharienne, Economica, 1994, p. 39.

[401] L'activité, la présence des agents et le respect des instructions hiérarchiques en matière d'affectation, d'attributions de tâches et de responsabilité ne sont ni respectés ni contrôlés. L'accès aux postes de responsabilité est conditionné par l'allégeance politique, l'appartenance à un groupe ethnique, les liens de famille ou le versement de prébendes.

pouvoir le plus large possible que de la logique administrative[402]. Le contrôle pédagogique est inexistant et les rapports hiérarchiques sont figés et improductifs. Ils ne donnent lieu à aucune sanction. Dans la plupart des cas, ce contrôle fait défaut si bien que les agents n'agissent pas toujours en conformité à la réglementation[403].

280.— Toutes ces faiblesses se manifestent par l'absence d'une vision stratégique basée sur la performance des résultats. Les administrations financières centrafricaines ont souffert d'un manque de vision stratégique, qui dans leur poursuite d'objectifs financiers à court terme, ont perdu de vue une démarche à plus long terme ayant pour but un renforcement durable des capacités. Ce phénomène est exacerbé par la pression exercée par les hautes autorités de l'État sur cet objectif immédiat de recettes. Le mode de management, focalisé sur l'objectif de recettes, ne donne pas une totale satisfaction. Si la poursuite d'un objectif d'efficacité budgétaire est essentielle pour une administration fiscale ou douanière, une gestion exclusivement orientée vers les recettes s'avère contre-productive.

281.— En effet, la recherche de résultat immédiat se fait souvent au détriment de la qualité d'une démarche structurante à long terme garant de la mobilisation efficace des ressources. Il met l'administration sous pression, la pousse à conduire dans l'urgence. Parfois, elle mène des actions focalisées sur l'objectif immédiat de recouvrement des recettes dont le résultat final à moyen terme est plus mitigé. Unique instrument d'évaluation des performances, il crée des cloisonnements artificiels et des égoïsmes le plus souvent contre-productifs entre services. Par ailleurs, la communication interne entre les services fait cruellement défaut pour assurer une bonne exécution des tâches. À l'intérieur des services, l'organisation des tâches est souvent d'une complexité inutile. Or, la déficience des liaisons empêche une bonne action de mobilisation des recettes fiscales.

282.— Les dysfonctionnements précités sont aggravés par l'insuffisance des liaisons entre l'administration des impôts et des douanes. Malheureusement, les efforts de mobilisation de ressources ne se réalisent pas dans un contexte de mauvais management de politique fiscale qui éloigne l'administration des contribuables. D'une manière générale, l'administration ne communique pas facilement avec les contribuables selon les voies qu'elle est censée utiliser pour de multiples raisons. L'absence du service postal et de l'adressage en Centrafrique contribue à rendre difficile la

---

[402] Gérard CHAMBAS, op. cit., p. 40.

[403] Les fonctionnaires qui commettent des fautes lourdes (détournement de deniers publics, escroquerie, concussion, etc.) n'encourent aucune sanction. Il existe un niveau d'impunité important au sein des services. Cette impunité se manifeste tant de la part des agents des Régies financières vis-à-vis des opérateurs économiques que de la hiérarchie des Administrations à l'égard des agents en service. C'est le règne de l'impunité.

communication entre l'administration et les contribuables. Cet obstacle est d'autant plus grave que l'administration ne peut s'appuyer facilement sur les repères usuels des pays développés.

283.— De surcroît, l'administration fait face à un problème d'identification des contribuables. En l'absence d'une véritable politique de relations publiques, il faut souligner l'insuffisance et l'inaccessibilité de la doctrine fiscale. Il y a une absence de vulgarisation de la loi fiscale et de la doctrine. Une situation qui est assez préoccupante pour l'efficacité des réformes envisagées, dans la mesure où la majorité des contribuables ne fera aucun effort pour aller interroger les services fiscaux et douaniers. Ces dysfonctionnements sont liés au cadre organique qui concerne à la fois un management inefficace et une vision stratégique inexistante. Cependant, d'autres causes spécifiques viennent s'ajouter aux plus structurantes.

B) L'inefficacité du capital humain

284.— Les administrations fiscales et douanières des pays en développement disposent de moyens humains et matériels le plus souvent réduits[404]. L'Etat n'est pas épargné par ces difficultés dans la gestion des ressources humaines et matérielles de ses administrations fiscale et douanière. On constate que la plupart des membres du personnel de l'administration n'ont pas la qualité requise et sont mal dotés en matériel et équipements. Ces déficits sont liés à l'inefficacité des ressources humaines et à l'insuffisance de moyens matériels pour mobiliser efficacement les ressources fiscales. Ce fléau qui est le premier responsable de la perte des recettes fiscales constitue une limite qualitative qui freine l'action des administrations fiscale et douanière centrafricaines pour une application saine et juste de l'impôt.

285.— En effet, la force de l'administration publique repose sur la dynamique et la qualité de ses agents. Ce qui se traduit par la disposition des ressources humaines suffisantes et qualifiées pour remplir les multiples fonctions. Force est de constater que ce besoin laisse à désirer au niveau des administrations fiscale et douanière centrafricaines. Cette carence est perceptible à tous les niveaux des services. Or, une administration fiscale ou douanière peu performante ne participe pas assez à la mobilisation des ressources internes, parce qu'elle ne permet pas à l'État d'atteindre ses objectifs. La tâche à la charge des administrations fiscale et douanière est immense et il est vrai que les effectifs apparaissent souvent insuffisants. Mais, l'insuffisance du système de gestion des ressources humaines s'est

---

[404] Gérard CHAMBAS, Afrique au sud du Sahara : Mobiliser des ressources fiscales pour le développement, Economica, 2005, p.152.

traduite par un manque de rigueur, de contrôle dans le recrutement et l'affectation.

286.— La répartition des ressources humaines au sein des services n'est pas toujours optimale. En effet, la mauvaise allocation résulte du rejet du mérite dans le recrutement et la promotion des agents. Malheureusement, cela va à l'encontre du principe de compétence. Ces pratiques sont totalement inadéquates par rapport à l'efficacité attendue et impactent le rendement de l'impôt ainsi que les relations avec le contribuable. D'autre part, la gestion au quotidien du personnel constitue également un élément de frein à la performance[405]. Les administrations fiscale et douanière se confrontent soit à un sureffectif d'agents dans des structures qui ne répondent pas à leur profil ou aux besoins desdites structures, soit à un sous-effectif dans certains services stratégiques nécessitant une formation qualifiante.

287.— A la mauvaise politique de recrutement et de promotion des agents qui nourrit l'incompétence, s'ajoute également le problème de l'insuffisance de leur formation. D'autant plus que les agents des administrations fiscale et douanière centrafricaines n'ont pas toujours une formation spécialisée et approfondie qui leur permet de bien accomplir leurs tâches. Tout cela ne participe pas à la performance du résultat avec l'insuffisance de formation des agents qui contribue à affaiblir l'administration. Elle se traduit par des pertes de recettes fiscales du fait de la fraude et de l'évasion fiscales. Il s'agit là d'un problème crucial dont on ne peut saisir la portée sans se référer aux concepts et principes directeurs qui régissent la science et les techniques fiscales.

288.— Les cadres des administrations fiscale et douanière bénéficient souvent d'une bonne formation initiale. Cependant, les agents sont souvent formés sur le tas. Ils ne bénéficient pas de formations organisées au cours de leur carrière professionnelle. Les travaux réalisés dans ce domaine par certains auteurs révèlent que l'efficacité du système fiscal est avant tout basée sur la connaissance de la science et de la maîtrise des techniques fiscales[406]. Le constat est que la culture fiscale apparaît comme le socle de tout système fiscal[407]. De sérieuses lacunes persistent dans la gestion des

---

[405] Il y a une absence de plan prévisionnel des besoins de personnels en rapport avec l'évolution de l'administration. Ces besoins ne sont pas recensés en vue d'une allocation optimale des ressources en fonction des priorités. Par ailleurs, il n'existe pas de véritables critères objectifs définissant les conditions d'affectation ou de promotion des agents. Ce mode de gestion fondé sur des critères subjectifs crée des frustrations, de la démotivation, de la suspicion et entame le bon fonctionnement de l'administration.

[406] Louis TROTABAS et Jean-Marie COTTERET, Droit fiscal, Dalloz, 1985, p. 17.

[407] Aaron LOGMO MBELEK, La réforme des politiques fiscales axées sur l'innovation et la modernisation des institutions en charge de la collecte et de la gestion du patrimoine public,

ressources humaines. Ce problème contribue à créer « un système fiscal déprécié et peu productif »[408]. La gestion inefficiente du personnel, alliée à l'insuffisance des moyens matériels et financiers, constitue un sérieux handicap dans le contrôle et le recouvrement de l'impôt.

§ 2 — L'inadéquation des outils du prélèvement fiscal

289.— Parmi les instruments de politique économique agissant sur le développement, la politique de prélèvement fiscal apparaît particulièrement importante[409]. La fiscalité se présente, de ce fait, comme un ensemble de dispositions ou d'institutions de caractère financier au service de l'économie et au-delà au service de l'amélioration générale des conditions de vie et de la richesse nationale, donc du développement[410]. En effet, l'analyse faite de l'inadéquation des outils de prélèvement fiscal est destinée à faire percevoir les limites de l'instrument fiscal et son inefficacité à mobiliser les ressources fiscales. La politique fiscale mise en œuvre pour obtenir des ressources stables n'a pas atteint leur objectif. Ces échecs sont imputables en partie à une conjoncture défavorable, mais les mesures fiscales adoptées ont manqué d'efficacité[411].

290.— Il apparaît évident que les insuffisances inhérentes au contrôle et au recouvrement de l'impôt sont bien une conséquence de celles liées à l'organisation et aux moyens de l'administration fiscale. Le problème du contrôle et du recouvrement de l'impôt est une question très importante de la problématique globale. La fonction attendue du contrôle et du recouvrement de l'impôt est de mobiliser les ressources fiscales suffisantes. En effet, c'est à ce niveau que les véritables capacités de l'administration peuvent être évaluées. Or, cette mobilisation des ressources fiscales est insuffisante au regard du besoin en financement de développement du pays. Par conséquent, les facteurs imputables à l'inadéquation des outils du prélèvement fiscal se situent au niveau juridique (A) et conduisent aux actes d'évitement de l'impôt de la part des contribuables (B).

---

29 novembre — 1er décembre 2010, Centre africain de Formation et de Recherche administrative pour le Développement — Tanger (Maroc).

[408] Selon l'expression de N'GAOSYVATHN, Le rôle de l'impôt dans les pays en voie de développement, LGDJ, 1974, p. 129.

[409] Gérard CHAMBAS, Fiscalité et Développement en Afrique subsaharienne, Economica, 1994, p. 7.

[410] III Colloque « Fiscalité et Développement », Paris, 1983, p. 9.

[411] Gérard CHAMBAS, op. cit., p. 19.

A) Les facteurs juridiques

291.— Le système de prélèvement est confronté aux difficultés d'application des normes fiscales. C'est dire que l'application de la réglementation en matière de collecte d'impôt est confrontée à des difficultés internes à l'administration. La norme fiscale peut constituer un frein au développement d'une fiscalité en cas de mauvaise application de l'impôt. C'est-à-dire l'inadaptation de l'impôt au contexte économique et social. Que peut-on attendre de ce système fiscal inadapté dont la législation est décalée de la réalité et les textes sont mal élaborés ? L'inadaptation de la législation fiscale vide l'impôt de son caractère contraignant, lui ôte son rôle comme instrument de développement économique. En effet, ce frein au développement de la fiscalité pose la problématique de la sécurité fiscale. Or la sécurité en matière fiscale est essentielle à divers titres[412].

292.— Du fait que la fiscalité est une discipline qui est en prise directe sur l'économie et le social, elle est amenée à évoluer. Des considérations financières sont aussi à prendre en compte. Car l'insécurité fiscale a nécessairement des conséquences sur l'accomplissement par les contribuables de leurs obligations et peut obérer le recouvrement de l'impôt[413]. Chaque année, des mesures nouvelles sont édictées pour régir des situations nouvelles dans le cadre de lois de finances. C'est pourquoi l'instabilité fiscale peut freiner le rendement fiscal, du fait d'un ressentiment d'insécurité juridique chez les contribuables. L'insécurité fiscale demeure un fléau tant pour les pouvoirs publics que pour les opérateurs économiques. Les facteurs d'instabilité des normes fiscales sont bien connus pour s'y attarder. Cette complexité se déploie par sédimentation, en empilant des dispositifs[414].

293.— L'investissement n'est retenu que si la rentabilité attendue est supérieure à la somme des coûts précédents. Pour ainsi dire, un investissement industriel est en effet souvent peu mobile et se juge sur une durée comprise entre 10 et 20 ans. Par conséquent, un pays qui donne une image d'instabilité réduit sensiblement son attractivité industrielle. Ce qui fait dire au Professeur Michel BOUVIER que : « Le droit fiscal traduit sous la forme de normes des objectifs politiques, financiers, économiques, sociaux extrêmement variés. C'est la raison pour laquelle c'est un droit complexe dont les règles sont souvent difficiles à interpréter, la complexité de ce droit n'ayant d'égale que la variété des situations qu'il doit

---

[412] Michel BOUVIER, La sécurité fiscale : une politique publique à part entière, RFFP, avril 2015 n° 130, p. V.

[413] Idem.

[414] Jean-Raphaël PELLAS, La sécurité fiscale : Quels enjeux juridiques ? RFFP, avril 2015 n° 130, p. 7-8.

appréhender. C'est ce qui explique aussi à la fois sa complexité et son instabilité, le législateur étant conduit à multiplier les dispositions dérogatoires et à modifier constamment les règles établies »[415].

294.— Il renchérit que l'environnement international est également source d'instabilité de la loi fiscale. On voit également se multiplier les sources de ce droit, de même qu'on voit aussi apparaître de nouveaux domaines, de nouveaux acteurs et de nouveaux problèmes. Il en résulte une extrême diversité ainsi que des règles d'assiette et de procédures souvent très compliquées qui renvoient une image complexe de la structure fiscale qui n'est pas du tout sécurisante. Comme l'a mis en évidence le rapport Fouquet, l'instabilité et la complexité de la norme fiscale sont les premières causes d'insécurité juridique. Les changements fréquents de la loi et les difficultés qui apparaissent lorsqu'il s'agit de l'interpréter constituent une source de risque pour l'ensemble des contribuables dans leur relation avec l'administration fiscale comme dans l'appréhension de la dimension fiscale d'un projet économique[416].

295.— En Centrafrique, l'instabilité de la norme fiscale est récurrente. Toutefois, l'objectif de ces modifications est d'avoir un système fiscal crédible au regard des mutations qui s'opèrent dans le monde. Tel n'a pas été l'objectif qui a guidé les multiples réformes fiscales réalisées. Elles ont été des « rustines fiscales » à combler un vide sans résoudre le problème fondamental qui est à l'origine de l'insuffisance. Des changements permanents des lois fiscales qui ne sont, en réalité, qu'une répétition des mêmes recettes dont l'effet est fortement émoussé. À cet effet, le Professeur Michel BOUVIER écrivait avec raison que la complexité fiscale n'a d'égale que la complexité politique, économique et sociale[417].

296.— Le rendement de l'impôt est fonction de considérations économique et financière. Son assiette s'intègre également dans une analyse sociale. Autrement dit, la fiscalité est politique, économique et sociale[418]. Cette complexité fiscale rend difficile l'application de la norme fiscale. Ce qu'affirment les Professeurs Gilbert TIXIER et Guy GEST. La complexité du système fiscal offre mille possibilités de fuite devant l'impôt. Elle permet aux contribuables habiles de jouir de la multiplicité des catégories de matières imposables du mode d'évaluation et des tarifs pour faire passer tout ou partie de la matière imposable à travers les mailles d'un réseau

---

[415] Michel BOUVIER, op. cit.

[416] Michel BOUVIER, La sécurité fiscale : une politique publique à part entière, RFFP, avril 2015 n° 130, p. VII.

[417] Michel BOUVIER, Introduction au droit fiscal général et à la théorie de l'impôt, LGDJ, 2005, p. 226.

[418] Baba B. BAYOR, Fiscalité et développement au Togo, Thèse, Université de Nice, 1990, p. 5.

complexe[419]. Cette complexité, facteur de distorsions et d'iniquités, n'encourage pas à la formalisation des activités. Cette pratique encourage les opérateurs économiques à s'installer dans l'informel. Le défaut de sécurité fiscale est susceptible d'engendrer divers comportements d'évitement de l'impôt.

B) Les actes d'évitement de l'impôt

297.— La politique d'accroissement des recettes fiscales réside dans l'élargissement de l'assiette de l'impôt. Cela suppose que toute la matière imposable ne puisse pas échapper à l'impôt. C'est le phénomène de fuite devant l'impôt[420] qu'il faut nécessairement combattre, sinon enrayer. Cette fuite se manifeste souvent de deux manières. D'une part, elle est caractérisée par la fraude fiscale qui est définie comme une violation délibérée des lois et règlements fiscaux dans le but d'échapper à l'impôt ou d'en réduire le montant. D'autre part, elle se manifeste par l'évasion fiscale, définie comme la mise en œuvre d'un moyen ou d'un comportement non frauduleux pour éluder l'impôt. Par conséquent, le phénomène de fuite de recettes a de graves conséquences économiques et financières pour l'économie d'un pays.

298.— La fuite des recettes n'est pas satisfaisante non plus si la fraude est trop aisée et si, en sens contraire, il est difficile de la prouver et donc de la sanctionner[421]. Car, il compromet le rendement de l'impôt et diminue les recettes fiscales. Il introduit également des distorsions dans l'économie et fausse le jeu de la concurrence. En effet, le comportement du contribuable devant l'impôt est une réaction de défense. Il cherche à se soustraire au prélèvement sur ses revenus ou sur son patrimoine ou au moins à réduire l'ampleur. Fort de cette situation, les pouvoirs publics ont mis en œuvre beaucoup de réformes pour accroître les recettes fiscales. Mais, les résultats attendus en termes d'accroissement substantiel des recettes fiscales sont faibles. Étant donné que l'incivisme fiscal constitue à la fois une entrave à la collecte de l'impôt (1) et un facteur de déperdition des recettes fiscales (2).

1. L'incivisme fiscal : une entrave à la collecte de l'impôt

299.— Pour un grand nombre des citoyens, la conscience fiscale est moins rigoureuse que la conscience morale. Pour beaucoup, voler le fisc n'est pas voler. C'est ainsi que nombreux sont ceux qui n'hésitent pas à se soustraire à leurs obligations fiscales et essaient de se dérober de l'honorable obligation de contribuer aux charges publiques. Cette résistance à l'impôt,

---

[419] Gilbert TIXIER et Guy GEST, Droit fiscal, LGDJ, 1976, p. 242.
[420] Elvis DJOMENI KOLOKO, La fiscalité des investissements et l'optimisation fiscale : cas du Cameroun, Mémoire, Université de Douala, 2008, p. 44.
[421] Michel VATÉ, Leçons d'économie politique, Economica, 8e édition, 1999, p. 327.

manifestée depuis longtemps, continue à être dans les mentalités jusqu'à nos jours. Elle pose la problématique de l'incivisme fiscal. Pour mieux comprendre la notion d'incivisme, il faut définir d'abord le concept du civisme. Le dictionnaire Hachette définit le civisme comme étant le respect, l'attachement et le dévouement du citoyen pour son pays ou pour la collectivité dans laquelle il vit[422]. Cela s'applique en particulier à l'institution qui représente cette collectivité, à ses conventions et à ses lois. Qu'en est-il du civisme fiscal ?

300.— Le civisme fiscal est le fait, pour chaque individu, de satisfaire à ses obligations fiscales[423]. Le degré de civisme fiscal dépend de deux éléments : des mécanismes pour garantir le respect des règles et la propension des citoyens à admettre la légitimité de l'État à percevoir les impôts[424]. Alors que l'incivisme fiscal se manifeste par un certain nombre de comportements délictueux consistant à se soustraire à l'impôt. Il recouvre quatre comportements que l'administration fiscale doit combattre. Le premier vise à éviter d'être enregistré comme contribuable et conduit à exercer une activité non enregistrée. Le second, si l'on est enregistré, vise à ne pas déposer les déclarations prévues par la réglementation. Le troisième conduit à ne pas payer les sommes dues, même si des déclarations sont déposées. Le quatrième conduit à déposer des déclarations et effectuer des paiements minorés[425].

301.— Il apparaît évident que l'incivisme est caractérisé par un manque du civisme. Le contribuable est avant tout un citoyen, c'est-à-dire un individu qui jouit dans un État déterminé, des droits civils et politiques et supporte en conséquence des devoirs et obligations corrélatifs[426]. À ce titre, il doit assumer une responsabilité à l'égard de la société, celle d'acquitter l'impôt, donc participer au financement du développement. Pour ce faire, le civisme fiscal interpelle surtout la conscience du contribuable. Il se traduit par le comportement des citoyens qui s'efforcent d'alimenter les finances publiques le mieux possible d'une part et de les grever le moins possible d'autre part[427]. À cette fin, ils acquittent leurs impôts et se gardent de porter atteinte au patrimoine public[428]. Si le problème de l'incivisme existe partout, on note que dans le contexte centrafricain, il se pose avec acuité, dans la mesure où la notion d'intérêt général liée à l'impôt est galvaudée.

---

[422] Dictionnaire Hachette, édition 2018.

[423] Gérard CHAMBAS, Afrique au sud du Sahara : Mobiliser des ressources fiscales pour le développement, Economica, 2005, p. 195.

[424] René OSSA, Réformes fiscales et développement en Afrique subsaharienne, EdiLivre Aparis, 2012.

[425] Gérard CHAMBAS, op. cit., p. 202.

[426] Jean-Claude DUCROS, Sociologie financière, PUF, 1982, p. 152.

[427] Idem.

[428] Ibidem.

302.— Un grand nombre de citoyens centrafricains ne se sentent pas concernés par les problèmes financiers et le fonctionnement de l'État. Or, c'est bien de la conscience que les citoyens ont de leur État qui conditionne leur sens civique et leur moral fiscal ainsi que leur comportement fondamental et intime à son égard et à l'égard de son budget[429]. Outre cet aspect psychologique, l'incivisme fiscal résulte également dans le contexte centrafricain de la croyance en la corruption et au manque du sens de l'intérêt général. Or, le contribuable nanti de la culture fiscale est celui qui connaît ses droits et accomplit ses obligations fiscales. Mais, l'incivisme du contribuable est, en partie, la résultante de l'inadéquation des politiques économiques aux objectifs du développement du Centrafrique.

303.— Ces deux phénomènes conjugués engendrent de graves distorsions économiques qui sont de nature à aggraver l'évolution défavorable de l'assiette fiscale[430]. Malgré les efforts considérables qui ont été faits dans le sens de l'amélioration du consentement volontaire à l'impôt, l'incivisme fiscal apparaît comme la principale entrave à la collecte de l'impôt. Il est caractérisé par l'inefficacité et le délitement de l'État[431], ainsi que par les incohérences de certaines réformes fiscales[432]. Dans ce contexte, l'incivisme fiscal se manifeste par une forte propension à la fraude fiscale. En raison des paramètres divergents utilisés par les auteurs, la fraude fiscale est toutefois difficile de chiffrer avec précision. Il ressort de cela que la propension élevée de la fraude fiscale relève de l'inadaptation des diverses méthodes de collecte de l'impôt.

2. L'incivisme fiscal : facteur de perte des recettes fiscales

304.— L'incivisme fiscal se caractérise également par des pratiques variées visant à se détourner des procédures de collecte des recettes publiques[433]. Sa manifestation principale est la contrebande. En effet, la fraude consiste en des entrées ou sorties illicites de marchandises de toutes natures. Les flux de marchandises empruntant les voies illégales font l'objet de déperdition de recettes en raison d'énormes carences constatées dans les procédures de dédouanement. Cette déperdition de recettes s'explique aussi par la porosité des frontières centrafricaines avec ses pays voisins. La contrebande est l'apanage du secteur informel qui s'approvisionne en marchandises provenant des pays frontaliers. Au niveau des postes douaniers

[429] Günter SCHMOLDERS, Psychologie des finances et de l'impôt, PUF, 1973, p. 13.
[430] Gérard CHAMBAS, Fiscalité et développement en Afrique subsaharienne, Economica, 1994, p. 83.
[431] Jean-Baptiste FOTSING, cité par Gérard CHAMBAS, Afrique au sud du Sahara : Mobiliser des ressources fiscales pour le développement, Economica, 2005, p. 196.
[432] Gérard CHAMBAS, op. cit., p. 196.
[433] Aaron LOGMO MBELEK, op. cit.

des frontières, les taxations se font sur une infime partie des marchandises à déclarer, minorant ainsi la base taxable.

305.— Le développement des activités internationales a fait apparaître d'autres formes d'évitement de l'impôt. C'est le cas de l'évasion fiscale. Le mot évasion désigne une image positive de la libération, une manifestation de la liberté d'aller et venir, mais accolée à l'adjectif « fiscale », l'évasion prend un tour péjoratif[434]. De ce fait, l'évasion fiscale correspond aux comportements visant à réduire le montant des prélèvements obligatoires, mais sans l'existence de l'élément intentionnel[435]. Certaines situations en matière de ressources correspondent aux fuites de capitaux. Cette fuite aggrave les inégalités et ne profite qu'aux membres de la classe dominante qui transgressent les règles commerciales et douanières ou qui transfèrent illégalement des actifs publics ou privés nationaux[436].

306.— L'évasion fiscale fait réduire l'impôt en déplaçant un patrimoine vers un autre pays de type paradis fiscal et sans déclarer les revenus générés par ces avoirs. Ce qui s'apparente à une optimisation fiscale. L'optimisation fiscale, quant à elle, n'est pas un délit puisqu'elle correspond à l'usage habile des lois et des conventions pour réduire la charge fiscale. La stratégie d'optimisation se requalifie en évasion fiscale dès lors que le montage juridique mis en place par l'entreprise apparaît artificiel et aurait pour but unique d'échapper à l'impôt[437]. En effet, la plupart des multinationales profitent de la libre transférabilité de leurs capitaux en utilisant les mécanismes des prix de transfert et d'autres montages juridiques particuliers[438] pour pratiquer l'évasion fiscale.

307.— L'une des techniques employées est l'usage abusif des prix de transfert, qui permet de transférer artificiellement les bénéfices imposables d'un territoire à un autre[439]. En effet, une part importante des échanges internationaux s'effectue à l'intérieur des groupes multinationaux, selon des prix internes qu'on qualifie de prix de transfert. Les prix de transfert sont les prix auxquels les mêmes filiales d'une multinationale se vendent des biens et

---

[434] Jérôme LASSERRE CAPDEVILLE, Philippe MARCESSOU, Bruno TRESCHER et Chantal CUTAJAR, Fraude et évasion fiscales : état des lieux et moyens de lutte, Joly éditions, Lextenso éditions, 2015, p. 1.

[435] Éric VERNIER, Fraude fiscale et paradis fiscaux – décrypter les pratiques pour mieux les combattre, Dunod, 2014, p. 16.

[436] Pierre JACQUEMOT et Marc RAFFINOT, La mobilisation fiscale en Afrique, Revue d'économie financière, pp. 243-263.

[437] Éric VERNIER, op. cit., p. 17.

[438] Mike LEWIS, Evasion fiscale internationale et pauvreté, article mis en ligne par le Centre Tricontinental : http://www.alterinfos.org/spip.php?article1275

[439] OCDE, Perspectives économiques en Afrique 2010, p. 105.

des services, afin de minimiser leurs impôts[440]. C'est ce qui se produit lorsque des entreprises sous-facturent ou surfacturent des biens et services corporels ou incorporels, ou encore des transactions financières entre entités situées dans des systèmes fiscaux différents[441]. Ce qui implique que la manipulation des prix de transfert réduit l'assiette d'imposition des sociétés.

308.— Cette stratégie d'évitement fiscal permet aux groupes multinationaux de réduire leurs impôts sur les sociétés en commerçant avec leurs filiales à l'étranger[442]. Cette pratique érode l'assiette fiscale et constitue une source de déperdition des recettes de l'État[443]. Par conséquent, la manipulation abusive des prix de transfert est un problème d'envergure internationale qui touche tant les pays développés qu'en développement[444]. En Centrafrique, les dispositions en matière des prix de transfert dans la législation fiscale sont lapidaires[445]. Cette carence de la législation fiscale en la matière rend difficile la collecte de l'impôt. Le comportement d'évitement de l'impôt est contraire au principe du consentement à l'impôt et entrave le rendement fiscal. Ce faisant, la législation fiscale rencontre des limites à s'adapter à l'environnement économique et social.

Section 2 — L'inadaptation du système fiscal à l'environnement économique et social

309.— La théorie économique générale conçoit le système économique comme un ensemble cohérent de structures économiques, institutionnelles et juridiques organisées en vue d'assurer la réalisation d'un certain nombre d'objectifs[446]. Dans cette optique, il faut distinguer le rôle de la fiscalité dans le système économique, car l'activité économique et la base d'imposition ne coïncident pas toujours[447]. Pourtant, les principes et les modes de fonctionnement des structures à l'intérieur du système économique constituent des contraintes pour le système fiscal qui est censé les régir. Toutefois, la relation du système fiscal avec son environnement implique des

---

440 Christian CHAVAGNEUX, « Au moins 15 % de notre déficit extérieur résulte de la fraude fiscale des entreprises », 23 juin 2015. Article en ligne : http://www.alterecoplus.fr

441 Vincent VICARD, Prix de transfert et localisation des bénéfices des multinationales : une analyse sur les données de commerce des entreprises françaises, mai 2015.

442 Idem.

443 OCDE, op. cit.

444 Idem.

445 Les dispositions en matière de prix de transfert sont contenues dans les articles 131, 131bis et 131 Bis1 du CGI.

446 Abdoul Hamid FALL, Contribution à une réflexion sur la fiscalité de développement au Sénégal, Thèse, Université des Sciences sociales de Toulouse 1, 2001, p. 19.

447 Rémi COLLIAT, Intégration économique européenne et système fiscal décentralisé : darwinisme institutionnel ou émergence d'un polymorphisme fiscal ? Thèse, Université de Grenoble, 2012, p. 199.

contraintes réciproques desquelles est finalement issue la structure du système fiscal[448]. Il est apparu que la sensibilité du système fiscal à l'environnement économique et social n'est pas seulement une particularité des pays en développement[449] telle que le Centrafrique.

310.— Autour de l'impératif qui consiste à élargir l'assiette fiscale pour mobiliser efficacement les ressources fiscales, des efforts d'amélioration de la législation fiscale ont été menés. Malgré ces multiples efforts, le système fiscal en Centrafrique reste insuffisamment adapté à l'environnement économique et social, d'où la faiblesse de l'assiette fiscale et par conséquent du rendement actuel de l'impôt. Comme le fait remarquer Monsieur Gérard CHAMBAS, malgré des aménagements répétés, les systèmes fiscaux des pays africains dans leurs principales orientations restent profondément défavorables à la croissance économique[450]. Au regard de cette analyse, il y a lieu de constater que le système fiscal centrafricain est réputé inadapté à la croissance économique (§ 1) et aux finalités de développement économique et social (§ 2).

§ 1 — Le système fiscal, un outil inadapté aux structures économiques

311.— En Centrafrique, la structure économique est le principal obstacle à l'institution d'un système fiscal efficace. Les productions primaires sont dominantes. L'agriculture ne donne qu'une assiette assez étroite en raison de l'autoconsommation qui absorbe une large part de la production agricole. Malgré les multiples aménagements de la législation, le système fiscal reste insuffisamment adapté à l'environnement économique et social. Par ailleurs, la corruption est manifeste au sein des Administrations fiscale et douanière centrafricaines. Il est communément admis que tout le monde ne s'acquitte pas de ses obligations de la même façon. La législation fiscale applicable aux diverses catégories de contribuables a des effets désincitatifs sur l'activité économique. Nonobstant les multiples réformes d'adaptation, les efforts de mobilisation des recettes fiscales sont neutralisés par la croissance du secteur informel (A) et le développement de la corruption (B).

A) La prégnance du secteur informel

312.— Le fonctionnement des économies africaines se caractérise par l'existence de deux sphères économiques qui se nourrissent mutuellement.

---

[448] Abdoul Hamid FALL, op. cit.

[449] Idem, p. 21.

[450] Gérard CHAMBAS, Fiscalité et développement en Afrique subsaharienne, Economica, 1994.

D'une part, un secteur dit formel ou structuré dont le fonctionnement obéit aux règles de l'économie classique. D'autre part, un secteur hétérogène de la petite production marchande urbaine, dit informel. Ses activités très disparates, notamment les petits commerces, l'artisanat et les services, sont mal connues. Elles n'ont pas d'obligations comptables et déclaratives. Leurs revenus et leur chiffre d'affaires sont inférieurs à tout seuil d'imposition raisonnable. En fonction des situations, les activités du secteur informel peuvent être tantôt concurrentes de celles du secteur formel ou bien complémentaire. Toutefois, contrairement aux idées établies, ces deux espaces économiques, loin de s'exclure, sont très interdépendants.

313.— Le concept du secteur informel ne fait pas l'objet d'une définition juridique homogène. Pour cerner cette notion, plusieurs critères sont retenus. La définition officielle adoptée en janvier 1993, par la quinzième conférence internationale des statisticiens du travail, indique que les unités de production du secteur informel opèrent typiquement avec un faible niveau d'organisation, peu de division entre travail et capital et sur une petite échelle. Les relations de travail sont fondées sur de l'emploi occasionnel, des relations interprofessionnelles sans contractualisation des relations réciproques et garanties formelles[451]. Les institutions internationales se sont intéressées à ce phénomène. Mais, leurs études ne traitent pas de l'aspect fiscal de l'informel. Or, cet aspect a une importance dans la mesure où il peut compromettre toute politique économique et la répartition de la charge fiscale.

314.— Ce secteur regroupe l'ensemble des personnes relevant des secteurs socioprofessionnels qui exercent leurs activités de manière frauduleuse. Ce sont des opérateurs économiques qui n'observent aucune prescription légale ou réglementaire pour se faire connaître de l'administration fiscale et échappent à son contrôle. Ceci traduit simplement toutes les difficultés d'organiser le secteur informel, tant ses manifestations sont nombreuses et variées. L'entreprise du secteur informel est comme une girafe, difficile à décrire, mais reconnaissable au premier coup d'œil[452]. Sa fiscalisation a fait l'objet de débats et de controverses doctrinales.

315.— L'imposition du secteur informel est fondée sur le régime du forfait. Or, le développement du secteur informel conjugué avec la sous-fiscalisation fait obstacle à l'élargissement de l'assiette fiscale et se traduit par la perte de recettes fiscales. Face aux difficultés de mobilisation des ressources fiscales, il convient de cerner les caractéristiques et l'ampleur de ce phénomène dans le contexte centrafricain. Le secteur informel, du fait de son caractère diffus, ne participe pas d'une manière substantielle à la

[451] Georges COURADE, L'Afrique des idées reçues, Edition Belin, 2006, p. 371.
[452] Cheickna TOURE, La fiscalité comme instrument de politique économique et sociale : cas du Mali, Thèse, 1998, Université Panthéon-Assas Paris 2, p. 331.

couverture des dépenses publiques en fonction de sa capacité contributive. Ce secteur occupe des créneaux importants du point de vue économique.

316.— Dans la pratique, la fiscalisation de ce secteur s'avère difficile pour les raisons suivantes : la mobilité constante des opérateurs économiques évoluant dans ce secteur et qui sont difficiles à suivre, les difficultés d'appréhender leurs chiffres d'affaires et leurs bénéfices réels. Ce qui se traduit par une insuffisante maîtrise de l'assiette fiscale entraînant un faible taux de recouvrement de l'impôt. Toutefois, beaucoup parmi les établissements de l'informel ont un numéro d'identification fiscale permettant leur enregistrement auprès de l'administration fiscale. En fait, les difficultés d'imposition rencontrées dans ce secteur ont pour conséquence de restreindre la base fiscale se traduisant par une distribution inégale de la charge fiscale entre les facteurs économiques et les contribuables.

317.— Ce secteur échappe en grande partie aux prélèvements obligatoires. Les taxes que l'État perçoit de ce secteur sont dérisoires. Les droits d'entrée sur les importations sont aussi insignifiants du fait de la fraude et de leur entrée illégale sur le territoire. La fraude en douane constitue l'un des principaux moteurs du secteur informel. De toute évidence, le secteur informel constitue en Centrafrique une véritable cause du rétrécissement de l'assiette fiscale. En effet, les ressources générées par l'informel ne sont pas soumises à l'impôt. Ce qui représente d'autant un manque à gagner fiscal pour l'État, en même temps qu'il laisse le fardeau de la base taxable au secteur formel. Par conséquent, l'inadaptation du système fiscal à l'environnement économique et social de la RCA est caractérisée par la corruption.

B) Le règne de la corruption

318.— La corruption est l'un des phénomènes socioculturels observés dans les administrations publiques et privées des PED. Elle est une dimension essentielle de la gouvernance dont elle peut affecter chacune des composantes[453]. Par définition, la corruption est un ensemble de manœuvres déployées pour faire agir une personne contrairement à sa conscience ou à son devoir[454]. Une action ou une pratique est considérée comme étant entachée de corruption lorsqu'il y a violation du devoir professionnel, gain personnel et dissimulation[455]. La corruption implique des comportements pour lesquels les agents du secteur public s'enrichissent de manière

---

[453] Jacky MATHONNAT, Disponibilité des ressources financières pour la santé dans les pays d'Afrique subsaharienne, AFD, n° 52, avril 2010, p. 98.
[454] Yves MENY, La Corruption dans la vie publique, La Documentation française, 1997.
[455] Serge DUHAMEL, Ethique douanière, programme de l'OMD pour l'Ethique, Séminaire sur la mobilisation des ressources fiscales et douanières, ENA, 2011.

inappropriée et illégale, par l'utilisation du pouvoir qui leur est confié[456]. Par ce fait, la corruption entraîne des préjudices sur la politique fiscale (1) et sur les recettes fiscales (2).

1. La corruption, vecteur d'affaiblissement de la politique fiscale

319.— La corruption porte sur le manque d'intégrité des agents du service public. En effet, l'offre de corruption émane des usagers des services publics et les agents publics sont à l'origine de la demande de corruption. Tous ces dysfonctionnements ont motivé la recherche de rentes financières. Une pratique qui phagocyte les aspects d'efficience économique, de compétence professionnelle et de productivité. Le fonctionnement de l'administration financière révèle l'existence de pratiques contraires aux valeurs morales, d'éthique et de probité. Le fonctionnement des régies financières révèle cependant un certain nombre de dysfonctionnements qui sont des incitations à la corruption qui affaiblit l'efficacité de la politique fiscale. Car, toute politique fiscale s'effrite et s'affaisse sous l'action corrosive de la corruption.

320.— La corruption des régies financières trouve sa source dans la dégradation prolongée des conditions de vie des agents de l'État, la faiblesse de leur niveau de rémunération, l'instabilité et la précarité de la carrière administrative, le trafic d'influence et le manque d'éthique professionnelle d'une certaine catégorie de personnel. La corruption a également des effets externes négatifs puisqu'elle modifie les comportements des agents économiques privés. Elle incite certains individus à rechercher une rente illicite plutôt qu'une rente licite[457]. Cela peut se manifester par les conséquences d'une restriction aux échanges, de l'attribution d'un monopole, du versement d'une subvention injustifiée[458]. De plus, l'offre de corruption de la part de contribuables et d'opérateurs économiques est d'autant plus fréquente que la probabilité de sanction apparaît souvent faible[459].

321.— De plus, la corruption sape la crédibilité des administrations fiscale et douanière et constitue un facteur de rejet de l'impôt, d'où une expansion des fraudes fiscales. La fraude fiscale et la corruption dans le domaine de la fiscalité ont pour effet de réduire les recettes publiques. Dans

---

[456] Thomas ROCA, La gouvernance à l'heure du consensus post-Washington : Les limites théoriques et méthodologiques d'un concept protéiforme, Thèse, Université Montesquieu - Bordeaux IV, 2011, p. 163.

[457] Jean-Pascal BASSINO, Jean-Yves LEROUX, Pascal MICHELENA, Les politiques économiques, Foucher, 1999, p. 37

[458] Jean-Pascal BASSINO, Jean-Yves LEROUX, Pascal MICHELENA, op. cit.

[459] Gérard CHAMBAS, Afrique au sud du Sahara : Mobiliser des ressources fiscales pour le développement, Economica, 2005, p. 154.

un environnement corrompu, la possibilité de négocier les pots-de-vin entre les contrôleurs et les contribuables en cas de détection de la fraude a un effet négatif sur les rentrées fiscales en érodant le civisme fiscal[460]. Enfin, l'offre de corruption de la part de contribuables et d'opérateurs économiques est d'autant plus fréquente que la probabilité de sanction apparaît souvent faible[461]. La corruption a eu pour conséquences de réduire les ressources de l'État, d'amoindrir les revenus des populations et surtout, de nuire aux climats des affaires et à la libre circulation des facteurs de production de richesses[462].

2. La corruption, facteur diminution des recettes fiscales

322.— Les causes profondes de la corruption résident dans le dysfonctionnement des institutions publiques. Le phénomène de la corruption s'est généralisé dans l'ensemble des structures qui génèrent des ressources financières de l'État et est délibérément entretenu par certains agents. Il en résulte que ces agents sont favorables à la « collaboration immorale »[463] avec les contribuables que de remplir leurs missions de collecte de fonds publics. Ces comportements déviants intensifient ainsi les actes de corruption[464] et de détournement des recettes. La corruption se développe selon les circonstances et devient un moyen privilégié pour certaines personnes d'avoir de revenus supplémentaires.

323.— De plus, la corruption sape la crédibilité des administrations et constitue un facteur de rejet de l'impôt. Les conséquences néfastes de la corruption peuvent mener à la dilapidation des ressources d'un État, exacerber ses déficits budgétaires et provoquer les crises de confiance capables d'engendrer des fuites de capitaux[465]. La corruption conduit inexorablement à l'incivisme fiscal et entraîne la diminution des recettes fiscales. L'Administration douanière centrafricaine[466] est classée parmi les

---

460 Equipe du système des Nations unies en RCA, Bilan commun de pays (CCA) ; la République centrafricaine face aux défis de la Bonne Gouvernance et de la démocratie, Bangui, 2001, p. 7.
461 Gérard CHAMBAS, Afrique au sud du Sahara : Mobiliser des ressources fiscales pour le développement, Economica, 2005, p. 153.
462 Serge DUHAMEL, Ethique douanière, programme de l'OMD pour l'Ethique, Séminaire sur la mobilisation des ressources fiscales et douanières, ENA, 2011.
463 Jean-Marie MEKONGO, Les retenues à la source dans le système fiscal du Cameroun, Thèse, Panthéon-Sorbonne, 2005.
464 Gérard CHAMBAS, Fiscalité et Développement en Afrique subsaharienne, Economica, 1994, p.66.
465 Déclaration de l'ancien vice-président américain All GORE lors de la conférence internationale sur les mesures et pratiques de promotion de l'intégrité et de lutte contre la corruption, OCDE, Washington du 22 au 23 février 1999, « L'Economiste », Édition N° 452 du 26/02/1999.
466 Par deux décrets du 2 septembre 2006, le gouvernement a prononcé la dissolution de l'administration des douanes.

secteurs les plus affectés en raison d'importants dysfonctionnements et d'une grande vulnérabilité à la corruption.

324.— Malgré les réformes entreprises, la corruption et la fraude persistent au sein de toute administration. Toutefois, la corruption dans l'administration des douanes n'épargne pas les agents de l'administration des impôts. La corruption crée et perpétue une atmosphère d'incertitude et d'insécurité. Ce qui entraîne comme conséquence de profits rapides et une fuite des capitaux vers l'extérieur[467]. La conséquence est que la charge fiscale est inégalement répartie. Certes, la corruption n'est pas un élément de l'assiette fiscale, mais par le comportement délictuel de l'agent des impôts ou des douanes et du contribuable voire de l'autorité politique, la corruption réduit substantiellement les recettes fiscales. Elle est la résultante de l'inefficacité de la politique d'incitation fiscale à l'investissement.

§ 2 — Les effets dommageables des dispositifs de faveur

325.— Les dépenses fiscales ont été principalement conçues pour orienter les comportements des acteurs économiques dans l'objectif de remédier à des insuffisances de marché[468]. En effet, l'État centrafricain utilise la fiscalité comme un outil d'incitation à l'investissement par la pratique des mesures dérogatoires, notamment les exonérations fiscales. Or, l'application d'une règle fiscale doit se traduire concrètement par des recettes dans les caisses de l'État[469]. Si les exonérations sont admises parce qu'elles sont conformes au but poursuivi, mais la pratique a démontré l'effet contraire. Le système fiscal centrafricain est mité par des régimes dérogatoires. Les exonérations sont multiples et elles sont le plus souvent accordées dans des conditions peu transparentes. Ce qui contribue à entamer la crédibilité du système fiscal.

326.— Les dépenses fiscales instituées dans le cadre de certaines politiques publiques entraînent indirectement des externalités négatives. Les dispositions d'incitation fiscale en vigueur ne constituent pas un levier efficace de mobilisation de ressources fiscales pour le financement du développement. De mauvaises pratiques et la non-maîtrise de leur gestion ont dénaturé les exonérations même les plus laborieusement élaborées en les rendant inefficaces. De même, la prolifération des franchises et exonérations diverses de droits de douane constitue un facteur fondamental de réduction de l'assiette fiscale. Cette inefficacité de la politique d'incitation fiscale (A)

---

[467] Adama BALLO, 30 ans de sous-développement. Ça suffit. Editions nouvelles du Sud, 1993, p. 41.

[468] Henri GUILLAUME, Rapport du comité d'évaluation des dépenses fiscales et des niches sociales, juin 2011, p. 40.

[469] Michel VATÉ, Leçons d'économie politique, Economica, 8e édition, 1999, p. 327.

à l'investissement appliquée en Centrafrique se traduit par l'octroi des allègements fiscaux sans aucune évaluation préalable (B).

A) Des mesures fiscales incitatives inefficientes

327.— Dans le but de développer certains pans de l'économie, des mesures d'exonérations totales ou partielles ont été offertes aux investisseurs. Elles traduisent le concept de dépenses fiscales[470]. Il s'agit des recettes auxquelles l'État renonce en prenant des dispositions dérogatoires aux principes de droit commun de la fiscalité[471]. Les dépenses fiscales revêtent des formes très diverses : exonérations, abattements sur le revenu, allègements des taux d'imposition, crédits d'impôt, reports de paiement. En effet, les fondements des allègements fiscaux sont d'ordre économique. Deux objectifs les caractérisent. Le premier objectif est l'attractivité des capitaux étrangers. Le deuxième objectif est la consolidation du secteur industriel. Cependant, les régimes d'incitations et d'exonérations ont brillé par leurs incohérences (1) et ont occasionné le rétrécissement de la base taxable (2).

1. Les incohérences de la Charte des investissements

328.— Destinée à améliorer l'environnement juridique, économique et institutionnel des investissements en Centrafrique, la Charte des investissements renferme en elle des carences qui ne facilitent pas l'incitation aux investissements. Elle ne tient pas compte de l'évolution de l'environnement des affaires dans lequel sont exercées les activités économiques. La charte désigne les entreprises qui rentrent dans son champ d'application et qui exercent leurs activités dans les domaines limitativement énumérés[472]. La Charte est applicable aux entreprises industrielles et aux petites et moyennes entreprises (PME).

329.— Des entreprises industrielles ou de transformation nouvellement créée dont le niveau d'investissement dépasse un certain seuil bénéficient des avantages fiscaux et douaniers[473]. Le bénéfice des avantages de la charte concerne les entreprises industrielles ou les entreprises de transformation qui pourtant ne sont pas visées. De même, les PME ne sont plus explicitement citées comme dans les dispositions dudit article. En outre, la charte n'a pas intégré les considérations liées à la dimension des entreprises. Elle désigne

---

470 Loïc PHILIP, Les dépenses publiques, le droit budgétaire et financier, éditions Cujas, 1999, p. 72-73.

471 Jean-Pierre JOUYET, Bruno GIBERT et Philippe MOUTIÉ, Les dépenses fiscales… tour d'horizon, RFFP, n° 18, 1987, pp. 21-28 ; Michel BOUVIER, Les zones d'exception fiscale, RFFP, n° 63, 1998, pp. 3-4.

472 L'article 3 de la charte des investissements.

473 Les articles 15 et 16 de la charte des investissements.

de manière sommaire les entreprises et PME éligibles, sans mention de leur taille ou volume d'activités. Alors que l'acte uniforme OHADA a institué de différents régimes d'imposition en fonction du chiffre d'affaires des entreprises[474]. Par ailleurs, la Charte des investissements limite son activité à un rôle de promotion et d'incitation.

330.— Les dispositions dérogatoires sont caractérisées par l'absence totale d'effets contraignants à l'égard des investisseurs. Les dispositifs fiscaux ayant un objectif dissuasif envers les comportements ou activités dommageables sont presque inexistants [475] dans la charte des investissements. Le dispositif de contrôle mis en place est inefficace. Or, toute règle de droit qui produit des effets sur ces destinataires se doit de présenter un contenu normatif et toute norme comprend un élément impératif[476]. Le caractère impératif et obligatoire d'un acte ne saurait être recherché ailleurs que dans l'acte lui-même[477]. Ce que le Professeur Paul AMSELEK a pu dénommer la « direction juridique non autoritaire des conduites » ou le « droit mou »[478]. Les dispositions nécessaires doivent être prises pour assurer l'efficacité des stimulants et empêcher qu'ils ne soient utilisés comme moyen d'évasion fiscale.

331.— Une autre éventualité est celle de la création d'une entreprise nouvelle qui poursuit la même activité de l'entreprise liquidée. Ce qui peut en fait représenter un changement de forme destiné uniquement à procurer à l'entrepreneur le bénéfice des avantages fiscaux accordés aux investisseurs nouveaux. La charte ne prévoit aucune disposition sanctionnant de tels comportements susceptibles d'évitement de l'impôt. Ce qui laisse entrevoir que la charte des investissements n'est qu'un catalogue des avantages fiscaux et douaniers accordés aux investissements privés, sans aucune obligation juridique pour les investisseurs d'y référer avant tout investissement. En plus de la quasi-inexistence des mesures dissuasives, la Charte des investissements octroie un certain nombre de garanties, dont la libre transférabilité des revenus de toute nature générés par les investissements.

---

[474] Les Articles 2, 11 et 13 de l'Acte uniforme, Droit comptable OHADA, Traité et Actes uniformes, Juriscope, 2016.

[475] Hélène PELOSSE, Pierre PAINAULT, Laurent WINTER et Jérôme LAURENT, La fiscalité et la mise en œuvre de la nouvelle stratégie nationale pour la biodiversité (2010-2020), Rapport IGF-CGEDD, oct. 2011, p. 13.

[476] Arnaud SÉE, Les doctrines fiscales de l'OCDE, Revue de Droit fiscal, n° 24, juin 2006, pp. 1124-1129.

[477] Idem.

[478] Paul AMSELEK, L'évolution de la technique juridique dans les sociétés occidentales ; revue de Droit public, 1982, p. 287. Cité par Arnaud SÉE, op. cit.

332.— Un code des investissements qui favorise l'évasion des profits est une trappe à pauvreté, un instrument de sous-développement[479]. L'efficacité de ces dépenses fiscales en faveur de l'investissement privé n'est pas réellement établie. Elle est mise en doute par nombre d'analyses[480]. Car, ces dispositifs d'exonération ne produisent pas les effets escomptés lors de leur mise en œuvre et se révèlent très faiblement incitatifs pour les particuliers ou les entreprises concernées[481]. Le moyen de mettre fin à ce processus dommageable est de limiter strictement ces exonérations. Des mesures de corrections ont été prises afin de remédier à la situation[482] mais qui ne semblent pas avoir d'effet entraînant le rétrécissement de l'assiette taxable.

2. Le rétrécissement de l'assiette fiscale

333.— En Centrafrique, ces mesures fiscales incitatives sont inefficaces et inefficientes. Cette remarque de Monsieur Gérard CHAMBAS reflète parfaitement la réalité de la situation dans laquelle se trouve le Centrafrique. Il affirme que la prolifération des exonérations de droits de douane, de taxes indirectes, de l'impôt sur les sociétés et des impôts sur le revenu constitue l'une des causes majeures du rétrécissement de l'assiette fiscale en Afrique[483]. En effet, les largesses fiscales ont grevé lourdement les budgets de tous les États sans exception[484]. Ces exonérations génèrent un manque à gagner substantiel et sans l'assurance d'un retour sur investissement.

334.— Ces exonérations, qui concernent les différentes catégories d'impôts, constituent à la fois un symptôme du dysfonctionnement de la fiscalité et une cause majeure de l'inadaptation du système fiscal. Elles sont à l'origine des distorsions particulièrement défavorables au développement économique[485]. Ces dispositifs semblent plus répondre à des stratégies de recherche de rentes qu'à l'intérêt général. Le spectre de l'exonération étant très large et touchant tous les biens d'équipement, matières premières, matières consommables et produits finis, une véritable économie parallèle a

---

479 Popo KLAH, Le code de l'investissement ivoirien est une trappe à sous-développement.

480 François BARQUE, La rationalisation du coût des dépenses fiscales ou la difficile appréhension de l'interventionnisme fiscal par le droit budgétaire, Revue de Droit fiscal N° 40, octobre 2010, pp. 27-36.

481 Hélène PELOSSE, Pierre PAINAULT, Laurent WINTER et Jérôme LAURENT, La fiscalité et la mise en œuvre de la nouvelle stratégie nationale pour la biodiversité (2010-2020), Rapport IGF-CGEDD, oct. 2011, p. 9.

482 La loi de finances 1986 et un arrêté du Premier ministre en 2006.

483 Gérard CHAMBAS, Fiscalité et développement en Afrique subsaharienne, Economica, 1994, p. 57.

484 Pheuiphanh NGAOSYVATHN : « Attraction de l'épargne privée étrangère par l'impôt : excentricité dispendieuse pour les pays en voie de développement », Revue de Science financière, n° 4 Oct.-Déc. 1974, pp. 969-998.

485 Gérard CHAMBAS, op. cit., p. 57.

fini par se créer. Des pertes budgétaires considérables ont été subies pour des avantages collectifs douteux[486].

335.— Certains secteurs bénéficient d'une fiscalité « à la carte » avec les codes miniers, forestiers, pétroliers..., tout comme certaines entreprises considérées comme stratégiques à travers les conventions d'établissements[487]. Dans le cadre de l'application des conventions internationales signées par le Centrafrique, on constate un usage abusif et aucun contrôle sur la pratique des exonérations prévues par lesdites conventions. Pour ce qui est des exonérations découlant des privilèges diplomatiques, elles sont fondées sur la Convention internationale de Vienne et doivent être appliquées. Cependant, leur application peut donner lieu à des abus et donc à des pertes de recettes, si elles ne sont pas suivies et évaluées par l'administration.

336.— À ces exonérations prévues par les textes, s'ajoutent des conventions spéciales particulièrement néfastes pour les recettes publiques accordées selon des critères peu rationnels[488]. Elles sont à l'origine de distorsions particulièrement défavorables au développement économique. S'agissant des Organisations non gouvernementales (ONG) nationales et internationales, les exonérations sont à l'origine de difficultés spécifiques. Car contrairement à leur finalité, certaines ONG poursuivent des activités lucratives et dans nombre de cas, le statut d'ONG est utilisé pour contourner les législations fiscales et douanières[489]. En scrutant les dispositions financières de ces Conventions, tout laisse penser que l'État centrafricain n'a pas besoin des recettes pour promouvoir le développement.

337.— Par suite de compromis, le régime fiscal et douanier élaboré dans ces différents textes accorde des exonérations totales sur certains impôts et taxes qui ont un impact négatif sur les recettes publiques. Tout porte à croire qu'en Centrafrique, la pratique des affaires est une réalité différente du cadre légal et institutionnel d'attractivité des investissements productifs. À titre d'illustration, certains établissements financiers et sociétés installés en Centrafrique bénéficient des avantages fiscaux et douaniers dans l'indifférence totale de la Charte nationale des investissements. Aux termes d'un contrat signé entre l'État centrafricain et la société AFRICARD.CO-RCA SA[490], chargée de fabriquer les passeports biométriques en

---

[486]Gérard CHAMBAS, Afrique au sud du Sahara : Mobiliser des ressources fiscales pour le développement, Economica, 2005, p. 120

[487] Idem, p. 112.

[488] Gérard CHAMBAS, op. cit., p. 114

[489] Ibidem, p. 113

[490] Accord du 6 août 2009 relatif à l'établissement d'un système électronique conforme aux normes internationales en vigueur.

Centrafrique, il est prévu une exemption fiscale pour toute la durée dudit contrat.

338.— Selon les dispositions de l'article 5-10 : « l'autorité s'engage par ailleurs à exempter le concessionnaire de tous taxes et impôts prévalant et en vigueur durant toute la période de la concession. Cette disposition inclut à titre énonciatif et non limitatif les taxes et impôts suivants : impôt sur le revenu, impôt sur le capital, impôt sur la distribution de dividendes, taxes à l'importation, taxe sur les salaires, taxe sur la valeur ajoutée ».[491] En interprétant cette disposition, la société va exercer ses activités pendant dix (10) ans en exonération totale d'impôts.

339.— S'agissant des activités bancaires, des Accords de siège ont été signés avec certaines banques pour l'exercice de leurs activités en Centrafrique. Les dispositions de ces accords traduisent les mêmes avantages fiscaux et douaniers octroyés à ces établissements financiers. Les dispositions de l'article 3 stipulent : « la filiale, ses agences, ses bureaux, ses avoirs, ses biens et revenus, toutes ses opérations et transactions sont exonérées de tous impôts, taxes et timbres… ; les taxes douanières sur les importations des outils, équipements, meubles, voitures et tout autre équipement ou matériel dont la filiale a besoin pour ses activités ou son développement, à l'exception des taxes payées sur les achats locaux ; les taxes relatives à la souscription, constitution, enregistrement et l'augmentation du capital de la filiale, sa dissolution et sa liquidation »[492].

340.— De même, les dispositions de l'article 4 précisent : « les traitements, salaires et indemnités du personnel de la filiale et de son conseil d'administration sont exonérés de tous impôts et taxes. Les effets personnels, les meubles, les véhicules du Directeur général et du personnel de la filiale autres que les ressortissants du pays hôte sont exonérés de toute taxe douanière »[493]. Il est à remarquer qu'aucune disposition de cet Accord de siège ne prévoit le délai d'expiration auquel le bénéfice de l'exonération est octroyé.

341.— S'agissant d'autres secteurs d'activités, une société sucrière[494] a signé avec le gouvernement centrafricain un protocole d'Accord pour la production du sucre. L'article 2 dudit protocole garantit à cette société une exonération totale de l'impôt sur les bénéfices et un taux réduit de 5 % des droits de douane sur les importations pendant une période de 5 ans. A

---

[491] Article 5-10 du Contrat de concession signé entre l'État centrafricain et la société AFRICARD.CO.RCA SA.

[492] Accord de siège signé entre le gouvernement de la RCA et la Banque sahélo-saharienne pour l'investissement et le commerce (BSIC), la Banque populaire maroco-centrafricaine (BPMC).

[493] Idem.

[494] Accord signé entre le gouvernement et la société SUCAF-RCA, septembre 2003.

l'échéance dudit protocole, le gouvernement centrafricain a reconduit les mêmes avantages fiscaux et douaniers à égale durée du précédent par la signature d'un nouveau protocole[495]. Partant de ce constat, il apparaît clairement que les exonérations accordées dans le but d'encourager les investissements privés sont *ad vitam æternam.*

342.— De même, il est devenu impossible d'investir en Centrafrique sans négocier une exonération, car les sociétés africaines demeurent aujourd'hui des sociétés de négociations et de renégociations permanentes[496]. Cependant, l'absence d'une gestion sérieuse de la procédure d'octroi des exonérations traduit l'inefficacité et la contre-productivité des mesures fiscales incitatives. L'efficacité des mesures dépend essentiellement de la qualité de l'évaluation du coût des dépenses fiscales.

B) L'octroi des allègements fiscaux sans étude d'impact et difficiles à évaluer

343.— Les allègements fiscaux en vigueur ont pour objectif essentiel de générer des ressources dont l'utilisation en faveur du développement est difficile à évaluer. L'analyse de ces mesures fiscales montre qu'elles ont été instituées prioritairement pour générer des ressources budgétaires[497]. L'impact effectif de ces mesures apparaît toutefois très difficilement quantifiable. L'absence d'une gestion sérieuse des exonérations est à l'origine d'importants manques à gagner de recettes fiscales et douanières. La difficulté réside dans l'évaluation globale du coût généré par chaque dépense fiscale[498]. En Centrafrique, le système fiscal accorde aux investissements de privilèges et d'allègements fiscaux sans aucun suivi et aucune étude d'impact. La multiplication des régimes dérogatoires est, pour les administrations fiscale et douanière centrafricaines, une source de difficultés.

344.— Ces exonérations permettent de pérenniser voire d'aggraver les anomalies des systèmes fiscaux de droit commun. Car beaucoup de contribuables parviennent grâce aux exonérations à échapper au moins en

[495] Le protocole d'Accord révisé signé entre le gouvernement et la société SUCAF-RCA, 2008.

[496] Mariétou NDIAYE, Financement du développement dans les PPTE dans le contexte de globalisation — l'accès aux capitaux privés : le cas du Sénégal, Mémoire de Master en Administration publique, ENA, 2005, p. 93.

[497] Hélène PELOSSE, Pierre PAINAULT, Laurent WINTER et Jérôme LAURENT, La fiscalité et la mise en œuvre de la nouvelle stratégie nationale pour la biodiversité (2010-2020), Rapport IGF-CGEDD, oct. 2011, p. 12.

[498] François BARQUE, op. cit.

partie aux dispositions fiscales[499]. Ainsi, les entreprises concentrent leurs efforts pour bénéficier d'exonérations qui leur permettent de se résigner devant des distorsions qui seraient intolérables en l'absence de mesures dérogatoires[500]. La prolifération des exonérations constitue une des causes majeures du rétrécissement de la base fiscale et se traduit par une baisse des recettes fiscales. L'absence d'une gestion efficiente de ces exonérations ne permet pas de disposer d'une évaluation précise du manque à gagner.

345.— Aucun contrôle n'est exercé sur l'emploi ou la destination réelle des biens. Il se pose alors le problème, non seulement, d'évaluation des politiques d'incitation fiscale, mais également de l'estimation de leurs coûts par type d'impôts. Au regard de ces obstacles, malgré les mesures prises pour limiter l'impact des exonérations, les résultats obtenus restent mitigés. Certes, les dispositifs mis en place ont permis de limiter les pertes indirectes de recettes, mais le manque à gagner pour le budget de l'État reste élevé. La méconnaissance de l'impact de ces dépenses fiscales est dommageable pour les recettes budgétaires.

346.— Or, les régimes d'incitations et d'exonérations ont pour objectif de stimuler l'investissement et plus généralement l'activité économique[501]. Mais, ils sont à l'origine des difficultés majeures en raison de leur impact sur le système de protection et sur les recettes budgétaires[502]. L'affaiblissement du rendement budgétaire ne s'est pas traduit par un apport substantiel des investissements agréés à la réalisation des objectifs fixés. Ce que Jean-Baptiste FOSTING considère comme un abandon du droit de l'État de fixer souverainement et d'ajuster chaque année dans le cadre de la loi de finances, les recettes nécessaires à la vie de l'État[503].

347.— D'une manière générale, les exonérations fiscales entraînent des effets pervers d'ordre budgétaire et économique rendant les mesures fiscales incitatives contre-productives. Le Centrafrique a fourni des efforts considérables en vue de renforcer son attractivité par des avantages fiscaux accordés aux entreprises, mais qui demeurent contre-productifs pour les recettes publiques. Du fait que les mesures d'incitations à l'investissement sont contre-productives, difficiles à administrer et à contrôler[504]. Par conséquent, l'opération de « charme » à l'égard des investissements

---

[499] Gérard CHAMBAS, Fiscalité et développement en Afrique subsaharienne, Economica, 1994, p. 61.
[500] Idem, p. 58.
[501] Gérard CHAMBAS, Afrique au sud du Sahara : Mobiliser des ressources fiscales pour le développement, Economica, 2005, p. 108.
[502] Gérard CHAMBAS, idem.
[503] Jean-Baptiste FOTSING, Le pouvoir fiscal en Afrique : Essai sur la légitimité fiscale dans les Etats d'Afrique noire francophone, LGDJ, 1995, p. 215.
[504] Gérard CHAMBAS, Afrique au sud du Sahara : Mobiliser des ressources fiscales pour le développement, Economica, 2005, p. 110.

internationaux a eu un résultat très insignifiant occasionnant de ce fait des manques à gagner énormes pour les caisses de l'État.

348.— En raison des anomalies qu'ils occasionnent, la prise en charge comptable du suivi des recettes devient difficile. Pour l'année 2007, les exonérations ont représenté un manque à gagner de 16,6 milliards de FCFA[505]. Le coût fiscal des exonérations tel qu'évalué par les impôts et la douane s'est élevé à 11 857 milliards FCFA en 2008, contre 8 238 milliards FCFA pour l'année 2009[506]. Ce chiffre est resté stable en 2010 et 2011 pour connaître une hausse à 12 648 milliards FCFA en 2012. A partir de 2014, le manque à gagner du fait des exonérations s'est élevé à 32,9 milliards FCFA. Il a connu une croissance accélérée en 2015 pour atteindre 70 milliards FCFA. Après une baisse significative en 2016 chiffrée à 39,1 milliards FCFA, le manquer à gagner a connu une hausse en 2017 pour atteindre 50,1 milliards FCFA.

Tableau n° 14 : Évolution des dépenses fiscales (en milliard FCFA)

Année	Manque à gagner	Impôt	Douane
2000	4,8	1	3,8
2007	16,6	4	12,6
2008	11,8	3,2	8,6
2009	8,2	2,5	5,7
2010	8,9	2,1	6,8
2011	8,2	1,7	6,5
2012	12,6	3,2	9,4
2014	32,9	1,3	31,6
2015	70	2,1	67,9
2016	39,1	2,8	36,3
2017	50,1	0,8	49,2

Source : Tableau réalisé par l'auteur et statistiques des administrations financières.

505 Statistiques fournies par le comité interministériel chargé des exonérations fiscales et douanières (CICEFD).
506 Idem.

Conclusion du chapitre 2

349.— En Centrafrique, des contraintes considérables font obstacle à la mise en œuvre d'une politique de mobilisation des ressources fiscales. Malgré les avantages fiscaux accordés par la charte des investissements, l'attractivité des investissements n'apporte pas la croissance économique espérée. Ces avantages fiscaux établis pour des raisons économiques ont profité à certains contribuables sans la contrepartie pour les recettes budgétaires. Cette faiblesse de la fiscalité, comme instrument d'intervention de l'État, réside dans son inadaptation au contexte socioéconomique et institutionnel du pays. La politique de soutien à l'activité économique, loin de favoriser le processus de développement, a eu des effets négatifs pour l'équilibre de l'économie nationale. En réalité, l'opération de « charme fiscal » de l'État centrafricain à l'égard des investisseurs privés ne constitue pas un multiplicateur d'investissements.

350.— La multiplication et la superposition des incitations fiscales ont porté préjudice à la cohérence de la politique fiscale[507]. Toutefois, un pays qui offre un bon climat d'investissement peut, à la limite, se dispenser d'accorder de nombreux avantages fiscaux. Inversement, des avantages fiscaux très importants peuvent ne pas provoquer d'investissements si les investisseurs éventuels jugent le climat général peu encourageant. Les différentes crises militaropolitiques ont conduit à une situation d'instabilité politique entraînant de nombreuses interruptions dans la vie économique et sociale du pays. Il découle de l'ensemble de ces problèmes la faiblesse des recettes budgétaires. Cet amenuisement des recettes résulte de l'inefficacité et de l'inefficience des administrations fiscale et douanière. Au regard des effets distorsifs de la fiscalité, la réforme du système fiscal semble être nécessaire.

[507] Jean-Pierre JOUYET, Bruno GIBERT et Philippe MOUTIE, Les dépenses fiscales… tour d'horizon, RFFP, n° 18, 1987, pp. 21-28.

Conclusion du titre 2

351.— La fiscalité doit constituer, en Centrafrique, un outil indispensable au service du développement. Elle s'exprime par sa structure d'imposition et sous forme d'incitations en vue de l'investissement et de la croissance économique. Ainsi, elle contribue à assurer les ressources indispensables au fonctionnement de l'État et au financement des investissements publics. Cette corrélation traduit l'intérêt que porte la structure fiscale dans le financement du développement. Cependant, elle est marquée par la faible efficacité des services de gestion ainsi qu'à l'inadaptation de la législation aux réalités économiques. Ce diagnostic met en évidence les difficultés du système fiscal centrafricain à financer le développement.

352.— Par ailleurs, la vie des affaires est perturbée par les soubresauts politiques, l'incohérence des politiques économiques, la corruption et les difficultés de recouvrements. Dans ces conditions, les entreprises ne peuvent pas se contenter de créer « un îlot de prospérité dans un océan de misère »[508]. Elles ne sont pas obligées d'aller investir là où le risque de perte est permanent. D'où les facteurs qui ne sont pas en rapport avec la fiscalité jouent un rôle important de sorte que la décision de l'entrepreneur est prise avant même qu'il n'examine les facteurs d'ordre fiscal. Toutefois, le peu d'intérêt que suscitent les investisseurs étrangers pour le pays ne participe pas à l'élargissement de l'assiette fiscale. C'est un constat global de faillite de l'État qui est dressé à travers toutes ces limites.

---

[508] Henri-Bernard SOLIGNAC-LECOMTE, Economiste au centre de développement de l'Organisation de coopération et de développement économiques (OCDE).

Conclusion de la première partie

353.— Il y a plus de cinquante ans, René DUMONT publiait « L'Afrique noire est mal partie »[509]. Il y dépeint prophétiquement une région du monde condamnée par les héritages politiques et économiques, les convoitises internationales et les mauvais choix de politique économique. Depuis, l'histoire a rendu son verdict. Elle a condamné l'Afrique subsaharienne à la stagnation économique et parfois à une dérive marquée, selon les zones, à la famine, aux conflits larvés, voire à la guerre. Précurseur, Monsieur DUMONT avait compris les problèmes qui attendaient l'Afrique à peine décolonisée et préconisait des solutions concrètes à son développement. Il invite à adapter les tâches de l'État aux ressources en hommes susceptibles d'y faire face par les moyens les plus tenaces de l'éducation et de l'apprentissage.

354.— Le constat général à ce stade de l'étude est celui de l'inadaptation de la politique fiscale aux objectifs du développement économique et social de la République centrafricaine. Par ailleurs, l'incohérence des politiques économiques a constitué, elle aussi, un handicap sérieux au développement du pays. Ce qu'a également constaté Pierre KALCK, lorsqu'il écrivit : « Il ne faut pas chercher ailleurs les réticences que manifestent les capitaux à s'investir dans un pays qui pratique la plus incohérente des politiques économiques [...]. La politique fiscale, la politique budgétaire, la politique économique semblent s'engager, plus que nulle part ailleurs, sur des voies où elles n'ont aucune chance de se rencontrer »[510].

355.— Toutes ces difficultés qui affectent la mobilisation des ressources intérieures ne permettent pas de faire le lien entre la fiscalité et le développement. La fiscalité n'a pas été un outil au service de la politique du développement en Centrafrique. Même, les réformes libérales des programmes d'ajustement structurel n'ont pas permis de mobiliser efficacement les ressources fiscales nécessaires au développement économique et social du pays. Cette analyse permet de comprendre pourquoi la fiscalité n'a pas été assez utilisée dans la lutte contre les vulnérabilités qui s'intègre comme la priorité de toutes les politiques de développement.

---

[509] René DUMONT, L'Afrique noire est mal partie, Édition du Seuil, 1962.
[510] Pierre KALCK, Réalités oubanguiennes, Ed. Berger-Levrault, 1959, p. 218.

356.— Au regard des ressources propres et des dépenses ordinaires, la capacité financière de l'État centrafricain demeure insuffisante pour faire face aux dépenses régaliennes. On reconnaît volontiers que l'impôt n'a pas produit le miracle espéré[511]. Les pouvoirs publics centrafricains, conscients que l'insuffisance des ressources est un des facteurs induisant les crises récurrentes dans le pays, doivent accentuer leurs efforts dans la réponse aux défis du développement. À cette fin, des stratégies mieux adaptées doivent être recherchées afin de corriger les écueils. La logique économique de l'impôt en tant que moyen de politique économique doit servir de levier pour le développement.

[511] Jean-Baptiste FOTSING, Le pouvoir fiscal en Afrique. Essai sur la légitimité fiscale dans les États d'Afrique noire francophone, LGDJ, 1995, p. 1.

Deuxième partie — La fiscalité, un outil stratégique à parfaire pour le développement

357.— La fiscalité joue un rôle essentiel dans le programme d'action pour le développement économique[512]. L'impôt est, de ce fait, l'un des principaux instruments dont dispose la puissance publique pour collecter ses ressources budgétaires afin de financer le développement. En effet, il existe un lien étroit entre la fiscalité et les éléments économiques sur lesquels elle repose et qui constituent la matière imposable. Le défi pour les pouvoirs publics consiste à trouver un équilibre entre un régime fiscal favorable à l'investissement et un niveau d'imposition dégageant suffisamment de recettes pour financer les investissements publics[513]. Pour que la fiscalité œuvre en faveur du développement, les pouvoirs publics doivent faire face au défi de maintenir un équilibre entre les priorités en matière de politiques publiques.

358.— De ce point de vue, le rôle de la fiscalité s'étendant au-delà de la promotion de la croissance économique, elle doit se mettre au service de ce nouvel horizon[514]. Celui de la construction d'un modèle de développement fondé sur la fiscalité orientée vers l'investissement, mais basée sur la responsabilité collective et individuelle des bénéficiaires du développement[515]. Il est évident que le débat fiscal actuel pose la question de l'adaptation de la fiscalité aux mutations économiques. L'analyse du système fiscal centrafricain laisse apparaître deux nécessités qui constituent les axes majeurs de toute réflexion sur l'implication de la fiscalité dans le financement du développement. D'une part, la question de la réforme fiscale doit être appréciée en prenant en compte tous ses enjeux (Titre 1). D'autre part, la fiscalité doit être considérée comme un outil au service de politique du développement (Titre 2).

---

[512] Mike PFISTER, Une fiscalité orientée vers l'investissement et le développement : aperçu de quelques enjeux de politique fiscale en Afrique, NEPAD-OCDE, 2009, p. 5.

[513] Mike PFISTER, op. cit., p. 7.

[514] Gianmarco MONSELLATO, Pour un nouveau contrat fiscal, Les Notes stratégiques de l'Institut Choiseul, avril 2013, p. 10.

[515] René OSSA, Réformes fiscales et développement en Afrique subsaharienne, Edilivre, 2012, p. 41.

Titre 1 — Les réformes fiscales : quels enjeux pour le développement ?

359.— Pendant longtemps, les pouvoirs publics ont donné à la fiscalité un rôle financier et économique accru qui ne favorise pas le développement. Qu'il s'agisse de la période coloniale ou moderne, les pouvoirs publics n'ont pas réussi à adapter l'environnement économique et social à l'environnement fiscal. D'où la faiblesse de l'assiette fiscale qui induit sur le rendement de l'impôt. Comment sortir de cette spirale destructrice ? De nouvelles activités se développent et les modèles sociaux se transforment, de sorte que la matière taxable se déplace, et les conceptions relatives à l'utilisation de l'instrument fiscal changent avec le temps. Il faut entendre par là que tous les États du monde connaissent des problèmes semblables, mais s'organisent pour y apporter des solutions[516].

360.— Même si des modifications trop fréquentes de l'impôt peuvent nuire à l'activité économique en amplifiant l'incertitude de son environnement, la réforme fiscale reste un impératif dans un monde en mutation[517]. C'est en partant des mutations économiques qu'il faut bâtir une fiscalité d'avenir plutôt que de se réfugier dans une fiscalité musée[518]. La fiscalité doit aussi être flexible en s'adaptant aux transformations économiques et sociales[519]. L'impôt doit en permanence être adapté à l'environnement dans lequel il opère et le renforcement du système fiscal induit l'amélioration du consentement à l'impôt. Réformer la fiscalité centrafricaine, c'est prendre en compte deux impératifs : le pari de la modernité d'une part (Chapitre 1), la nécessité du rendement fiscal d'autre part (Chapitre 2).

---

[516] Jean Jacques GLEIZEL, « L'État et la sécurité en Afrique » in Revue de Science criminelle et de droit pénal comparé, Dalloz, décembre 2000, p.908-914.
[517] André ROUX, Finances publiques, Notice 14 : « Les voies de réforme de la fiscalité », La Documentation française, 2008, p. 115.
[518] Gianmarco MONSELLATO, Pour un nouveau contrat fiscal, Les Notes stratégiques de l'Institut Choiseul, avril 2013, p. 6.
[519] André ROUX, op. cit.

Chapitre 1 — Les enjeux de la réforme fiscale : entre les contingences du passé et les exigences de la modernité

361.— La nécessité de mobiliser substantiellement les ressources fiscales pour financer le développement a été et demeure la principale cause de la réforme fiscale en Centrafrique. En effet, la notion de réforme laisse penser que des dispositions prises dans le passé sont inadaptées pour la situation présente et à venir, que des erreurs ont été commises dans le passé et qu'il faut les corriger. En matière fiscale, corriger, rétablir voire changer un système fiscal jugé inadapté et inefficace devient une nécessité impérieuse et inéluctable[520]. Il s'agit d'intégrer la fiscalité au centre de toute politique de développement et de l'adapter à l'environnement économique et social. Pour cela, la fiscalité doit être repensée parce qu'elle est un outil de compétitivité et de croissance.

362.— Le système fiscal est réaménagé pour accompagner les réformes économiques et sociales entreprises en vue de promouvoir le développement du pays. Compte tenu de cette situation, la rationalisation[521] du système fiscal s'impose. Il consiste à améliorer la transparence et le respect de la législation fiscale. Il vise également à renforcer les capacités de recouvrement de l'impôt dans le contexte de la mobilisation des ressources internes pour le développement. C'est pourquoi il convient de procéder à l'identification des mesures mises en œuvre pour atteindre cet objectif. La dynamique des réformes fiscales en Centrafrique constitue autant une démarche de cohérence des normes fiscales (Section 1) qu'une démarche pour un objectif d'efficacité budgétaire (Section 2).

Section 1 — La mise en cohérence des normes fiscales

363.— Le dispositif fiscal en Centrafrique est le résultat d'efforts inlassables de réformes tendant à moderniser le système du prélèvement fiscal et à redonner à la puissance publique les moyens de ses interventions, dans un contexte économique national et international difficile. L'objectif est

[520] Nahed Mohamed Ali EL FAKIR, La réforme fiscale dans les pays émergents : le cas de l'impôt sur le revenu des personnes physiques en Egypte, Université Aix-Marseille III, Thèse, 2004, p. 152.
[521] Christophe HECKLY, Rationalité économique et décision fiscale, LGDJ, 1987.

de rechercher les moyens permettant à l'État de mobiliser le maximum de ressources fiscales sans provoquer des distorsions économiques et sociales. La réforme doit assurer à l'État des recettes fiscales stables, en réduisant la dépendance budgétaire à l'aide extérieure. En cela, l'analyse de la dynamique des réformes amène à faire le bilan de toutes ces réformes (§ 1) afin d'opérer un arbitrage avec les progrès réalisés (§ 2).

§ 1 — La première phase des réformes fiscales entreprises

364.— Le système fiscal centrafricain reprend à son compte d'anciennes réglementations de la période coloniale tout en aménageant les dispositions. Le régime fiscal est composé des impôts et taxes sans que ceux-ci aient un rendement efficient. Les taux prohibitifs engendrent une véritable législation d'exception pour attirer les investissements étrangers ou pour retenir ceux qui sont existants. Celle-ci prévoit des dépenses fiscales qui sont de manques à gagner résultant des allègements accordés à certains contribuables. Elles sont perçues comme des facteurs de nuisance, d'où l'intérêt de diverses réformes fiscales mises en œuvre. L'analyse fait le bilan des réformes fiscales passées (A). Leur application a induit la mise en conformité du système fiscal centrafricain avec la législation communautaire (B).

A) L'analyse du bilan des réformes fiscales de 1980 à 1990

365.— À partir de 1970, les programmes d'assainissement budgétaires ont conduit aux améliorations de la structure de la fiscalité et de l'administration de l'impôt dans de nombreux pays en développement. Un certain nombre de pays, notamment le Centrafrique, ont rationalisé et organisé la structure de la fiscalité pour réduire les impôts générateurs de distorsions, tout particulièrement les taxes sur le commerce international. Dans la pratique, les droits de porte et les taxes indirectes sur la consommation sont demeurés prépondérants dans la structure des recettes publiques. Les taux élevés pratiqués dans le cadre de la protection tarifaire, ainsi que les restrictions quantitatives sur de nombreux articles ont progressivement constitué des incitations à la fraude[522]. Dans cette mouvance, le gouvernement va tenter de réduire le déséquilibre des finances publiques par une série de mesures ponctuelles sur le plan fiscal.

366.— La réforme de la fiscalité centrafricaine a débuté au courant des années 80 dans le cadre du programme d'ajustement structurel[523]. Ces

[522] Ibidem.

[523] Les premières réformes du système fiscal ont été entreprises sous le programme d'ajustement structurel mis en œuvre au cours de la période 1986-1990 et appuyé par les institutions de Bretton Woods.

réformes ont eu pour principaux objectifs l'amélioration de la structure du système fiscal destiné à servir d'instrument de développement économique et la restructuration des administrations fiscale et douanière pour un meilleur rendement de la collecte des impôts. Celles-ci visent à accroître les recettes publiques et à réduire les distorsions d'origine fiscale, à encourager l'investissement étranger et à adapter la fiscalité à l'évolution des activités économiques. Ce volet fiscal des réformes du programme d'ajustement structurel tente d'aménager l'optimisation de la collecte de recettes fiscales et favoriser la croissance économique du pays.

367.— La RCA a entamé une véritable refonte du système fiscal en prenant des mesures adéquates. Elles ont concerné d'abord la fiscalité intérieure, avec un objectif de réduction des charges fiscales du secteur formel et l'augmentation de recettes publiques. La fiscalité des personnes physiques est caractérisée par une imposition cédulaire par nature de revenu. Il s'agit des traitements et salaires, revenus fonciers, bénéfices industriels, commerciaux et artisanaux, bénéfices agricoles, bénéfices non commerciaux et les revenus des capitaux mobiliers. Chaque type de revenu est imposé selon ses propres règles d'assiette et de liquidation. En plus, un impôt général sur le revenu (IGR) avec un barème progressif est appliqué aux personnes physiques. L'institution de l'IGR marque la rupture avec le passé et témoigne d'une volonté de rentabilité du système fiscal centrafricain.

368.— Concernant l'impôt sur les bénéfices, le taux d'imposition très élevé a été revu à la baisse. Il est prévu une exonération de certaines plus-values en cas de réinvestissement. En matière de patente, il a été mis en place un système d'aide aux petites et moyennes entreprises (PME). Ainsi, les PME sont exonérées du paiement de la patente à la première année civile de leur création. Cette mesure vise à favoriser la création d'entreprises. Par conséquent, ne sont pas concernées les reprises d'activités et les créations d'établissements annexes. La réforme tarifaire a concerné également la fiscalité de porte, dont la multitude et le niveau des taux étaient jugés trop élevés. Les mesures retenues portent sur la diminution des droits de douane, la réduction du nombre des taux et la suppression des barrières non tarifaires.

369.— Ces réformes n'ont pas atteint le résultat espéré puisqu'elles ont posé de sérieuses difficultés financières à l'État. Les différents aspects du système fiscal sont envisagés les uns après les autres sans prendre en compte les réformes éventuelles intervenues dans certains secteurs de l'administration publique. Si bien que l'évolution du système fiscal résulte plus d'un « bricolage » continu[524] que de réformes réelles. Sur le plan communautaire, cette situation est consolidée par la réforme fiscalo-

[524] Pierre BELTRAME et Lucien MEHL, Techniques, politiques et institutions fiscales comparées, PUF, 1997, p. 679.

douanière engagée par la CEMAC. Cette réforme a comme objectif principal la mise en place d'une fiscalité adaptée au processus de renforcement de l'intégration économique au sein de la Communauté. À la suite de cette réforme fiscalo-douanière, le Gouvernement centrafricain a procédé à une refonte globale du système fiscal centrafricain en adéquation avec l'harmonisation fiscale communautaire.

B) L'harmonisation du système fiscal communautaire

370.— Avant 1994, les structures institutionnelles de la CEMAC étaient incapables de contribuer efficacement au processus d'intégration. Il en résulte un déclin des instruments fiscaux et douaniers dans leurs missions de collecte des ressources budgétaires des États. Afin de remédier à cet état de fait, une réforme fiscalo-douanière a été initiée pour promouvoir l'harmonisation des systèmes fiscaux des États membres. La réforme vise à éliminer les faiblesses et à moderniser le système fiscal. C'est dans ce contexte qu'a été conçu le Plan régional de réforme dont la réforme fiscalo-douanière constitue le premier volet. Elle avait pour but de définir une plate-forme minimale de mesures fiscales et douanières communes à prendre par les États membres pour parvenir à la suppression progressive des restrictions aux échanges.

371.— Le programme régional de réformes fiscalo-douanières avait établi que les instruments fiscaux et douaniers antérieurs de l'Union comportaient de graves faiblesses préjudiciables pour les économies de la sous-région. Une grande confusion régnait entre la mission de protection des productions du territoire douanier et celle de procurer des recettes publiques. Le système, par sa complexité, introduisait des distorsions importantes et beaucoup d'inégalités dans la répartition du fardeau fiscal[525]. Chaque État tente alors d'optimiser ses finances publiques en instituant des taxes arbitraires nationales et en fixant unilatéralement les taux de la taxe sur le chiffre d'affaires et de droit d'accise. Le caractère communautaire du TEC s'est révélé illusoire. L'unification douanière et fiscale a été une source de distorsions.

372.— La multiplication des taxes complémentaires à l'importation a rompu l'unité du tarif extérieur commun. Le régime de la taxe unique a engendré un protectionnisme excessif des entreprises agréées les rendant peu compétitives. Il a conduit à une discrimination entre entreprises locales et entreprises étrangères. Cette réforme fiscalo-douanière est entrée en vigueur le 1er janvier 1995. La libéralisation des échanges commerciaux

[525] UDEAC, Réforme fiscalo-douanière : nouveau régime fiscal et douanier, Rapport, avril 1997, p. 7.

intracommunautaires, la réduction des tarifs à l'égard des pays tiers et la suppression de certaines restrictions constituent les acquis de l'intégration régionale. Un code communautaire des douanes a été adopté. La réforme a supprimé également la taxe unique (TU) qui est remplacée par le tarif préférentiel généralisé (TPG) pour le commerce intracommunautaire. Le taux du tarif des douanes applicable aux produits d'origine communautaire est de zéro[526].

373.— La République centrafricaine, de concert avec les autres pays membres de la CEMAC, s'est inscrite dans une dynamique communautaire de réformes. L'objectif d'intégration régionale a conduit les États membres à ouvrir dès 1994[527], un processus d'harmonisation fiscale. De nombreuses directives ont été actualisées et d'autres ont été élaborées régissant divers domaines des finances publiques. De ce fait, l'harmonisation fiscale vise à éliminer toutes les barrières tarifaires et non tarifaires pour les produits locaux et à la mise en place d'un tarif extérieur commun (TEC) pour les produits tiers. Le TEC présente une structure simplifiée avec quatre taux[528] (voir Tableau n° 15). Les marchandises produites dans la sous-région bénéficiaient d'une fiscalité spécifique composée de multiples taxes.

Tableau n° 15 : Les taux de droits de douane CEMAC

Type de produits	Catégorie	Droit de douane
Biens de première nécessité	Catégorie I	5 %
Matières premières et biens d'équipement	Catégorie II	10 %
Biens intermédiaires et divers	Catégorie III	20 %
Biens de consommation courante	Catégorie IV	30 %

Source : Tableau réalisé par l'auteur.

374.— Dans le domaine fiscal, la réforme s'est fondée sur l'harmonisation des fiscalités intérieures. L'objectif est d'éliminer les facteurs qui peuvent constituer des obstacles à l'implantation des entreprises et à la libre concurrence. La multitude des taxes indirectes existantes a été remplacée par la taxe sur le chiffre d'affaires (TCA), étape transitoire à l'instauration de la taxe sur la valeur ajoutée (TVA). Dans la même logique d'amélioration des instruments fiscaux et douaniers, la réforme a institué le droit d'accises. La réforme a également préconisé un abaissement des taux

[526] Article 17 de la Charte communautaire des investissements de la CEMAC.
[527] Année de la dévaluation du franc CFA.
[528] Le code communautaire des douanes.

des impôts sur les bénéfices et un élargissement de l'assiette imposable. Un impôt sur le revenu applicable aux personnes physiques a été institué. Enfin, la réforme a supprimé les régimes dérogatoires contenus dans le Code des investissements communautaire.

375.— La réforme fiscalo-douanière a eu pour but d'uniformiser la législation fiscale, de simplifier la fiscalité, d'accroître les recettes budgétaires des États membres. En les transposant dans les normes nationales, elle a débarrassé le système fiscal centrafricain des répliques de la législation coloniale. La structure fiscale a été redéfinie afin de minimiser l'impact négatif des impôts sur la croissance économique tout en préservant les recettes budgétaires. Malgré ces réformes, le système fiscal centrafricain reste marqué par des pesanteurs qui limitent son efficacité. Il est inadapté aux objectifs du développement. Face à cette situation, les pouvoirs publics ont engagé des réformes fiscales visant à éliminer les distorsions qui font obstacle à la mobilisation efficace des ressources fiscales. Ces réformes consistent à la transposition des normes fiscales communautaires en droit interne.

§ 2 — Les normes fiscales communautaires applicables en droit interne

376.— Le système fiscal centrafricain a subi des aménagements structurels ayant pour objectif la simplification de la législation fiscale et l'augmentation des recettes publiques. Des réformes structurelles et institutionnelles ont été menées. Tout le dispositif fiscal centrafricain est en adéquation avec les directives de la CEMAC. Les réformes ont préconisé l'unification des taux relevant de la fiscalité indirecte, la maîtrise des exonérations et la facilitation des échanges. Mais les résultats obtenus ne sont pas assez encourageants, dans la mesure où le niveau des recettes fiscales n'a pas connu une amélioration substantielle. D'une manière générale, les actions de réformes fiscales sont relatives à la simplification de la législation fiscale (A), de la législation douanière et de la fiscalité spécifique (B).

A) La simplification de la législation fiscale

377.— Le système fiscal centrafricain fait apparaître des facteurs de faiblesse dans la législation fiscale. Elle s'est traduite par la multiplicité des bases d'imposition, des taux d'imposition élevés et peu équitables. Une telle législation fiscale n'est pas favorable au développement des activités économiques. Elle contribue à entretenir le secteur informel au détriment du secteur formel qui se délite occasionnant la faible performance des recettes fiscales. Or, l'amélioration de la performance fiscale nécessite une législation simple permettant aux contribuables d'être informés sur leurs obligations fiscales. Cela a justifié la simplification de la législation fiscale en matière de fiscalité directe (1) et indirecte (2).

1. Le réaménagement de la fiscalité directe

378.— Les impôts directs sont assis sur les revenus des personnes physiques ou morales[529]. Si les impôts directs dans les économies développées constituent un instrument privilégié pour agir sur la distribution des revenus, leur effet reste faible dans la plupart des pays en développement en raison des contraintes affectant la fiscalité directe[530]. La fiscalité sur les revenus des personnes physiques et des sociétés constitue un des éléments de faiblesse du système fiscal centrafricain, en raison de son faible rendement. En effet, la RCA éprouve des difficultés à améliorer sa fiscalité directe pour deux raisons. La première raison est justifiée par l'assiette trop étroite sur laquelle est appliqué l'impôt sur le revenu et la difficulté à faire respecter les obligations fiscales au regard de l'impôt sur les sociétés. La seconde raison est la faiblesse de l'administration fiscale à procéder au recouvrement d'impôts.

379.— L'imposition des revenus était soumise aux impôts cédulaires sur le revenu des personnes physiques et d'un impôt général sur le revenu (IGR). En effet, les revenus étaient imposés à une multitude de taxes et impôts additionnels qui complexifiaient les opérations. En 1990, la structure de l'impôt sur le revenu a été rationalisée. Les impôts cédulaires sur le revenu des personnes physiques et l'IGR ont été remplacés par deux types d'impôts : L'impôt sur le revenu des personnes physiques (IRPP) et l'impôt forfaitaire sur les personnes physiques (IFPP). L'IRPP est relativement complexe, avec un barème progressif. Son taux maximum était à 50 % pour les tranches de revenus élevés. L'IFPP avait un taux fixe de 5 % applicable si la retenue à la source calculée sur les salaires ne dépassait pas un seuil.

380.— La réforme de l'imposition de revenus des personnes physiques a permis de supprimer l'impôt forfaitaire et de réaménager le barème de l'impôt. Elle a consisté à élargir l'assiette de l'impôt par une réduction des dispositions fiscales préférentielles. Cette réforme rend le système d'imposition simple bien que l'impact sur les recettes soit relativement modeste. Les efforts de simplification de la législation fiscale ont pour objectif l'amélioration du rendement fiscal des impôts sur le revenu. Elles procèdent également au réaménagement des tranches de revenus imposables. De même, les réformes ont

---

[529] Gérard CHAMBAS, Afrique au sud du Sahara : Mobiliser les ressources publiques pour le développement, Economica, 2005, p. 28.
[530] Gérard CHAMBAS, op. cit., p. 29.

renforcé les sanctions pour assurer le respect des obligations fiscales[531]. Les éléments de ce tableau sur les tranches de revenus soumises à l'impôt sur le revenu des personnes physiques sont en vigueur à ce jour[532].

Tableau n° 16 : Barème de l'IRPP

Tranches de revenu net annuel	**Taux**
0 – 378 000 FCFA	0 %
378 001 – 1 680 000 FCFA	8 %
1 680 001 – 3 360 000 FCFA	15 %
3 360 001 – 5 040 000 FCFA	28 %
Supérieur à 5 040 000 FCFA	40 %

Source : Tableau réalisé par l'auteur, 2019

381.— S'agissant de l'impôt sur les sociétés, des réformes successives ont été mises en œuvre. Avant 1990, les bénéfices des sociétés étaient soumis au taux d'imposition de 46 % et 29,3 % sur le bénéfice agricole[533]. Le taux de l'IS était le plus élevé dans la fourchette prévue par les dispositions communautaires. En effet, le taux de l'impôt sur les sociétés fixé par la législation communautaire est compris entre 25 % et 40 %[534]. Ce taux élevé d'imposition a favorisé les comportements d'évitement de l'impôt. Il a impacté la rentabilité de l'impôt et a constitué un obstacle à la mobilisation des ressources fiscales nécessaires au financement du développement. Ces taux d'imposition furent abaissés à 40 % et à 25 % pour les entreprises agricoles[535]. Cela n'encourageait pas l'investissement privé productif.

382.— Les sociétés œuvrant dans les autres secteurs d'activités économiques sont imposées en fonction de multiples tranches de chiffres d'affaires, contrairement au secteur agricole où un taux est applicable. Cette classification complexifie le calcul de l'impôt et ne favorise pas un prélèvement efficace des recettes fiscales. Depuis 1999, les sociétés œuvrant dans le secteur agricole bénéficient d'un taux d'imposition revu à 20 % et un taux de 30 % pour toutes autres sociétés[536]. Il en est de même en matière d'impôt minimum forfaitaire (IMF) de la distinction faite entre les différents

[531] René OSSA, Réformes fiscales et développement en Afrique subsaharienne, Edilivre, 2012, p. 166.
[532] Article 86 du code général des impôts.
[533] La loi de finances pour l'année 1986.
[534] Directive CEMAC relative à l'impôt sur les sociétés.
[535] Loi de finances pour l'année 1990.
[536] Article 133 du code général des impôts.

secteurs d'activités économiques. À cet effet, la réforme de 2012 a modifié les dispositions relatives à l'IMF. Le taux de l'IMF est de 0,3 % pour le secteur agricole et 1,85 % pour les autres activités[537].

Tableau n° 17 : Fiscalité des entreprises en zone CEMAC, 2017

Pays	Taux impôts sur les sociétés	Taux impôt minimum forfaitaire
Cameroun	35 %	1 % du CA
Congo	35 %	1 % du CA
Gabon	35 %	1.000.000 FCFA
Guinée Équatoriale	35 %	1 % du CA
Tchad	40 %	1,5 % du CA
RCA	30 % (autres secteurs d'activités) 20 % (activités agricoles)	1,85 % du CA 0,3 % du CA

Source : Tableau réalisé par l'auteur.

383.— L'importance des petites et moyennes entreprises en Centrafrique justifie qu'on tienne compte de leur situation dans le processus de la réforme fiscale. Dans le passé, la législation fiscale centrafricaine appliquait un régime complexe pour les petites entreprises. Du fait de sa complexité, la législation était difficilement compréhensible et propice à la corruption. Seule la patente était relativement bien recouvrée. En effet, les éléments de l'assiette sont hétéroclites et très souvent antiéconomiques. Car, ils intègrent tous les moyens d'exploitation de l'entreprise dans la détermination de la base de l'impôt. Ce qui n'incite pas les entreprises à investir dans les équipements ni à recruter assez de personnel.

384.— Aussi, le mécanisme de calcul intégrant un droit fixe qui prend en compte ces divers critères précédemment cités, complexifie la méthode de calcul de l'imposition. Enfin, la classification des activités économiques en deux tableaux (A et B) a introduit de la confusion et de la discrimination. Pour garantir une gestion simplifiée et efficiente, certaines mesures ont été adoptées[538]. Il s'agit d'abord de la suppression des tableaux de classification des activités économiques. Ensuite, le mode de calcul de la patente a été réformé en adoptant le chiffre d'affaires annuel comme seul critère de taxation et ne

537 Article 133 bis alinéa 2 du code général des impôts.

538 La loi de finances pour 2011.

dépassant pas un seuil[539]. Enfin, le mode de calcul a permis l'institution de divers taux applicables aux différentes tranches de chiffres d'affaires[540].

Tableau n° 18 : Tranches de chiffre d'affaires et taux

Classe de patente	Tranches de chiffre d'affaires	Taux
4e	CA compris entre 30 millions et 100 millions FCFA	1 %
3e	CA compris entre 100 000 001 F et 1 milliard FCFA	0,60 %
2e	CA compris entre 1 000 000 001 F et 10 milliards FCFA	0,45 %
1re	CA supérieur à 10 milliards FCFA	0,20 %

Source : Code général des impôts centrafricain, 2017.

385.— De plus, ces réformes tiennent compte des spécificités du secteur informel à travers la simplification du dispositif fiscal. Afin d'encourager et de soutenir le développement des petites et moyennes entreprises, diverses mesures d'incitation fiscale ont été prises[541]. Ces mesures fiscales de soutien au secteur privé visaient à créer un environnement économique favorable pour permettre la relance de l'économie. L'outil fiscal a été simplifié par la mise en place d'un impôt synthétique qui tient lieu de patente, d'impôt sur le revenu et de la contribution de développement social auquel étaient soumises exclusivement les personnes physiques relevant du régime de base. Son institution vise à favoriser le civisme fiscal, à élargir l'assiette fiscale et à adapter la fiscalité aux petites unités économiques.

386.— L'autre objectif de la réforme fiscale des petites et moyennes entreprises est de permettre une réduction des coûts de gestion de l'impôt et d'améliorer l'efficacité administrative. La référence à plusieurs critères pour la détermination de l'assiette de l'impôt synthétique constitue une source d'incertitudes et de complications. Par ailleurs, jusqu'en 2011, la gestion des contribuables est répartie entre deux structures administratives : la structure chargée des grandes entreprises et la structure chargée des petites et moyennes entreprises (PME). Cette segmentation a l'inconvénient de laisser trop d'entreprises sous le contrôle de la structure chargée des grandes entreprises. Tandis que les compétences de la structure chargée des petites et moyennes entreprises n'étaient pas bien définies. La structure est alourdie

[539] Article 185 du code général des impôts.
[540] Article 189 du code général des impôts.
[541] La loi des finances 2011 a introduit la simplification du régime fiscal applicable aux petites et moyennes entreprises.

par un nombre élevé de petites entreprises qui ont opté pour être soumises à la TVA.

387.— Ce système de taxation induit deux régimes d'imposition : le régime du réel normal et le régime de base. Le constat général fait apparaître que ce système discriminatoire de taxation ne cadre pas avec la réglementation conforme à la population fiscale et n'est pas facile à gérer. Cela est d'autant plus préjudiciable que l'enjeu de recettes attaché à ce système de taxation est faible. C'est pourquoi les pouvoirs publics ont procédé à la simplification du système de taxation des petites et moyennes entreprises. Cette simplification facilite la compréhension par les contribuables des modalités de calcul de l'impôt. Elle permet aussi la maîtrise des coûts de gestion administrative pour un recouvrement efficace des recettes fiscales. Ainsi, la réforme de 2011 a introduit une fiscalité simple et l'appellation de l'impôt libératoire est supprimée pour être remplacée par celle de l'impôt global unique (IGU)[542].

388.— La réforme a institué un barème reposant exclusivement sur la notion du chiffre d'affaires ne dépassant pas un seuil. Pour le calcul de l'impôt global unique, deux taux sont institués. Un taux de 8 % applicable aux microentreprises et un taux de 10 % applicable aux petites entreprises[543]. Cette réforme de la fiscalité des petites et moyennes entreprises s'est accompagnée par une répartition des responsabilités des directions fiscales des grandes, moyennes et petites entreprises permettant d'accroître leur efficacité. L'introduction de l'impôt global unique vise à identifier, par des contrôles fiscaux réguliers, les entreprises qui sous-évaluent leurs chiffres d'affaires pour conserver le bénéfice du régime de base. Parallèlement à la fiscalité directe, la fiscalité indirecte a été réformée.

2. Le réaménagement de la fiscalité indirecte

389.— Sous l'effet de la mondialisation, la taxe sur la valeur ajoutée (TVA) est sortie de sa terre de naissance[544] pour se propager vers d'autres pays comme mode de taxation achevé de la consommation[545]. Le continent africain a rejoint l'Europe, le berceau de la TVA sous pression du FMI pour les uns, des contraintes des unions économiques pour d'autres[546]. C'est ainsi qu'en novembre 1991, la réforme fiscalo-douanière fut adoptée par les États

---

[542] Article 214 du code général des impôts.

[543] Article 225 du code général des impôts.

[544] Maurice LAURÉ, La taxe sur la valeur ajoutée, PUF, 1952 ; Loi n° 54-404 du 10 avril 1954 portant réforme fiscale de la fiscalité indirecte en France.

[545] Richard EVINA, Réflexions sur quelques spécificités camerounaises de la TVA, Revue européenne et internationale de droit fiscal, n° 2015/3, pp. 428-434.

[546] Pierre ALAKA ALAKA, L'introduction de la TVA dans les pays africains : analyse d'une réception favorable à la remise en cause d'un mécanisme économiquement justifié, Revue européenne et internationale de droit fiscal, n° 2015/3, pp. 418-427.

de l'Afrique centrale. Deux actes ont été pris : un acte sur l'adoption d'une taxe sur le chiffre d'affaires (TCA) et du droit d'accise[547], un autre sur la révision des privilèges douaniers[548]. Elle est entrée en vigueur le 1er janvier 1994. En effet, le réaménagement de la fiscalité indirecte dans le système fiscal centrafricain a connu une avancée résolue depuis 1994.

390.— La taxe sur le chiffre d'affaires a été introduite en 1994[549] en remplacement de divers impôts indirects. Mais elle a montré ses limites sur sa gestion et son rendement budgétaires. Ces limites résultent d'une législation accordant trop d'exonérations et d'importantes déficiences dans sa gestion qui n'ont pas permis à cette taxe de réaliser les performances attendues. Ses effets économiques sont négatifs et ne sont pas en harmonie avec les exigences d'un développement économique et social[550]. Du fait de ses effets en cascade qui rendent complexe son application, la réforme a préconisé son remplacement par une taxe sur la valeur ajoutée[551] qui fut instituée en 2001[552]. De manière générale, l'intégration de la TVA dans les systèmes fiscaux africains a tenu compte des principes généraux universellement partagés de cet impôt que sont la neutralité, la territorialité, le fait générateur et l'exigibilité.

391.— En somme, la directive TVA-CEMAC énonce les règles applicables en matière de législation interne, tout en laissant aux États le soin de les mettre en œuvre en fonction de leur capacité d'administration[553]. Cependant, le diagnostic fait relever des incohérences avec la Directive CEMAC en matière de TVA et de droits d'accises qui ne favorisent pas le climat des affaires. Également, le droit à déduction pour les activités mixtes exige un taux de prorata à 20 %, alors que la Directive CEMAC a prévu 10 %. Cette situation entame l'efficience de la taxe, dont la vitalité repose sur le droit à déduction et au remboursement de crédits de la TVA. Les défaillances en matière de remboursement des crédits de TVA pénalisent les

---

[547] Acte n° 1/92 — UDEAC du 30 avril 1992 portant adoption de la TCA et du droit d'accise et concomitamment la suppression de la taxe cumulative et des taxes uniques en vigueur.

[548] Pierre ALAKA ALAKA, op. cit.

[549] Christophe GRANDCOLAS et Jacques BAZARD, RCA : Introduction de la TCA et renforcement de l'Administration fiscale, Rapport FMI, 1994.

[550] Patrick FOSSAT et Germain JOLIBERT, RCA : Plan d'action pour l'introduction de la TVA, Rapport FMI, 1999.

[551] Directive n° 1/99/CEMAC-028-CM-03 du 17 décembre 1999 portant harmonisation des législations des États membres en matière de taxe sur la valeur ajoutée et du droit d'accises.

[552] Loi de finances pour 2001.

[553] Pierre ALAKA ALAKA, L'introduction de la TVA dans les pays africains : analyse d'une réception favorable à la remise en cause d'un mécanisme économiquement justifié, Revue européenne et internationale de droit fiscal, n° 2015/3, pp. 418-427.

entreprises, découragent les investisseurs potentiels et stimulent les demandes d'exonérations[554].

392.— Le système de TVA est caractérisé par une assiette réduite. La logique du rendement budgétaire de la TVA est impactée par des phénomènes de rétrécissement des bases d'imposition dus en grande partie aux errements constants de l'interventionnisme fiscal et à une forte inclinaison des redevables à la fraude[555]. Pour remédier à ces insuffisances, plusieurs modifications ont été faites pour adapter les textes aux meilleures pratiques communautaires et internationales. Certaines mesures spécifiques tant en rapport avec le système communautaire posé par ladite directive qu'avec les normes applicables en la matière dans d'autres pays[556]. Ces mesures spécifiques ont contribué au renflouement des caisses du Trésor public, même si l'on peut noter le caractère perfectible du dispositif en raison de certaines insuffisances[557].

393.— Institué initialement à 18 % comme taux normal et 5 % de taux réduits, le taux de la taxe sur la valeur ajoutée a été augmenté à 19 %[558]. Le législateur centrafricain a supprimé le taux réduit pour raison d'équilibre budgétaire. Ce qui constitue une entorse à la législation communautaire en matière de TVA qui a prévu une fourchette du taux normal entre 15 % et 18 % et un taux réduit entre 5 % et 10 %. Toutefois, la CEMAC a réajusté le taux marginal à 19 % par une nouvelle directive communautaire[559]. En 2016, le taux réduit de TVA a été réintroduit dans les dispositions fiscales[560]. Cela ramène à trois (3) taux : un taux général de 19 % applicable aux opérations taxables, un taux réduit de 5 % applicable à certains produits limitativement énumérés et un taux de 0 % applicable aux opérations d'exportation[561].

394.— En effet, pour une meilleure administration de la TVA garantissant sa neutralité économique, les pouvoirs publics ont retenu le chiffre d'affaires comme seul critère de classification des entreprises[562]. Ce qui a induit une restructuration des directions en fonction de la taille des entreprises. À ce titre, la population fiscale est classée en grande, moyenne et petite entreprise en fonction des seuils de chiffres d'affaires. Cela implique

---

554 Pierre JACQUEMOT et Marc RAFFINOT, La mobilisation fiscale en Afrique, Revue d'économie financière, n° 131, 2018, pp. 243-263.

555 Richard EVINA, Réflexions sur quelques spécificités camerounaises de la TVA, Revue européenne et internationale de droit fiscal, n° 2015/3, pp. 428-434.

556 Loi de finances pour 2011.

557 Richard EVINA, op. cit.

558 Loi de finances pour 2006.

559 Directive CEMAC du 30 décembre 2011.

560 Loi de finances pour 2016.

561 Article 257 du code général des impôts.

562 Arrêté n° 488/MFB/DIRCAB/DGID du 29 juin 2009 fixant les seuils du chiffre d'affaires comme critère de classification des entreprises.

trois régimes d'imposition : le régime du réel normal pour les grandes entreprises, le régime du réel simplifié pour les moyennes entreprises et le régime de base ou forfait pour les petites entreprises[563]. Cette segmentation de la population fiscale est relative à l'uniformisation des règles juridiques de l'Organisation pour l'harmonisation en Afrique du droit des affaires (OHADA)[564].

395.— Une autre mesure a concerné l'uniformisation du droit d'accises[565], conformément à la législation communautaire CEMAC. Ces réformes n'ont pas été suffisantes pour augmenter significativement les recettes fiscales. La faiblesse de l'administration fiscale, en matière de contrôle fiscal et de poursuite des défaillants, a entraîné l'insuffisance des recettes due en partie par la dégradation continue du comportement fiscal des opérateurs économiques[566]. Des efforts importants ont été mis en œuvre pour améliorer les procédures fiscales, notamment en débarrassant les textes fiscaux de dispositions ambiguës. La réforme des procédures a permis de revoir les méthodes de contrôle fiscal souvent inadaptées. Les techniques de vérification mises en œuvre sont fondées sur la détection des anomalies. Ainsi, des techniques de contrôle ponctuel ont été introduites dans le dispositif fiscal.

396.— Des informations concernant les procédures fiscales sont fournies aux contribuables à l'occasion des visites. En pratique, les initiatives ont été limitées seulement à l'organisation de campagnes d'informations et de vulgarisation de la simplification des procédures fiscales. Toutes ces mesures ont contribué à l'amélioration de l'image de l'administration fiscale centrafricaine. Néanmoins, des progrès restent à faire pour assurer une bonne maîtrise de l'assiette fiscale. Ce faisant, le Centrafrique appliquera, en relation avec son contexte politique et économique, une TVA rentable et porteuse d'espoir pour son développement[567]. Par ailleurs, l'amélioration de l'attractivité du pays devient un atout majeur auquel la fiscalité douanière et la fiscalité spécifique participent incontestablement.

---

[563] Loi de finances pour 2011.

[564] Le Traité OHADA a été signé en 1993.

[565] Directive n° 1/99 — CEMAC-028-CM-03 portant harmonisation des législations des États membres en matière de taxe sur la valeur ajoutée et du droit d'accises.

[566] Patrick FOSSAT et Germain JOLIBERT, RCA : Plan d'action pour l'introduction de la TVA, Rapport FMI, 1999.

[567] Pierre ALAKA ALAKA, L'introduction de la TVA dans les pays africains : analyse d'une réception favorable à la remise en cause d'un mécanisme économiquement justifié, Revue européenne et internationale de droit fiscal, n° 2015/3, pp. 418-427.

B) Les avancées de la législation douanière et de la fiscalité spécifique

397.— Les aménagements apportés au système fiscal l'ont été en vue de corriger des erreurs constatées. Malgré ces aménagements, la législation présente encore quelques insuffisances. Pour prendre en compte le développement des flux commerciaux et l'objectif du rendement fiscal, des aménagements ont été réalisés en matière de la législation douanière (1) et de la législation liée à la fiscalité spécifique (2).

1. Le réaménagement de la législation douanière

398.— En matière économique, la mondialisation des échanges influe manifestement sur le pouvoir normatif des États[568]. Aujourd'hui, la douane est une administration soumise à de fortes contraintes externes qui la conduisent à devoir s'adapter continuellement à son environnement[569]. En prise étroite avec la réalité économique, elle doit assurer la régulation du commerce international et la police des marchandises sans nuire à leur circulation[570]. À cet effet, la douane remplit trois missions principales : la perception des recettes, la mise en œuvre des politiques commerciale et tarifaire ainsi que la protection des frontières. En Centrafrique, le besoin de mobiliser les recettes publiques et l'importance des marchandises importées en tant que base imposable rendent la première mission essentielle.

399.— Cependant, certaines caractéristiques des tarifs douaniers compliquent la tâche de l'administration douanière. Il s'agit des surcharges de taxes, de retenues d'impôts diverses s'ajoutant aux droits de douane et de multiples exonérations applicables aux importations. La faiblesse de l'administration douanière centrafricaine est aussi caractérisée par le non-respect de la réglementation par les opérateurs économiques. Des mesures dans l'objectif de moderniser l'administration douanière centrafricaine ont été mises en œuvre. Elles consistent à rationaliser les procédures administratives, à renforcer les capacités de gestion et de contrôle de l'administration. Par ailleurs, les mesures de réforme ne peuvent concerner les règles de procédure douanière qui est l'œuvre du législateur communautaire.

400.— Toutefois, les missions traditionnelles de l'administration douanière consistent à appliquer un système de protection et à recouvrer des

[568] Mireille DELMAS MARTY, La mondialisation du droit, chances et risques, Dalloz 1999, chronique p. 43.
[569] Lionel PASCAL, La privatisation des missions douanières en République centrafricaine (RCA) : une opportunité d'amélioration des Finances publiques ? Thèse, Université de Bordeaux, 2014, p. 21.
[570] Idem.

recettes douanières à travers un dédouanement efficace[571]. En effet, l'administration douanière met en œuvre un mode d'organisation visant l'efficacité et l'adaptation à un contexte en pleine évolution. Les transactions internationales s'effectuent dans un environnement commercial en profonde mutation. À cet égard, la douane centrafricaine doit se conformer aux normes internationales des douanes établies par l'Organisation mondiale des douanes (OMD) afin de faciliter les échanges commerciaux par les bonnes pratiques. De même, ces bonnes pratiques encouragent la coopération entre les administrations douanières nationales et les opérateurs économiques[572].

401.— Depuis 2006, une réorganisation de l'administration douanière est initiée. Les principales faiblesses constatées résident dans les lacunes des procédures de dédouanement, causées par une méthodologie inadaptée et l'absence d'analyse des risques. À cet effet, l'application des accords internationaux impose à l'administration douanière centrafricaine la mise en œuvre de nouveaux mécanismes de traitement et de vérification. L'application des accords internationaux nécessite d'adapter l'organisation avec les moyens. L'imposition effective des droits de douane requiert une bonne application des règles d'origine des marchandises. Des progrès ont été réalisés sur la simplification et la fiabilité des procédures de dédouanement.

402.— En effet, le contrôle de l'origine constitue une réforme en ce qui concerne la détermination de l'origine des marchandises et la normalisation des procédures. Selon l'Accord de l'OMC sur l'évaluation en douane, l'évaluation est basée maintenant sur la valeur transactionnelle. La méthode d'évaluation antérieure consistait à appliquer le prix auquel les biens seraient vendus dans le cadre du commerce international. À ce titre, la législation nationale a été amendée pour intégrer les dispositions de cet accord. Malgré la mise en œuvre de la nouvelle procédure par l'administration douanière centrafricaine, la gestion des risques et les vérifications post-dédouanement demeurent peu efficaces.

403.— Par souci d'atteindre les objectifs de recettes et pour lutter contre la sous-évaluation, l'administration douanière centrafricaine a poursuivi les efforts visant à vérifier toutes les déclarations de valeur. Pour ce faire, les organisations internationales ont recommandé une privatisation partielle des missions afin d'améliorer les recettes[573]. Des sociétés privées se sont

---

[571] Gérard CHAMBAS, Afrique subsaharienne : Mobiliser des ressources fiscales pour le développement, Economica, 2005, p. 160.

[572] Gilles MONTAGNAT-RENTIER et Gilles PARENT, Réforme et modernisation des douanes en Afrique subsaharienne francophone : 1995-2010, Revue d'économie de développement, n° 3 septembre, 2012, De Boeck, p. 108.

[573] Lionel PASCAL, La privatisation des missions douanières en République centrafricaine : une opportunité d'amélioration des finances publiques ? Thèse, Université de Bordeaux, 2014.

spécialisées dans cette forme de recouvrement et des administrations douanières africaines ont recours à ces sociétés dites de « préinspection ».

404.— Les faiblesses de l'administration douanière centrafricaine ont rendu nécessaire l'intervention des sociétés de préinspection lors des contrôles de l'origine des marchandises et dans les procédures de facilitation du dédouanement[574]. Ce partenariat vise à renforcer les capacités de l'administration douanière pour détecter les valeurs minorées et évaluer les marchandises conformément aux exigences de l'OMC. Après avoir étudié les différentes possibilités pour l'accomplissement des missions douanières, des contrats de partenariats ont été signés avec des sociétés privées. Ainsi, les autorités nationales ont procédé à l'externalisation des missions douanières en Centrafrique[575] dans le but d'amélioration des recettes fiscales.

405.— A cet effet, un guichet unique a été créé au port autonome de Douala au Cameroun, chargé de la prise en charge douanière des marchandises destinées à la RCA. Mais les résultats mitigés des sociétés de préinspection et d'évaluation ont obligé l'État a dénoncé lesdits contrats. Comme l'ensemble des administrations financières, l'administration douanière centrafricaine doit s'adapter à un contexte budgétaire contraignant. En matière de prélèvement fiscal, elle doit répondre à la demande de simplification en faisant porter un effort conséquent sur la dématérialisation des procédures afin de les rendre efficaces. Les évolutions ont été beaucoup plus lentes en ce qui concerne le développement des capacités de contrôle et de lutte contre la fraude.

406.— Toutefois, l'administration douanière centrafricaine a fait des efforts pour renforcer le contrôle traditionnel dans les bureaux de dédouanement. La prise en charge des conteneurs et des marchandises a été améliorée avec des méthodes modernes d'inspection physique. Le recours aux scanners pour vérifier le contenu des conteneurs et des camions a été une mesure dans le sens de la performance logistique. Mais, la faible performance des recettes douanières démontre qu'elle n'est pas encore en mesure de maîtriser et d'assurer une procédure de dédouanement efficace[576]. Par ailleurs, les avancées dans les différents aspects de la législation douanière sont relatives à la fiscalité sur les hydrocarbures, dite fiscalité spécifique.

---

[574] Gérard CHAMBAS, op. cit., p. 172.

[575] Lionel PASCAL, République centrafricaine : Douanes et corruption, causes de la déliquescence du pays ? L'Harmattan, 2015.

[576] Gérard CHAMBAS, Afrique au sud du Sahara : Mobiliser les ressources publiques pour le développement, Economica, 2005, p. 173.

2. L'évolution de la législation en matière de la fiscalité spécifique

407.— Dans la structure du budget centrafricain, la fiscalité sur les hydrocarbures occupe une place importante du fait de sa contribution dans les ressources de l'État. En 2007, un processus de réforme du sous-secteur pétrolier aval avait été conduit avec pour objectif la recherche de l'amélioration des performances. À ce titre, la fiscalité pétrolière agit sur les coûts de production des entreprises et sur le niveau de vie des ménages[577]. Or, le Centrafrique n'est pas un pays producteur du pétrole. Il importe exclusivement du pétrole pour la consommation. Tout en ayant un objectif de mobilisation de recettes fiscales, l'État cherche à limiter l'impact de la taxation des produits pétroliers sur le coût des consommations. La combinaison de ces objectifs a abouti à un système complexe et de nombreux régimes d'exonération sont appliqués.

408.— Compte tenu de la faiblesse de la collecte des recettes fiscales pétrolières constatée et exacerbée par le contexte de crise sociopolitique, les pouvoirs publics ont décidé de faire une évaluation des résultats. Le rapport a mis en évidence l'existence d'une insuffisance et d'une faible maîtrise du cadre juridique relatif au bon fonctionnement du sous-secteur pétrolier aval. Cela engendre une délivrance anarchique d'autorisations exceptionnelles d'importation et la signature d'accords d'exonérations totales sans avis préalables des départements techniques. Il existe également un nombre pléthorique de redevances au profit de différents acteurs qui augmentent substantiellement le prix à la pompe sans qu'aucun audit sur l'utilisation des ressources collectées soit réalisé. L'objectif principal de la réforme est de mieux collecter les recettes fiscales pétrolières par l'administration douanière.

409.— S'agissant de la mobilisation des recettes fiscales liées aux ressources naturelles, la République centrafricaine a progressivement adopté des régimes spécifiques d'imposition. Hormis les modifications fondamentales apportées à la fiscalité intérieure et à la taxation des échanges extérieurs, la réforme a porté sur l'imposition des secteurs spécifiques comme les mines et la forêt. Les régimes d'imposition contenus dans le code minier et le code forestier ont été révisés. Des aménagements réalisés permettent d'optimiser le bénéfice social et la contribution budgétaire de ces secteurs. Dans le cadre minier, le régime d'imposition est modifié. Deux régimes miniers existent dorénavant, un régime des artisans miniers et un autre régime pour les sociétés minières. Les artisans miniers sont soumis à la patente au lieu d'être soumis à un impôt forfaitaire.

---

[577] Victor Stéphane ESSAGA, Droit des hydrocarbures en Afrique – Recueil commenté de textes, L'Harmattan, 2013, p. 19.

410.— Pour les sociétés minières qui sont déjà soumises à la fiscalité du droit commun, la réforme a introduit des taxes liées à l'exploitation des ressources minières en Centrafrique. La fiscalité du secteur minier contient toutefois des éléments très dissuasifs concernant l'obligation d'allouer un taux de 15 % à l'État sur la production brute des minerais. Cette allocation d'une part de la production brute n'est pas conforme aux bonnes pratiques internationales. En revanche, la recherche minière bénéficie d'exonérations de taxe sur la valeur ajoutée sur les matériels et équipements de recherche ainsi que de crédit d'impôt sur les bénéfices en cas d'acquisition de brevets ou de procédés de fabrication.

411.— Le territoire centrafricain compte une vaste étendue de forêts[578] qui constitue une potentialité économique et financière. L'exploitation de cette forêt est régie par le Code forestier. En effet, cette exploitation est soumise à une taxation spécifique. La fiscalité forestière approvisionne le budget de l'État et contribue aux efforts d'ajustement du pays. Les éléments de cette fiscalité sont, de l'amont à l'aval de la filière : les redevances à la surface concédée ou exploitée — les redevances sur le volume, des taxes à l'exportation des grumes, des taxes à l'exportation des produits transformés, le loyer, la taxe d'abattage, la taxe de reboisement et le droit de sortie. Cependant, le recouvrement de tous ces impôts et taxes ne permet pas à l'État d'élaborer un budget de dépenses sans un appui financier extérieur. Des efforts ont été fournis afin d'améliorer les conditions du prélèvement fiscal.

Section 2 — L'amélioration du rendement de l'impôt

412.— La collecte de l'impôt afin d'assurer un financement endogène du développement est essentielle à la réalisation de l'intérêt public[579]. Pour assurer ses missions, l'État doit prélever l'impôt afin de se procurer des ressources financières. Malheureusement en Centrafrique, le rendement financier des administrations fiscale et douanière est insuffisant. Ce contexte de déficit budgétaire permanent requiert une politique fiscale capable de mobiliser efficacement les ressources fiscales pour un financement endogène du développement. C'est pour atteindre cet objectif que le système fiscal a été réformé en vue de la consolidation et de l'élargissement de l'assiette fiscale (§ 1) suivi de la réorganisation des administrations fiscale et douanière (§ 2).

---

[578] Environ 3,5 millions d'hectares de superficie qui peuvent être alloués à des concessions forestières ; 2.8 millions sont déjà attribués.

[579] Michel BOUVIER, Introduction au droit fiscal et à la théorie de l'impôt, LGDJ, 1998, p. 129.

§ 1 — La consolidation et l'élargissement de l'assiette fiscale

413.— Du fait de déficits budgétaires récurrents et d'endettement élevés, les pouvoirs publics tentent de rechercher la performance des recettes fiscales. De mesures relatives à la consolidation et à l'élargissement de l'assiette fiscale sont prises pour améliorer le rendement de l'impôt. De même, la mise en place de procédures simplifiées aux frontières constitue l'un des facteurs importants de mobilisation des ressources fiscales. Ces réformes ont permis de prendre des mesures visant à améliorer les recettes fiscales (A) et à rationaliser les incitations fiscales (B).

A) Des mesures visant à améliorer le rendement fiscal

414.— Une méconnaissance du tissu fiscal a longtemps caractérisé l'administration fiscale centrafricaine. Pourtant, la mise en œuvre de la réforme fiscale suppose la maîtrise des données essentielles telles que le nombre des contribuables, leur répartition dans l'espace, la taille et la nature de leurs activités, la structure de l'économie nationale par secteur d'activités et par filière. C'est sur la base de ces informations que des solutions pertinentes peuvent être envisagées en ce qui concerne la gestion des risques d'indiscipline fiscale. Pour parer à la situation d'insuffisance de liquidités, les efforts ont été déployés en vue de la mise en place des mesures qui permettent la réalisation des recettes afin de garantir le suivi et la comptabilisation[580].

415.— La mise en place d'un identifiant unique, commun aux administrations fiscale et douanière, a amélioré le recensement des unités économiques et la qualité des fichiers fiscaux. La réforme a rendu l'immatriculation obligatoire pour toutes démarches auprès desdites administrations. L'attribution du numéro d'identification fiscale (NIF)[581] à chaque contribuable professionnel ou particulier est une procédure indispensable pour un système moderne de collecte de l'impôt. De même, dans le cadre de soumission d'un marché public, l'exigence d'un numéro d'identification fiscale est une obligation que l'entreprise doit satisfaire en constituant son dossier. Enfin, le numéro d'identification fiscale favorise l'échange des informations uniquement entre les administrations fiscale et douanière. De ce fait, le NIF est un gage de sécurisation et d'amélioration des recettes fiscales.

---

[580] Abdoul KHAN et Dominique BOULEY, Vers une meilleure gestion des finances publiques, Rapport de la Mission d'évaluation du FMI en Centrafrique, août 2005.

[581] La loi de finances de 2000 a institué un numéro d'identification fiscale appelé NIF.

416.— En matière de timbres fiscaux, l'administration fiscale s'est inscrite dans la modernité en s'adaptant à l'évolution technologique d'une Administration moderne. Auparavant, l'administration fiscale utilisait les timbres papier pour procéder à l'authentification d'un document. L'usage de timbres papier est soumis à d'énormes fraudes. Depuis 2008, le gouvernement a institué la dématérialisation des timbres fiscaux. Il n'existe plus au sein de l'administration fiscale centrafricaine des timbres physiques ou papier. L'usage de la machine simplifie les démarches des usagers. La dématérialisation permet de supprimer ce support physique au profit de l'encre. Ainsi, l'utilisation de la machine à oblitérer les timbres fiscaux concourt à l'objectif de sécurisation et du rendement des recettes fiscales.

417.— Quant au paiement de l'impôt, les recettes fiscales étaient encaissées d'abord au niveau des services de recettes avant d'être reversées au trésor, occasionnant au passage le détournement de fonds par les agents des Impôts. Ces pratiques ont contribué à des pertes de recettes pour le budget de l'État et nuisent à la bonne mobilisation des ressources fiscales. Dans la recherche des voies et moyens pour sécuriser et améliorer le niveau de perception des ressources de l'État, les autorités politiques ont décidé de soumettre toute opération de perception ou de recouvrement des recettes par voie bancaire[582]. La réforme consiste à confier l'encaissement des impôts et taxes aux banques. Le degré de monétarisation de l'économie est un facteur qui influe fortement sur le prélèvement public[583].

418.— Les recettes de l'État sont volatiles en Centrafrique. Les opérations comptables de perception des recettes ne présentent pas la lisibilité et la traçabilité des comptes. En effet, le paiement en banque n'autorise plus le paiement aux bureaux de la douane ou des impôts. Exception faite pour les services de recettes qui se trouvent dans les villes où il n'existe pas d'agences bancaires. Dans ce cas, ces bureaux sont autorisés d'encaisser les recettes pour les reverser sur le compte du trésor public dans une banque de la ville la plus proche. Le contribuable, après la liquidation de l'impôt, procède au versement du montant dû sur le compte du trésor public ouvert dans les banques commerciales. Ce versement n'a pas valeur de paiement d'impôts, si le contribuable ne revient pas vers les services des impôts ou de la douane, avec le bordereau de versement de la banque, pour se faire délivrer une quittance.

419.— A posteriori, les services de la comptabilisation des recettes procèdent aux rapprochements entre les versements effectués et les quittances délivrées par les régies. Dans cette démarche, les administrations des impôts et des douanes rendent transparentes et crédibles les statistiques

---

582 Instruction présidentielle du 19 janvier 2010.

583 Antoine NGAKOSSO, Réformes fiscales en Afrique : Le management du changement, L'Harmattan, 2013, p. 196.

de recettes fiscales, mais aussi sécurisent et améliorent les recettes de l'État. Ce mode de paiement a l'avantage d'établir un nouveau type de rapport entre l'administration et le contribuable à travers la simplification des formalités de paiement afin d'obtenir de lui un meilleur accomplissement des obligations fiscales. Le paiement de l'impôt à la banque a permis de soustraire, à cette tâche de percepteur des impôts, les agents des douanes et des impôts pour la confier aux agents du trésor. Ils sont, de ce fait, redéployés dans d'autres services pour des missions spécifiques de gestion ou de contrôle.

420.— En prenant cette décision, les pouvoirs publics visent un double objectif. D'une part, elle permet aux banques commerciales de s'installer dans les provinces pour permettre à l'État de poursuivre la politique de « bancarisation » de ses recettes[584]. D'autre part, cette instruction présidentielle doit permettre une meilleure gestion des ressources financières de l'État. Les progrès ont aussi été lents en ce qui concerne la coopération entre l'administration des douanes et l'administration des impôts[585] pour mobiliser les ressources fiscales. À cet égard, ces deux administrations vont mettre en commun leurs efforts et leurs ressources, afin de pouvoir faire des contrôles mixtes et efficaces. Le fonctionnement de l'équipe mixte « Impôts-Douanes » repose sur une mutualisation des compétences et un partage des renseignements afin d'optimiser l'action de l'État en matière fiscale.

421.— Il s'agit d'une amélioration de procédures qui vise à augmenter les recettes fiscales. Cela contribue à réduire les possibilités de fraudes douanières et fiscales et constitue un moyen adéquat pour l'élargissement de l'assiette fiscale. L'impact de cette mesure n'est pas encore perceptible. Par ailleurs, dans le cadre de l'amélioration du rendement fiscal, les pouvoirs publics centrafricains ont pris des mesures relatives la facilitation du commerce international. Ces mesures de facilitation des échanges permettent de réduire les velléités du commerce transfrontalier. Elles sont de nature à améliorer la perception des recettes fiscales. Au-delà de la question des recettes, l'administration douanière centrafricaine doit prendre en compte l'impératif de facilitation du commerce dans le contexte d'échanges internationaux.

422.— La croissance des échanges et l'interdépendance des économies ont obligé l'administration douanière à adopter des pratiques modernes de contrôle. Dans le cadre du commerce international, la facilitation des échanges vise à réduire les contraintes bureaucratiques et administratives, notamment la lourdeur des procédures douanières aux passages des frontières auxquelles se heurtent les échanges internationaux. Ces procédures

---

[584] Instruction présidentielle du 19 janvier 2010.

[585] Mai 2015, signature d'un protocole de collaboration entre l'administration douanière et l'administration fiscale.

constituent indéniablement des obstacles non seulement aux flux commerciaux internationaux, mais aussi à la mobilisation des ressources fiscales. En effet, la gestion des frontières par les services douaniers centrafricains fait appel à une méthode empirique basée essentiellement sur les intuitions des agents chargés des contrôles aux frontières.

423.— Les moyens mis en œuvre pour la surveillance des frontières sont inadaptés. Face à ces contraintes où se heurtent les échanges internationaux, les différents contrôles effectués au niveau des frontières ne sont pas gérés de façon adéquate. Les objectifs et actions des agents sont axés sur le recouvrement de recettes à court terme. Les agents font peu ou pas d'analyses des facteurs risques susceptibles d'influencer la performance en matière de recettes. Cela limite l'exploitation des synergies entre les services, facteur défavorable à la sécurisation et à l'amélioration des recettes fiscales. Ce pays, sans littoral maritime, est toujours confronté aux problèmes de la maîtrise des échanges dont la quasi-totalité passe par des pays de transit[586].

424.— Au regard de l'évolution du commerce international, la douane centrafricaine a renforcé sa coopération avec la douane camerounaise. Dans le souci de maîtriser les opérations de transit, les pouvoirs publics ont envisagé dès 2001 le prédédouanement à Douala. En effet, l'objectif de sécurisation des recettes a conduit le gouvernement centrafricain à renforcer la structure avec des missions élargies de contrôles des flux commerciaux en partance de Centrafrique ou en provenance de l'extérieur. Ainsi, de la simple sécurisation du transit au port de Douala, on est passé à la sécurisation des recettes de l'État par le prédédouanement au port de transit avec la création du guichet unique de transit[587].

425.— Le Guichet unique désigne un système permettant aux opérateurs économiques qui participent au commerce et au transport internationaux de communiquer des informations et des documents normalisés à un seul point d'entrée afin de satisfaire à toutes les formalités requises en cas d'importation, d'exportation et de transit. Le guichet unique simplifie et facilite la fourniture et la mise en commun des informations nécessaires à l'accomplissement de toutes les formalités relatives au commerce, aussi bien pour les opérateurs économiques que pour les autorités publiques. Le recours à un tel système améliore l'efficacité et la rentabilité dans le processus de sécurisation des recettes de l'État.

---

[586] Deux couloirs sont utilisés : le couloir routier Bangui-Douala (Cameroun) et le couloir fluvial naviguant le fleuve Oubangui, de Bangui à Brazzaville et par chemin de fer de Brazzaville à Pointe-Noire (République du Congo).

[587] Jerry Victor YAKITE-KOSSI, Réflexion sur la gestion intégrée des frontières et la problématique des guichets uniques : cas de la République centrafricaine, 2007, p. 5.

426.— Le dispositif consiste à préliquider et à recouvrer les droits de douane dès le débarquement des marchandises à Douala et avant placement sous le régime du transit vers le Centrafrique. Il permet d'assurer la traçabilité dans le processus d'acheminement et de dédouanement par un contrôle informatisé. Il vise également à empêcher les pertes de recettes dues au détournement des marchandises, avant dédouanement, vers les marchés locaux camerounais et centrafricains. Sa mission principale est d'améliorer la collecte et la sécurisation des recettes de l'État. Dans le contexte de la facilitation des échanges, l'objectif est de permettre aux différents acteurs impliqués dans les échanges internationaux de traiter, rapidement, les flux d'informations et les procédures liées aux transactions internationales[588].

427.— En pratique, les administrations douanières camerounaise et centrafricaine font de la coopération internationale un instrument de renforcement de la lutte contre les fraudes douanières perpétrées sous le régime du transit. La réglementation de la CEMAC précise les modalités d'utilisation du régime du transit qui permet de transporter une marchandise sous douane d'un point à un autre du territoire douanier de la communauté en garantissant les droits et taxes afférents. La procédure de transit est utilisée pour les marchandises qui passent par le guichet unique de Douala au Cameroun, sauf celles qui en sont expressément dispensées. Toutes ces opérations ont des coûts intrinsèques qui sont aggravés par ces formalités[589]. Il existe alors des risques indéniables d'entrave au développement du commerce international et de perte de recettes.

428.— L'administration douanière doit se réformer et se moderniser pour faire face aux défis qui nécessitent la conception de nouvelles stratégies de prise en charge du commerce international. Ce faisant, la facilitation du commerce international requiert l'utilisation des pratiques modernes et une étroite coopération entre les différents services de l'administration et les milieux économiques. Par ailleurs, l'une des mesures préconisées par la réforme est la remise en état des postes frontaliers des douanes. Un port sec a été construit à Béloko[590] sur l'axe reliant Douala à Bangui. Même si le progrès n'est pas effectif, les améliorations constatées constituent des signaux positifs. Toutefois, l'intérêt porté au rendement de l'impôt n'exclut pas la prise des mesures visant à maîtriser les dépenses fiscales.

---

[588] Gérard CHAMBAS, Afrique au sud du Sahara : Mobiliser les ressources publiques pour le développement, Economica, 2005, p. 181.

[589] Jerry Victor YAKITE-KOSSI, Réflexion sur la gestion intégrée des frontières et la problématique des guichets uniques : Cas de la République centrafricaine, 2007, p.8.

[590] Localité centrafricaine située à la frontière ouest avec le Cameroun.

B) Des mesures visant à rationaliser les incitations fiscales

429.— Afin de rendre plus attractif le pays, des mesures fiscales incitatives ont été prises pour tout investissement productif. En effet, les régimes d'incitations ont pour objectif de stimuler l'investissement. Les régimes d'exonérations douanières et fiscales ont servi l'objectif de mobilisation des ressources fiscales. Cependant, ces régimes d'incitation fiscale sont à l'origine de difficultés majeures en raison de leur impact négatif sur les recettes budgétaires. D'une manière générale, ils ont été utilisés, sans succès, pour compenser un environnement des affaires peu favorable au développement de l'initiative privée[591]. Le climat des affaires est caractérisé par une situation d'instabilité politique et sociale émanant des risques latents de conflits, des coûts élevés des facteurs de production et une faiblesse des infrastructures.

430.— Or, l'atteinte de l'objectif de la politique d'attractivité fiscale dépend largement d'un environnement politique, économique et social stable. Tel n'est pas l'exemple que donne le Centrafrique pour attirer les investissements étrangers. Dans l'objectif du rendement fiscal, des réformes ont été engagées pour améliorer l'environnement des affaires en rationalisant les dépenses fiscales. La notion de dépenses fiscales s'analyse comme des dispositions législatives ou réglementaires dont la mise en œuvre entraîne pour l'État une perte de recettes. Pour les contribuables, elle constitue un allègement de leur charge fiscale par rapport à ce qui serait résulté de l'application de la norme fiscale. En revanche, toute mesure impliquant une perte de recettes pour le budget de l'État n'est pas une dépense fiscale.

431.— La qualification d'une mesure de dépense fiscale suppose qu'on doit se référer à une législation fiscale de base à laquelle elle déroge. Les dépenses fiscales prennent la forme d'exonérations fiscales, d'allègements de taux et des avantages fiscaux assimilables à une aide[592]. Ces dispositions fiscales dérogatoires considérées comme des dépenses fiscales sont contenues dans divers textes juridiques. À des fins d'incitation économique ou d'équité sociale, les règles d'imposition ont toujours connu des dérogations afin d'alléger la charge fiscale de certaines catégories de contribuables ou d'opérations économiques. Ces régimes fiscaux dérogatoires représentent des charges pour le budget de l'État, au même titre que les dépenses budgétaires.

432.— L'interventionnisme fiscal[593] a toujours occupé une place importante dans l'arsenal de la politique fiscale[594]. Toutes les mesures prises

---

[591] Gérard CHAMBAS, op. cit., p. 110.
[592] Jean-Jacques BIENVENU et Thierry LAMBERT, Droit fiscal, PUF, 2003, p. 193.
[593] Gilbert ORSONI, L'interventionnisme fiscal, coll. Fiscalité, PUF, 1995.

ou envisagées par les pouvoirs publics laissent entendre que l'interventionnisme fiscal, et particulièrement la dépense fiscale demeure un instrument privilégié de conduite des politiques publiques[595]. En Centrafrique, les dépenses fiscales ont cependant un certain nombre d'inconvénients. En premier lieu, elles sont souvent mal conçues et mal ciblées. En second lieu, les pertes de recettes occasionnées par les dépenses fiscales sont difficiles à estimer. En troisième lieu, le manque de transparence constitue parfois une justification politique des dépenses fiscales. Cumulant toutes ces lacunes, la politique d'attractivité des investissements par les incitations fiscales est nocive pour les finances publiques centrafricaines.

433.— L'érosion progressive des assiettes d'imposition par suite de multiplication des allègements fiscaux a conduit les pouvoirs publics à rationaliser les régimes de faveur. Les initiatives prises visent à mettre en échec l'indiscipline fiscale et à assurer des recettes fiscales supplémentaires. En effet, tout texte portant exonération d'impôts et des droits de douane, création, modification ou dégrèvement d'un impôt ou d'une taxe fiscale ou parafiscale doit recevoir l'appréciation préalable du ministre en charge des finances sous peine de nullité[596]. À cet effet, des mesures ont été prises pour réglementer les conditions d'octroi des franchises et exonérations fiscales et douanières[597] afin d'évaluer le bien-fondé des dépenses fiscales.

434.— Un organe a été créé, à cet effet, pour examiner au préalable toutes les demandes d'exonérations fiscales et douanières. C'est le comité interministériel chargé des exonérations fiscales et douanières (CICEFD)[598]. Il statue sur les demandes d'exonérations et rend un avis. Des efforts appréciables ont été constatés, avec l'institution dudit Comité interministériel, qui a diminué le manque à gagner de l'État en matière de dépenses fiscales. Néanmoins, l'impact des améliorations administratives sur la maîtrise des exonérations ne peut être que marginal. Bien que ces évolutions marquent une certaine prise de conscience de la nocivité des exonérations, le faible résultat témoigne de l'incapacité des pouvoirs publics à réduire les dépenses fiscales. Aucun examen annuel des dépenses fiscales globales n'est réalisé à travers la procédure budgétaire. Or, une analyse

---

594 André ROUX, Finances publiques, Notice 14 : « Les voies de réforme de la fiscalité », La Documentation française, 2008, p. 112.

595 Gilbert ORSONI, L'interventionnisme fiscal : Aspects théoriques. Brèves remarques sur l'utilisation de l'instrument fiscal, p. 17. Document en ligne : http://umc.gu-unpk.ru/umc/arhiv/2005/1/Orsoni.pdf.

596 Le contenu de l'Article 5 de la rubrique « Dispositions générales » qui est toujours rappelé dans chaque texte de loi de finances.

597 Décret n° 07.381 du 27 décembre 2007.

598 Idem.

d'impact de toutes les exonérations permettrait de rationaliser au mieux ces mesures.

435.— La politique fiscale joue un rôle important dans la stratégie de développement d'un pays. Car, l'impôt n'est plus seulement un pourvoyeur de recettes pour l'État, mais il devient un instrument pour la politique économique. Dès lors qu'il est utilisé pour orienter les décisions économiques, notamment dans le domaine des investissements. De ce fait, une politique fiscale conçue pour favoriser le développement économique doit contenir une série de mesures visant à améliorer le climat des affaires. C'est ainsi qu'en voulant encourager l'investissement privé en Centrafrique, le législateur national a procédé à une réforme d'ensemble des dispositifs fiscaux d'incitation à l'investissement par diverses mesures de recentrage et d'encadrement des dispositifs existants.

436.— La législation centrafricaine en matière d'investissement a repris, en les aménageant, les dispositions du code des investissements de l'époque coloniale[599]. Cette législation a été successivement révisée[600] afin de s'adapter aux circonstances nouvelles qu'exige l'environnement des affaires en Centrafrique. En 2001, une Charte des investissements est promulguée. Elle couvre tous les domaines d'industrialisation et de transformation, à l'exception du négoce[601]. Les activités d'exploitation forestière, minière et touristique régies par les textes particuliers sont, par ailleurs, exclues du champ d'application de la charte[602]. L'objectif principal de la Charte nationale est d'encourager l'investissement privé, facteur de croissance économique.

437.— L'assainissement de l'environnement juridique favorable à la relance économique a conduit à la transposition en droit interne des dispositions de la Charte communautaire des investissements dans la CEMAC[603]. Au regard des dispositions, chaque État a la possibilité de préciser et compléter les dispositions de la Charte communautaire par des

---

[599] Auguste TENE-KOYZOA, Histoire économique et sociale du Centrafrique au XXIe siècle, 2005, p. 129.

[600] La RCA a connu 5 générations de codes des investissements :
1re génération du code des investissements date du 19 février 1963 complété par le code des avantages fiscaux de Droit commun promulgué par Ordonnance du 20 décembre 1967 ; la 2e génération du Code des investissements date du 2 mai 1980 complété par une Ordonnance du 17 août 1982 ; la 3e génération du Code des investissements a été promulguée par la Loi n° 88 004 du 9 mai 1988 ; la 4e génération du Code des investissements promulguée par la loi n° 96-019 du 13 mai 1996 ; la 5e génération de la Charte nationale des investissements promulguée par la loi du 16 juillet 2001.

[601] Article 3 de la Charte.

[602] Article 5 de la charte d'investissement.

[603] Le Règlement n° 17/99/CEMAC-020-CM-03 du 17 décembre 1999 relatif à la Charte des investissements de la CEMAC.

textes spécifiques relatifs à certains secteurs d'activités[604]. Ces secteurs bénéficient d'une véritable fiscalité « à la carte » avec les codes particuliers, tout comme certaines entreprises considérées comme stratégiques à travers les conventions d'établissement[605]. L'organe d'exécution de la charte des investissements et de ses textes d'application est la Commission nationale des investissements (CNI). Les attributions de cette Commission sont très limitées pour lui permettre d'atteindre les objectifs envisagés.

438.— Au demeurant, l'examen de la politique de développement permet de constater la part que les autorités nationales ont fait jouer au secteur privé productif par le jeu des incitations fiscales. Le régime d'exonération de la charte des investissements en Centrafrique est en adéquation avec les normes communautaires applicables dans les États membres de la CEMAC. Mais, les résultats de la politique d'incitation fiscale n'ont pas atteint l'objectif escompté. Cette politique d'incitation fiscale n'a pas permis de mobiliser suffisamment de ressources fiscales pour financer le développement. De ce fait, cette charte doit être perfectionnée pour garantir les meilleures conditions d'investissement. Il serait souhaitable d'élargir son champ d'application, de redéfinir les garanties, les droits et les obligations.

439.— À cet égard, la charte des investissements permet d'appréhender tous les aspects des investissements productifs. En fait, les avancées enregistrées dans le processus de réformes, notamment l'instauration d'un numéro d'identification fiscal (NIF), l'utilisation de la machine à oblitérer les timbres fiscaux, l'encaissement des impôts par les banques et la coopération entre les administrations fiscale et douanière, ont contribué à la sécurisation des recettes fiscales qui reste toutefois inachevée. En tout état de cause, la discipline fiscale apparaît donc comme un idéal pour la maximisation du recouvrement de l'impôt. Mais cette discipline fiscale a un coût aussi bien chez les contribuables qu'au sein de l'administration[606]. D'où l'urgence d'une politique fiscale prenant en compte des réformes allant dans le sens de la modernisation des services fiscaux et douaniers.

---

[604] Notamment dans les domaines minier, touristique et forestier.
[605] Gérard CHAMBAS, op. cit., p.112.
[606] Richard EVINA OBAM, op. cit., p. 176.

Tableau n° 19 : Formalités et frais liés à la création d'entreprise

Actes	**Entités administratives**	**Montants des frais et droits**
Enregistrement des statuts, des procès-verbaux des assemblées générales constitutives des sociétés et autres actes	DGID	Droits d'enregistrement : fonction du capital social (perception minimum70 000 FCFA) ; Déclaration notariée des statuts : 20 000 FCFA ; Procès-verbal : 20 000 FCFA ; Timbres fiscaux : 1 000 FCFA/page
Immatriculation au registre du commerce et du crédit mobilier	Greffe du tribunal de commerce	Personnes physiques : 15 000 FCFA Personnes morales : 30 000 FCFA ;
Libération du capital social et ouverture d'un compte bancaire	Notaire et banque	
Enregistrement au fichier consulaire de la chambre de commerce, de l'industrie, des mines et de l'artisanat (CCIMA)	CCIMA	Optionnel : les frais sont de 15 000 FCFA pour les entreprises individuelles, et de 50 000 FCFA pour les sociétés ;
Établissement de la carte professionnelle de commerçant	CCIMA	Personne physique : 1 000 FCFA ; Personne morale : 1 500 CFA ;
Déclaration aux fins d'immatriculation par un numéro d'identification fiscale (NIF)	DGID	3 000 FCFA (frais de timbre) ;
Inscription à la caisse nationale de sécurité sociale (CNSS)	CNSS	22 % de la masse salariale (cotisations sociales) ;
Autorisation d'exercice de l'activité (si applicable)	Ministères techniques	0 à 100 millions ;

Source : Données fournies par les autorités nationales.

§ 2 — La modernisation des services

440.— L'observation de la discipline fiscale par les contribuables est une préoccupation permanente des administrations fiscales[607]. Si l'administration est l'ensemble des moyens humains et matériels chargés sous l'autorité des gouvernants d'assurer l'exécution des lois et d'adapter ces lois aux intérêts particuliers[608], la question de l'efficacité de l'administration se ramène à celle de ses moyens. Ainsi, la fiscalité effectivement appliquée aux contribuables devait résulter de la combinaison d'un système et d'un mode de fonctionnement des administrations fiscale et douanière. Le système fiscal le mieux conçu ne vaut que par l'administration qui le met en œuvre. C'est dire qu'autant les institutions ne sont que ce que valent les hommes qui les incarnent, autant un système fiscal n'a de valeur que par rapport aux performances d'une administration qui le met en œuvre[609]. Ainsi, l'amélioration de l'efficacité des services administratifs (B) passe d'abord par la restructuration des administrations fiscale et douanière (A).

A) La restructuration des administrations fiscale et douanière

441.— Dans les PED, les administrations publiques nationales demeurent peu modernisées, malgré les multiples réformes[610]. Elles sont restées prisonnières de l'héritage de modèles inadaptés et des liens de la coopération imposée[611]. Les crises nationales qui les ont frappées depuis l'indépendance ont affecté gravement leurs capacités de développement[612]. Ainsi, dans ces modèles devenus obsolètes avec une absence de vision globale sur la situation des contribuables, un cloisonnement des services et un alourdissement des coûts administratifs, les pouvoirs publics ont procédé à la restructuration des administrations fiscale et douanière.

442.— Au niveau de l'administration douanière centrafricaine, des réformes sur le plan institutionnel et organisationnel ont été conduites. Cependant, ce principe universel d'administration efficace ne trouvait pas son application. Selon un rapport d'audit, elle fait montre d'une inefficacité dans la collecte des recettes douanières et d'un manque de professionnalisme

---

[607] Richard EVINA OBAM, op. cit., p. 175.
[608] Roland DRAGO, Science administrative : les cours de Droit, 1977, p.3.
[609] Gabriel ARDANT, Histoire de l'impôt, tome 2, Paris, Fayard, 1971, p.849.
[610] Yao ASSOGBA, Sortir l'Afrique du gouffre de l'histoire, PUL, 2004, p. 169.
[611] Maximin EMAGNA, Les adaptations de la coopération administrative internationale de la France et le poids des traditions juridiques et corporatistes, Communication, Athènes, Grèce, IISA, Bruxelles, 2001, p. 23.
[612] Jacques BOURGAULT, « Conditions de succès d'implantation des réformes administratives en Afrique : leçons apprises au sujet des stratégies d'appui au changement », Mondes en développement 2006/1, n° 133, De Boeck supérieur, p. 63.

de la part des agents. Les valeurs de l'éthique professionnelle ne sont pas respectées. On assiste à une administration douanière truffée d'agents mal formés et corrompus[613]. En application des recommandations dudit rapport, l'administration douanière centrafricaine a été dissoute[614]. La décision portant dissolution et mise à la réforme de la douane[615] vise à redynamiser l'administration. Réhabilitée à la suite du processus de réforme[616], une nouvelle structure organisationnelle a été mise en place.

443.— La réforme d'un système fiscal ne peut se concevoir sans celle de l'administration fiscale. L'administration fiscale doit mobiliser de manière efficace les ressources publiques. Elle doit devenir aussi un « facilitateur » de l'activité économique[617]. En effet, la volonté de mobiliser les recettes a toujours été la préoccupation majeure de toute réforme de la législation fiscale. Mais, disposer d'une meilleure législation ne suffit pas pour améliorer les performances d'une administration fiscale, encore faut-il qu'elle mette en place des structures adéquates ou une organisation efficace apte à encadrer la population fiscale. C'est ainsi que les réformes sont axées autant sur les politiques fiscales que sur les modes d'administration susceptibles d'améliorer le rendement de l'impôt[618]. Le système fiscal doit être conçu en tenant compte de la capacité des services fiscaux à le gérer[619].

444.— Pourtant, les structures internes ne favorisent guère une approche globale de l'ensemble des impôts et taxes, et ne garantissent pas un juste équilibre entre la fonction coercitive et les services aux contribuables. Afin d'assurer une meilleure application des réformes fiscales, l'administration fiscale doit suivre deux axes. Elle doit être une organisation structurée, mais souple, capable d'absorber les innovations. Elle doit également faciliter l'adhésion des contribuables à l'impôt[620]. L'attention que requiert cette bonne organisation est aussi bien perçue par le citoyen. La fiscalité a de tout temps sensibilisé les citoyens. C'est à travers l'administration fiscale que le citoyen perçoit de façon la plus permanente la présence et la puissance de

---

[613] Rapport du comité technique chargé de la réforme de l'Administration des Douanes, 2007.

[614] Décret n° 06.289 du 2 septembre 2006.

[615] Décrets n° 06.291 et 06.292 du 2 septembre 2006.

[616] Décret du 25 février 2007.

[617] Gérard CHAMBAS, Afrique au sud du Sahara : Mobiliser des ressources fiscales pour le développement, Economica, 2005, p. 211.

[618] René OSSA, Administrer l'impôt : les nouveaux enjeux de la fonction de gestion dans les pays en développement, IROKO, 2007, p. 11.

[619] Gregory DE PAEPE et Ben DICKINSON, « Les recettes fiscales, moteur du développement durable », dans Coopération pour le développement 2014 : Mobiliser les ressources au service du développement durable, Éditions OCDE, pp. 101-109.

[620] Cheickna TOURE, La fiscalité comme instrument de politique économique et sociale : cas du Mali, Université Panthéon-Assas (Paris 2), Thèse, 1998, p. 394.

l'État[621]. Il est important, pour le Centrafrique, de disposer d'une administration fiscale qui fonctionne bien, afin de pouvoir mobiliser les ressources intérieures[622].

445.— À cet égard, la volonté de maîtrise et d'amélioration des recettes a incité les autorités fiscales à mettre en place une gestion catégorielle des contribuables. Ainsi, les contribuables sont distingués par tranches de chiffres d'affaires en services spécialisés pour les grandes, moyennes et petites entreprises. Par ailleurs, une large déconcentration des services a été engagée par la création des services de base afin de rapprocher les contribuables de l'administration fiscale. Il s'agit d'assurer une fiscalité de proximité avec en prime la délocalisation des Centres des impôts dans chaque arrondissement de la capitale[623]. Ce rapprochement permet à chaque contribuable de répondre à ses obligations fiscales dans sa localité respective.

446.— L'un des aspects de la restructuration administrative est la déconcentration accrue des services fiscaux et douaniers sur toute l'étendue du territoire national[624] par la création des directions régionales des douanes et celles des impôts[625]. En tout état de cause, le corollaire doit être la décentralisation fiscale[626]. La gestion administrative des dossiers fiscaux et douaniers est confiée à des structures centralisées. Toutefois, la réorganisation des administrations fiscale et douanière en région, présentée comme un moyen pour améliorer efficacement le rendement de l'impôt dans un contexte de crise de recettes, est une pure « chimère »[627]. Pourtant, elle apporte des solutions partielles aux problèmes de mauvaise gestion et de corruption. En réalité, cette réforme administrative n'a pas amélioré fondamentalement le niveau de prélèvement des recettes fiscales.

447.— De même, dans le processus de réorganisation des administrations douanière et fiscale, les inspections des services fiscaux et douaniers qui

---

[621] Elian SIGNORINI, L'administration fiscale, Dictionnaire du savoir, p. 26, cité Cheickna TOURE, La fiscalité comme instrument de politique économique et sociale : cas du Mali, Université Panthéon-Assas (Paris 2), Thèse, 1998, p. 394.

[622] Gregory DE PAEPE et Ben DICKINSON, « Les recettes fiscales, moteur du développement durable », dans Coopération pour le développement 2014 : Mobiliser les ressources au service du développement durable, Éditions OCDE, pp. 101-109.

[623] Il y a en tout huit (8) arrondissements à Bangui.

[624] Auparavant, les administrations fiscale et douanière sont représentées sur toute l'étendue du territoire national par des Centres préfectoraux des impôts et douanes.

[625] Décret n° 07.273 du 27 septembre 2007 portant organisation et fonctionnement du Ministère des Finances et du Budget.

[626] Mirko HAYAT et Thierry LAMBERT, La décentralisation fiscale : jusqu'où ? L'Harmattan, 2005.

[627] Rapport « Etude-Diagnostic de la gestion des finances publiques en RCA », 2002.

étaient supprimés sont réhabilitées[628]. Ces services existaient, mais les responsabilités et les tâches ne sont pas clairement définies. En les réhabilitant, les pouvoirs publics ont procédé à leur responsabilisation par la définition claire de leurs missions. Elles ont désormais en charge l'encadrement du fonctionnement des services opérationnels et la mise en œuvre des réformes. Elles jouent aussi un rôle important dans le suivi du respect des procédures légales engagées par les services opérationnels et assurent le contrôle interne.

448.— D'une manière générale, la restructuration administrative est justifiée par des motivations fondamentales. Premièrement, la mobilisation des ressources fiscales dépend largement de l'efficacité et de l'efficience des administrations fiscale et douanière. La politique fiscale crée le potentiel afin de prélever les impôts et taxes. Deuxièmement, la qualité de ces administrations influe sur le climat des affaires. Enfin, l'évolution de la technologie a bouleversé la maîtrise des activités économiques et a développé des méthodes de fraude fiscale qui échappent au contrôle. Il est évident que la fiscalité doit répondre nécessairement aux trois finalités essentielles que sont : l'efficacité, la justice et la productivité[629]. Les administrations fiscale et douanière doivent, à cet effet, améliorer régulièrement leur performance. Cette quête de la performance détermine le caractère instable du système fiscal.

449.— À ce propos, la réforme fiscale est comme une sorte de mythe. Tels les alchimistes à la recherche de la pierre philosophale, les partis politiques, les groupes de pression, les chercheurs isolés, les illuminés sont en quête, depuis des siècles, d'un système d'impôt idéal… bien entendu sans jamais le trouver[630]. Toutefois, la réforme organisationnelle tente d'apporter des solutions globales et stratégiques au défi de mobilisation des ressources fiscales. Mais, le rendement de l'impôt demeure en deçà du potentiel du pays. Des efforts importants restent requis pour que le fonctionnement de ces institutions reflète la qualité de leur organisation afin d'être efficace dans la mise en œuvre de réformes engagées. Cette réforme institutionnelle doit induire l'amélioration de l'efficacité des services administratifs.

---

[628] Décret n° 07.273 du 27 septembre 2007 portant organisation et fonctionnement du Ministère des Finances et du Budget.

[629] Nahed Mohamed Ali EL FAKIR, La réforme fiscale dans les pays émergents : le cas de l'impôt sur le revenu des personnes physiques en Egypte, université Aix-Marseille III, 2004, p. 153.

[630] Jean RIVOLI, Vive l'impôt, Seuil, 1965, p. 45.

B) L'amélioration de l'efficacité des services administratifs

450.— Le principe pour un système fiscal efficace est d'avoir moins de coûts de collecte et moins de place laissée à l'évasion fiscale. Dans le contexte administratif moderne, l'utilisation de l'outil informatique s'avère indispensable. En effet, l'évolution des technologies a permis l'accessibilité des données existantes à travers les systèmes de gestion de bases de données. Elle a offert une facilité d'accès aux communications autorisant l'échange et le transfert de données. Le développement de l'informatique permet d'orienter la réalisation de plusieurs objectifs à savoir accroître la quantité, la qualité et la pertinence des informations, aider à la prise de décision visant à éclairer et optimiser les choix de gestion, suivre l'exécution des programmes en mesurant les résultats et les performances[631].

450.— L'enjeu de l'informatisation des activités financières est la qualité du service public et l'efficacité du résultat. De ce point de vue, la modernisation de l'administration est une nécessité[632]. L'automatisation du processus comptable des dépenses et des recettes facilite le contrôle des opérations comptables et la centralisation des données[633]. Les administrations fiscale et douanière voient dans la transformation numérique l'occasion d'opérer un saut pour passer d'infrastructures rudimentaires aux technologies récentes. La numérisation réduit les coûts pour les administrateurs comme pour les contribuables. Dans la mesure où les infrastructures numériques font disparaître de nombreux processus manuels liés à l'enregistrement, au calcul, au recueil de fichiers fiscaux et au paiement d'impôts. Les dispositifs numériques liment les interactions entre le contribuable et le percepteur.

451.— En Centrafrique, les différents services gestionnaires des administrations financières sont confrontés à des difficultés dans l'exercice de leurs fonctions. Les administrations fiscale et douanière centrafricaines ont pris du retard en matière d'informatisation des services. De nombreuses tâches de gestion sont effectuées par les services à partir de déclarations des redevables établies sur papier[634]. Pour remédier à cette faiblesse, les pouvoirs publics ont engagé un programme d'informatisation des administrations financières. Un organe chargé de l'informatisation a été créé[635]. Pour la

---

[631] Bernard GOURNAY, Informatique et Finances publiques, RFFP, n° 11, 1985, p. 1.

[632] Lucien MEHL, Informatique et Finances publiques — rubrique : Les enjeux du développement de l'informatique dans les finances publiques, RFFP, n° 11, LGDJ, 1985, p. 18.

[633] Pierre BELTRAME, Informatique et Finances publiques, RFFP, n° 11, LGDJ, 1985, p. 22.

[634] Rapport de la Cour des comptes, Les missions fiscales de la douane : un rôle et une organisation à repenser, février 2014, p. 19.

[635] Création de la Direction du système d'information (DSI) par Décret n° 07.273 du 27 septembre 2007.

consolidation des diverses actions de réformes à mener, les administrations fiscale et douanière doivent être informatisées en vue de l'efficacité des services. Le rendement de l'impôt ne peut être obtenu sans des systèmes performants de traitements informatisés des déclarations et des paiements[636].

452.— La mise en place d'une plate-forme d'échange de données entre les administrations des douanes et des impôts est un enjeu important dans la mobilisation des recettes. Le partage des données se trouve au cœur de l'efficacité de la collecte de recettes fiscales. À cet effet, les exigences liées à l'élargissement de l'assiette, la lutte contre la fraude et l'évasion fiscale, la simplification des procédures et la promotion du civisme fiscal nécessitent une collaboration et un partage d'informations. Pourtant, les administrations fiscale et douanière n'ont pas pour habitude de rassembler et de partager les données entre services. Des mesures idoines sont prises pour réduire les procédures, garantir la transparence et la traçabilité des opérations fiscales et douanières. Elles se sont traduites par l'adoption du système informatique douanier SYDONIA et du système de traitement de l'information fiscale SYSTEMIF.

453.— S'agissant de la gestion de l'impôt, l'informatique est pour l'administration fiscale centrafricaine l'enjeu de la mobilisation des recettes fiscales. Le processus d'automatisation de l'information fiscale a été balbutiant. Le contrôle et l'édition des quittances du paiement de l'impôt furent externalisés et confiés à l'Office national de l'informatique (ONI). L'Administration fiscale a envisagé la mise en place d'un logiciel de gestion des informations fiscales dénommé « Système d'information fiscale » (SYSTEMIF). Son objectif est l'informatisation du système de contrôle fiscal, du suivi et du contrôle des recettes fiscales. Le SYSTEMIF favorise le traitement de multiples déclarations fiscales, la relance des reliquataires et des défaillants. Toutefois, des améliorations importantes sont nécessaires dans la procédure d'informatisation. Le SYSTEMIF n'est pas déployé dans tous les services opérationnels.

454.— L'informatisation de l'administration douanière nécessite l'application des technologies de l'information et de la communication pour l'accomplissement de la mission des douanes[637]. Elle prend en charge l'ensemble du processus de dédouanement, à partir du dépôt jusqu'au dédouanement total ou partiel des marchandises. Les missions de

---

[636] Jean-Paul BODIN, Modernisation de l'administration fiscale dans les pays en développement : impact de la TVA, Revue d'économie du développement 2012/3 (Vol. 20), p. 83-103.

[637] Guide pratique relatif à la facilitation du commerce, l'informatisation des douanes, Commission économique des Nations unies pour l'Europe (CEE-ONU) ;

l'informatique douanière permettent de faciliter et d'accélérer les procédures de dédouanement ainsi que de garantir la qualité des statistiques produites[638]. Elle peut faciliter l'utilisation de la gestion des risques et la sélectivité fondée sur les risques. Les résultats attendus de cette mise en œuvre sont l'application uniforme de la réglementation douanière à l'ensemble du territoire, l'amélioration du suivi du recouvrement des droits et taxes et la mise à disposition rapide de résultats statistiques du commerce extérieur.

455.— En 2006, la conférence des Nations unies pour le Commerce et le Développement (CNUCED) a financé l'informatisation des procédures de dédouanement en Centrafrique. Il s'agit de l'intégration du système informatique douanier SYDONIA++ dans tous les circuits de dédouanement. L'applicatif SYDONIA++ doit aider l'administration des douanes dans le processus de modernisation et de réforme afin de faciliter le commerce légal et de renforcer l'efficacité des contrôles douaniers. Cet outil de travail vise à améliorer et à simplifier les tâches manuelles des différents utilisateurs. Il permet le renforcement des procédures de dédouanement et la sécurité des données. L'informatisation a facilité la rationalisation des procédures d'importation et d'exportation. Le partage des rôles entre le déclarant et l'inspecteur des douanes est désormais la norme.

456.— Sur le principe d'échange d'informations avec l'administration fiscale, le système douanier informatisé exige le numéro d'identification fiscale (NIF). Mais, il reste beaucoup à faire avant de parvenir à des procédures totalement dématérialisées. Les fraudes constatées confirment l'obligation pour la douane d'assurer la sécurité du système et des données dans l'objectif de l'amélioration des conditions de mobilisation des recettes fiscales. Les perspectives de développements informatiques incluent l'intégration des procédures douanières dans un guichet unique et l'interconnexion régionale des bureaux des douanes afin de traiter les transactions aux frontières. Cette fluidité doit permettre aux entreprises d'améliorer leur compétitivité sur les marchés nationaux et internationaux afin de profiter davantage des opportunités commerciales.

---

[638] Jean-Pascal CODINE, Informatique et Finances publiques — rubrique : Spécificités de l'informatique douanière, RFFP n° 11, 1985, p. 68.

Conclusion du chapitre 1

457.— Les réformes fiscales sont entreprises en vue d'améliorer le rendement de l'impôt. Au regard de l'évolution du système fiscal centrafricain, la réforme fiscale est une tâche longue et difficile, mais indispensable. La réforme fiscale est une œuvre de longue haleine. Elle exige certes un environnement économique et social favorable, mais surtout elle exige une volonté des pouvoirs publics de vouloir assigner à la fiscalité le rôle qu'elle doit jouer dans une politique de développement. Une volonté politique affirmée permet d'engager une réforme fiscale pour améliorer l'efficacité de la perception des impôts et le respect des obligations fiscales. Le système fiscal semble s'être mué en fonction de l'environnement économique.

458.— C'est pourquoi l'impôt, tout en gardant sa fonction financière, s'insère dans l'éventail des instruments de politique générale. Il accroît son poids avec la complexité de la vie sociale[639]. La réforme a prolongé certaines réformes antérieures, mais a introduit aussi des éléments de rupture. Outre la simplification de la législation, cette réforme vise à accroître le rendement de l'impôt par le renforcement de l'attractivité fiscale[640] du pays. C'est en cela que l'impôt joue son rôle d'instrument de mobilisation de ressources intérieures pour le financement du développement. Quelle peut alors être l'impact de ces mutations sur les recettes fiscales ?

---

[639] André NEURISSE, Histoire de l'impôt, PUF, 1978.

[640] André ROUX, Finances publiques, notice 14 : Les voies de réforme de la fiscalité, La Documentation française, 2008, p. 114.

Chapitre 2 — Les enjeux de la réforme fiscale : entre la nécessité de simplification des normes fiscales et les impératifs budgétaires

459.— La stabilité des finances publiques constitue un élément essentiel du développement[641]. Pour assurer cette stabilité, il est indispensable que les méthodes de financement de ces biens et services publics proviennent des ressources propres de l'État, à savoir les recettes fiscales. Cela explique la relation étroite entre la fiscalité et le développement. En effet, l'analyse de la politique fiscale d'un pays permet de comprendre comment le gouvernement peut assurer, par la mobilisation des ressources fiscales, le financement endogène du développement. L'impôt constitue la principale ressource financière de l'État centrafricain. Selon les statistiques, les recettes fiscales représentent plus de 70 % du montant total des ressources budgétaires[642].

460.— Malgré des réformes fiscales, le niveau de réalisation de recettes budgétaires en Centrafrique est loin d'atteindre les résultats attendus. Certes, des améliorations sont enregistrées, mais le constat reste le même et confirme la contre-performance dans la réalisation de recettes budgétaires. Pour autant, l'objectif premier d'une fiscalité c'est d'abord de donner les moyens à l'État de mener sa politique[643]. Mais avant de s'intéresser à l'efficacité des réformes fiscales engagées, il paraît opportun de présenter les fondements théoriques sur lesquels est basée la mobilisation des ressources fiscales (Section 1). L'avantage d'une telle approche est de permettre d'examiner la capacité de mobilisation des recettes fiscales et de voir si celle-ci a fait évoluer les facteurs déterminants des recettes fiscales (Section 2).

---

641 Maaike KOKKE & Francis WEYZIG, Fiscalité et financement du développement, Document d'information de SOMO, octobre 2008 (Stichting Onderzoek Multinationale Ondernemingen) : Centre de Recherche sur les Multinationales. Document en ligne : www.somo.nl

642 RCA, Le Rapport d'exécution budgétaire (REB), Direction générale du Budget, 2012, p. 1.

643 Michel AUJEAN et Jean-Hervé LORENZI, Fiscalité et Croissance, PUF, 2011.

Section 1 — Les fondements théoriques de la performance fiscale

461.— La capacité de mobilisation des recettes publiques constitue un des moyens efficaces de procurer les ressources nécessaires pour répondre aux objectifs du développement. Les recettes publiques correspondent aux recettes perçues par l'ensemble des administrations publiques. La mobilisation de ces ressources publiques, principal mode de financement des biens publics, constitue un enjeu crucial[644] pour le développement. Dans quelle mesure un pays peut-il réussir à mobiliser par la fiscalité des ressources pour financer le développement ? En effet, le facteur indispensable de la mobilisation des ressources intérieures est la génération de recettes fiscales. La performance des recettes fiscales est étroitement liée à l'efficacité économique des modes de prélèvement et la répartition équitable de la charge fiscale sur l'ensemble des contribuables[645]. Ainsi, cette problématique s'analyse en termes des facteurs (§ 1) et de mesure de la performance des recettes fiscales (§ 2).

§ 1 — Les facteurs de la performance fiscale

462.— La recherche de la performance reste une préoccupation constante pour la mobilisation des recettes fiscales. Afin de mieux mesurer l'impact de la politique fiscale sur le développement, il faut cerner d'abord la notion de performance. Toute organisation vise à être performante. Cela signifie qu'elle s'attache à remplir sa mission en gérant au mieux ses ressources. En effet, la performance désigne le résultat atteint ou le résultat optimal, au sens large, dans ses différentes dimensions : économie, efficience, efficacité, qualité, pertinence[646]. La performance est au cœur de la gestion publique avec des indicateurs de moyens et de résultats. C'est un véritable tableau de bord au sein de l'administration, comme il en existe dans toutes les entreprises[647].

463.— La perception de la performance se situe au carrefour de trois notions : la mise en œuvre des orientations, l'apport de valeur aux usagers et la maîtrise des ressources[648]. Selon la théorie du nouveau management public (NMP), la recherche de la performance dans le secteur public est entendue

---

[644] Gérard CHAMBAS, Afrique subsaharienne : Mobiliser des ressources fiscales pour le développement, Economica, 2005, p. 1.
[645] Rapport, Analyse de la performance des régies financières de la Côte d'Ivoire, BAD, 2014, p. 70.
[646] Jean-Raphaël ALVENTOSA, Les outils du management public, LGDJ, 2012, p. 19.
[647] Idem.
[648] René DEMEESTERE, Le contrôle de gestion dans le secteur public, LGDJ, 2002, p. 11.

comme l'optimisation des services rendus aux citoyens[649]. En Centrafrique, les recettes fiscales occupent un aspect important dans la génération de recettes publiques. Pour ce faire, l'élargissement de l'assiette fiscale vise à répartir ces charges en fonction des capacités contributives des citoyens. L'analyse de la performance fiscale passe par la définition du cadre prévisionnel du prélèvement fiscal (A). Ce cadre permet de déterminer la structure du prélèvement fiscal en cohérence avec les objectifs de la politique fiscale. Ces objectifs ne sont atteints qu'au moyen des indicateurs de mesure du rendement fiscal (B).

A) Le cadre prévisionnel du prélèvement fiscal

464.— Dans le cadre de la mobilisation des ressources pour le développement[650], les systèmes fiscaux africains ont fait l'objet de réformes axées autant sur les politiques fiscales que sur les modes d'administration susceptibles d'améliorer le rendement de l'impôt[651]. L'objectif est de savoir comment les pouvoirs publics instituent, organisent et appliquent les prélèvements fiscaux conformément à leurs objectifs, puisqu'une réforme fiscale est souvent présentée comme une nécessité pour régler des problèmes économiques, sociaux, culturels[652]. Avant d'être une nécessité financière, l'impôt est essentiellement un moyen de gouverner[653]. Ce faisant, l'impôt est la source de vie pour l'État. Il semble nécessaire de souligner que pour définir une politique fiscale cohérente, il faut préciser la signification des objectifs et organiser la convergence de ses effets avec d'autres politiques.

465.— En Centrafrique, comme dans tout autre pays, la carte maîtresse de toute politique de mobilisation de ressources et du financement adéquat du développement est la fiscalité. Il en résulte que la politique fiscale est, avec la politique budgétaire, l'un des attributs essentiels de la souveraineté. Pour être efficace, la politique fiscale doit être synchronisée avec la politique du développement. L'avenir de la politique fiscale en tant que pratique gouvernementale est la recherche de la performance à long terme[654]. Le rôle de la politique fiscale comme les autres politiques est forcément dépendant de la situation socioéconomique et institutionnelle du pays. Il est admis dans

---

[649] Virginie GALDEMAR, Léopold GILLES et Marie-Odile SIMON, Performance, efficacité, efficience : les critères d'évaluation des politiques sociales sont-ils pertinents ? CREDOC, décembre 2012 n° 299, p. 4. Document en ligne : http://www.credoc.fr/pdf/Rech/C299.pdf

[650] Lucien MEHL, Les enjeux du développement dans les finances publiques, Revue française des finances publiques, 2002, p. 81.

[651] Pierre ALAKA ALAKA, Systèmes fiscaux : l'expérience camerounaise des réformes, Idara, 2003, p. 13.

[652] André BARILARI, Réflexions sur la problématique de la réforme fiscale, RFFP n° 60, 1997, p. 77.

[653] Jean SCHMIDT, L'impôt : politique et technique, Dalloz, 1995, p. 3.

[654] Bernard LANDAIS, Leçons de politique budgétaire, éd. De Boeck, 1998, p.245.

la littérature que la fiscalité permet à la puissance publique trois objectifs. Les objectifs de la politique fiscale revoient aux trois fonctions que Richard Abel MUSGRAVE a définies pour l'État : allocation, redistribution et régulation[655].

466.— L'intervention croissante de l'État dans l'économie et l'élargissement des fonctions de l'impôt qui en résulte ont pris des dimensions très différentes selon les pays[656]. Le contexte dans lequel les recettes budgétaires évoluent est fonction des objectifs des mesures mises en œuvre en matière de mobilisation des ressources fiscales. Les principes clés retenus pour les choix de la politique fiscale sont : la neutralité, l'équité, la simplicité et l'efficacité. Ces critères optimaux[657] sont proposés pour l'analyse des réformes fiscales engagées. En effet, le système fiscal ne doit pas créer de distorsion financière dans le choix d'allocation des ressources par les contribuables afin de ne pas fausser leurs décisions économiques. Cependant, le système fiscal répond difficilement au principe de neutralité puisqu'il entraîne inéluctablement des distorsions dans les décisions économiques.

467.— Toutefois, le principe de neutralité ne doit pas être confondu avec la notion d'égalité devant l'impôt. La Déclaration des droits de l'homme et du citoyen de 1789 mentionne que la contribution doit être également répartie entre tous les citoyens, en raison de leurs facultés[658]. Ainsi, l'interventionnisme fiscal et l'égalité devant l'impôt ne sont pas incompatibles. Tout comme la notion d'égalité devant l'impôt ne signifie pas l'application du principe de neutralité. Pour certains théoriciens, le principe de neutralité et l'interventionnisme fiscal seraient antinomiques[659]. Malgré les apparences, l'interventionnisme fiscal ne s'oppose pas à l'affirmation du principe de neutralité[660]. La neutralité de l'impôt est la condition d'une réussite de la politique fiscale interventionniste[661].

468.— Quant à l'équité d'une structure fiscale, elle est essentiellement une question de perception. Un système fiscal doit effectuer une répartition équitable du fardeau fiscal entre les contribuables. En effet, une structure fiscale excessivement compliquée est souvent perçue comme injuste par une

---

[655] Cuong Vu SY, La politique fiscale et le développement du Vietnam au cours de la transition, Thèse, Université Panthéon-Sorbonne - Paris I, 2009, p. 1.
[656] Idem.
[657] En 1776, Adam Smith, fondateur de la théorie économique moderne, évoquait déjà que tout bon système fiscal doit rechercher la justice, la certitude, l'équité et la rentabilité.
[658] France (1789), op. cit.
[659] Patrick SERLOOTEN, La neutralité fiscale — Un principe obsolète ? Dans Mélanges dédiés à Louis Boyer - Doyen de la faculté de droit de Toulouse, Presses de l'Université des sciences sociales de Toulouse, 1996, p. 701-715.
[660] Idem.
[661] Ibidem.

catégorie de contribuables qui ont une perception biaisée de l'équité. Ils croient que certains « contribuables aisés », assistés par des conseillers fiscaux professionnels, profitent « d'échappatoires » pour éviter de payer leur part de la charge fiscale. Ce manque de confiance dans l'équité peut conduire les contribuables à ne pas respecter leurs obligations fiscales, favorisant ainsi la fraude fiscale. En cela, l'équité exige que tous les contribuables soient traités d'une manière égale et que tous les revenus soient soumis à l'impôt. Ce principe lie la charge fiscale à payer d'un contribuable aux revenus ou à la richesse de ce dernier[662].

469.— Les recettes fiscales nécessaires au financement des dépenses publiques doivent être prélevées de manière à distribuer équitablement la charge fiscale entre les contribuables[663]. Mais, la détermination d'un impôt équitable suscite de nombreuses controverses découlant en partie de l'imprécision des notions d'équité et d'égalité[664]. En effet, l'équité, l'égalité et la justice ne sont pas synonymes. À cet égard, le critère d'équité peut mener à des conclusions différentes pour juger un système fiscal. Certaines inégalités peuvent être considérées comme équitables[665]. S'agissant de la simplicité, un système de taxation doit être simple pour être efficace. La simplicité d'un impôt facilite tant son application par l'État que son observation par le contribuable. Mais, la simplicité est souvent incompatible avec l'équité et avec les autres objectifs d'une réforme fiscale.

470.— Pour la doctrine dominante, la solution optimale ne réside pas dans le choix de l'une ou l'autre de ces approches, mais plutôt dans la recherche d'un équilibre pertinent entre efficacité et équité. Le Professeur Luc GODBOUT considère qu'un système fiscal qui serait économiquement inefficace entraînerait un appauvrissement général et serait, à terme, une source d'injustices. En revanche, un système inéquitable n'inciterait pas à s'acquitter des obligations et ne pourrait pas être maintenu de façon durable sans devenir un facteur d'inefficacité économique[666]. Ainsi, le professeur Jean-Marie MONNIER estime que le choix de l'un ou l'autre principe ne détermine pas le mode de répartition de la charge fiscale dans la mesure où le principe du bénéfice peut s'accommoder d'un impôt progressif[667].

471.— Dans le sens de la recherche de l'équilibre, il poursuit qu'il faut cependant éviter que la fiscalité décourage les activités économiques. Pour les économistes, ces deux impératifs sont parfois conflictuels, car la

---

[662] Luc GODBOUT, op. cit., p.16.
[663] Idem.
[664] Annie VALLEE, Les systèmes fiscaux, Editions du Seuil, 2000, p. 90.
[665] Annie VALLEE, op. cit., 2000, p. 90.
[666] Luc GODBOUT, op. cit., p.78.
[667] Jean-Marie MONNIER, La politique fiscale : objectifs et contraintes, cité par Brahima GUIRE, Fiscalité et promotion de l'investissement privé dans les États membres de l'UEMOA : le cas du Burkina Faso ; thèse, Université d'Aix-Marseille, 2011, p. 327.

recherche de l'égalité peut conduire au nivellement des situations qui décourage les initiatives. La politique fiscale doit donc arbitrer entre ces deux impératifs, ce qui dépend des préférences des pouvoirs publics quant à la norme de justice sociale[668]. Ce faisant, la politique fiscale doit préalablement viser à assurer un maximum d'efficacité au système économique afin de ne pas compromettre le rendement fiscal. Mais elle doit aussi veiller à ne pas remettre en cause le consensus fiscal en sauvegardant une certaine justice sociale.

472.— Pour les économistes, le concept d'efficacité est en liaison directe avec celui de bien-être des personnes qui interviennent dans l'économie. Quand on ne peut améliorer la situation d'aucun individu sans détériorer celle d'un autre, on dit que l'allocation des ressources est efficace au sens de PARETO[669]. Quand les économistes parlent d'efficacité, c'est à l'efficacité au sens de Pareto qu'ils font presque toujours référence[670]. Pour ainsi dire, la recherche de l'efficacité conduit à recentrer le système fiscal sur l'objectif primaire de collecte des ressources publiques et à réduire son influence sur les choix des acteurs économiques. Autrement dit, il conviendrait de structurer le système fiscal de sorte à atténuer les impacts distorsifs qu'il peut avoir sur le comportement des contribuables[671]. L'efficacité ne consiste pas à réduire le nombre des distorsions, mais à diminuer les pertes de bien-être engendrées par la fiscalité[672].

473.— On peut estimer qu'un système fiscal a atteint le degré ultime de modernisation, d'efficacité, de productivité et d'équité lorsque sa base s'élargit, son assiette s'appuie sur les données découlant de la comptabilité et lorsque son recouvrement obéit à un système de versements spontanés. Selon le Professeur Jean-Marie MONNIER, pour être optimale, la réforme fiscale désirable[673] doit conduire à des améliorations à partir d'un des critères, sans entraîner par ailleurs de régression[674]. Or, l'expérience a montré que les réformes ne sont pas optimales en Centrafrique parce que la politique fiscale ne satisfait qu'à moindre mesure à l'un des critères énoncés. Dans les pays

---

[668] Jean-Marie MONNIER, op. cit., p. 327.

[669] Vilfredo PARETO (1848-1923), Economiste et Sociologue italien.

[670] Joseph E. STIEGLITZ – Carl E. WALSH, Principes d'économie moderne, De Boeck 2e éd., 2004, p.223.

[671] Brahima GUIRE, Fiscalité et promotion de l'investissement privé dans les Etats membres de l'UEMOA : le cas du Burkina Faso ; thèse, Université Paul Cézanne Aix-Marseille III, 2011, p.327.

[672] Idem.

[673] Ibidem. p.704

[674] Jean-Marie MONNIER, op. cit., p. 327.

en développement, la politique fiscale doit souvent faire des compromis qui l'empêchent de fonctionner dans des conditions optimales[675].

474.— Au nom de l'efficacité, de nombreux allègements ont été accordés à certains contribuables, si bien que l'impôt est essentiellement concentré sur les petites et moyennes entreprises. Cela représente une entorse au critère d'équité. Ces critères appliqués au système fiscal centrafricain révèlent que celui-ci s'inscrit dans une évolution encore inachevée. En effet, la République centrafricaine hérite d'un système fiscal qui s'inspire entièrement de celui de la puissance coloniale, mais dont les imperfections sont la réplique des contraintes d'adaptation aux structures d'une économie désarticulée[676]. Cet instrument fiscal n'a soulevé que peu de critiques quand bien même qu'il serait en déphasage avec les critères d'efficacité, d'équité et de rentabilité. Les innombrables incohérences qui s'en dégagent n'étant, à l'époque, perçues que comme la conséquence du retard économique et social du pays.

475.— Cependant, l'effort de réorganisation des finances publiques fut très lent. Pour l'essentiel, l'édifice légué par l'administration coloniale avait gardé son armature et ses structures, se perpétuant au prix de quelques réformes partielles et surtout de nombreux relèvements des taux d'imposition[677]. Depuis 1994, le système fiscal centrafricain a connu de nombreuses modifications qui ont affecté l'ensemble de ses composantes. Malgré tout, la portée de ces transformations n'a pas encore atteint le but espéré. Dans la perspective du développement de la République centrafricaine, la politique fiscale doit d'abord garantir les moyens financiers nécessaires à l'État pour réaliser ses objectifs. À cet effet, l'impôt se justifie essentiellement par la nécessité budgétaire. Comme l'État doit assumer le rôle moteur dans le développement du pays, cela suppose des dépenses considérables.

476.— Ce qui élargit les fonctions de la fiscalité qui doit non seulement financer le développement, mais aussi le promouvoir. Cela par voie de conséquence influence l'ensemble des activités économiques et constitue alors un moyen privilégié d'intervention de l'État[678]. Mais, quels que soient le rôle et l'importance que peut revêtir une politique fiscale, elle ne peut être efficace que si elle repose sur une croissance économique. Un système fiscal n'est pas un simple aménagement des techniques d'imposition. Il est avant tout un fait moral et politique et, à ce titre, dépend de l'orientation politique des gouvernants.

[675] Vito TANZI et Howell ZEE, La politique fiscale pour les pays en développement, Dossiers économiques n° 27, FMI, 2001.

[676] Friederike PENTZLIN, Politique fiscale en République centrafricaine, Rapport de mission, 1986.

[677] Cabinet IDC (Investment Development Consultancy), Étude-diagnostic de la gestion des finances publiques en RCA, FMI, 2002.

[678] Luc GODBOUT, L'intervention gouvernementale par la politique fiscale, Rôle des dépenses fiscales-études comparées : Canada, USA, France ; éd. Economica, 2006, p. 9.

Donc, une politique fiscale efficace doit être formulée en fonction des objectifs de la croissance économique et être adaptée à l'environnement sociopolitique[679]. Pour atteindre ces objectifs, certains experts estiment que les gisements fiscaux ou potentiels fiscaux existent pour le rendre réalisable.

B) Les indicateurs de mesure du rendement fiscal : l'effort fiscal et le potentiel fiscal

477.— Les administrations fiscales et douanières des pays en développement agissent sous différentes contraintes politiques et économiques dont la plupart sont traduites au moyen d'indicateurs quantitatifs[680]. Elles se voient imposer deux objectifs à atteindre. Le premier objectif qui leur est imposé est une mobilisation sans cesse accrue des recettes. Elle est exprimée en pourcentage d'augmentation de celles-ci par rapport au montant de l'année précédente. Cette mobilisation accrue de recettes doit tenir compte de différentes logiques que sont la préservation de l'équilibre des finances publiques, la promotion du civisme fiscal et d'une administration plus performante[681].

478.— Le second objectif est celui de la sécurisation des ressources fiscales. Dès qu'il s'agit de leurs moyens d'action, les gouvernements cherchent naturellement à sécuriser leurs ressources fiscales en s'appuyant sur des processus de collecte efficaces. Les administrations dans le cadre de leur modernisation, prennent toutefois le risque d'opter pour une certaine sélectivité des contrôles afin d'améliorer leur efficacité. Toutes ces mesures sont des formes de négociation entre l'État et les contribuables visant à rendre l'impôt efficace et acceptable[682]. Pour remplir leurs missions, toutes les administrations fiscales et douanières ont besoin de mobiliser plus de recettes fiscales. C'est pourquoi la problématique d'augmentation des prélèvements publics pour disposer davantage de ressources financières afin de financer le développement revêt une double dimension.

479.— D'une part, la question de l'augmentation du taux de prélèvements publics est fondamentale, et d'autre part, le problème de l'instabilité de ces ressources se pose avec acuité[683]. Une large littérature a été consacrée à la problématique de l'augmentation des prélèvements publics et à ses

[679]Moustapha HAMZAOUI, Nezha BOUSSELHAMI, Impact de la fiscalité sur la croissance économique du Maroc, Article, pp. 104-127 ; Document en ligne : URL:http://dx.doi.org/10.19044/esj.2017.v13n4p104

[680] Thomas CANTENS, La mesure de la performance dans les administrations fiscales et douanières des pays en développement, Conférence Ferdi, Clermont-Ferrand, 2014. Document en ligne : http://www.ferdi.fr/

[681] Idem.

[682] Ibidem.

[683] Jacky MATHONNAT, Disponibilité des ressources financières pour la santé dans les pays d'Afrique subsaharienne, Agence française de Développement (AFD), Numéro 52, p. 133.

conséquences en différents domaines. De nombreux auteurs[684] ont insisté sur le fait que le prélèvement public est en partie déterminé par des facteurs structurels sur lesquels la politique économique ne peut agir à court terme. En effet, l'analyse des facteurs de performance des recettes publiques a mis en exergue l'intérêt théorique des concepts et l'adaptation de ces facteurs aux mutations de l'environnement économique. Elle a permis également la mise en œuvre d'actions visant l'amélioration du niveau des recettes publiques.

480.— La mesure de performances des recettes publiques se fera à partir de deux critères. D'une part, la composante déterminée par des facteurs structurels qui constituent le potentiel de recettes publiques ou potentiel fiscal. D'autre part, la composante des ressources publiques déterminée par la politique économique ou effort fiscal[685]. Plusieurs analyses ont porté sur le concept d'effort fiscal et du potentiel fiscal. Ces analyses ont servi de modèle de base pour déterminer les facteurs explicatifs du rendement fiscal en Centrafrique. Les concepts de potentiel fiscal et d'effort fiscal sont étroitement liés. En effet, le concept d'effort fiscal permet d'apprécier le potentiel de recettes publiques mis en valeur. Le concept d'effort fiscal permet d'apprécier la mesure spécifique du comportement des États en matière de mobilisation des ressources publiques[686].

481.— L'effort fiscal permet d'affiner un premier diagnostic sur l'espace de ressources publiques mobilisables effectué à partir des taux observés de ressources publiques entre un effort fiscal positif et un effort fiscal négatif. Un effort fiscal positif incite à conclure à la difficulté à mobiliser des ressources publiques supplémentaires tandis qu'au contraire un effort fiscal négatif indique un espace de ressources publiques sous-exploitées. Par définition, l'effort fiscal est la différence entre le niveau de réalisation de recettes et son niveau potentiel[687]. Si l'effort fiscal est important, cela suppose que les recettes potentielles ont été fortement surestimées, soit les recettes ont été faiblement réalisées. Ce qui soulève la question de défaillance dans les choix et les moyens pour leur mise en œuvre. C'est une mesure de la performance fiscale puisqu'il révèle des informations sur la capacité d'imposition.

482.— Il est obtenu à partir d'un concept basé sur un modèle, selon lequel le ratio fiscal réel est divisé par une valeur prévue de ratio fiscal. Ainsi, le ratio fiscal prévu est la mesure de la capacité d'imposition. Par conséquent, la justesse de l'effort fiscal d'un pays dépend dans une large mesure de la justesse du modèle utilisé pour expliquer le ratio fiscal. Pour ce qui est du potentiel fiscal

---

[684] Gérard CHAMBAS, Afrique au sud du Sahara : Mobiliser des ressources fiscales pour le développement, Economica, 2005.
[685] Jean-François BRUN, Gérard CHAMBAS et Jean-Louis COMBES, Recettes publiques des pays en développement Méthode d'évaluation, p. 168.
[686] Idem, p. 171.
[687] Ibidem.

d'un pays, il est déterminé par un ensemble de variables structurelles, indépendantes en courte période de la politique économique[688]. On entend par potentiel fiscal d'un pays donné, le niveau de ressources publiques déterminé par ses facteurs structurels[689]. On interprète alors la différence entre les ressources effectivement mobilisées et le potentiel fiscal comme une mesure de l'effort fiscal. Celui-ci, contrairement au potentiel fiscal, reflète la volonté politique du pays en matière de prélèvements[690].

483.— Eu égard aux développements précédents, le potentiel fiscal est défini comme le montant des recettes fiscales qu'un pays pourrait s'attendre à recouvrir compte tenu de ses caractéristiques structurelles[691]. L'utilisation efficace du potentiel fiscal pose des problèmes qui varient selon les conditions qui règnent dans le pays. De ce fait, le prélèvement fiscal dépend du potentiel fiscal de chaque pays. Ce dernier varie de manière considérable d'un pays à l'autre, en fonction de facteurs structurels relatifs à chaque pays[692]. D'autre part, la politique de mobilisation fiscale agit sur le niveau des ressources publiques. Par son efficacité, cette politique permet de mobiliser un prélèvement public effectif supérieur au potentiel fiscal, c'est le cas d'un effort fiscal positif. En effet, l'effort fiscal exige le franchissement d'un seuil minimum de prélèvement fiscal.

484.— Comme le souligne Monsieur Alain BARRERE, tant que le prélèvement fiscal n'atteint pas un minimum, le poids des finances publiques n'est pas assez élevé pour peser sur l'orientation de l'activité économique[693]. Ou bien, elle se traduit, au contraire, par un prélèvement public effectif inférieur au potentiel fiscal, c'est le cas d'un effort fiscal négatif[694]. Lorsque le potentiel fiscal est supérieur au niveau des ressources publiques effectives, on peut penser qu'une politique économique plus favorable à la mobilisation fiscale devrait permettre le recouvrement de ressources publiques supplémentaires. En revanche, lorsque le potentiel fiscal est inférieur au niveau des ressources publiques observées, toute mesure de politique économique visant à renforcer la mobilisation des ressources publiques se traduirait par une aggravation des distorsions économiques d'origine fiscale et par des effets sociaux indésirables.

---

[688] Gérard CHAMBAS, Afrique au sud du Sahara : Mobiliser des ressources fiscales pour le développement, Economica, 2005, p. 13.

[689] Rapport : Effort fiscal dans les pays de la CEDEAO, Agence monétaire de l'Afrique de l'Ouest (AMAO), décembre 2011, p. 9.

[690] Jean-François BRUN, Gérard CHAMBAS et Jean-Louis COMBES, Recettes publiques des pays en développement Méthode d'évaluation, p. 163.

[691] BAD/FAD : Mobilisation des ressources publiques intérieures et système fiscal en République centrafricaine, Rapport, 2012, p. 19.

[692] Moustapha HAMZAOUI, Nezha BOUSSELHAMI, Impact de la fiscalité sur la croissance économique du Maroc, Article, pp. 104-127 ;

[693] Alain BARRERRE, Economie financière, Dalloz, 1971, p. 128.

[694] Gérard CHAMBAS, op. cit., p. 13.

485.— Cependant, il y a de changements fondamentaux qui, s'ils sont introduits dans le système fiscal respectif du pays, permet d'accroître les ressources de l'État. A cet effet, une politique fiscale efficace doit être définie en fonction de la stratégie de développement économique et social choisie. Elle doit avoir pour support un système fiscal juste, souple et adapté et doit viser la réalisation d'objectifs clairs, cohérents et précis[695]. La complexité des problèmes fiscaux dans les PED naît précisément de l'ambiguïté et de la diversité des fins poursuivies[696]. Par conséquent, une stratégie d'amélioration des recettes fiscales à court, moyen et long termes doit être basée sur la question de savoir comment se situent les recettes fiscales effectives par rapport au niveau des recettes fiscales potentielles. Plusieurs analyses des potentiels et efforts fiscaux ont été effectuées pour les pays en développement en général.

486.— Les PED, bien que présentant certaines similitudes, ne constituent pas un ensemble homogène. Dans certains pays, le secteur de subsistance est largement prépondérant. Dans d'autres, le secteur monétarisé est en essor. Certains pays enfin sont fortement dépendants de l'extérieur par rapport à d'autres[697] tel le cas du Centrafrique. Une étude fiscale, consacrée aux PED en général, ne peut rester qu'au niveau des généralités et ne permet pas de scruter un système fiscal déterminé, de le cerner dans ses détails, ses insuffisances et ses imperfections spécifiques[698]. Ces études[699] trop générales sont encore moins inopérantes lorsqu'il s'agit de faire des propositions concrètes de réformes, car, en la matière, il n'y a pas encore de thérapeutique standard[700]. Pour ces raisons, l'analyse permet d'évaluer le potentiel fiscal du Centrafrique vu le niveau de son économie.

487.— Elle permet également de déduire l'effort fiscal déployé en comparant le potentiel fiscal de la RCA aux moyennes des pays africains au sud du Sahara. Cependant, le potentiel des recettes publiques de la RCA est systématiquement faible et se situe bien en deçà des moyennes des pays africains, soit 11 % contre 15 % du PIB[701]. S'agissant de l'effort fiscal, le Centrafrique enregistre une meilleure performance pour les recettes fiscales que les recettes publiques globales, soit 85 %[702]. Cela s'explique naturellement par le fait que l'effort du pays en matière de mobilisation des recettes non fiscales est

---

[695] Moustapha HAMZAOUI, Nezha BOUSSELHAMI, Impact de la fiscalité sur la croissance économique du Maroc, Article, pp. 104-127.
[696] Ibidem.
[697] Idem.
[698] Ibidem.
[699] Carlo COTTARELLI, Mobilisation des recettes dans les pays en développement, Rapport Fonds monétaire international, 2011.
[700] Moustapha HAMZAOUI, op. cit.
[701] BAD/FAD : Mobilisation des ressources publiques intérieures et système fiscal en RCA, Rapport, 2012, p. 21.
[702] Note de conjoncture économique, Direction générale du budget, 2012.

très faible. Au demeurant, l'analyse du rendement financier du système fiscal centrafricain a révélé sa faible productivité. Cette faible productivité s'explique-t-elle par le niveau du prélèvement fiscal ? L'analyse de la pression fiscale va permettre de rechercher le seuil du prélèvement fiscal en Centrafrique.

§ 2 — La mesure de la performance fiscale

488.— Le prélèvement fiscal est le principal moyen dont dispose l'État pour se procurer les recettes publiques[703]. Cependant, la mesure de la performance des recettes fiscales doit amener à se préoccuper attentivement de la limite de la pression fiscale. Par définition, la pression fiscale est la mesure économique de l'ensemble des prélèvements obligatoires. Elle est mesurée en établissant la somme du montant annuel des recettes fiscales, y compris les prélèvements sociaux[704]. L'indicateur retenu pour mesurer le degré de croissance économique, en rapport avec la mobilisation des recettes fiscales, est le produit intérieur brut (PIB). Il est la somme agrégée de toutes les richesses produites à l'intérieur du pays par les différents secteurs de l'économie[705]. Ce critère est mesuré par le ratio de recettes fiscales sur le PIB. Les études économiques s'en servent pour mesurer l'effort fiscal des PED. L'analyse théorique de la pression fiscale (A) permet d'expliquer les différences de niveau de prélèvement public observées et d'évaluer la performance fiscale en tenant compte de certaines caractéristiques (B).

A) Les fondements théoriques de la pression fiscale

489.— La pression fiscale désigne le rapport qui existe entre le prélèvement fiscal subit par une personne, un groupe social ou une collectivité et le revenu dont dispose cette personne, ce groupe ou cette collectivité[706]. C'est l'indicateur fiable de la politique fiscale. De ce fait, le taux de pression fiscale rapporté au PIB est la portion de revenu capté par l'État sur l'ensemble de richesses créées à l'intérieur du pays. Cet agrégat ne mesure pas la manière dont les différentes activités économiques ont transmis une partie de leurs ressources à l'État sous forme de contribution au prélèvement fiscal. Mais, le taux de pression fiscale mesure la part du produit intérieur brut au prix du marché, prélevé par l'État sous la forme de recettes fiscales.

490.— Cette mesure est importante, car elle permet de savoir à quel niveau s'élèvent les recettes fiscales disponibles pour l'État en fonction de la taille de

---

[703] Alain BARRERE, Politique financière, Dalloz, 1958, p. 85.
[704] Manon SIERACZEK-ABITAN, Termes de droit fiscal, Gualino, 2007, p. 91.
[705] Idem.
[706] Loïc MEHL et Pierre BELTRAME, Science et Technique fiscales, PUF, 1984, p. 453.

son économie afin d'assurer efficacement le financement du développement[707]. La pression fiscale a fait l'objet de nombreuses études. La principale analyse du concept est l'œuvre de l'économiste américain Arthur LAFFER, notamment avec sa courbe. En effet, les recettes de l'État sont captées sur l'activité économique d'un pays qui est caractérisée par la croissance et le niveau de développement des activités multisectorielles ainsi que des effets positifs de son ouverture sur l'extérieur[708]. L'ensemble de ces facteurs constituent la matière imposable et détermine le prélèvement fiscal par leur capacité contributive. Or, l'accroissement des recettes fiscales d'un pays est lié à la croissance économique à différente capacité de contribution du niveau des activités.

491.— Cette croissance est fonction de la productivité des facteurs structurels qui accroissent la matière imposable. L'augmentation de revenu qui en résulte élargit la base taxable et constitue les ressources sur lesquelles est prélevé l'impôt. Ces ressources proviennent des activités sectorielles considérées comme gisement fiscal. Mais, la courbe de Laffer n'est pas l'alpha et l'oméga de la fiscalité. Au regard du rôle majeur de la politique fiscale, la thèse de Laffer tend à perdre de son caractère scientifique et est néanmoins contestée par certains auteurs[709]. La revue de littérature indique que principalement trois groupes de variables peuvent être retenus concernant les déterminants de la pression fiscale. Ces trois groupes sont : les facteurs d'ordre structurel, les facteurs d'ordre politique économique et les facteurs d'ordre institutionnel. Nombre de ces facteurs, comme la part de l'agriculture et l'instabilité politique, sont nettement exogènes aux décisions fiscales[710].

492.— Les facteurs structurels du prélèvement fiscal peuvent être regroupés en plusieurs catégories selon leur nature. Ces différents facteurs structurels sont notamment le niveau de développement et la structure de l'économie[711]. De nombreuses études ont considéré que le niveau de développement économique est l'une des variables les plus explicatives du taux de pression fiscale, mesuré par la part des recettes fiscales pour le PIB de l'année. Le facteur structurel retenu dans ce cadre est le niveau de revenu, mesuré par le produit intérieur brut par habitant, qui est également une approximation du niveau de développement de l'économie[712]. Il est en effet raisonnable de supposer que plus le niveau de développement d'un pays est élevé, plus sa capacité à prélever des ressources est

---

707 Marin FERRY, Pays pauvres et pression fiscale (Partie 1) : Les déterminants de la pression fiscale dans les pays à faibles revenus, BSI Economics,

708 Penda AMAR, op. cit., p. 25.

709 Bruno THÉRET et Didier URI, La courbe de Laffer dix ans après : un essai de bilan critique, Revue économique, 1988/39-4, pp. 753-808.

710 Carlo COTTARELLI, Mobilisation des recettes dans les pays en développement, Rapport Fonds monétaire international, 8 mars 2011, p. 19.

711 Jean-François BRUN, Gérard CHAMBAS et Samuel GUERINEAU, Aide et mobilisation fiscale dans les pays en développement, CERDI, Etudes et Documents, 2008, p. 13.

712 Jean-François BRUN, Gérard CHAMBAS et Samuel GUERINEAU, op. cit., p. 13.

forte. Madame Annie VALLEE soutient à ce titre que le niveau du développement économique constitue une autre variable influant de manière significative sur le système fiscal. Plus un pays est riche, plus sa capacité contributive est élevée, et celle-ci détermine le rendement fiscal[713].

493.— La promotion du développement entraîne un accroissement et une diversification de la demande des biens publics qui peut encourager le civisme fiscal. Cet état de fait accroît nécessairement la capacité contributive de l'économie. De plus, les capacités administratives, notamment en vue de lever l'impôt, s'améliorent probablement avec le niveau de développement, grâce notamment à l'existence d'un meilleur environnement : infrastructures de qualité, qualification des employés des administrations, niveau d'éducation de l'ensemble de la population[714]. Ces différents aspects semblent exercer un impact positif sur le prélèvement fiscal. Pour un niveau de développement donné, le potentiel fiscal diffère naturellement selon les caractéristiques des économies. Il dépend en particulier de la structure de la production et de l'ouverture commerciale.

494.— Cette évolution du taux de pression fiscale peut être vue de manière positive. Mais elle ne doit pas entraîner un déséquilibre dans les moyens de l'État par une surenchère à la baisse[715]. En effet, cette approche est relativisée par Monsieur André BARILARI qui soutient la corrélation entre le niveau de pression fiscale et le développement. Il affirme à ce propos que « si un niveau de pression fiscale trop élevé est préjudiciable à la société, un niveau trop bas lui est fatal. Il existe une corrélation forte entre niveau de prélèvement fiscal et développement. Si l'État n'a plus les moyens du quotidien, il n'assure plus la sûreté, à fortiori il sacrifie une partie du long terme, la santé, l'éducation… »[716]. Les choix de politique générale, la stabilité économique et l'environnement extérieur sont autant de facteurs d'une importance cruciale qui déterminent la performance économique d'un pays[717].

495.— En plus des facteurs d'ordre structurel, les politiques économiques peuvent dans une certaine mesure expliquer le niveau de prélèvement des impôts. En effet, le caractère expansif ou restrictif de la politique budgétaire est susceptible d'influencer le taux de pression fiscale[718]. La politique budgétaire mise en œuvre par le passé influence directement la détermination de la pression

---

713 Annie VALLEE, Les systèmes fiscaux, Seuil, 2000, p. 60.

714 Penda AMAR, Les déterminants de la pression fiscale au Sénégal, ENSAE, Mémoire, juin 2014, p. 10.

715 Penda AMAR, op. cit.

716 André BARILARI, La question de l'autonomie fiscale, RFFP n° 80 — décembre 2002, p. 82.

717 CNUCED, Le développement économique en Afrique retrouver une marge d'action : la mobilisation des ressources intérieures et l'État développementaliste, Rapport, Genève, 2007, p. 4.

718 Penda AMAR, Les déterminants de la pression fiscale au Sénégal, ENSAE, Mémoire, juin 2014, p. 13.

fiscale contemporaine. Les déficits budgétaires passés se traduisent par un service élevé de la dette à financer. Compte tenu du caractère obligatoire des dépenses au titre du service de la dette, le niveau de la dette pousse le gouvernement à accroître sa pression fiscale afin de préserver le niveau des dépenses primaires. Une mobilisation effective requiert des institutions et des pratiques transparentes[719].

496.— Dans les documents de stratégie, une partie de la littérature souligne que la taxation peut encourager le renforcement des États à la fois en focalisant les négociations entre l'État et les citoyens et en permettant le développement d'institutions de haute qualité pour le recouvrement des impôts[720]. Les institutions qui déterminent de manière directe le niveau de prélèvement public sont généralement les administrations fiscales et douanières. Ainsi, depuis plus de deux décennies, beaucoup d'administrations des impôts et des douanes ont réalisé des progrès importants en matière d'efficacité[721]. De plus, la plupart des administrations des impôts ont abandonné une organisation conduisant à une gestion par catégorie d'impôts, qui avait pour limite majeure de conduire à une gestion éclatée des contribuables.

497.— Désormais, les administrations fiscales sont centrées sur la gestion de catégories de contribuables[722]. L'administration fiscale centrafricaine applique cette règle de segmentation de la population fiscale. Les entreprises et activités professionnelles sont maintenant appréhendées de manière segmentée en distinguant les activités importantes qui relèvent des unités des grandes entreprises et les activités de moyenne importance qui sont de la compétence des unités des moyennes et des petites entreprises. Ainsi, la distinction opérée entre les catégories de contribuables est une distinction clé dans l'analyse de la mobilisation des recettes fiscales en Centrafrique. Il n'en demeure pas moins que la connaissance des déterminants de la pression fiscale centrafricaine permet d'établir la cohérence par rapport aux recettes fiscales.

B) L'impact du prélèvement fiscal sur les ressources nationales

498.— La mobilisation de ressources fiscales constitue l'une des missions essentielles d'un État. Ainsi, pour pouvoir s'acquitter de sa mission, l'État doit mobiliser les ressources financières notamment celles provenant de la fiscalité. Les réformes fiscales mises en œuvre ont constitué une réponse au besoin d'améliorer les performances fiscales et accroître les recettes publiques. L'amélioration de la pression fiscale permet de mesurer le niveau de

---

[719] Carlo COTTARELLI, Mobilisation des recettes dans les pays en développement, Rapport Fonds monétaire international, 8 mars 2011, p. 53.
[720] Carlo COTTARELLI, op. cit., p. 54.
[721] Penda AMAR, op. cit., p. 15.
[722] René OSSA, op. cit., p. 225.

mobilisation des recettes fiscales, d'où l'importance de l'exploration de ses déterminants. La relative impression d'une forte pression fiscale dans le pays se traduit par le fait qu'un nombre restreint de contribuables supporte la quasi-totalité de la charge fiscale à cause de l'importance du secteur informel.

499.— Cependant, la problématique de la pression fiscale doit amener à se préoccuper de la limite de la charge fiscale. L'État se trouve pris entre deux nécessités : celle du financement des dépenses et celle de ne pas imposer les contribuables au-delà de ce qu'il est légitime d'exiger d'eux[723]. Les réformes réalisées doivent permettre d'espérer une charge fiscale juste et équitable. En Centrafrique, la fiscalité étant le pourvoyeur principal des recettes de l'État, les recettes fiscales représentent en moyenne 85 % des recettes publiques du budget national. Face à ce ratio, il semble nécessaire qu'une réflexion soit menée sur le système fiscal, en tant que levier du développement économique et de justice sociale[724].

500.— De multiples rapports et études économiques sur la mobilisation des ressources publiques intérieures dans les pays de l'Afrique subsaharienne et notamment en Centrafrique ont démontré que la pression fiscale est faible. Plusieurs causes sont avancées pour expliquer cet état de fait. Il s'agit du poids du secteur informel et du faible degré d'ouverture vers l'extérieur. À ces facteurs peuvent s'ajouter le manque du civisme fiscal, les crises et les instabilités politiques récurrentes. Les faibles taux de pression fiscale s'expliquent également par le détournement des flux financiers vers des poches privés. En effet, les prélèvements obligatoires ne représentent que moins de 10 % du PIB. Ce niveau de pression fiscale s'explique par la faiblesse de la production nationale.

501.— La production agricole qui est un facteur de la croissance en Centrafrique en est l'illustration. On ne peut pas considérer que le taux de croissance du secteur agricole en pourcentage du PIB contribue de manière équivalente au taux de prélèvement fiscal. Mais, une grande partie de la production est consacrée à l'autosuffisance alimentaire et elle échappe, en fait, à une évaluation monétaire. Le secteur agricole comprend essentiellement de petits exploitants dont l'activité s'exerce dans le secteur informel et ne génère que de modestes revenus imposables. Au regard de la production nationale, on se rend compte que le niveau du taux de pression fiscale est l'un des plus bas de la zone subsaharienne, soit 8,6 %[725] contre 13 % pour certains pays et 17 %

---

[723] Idem.

[724] Moustapha HAMZAOUI, Nezha BOUSSELHAMI, Impact de la fiscalité sur la croissance économique du Maroc, Article, pp. 104-127.

[725] Ministère de Finances et du Budget, 2010.

recommandés dans les mesures de convergence de la zone CEMAC — UEMOA[726].

502.— Les taux de pression fiscale sont faibles en Afrique subsaharienne, autour de 10 % du PIB dans certains pays. Ceci signifie que les États ne prélèvent pas normalement et n'ont de capacité extractive et redistributive qu'à proportion de 10 % de la richesse nationale. Ils ne produisent pas de biens publics qui concourent indirectement à la croissance et à la sortie de la pauvreté[727]. Ce ratio des recettes sur le PIB tourne autour de 15 %[728] dans certains pays en développement et contraste avec les niveaux élevés des pays développés. Cette situation dénote du caractère peu efficient du système fiscal dans la mesure où il ne permet ni de réaliser ni de tendre vers les mesures de convergence sous régionale. L'évolution du taux de pression fiscale montre que la mobilisation des ressources fiscales en Centrafrique est faible.

503.— En effet, l'étude de la pression fiscale montre une tendance baissière, passant de 12,4 % en 1980 à 9,9 % en 2012. Cette forte valeur de la pression fiscale en 1980 s'explique par l'espoir de liberté né à la suite de la chute de l'Empereur BOKASSA 1er en 1979, et qui a impulsé une relance économique. De 1985 à 1989, on observe une tendance décroissante de la pression fiscale avec une valeur moyenne s'établissant à 9 %. Cette baisse significative s'explique par le fait que la crise économique et budgétaire au milieu des années 1980 a fait chuter considérablement le taux de prélèvement public en Centrafrique. La crise économique avait mis en évidence les défauts majeurs d'un système fiscal caractérisé par une assiette étroite, une législation inadaptée et incohérente et des services fiscaux peu efficaces[729]. Une légère hausse de la pression fiscale est observée en 1990 avec un taux de 10,4 %.

504.— De 1991 à 2006, la tendance de la pression fiscale était décroissante avec la plus faible valeur enregistrée en 1996 à savoir 6,4 %. En général, dans la période 1997-2012, le ratio des prélèvements publics par rapport au PIB a eu tendance à augmenter bien que de manière instable. Le taux de pression fiscale a régulièrement évolué passant de 7,6 % en 1997 à 11,3 % en 2007. Il était de l'ordre de 8,5 % en 2005, 9,5 % en 2006,[730] 11,2 % en 2008 pour baisser à 10,4 % en 2009[731] en raison des effets induits de la crise financière

---

[726] Rapport Fonds monétaire international, 2010.

[727] Alice SINDZINGRE, Etat et intégration internationale des Etats d'Afrique subsaharienne : l'exemple de la fiscalité, Revue Afrique contemporaine, numéro spécial, 3e trimestre 2001, p. 65.

[728] PNUD, Rapport sur l'état de la pauvreté en République centrafricaine, 2008.

[729] Jean THILL, Fiscalité et ajustement structurel en Afrique francophone, Rapport, Paris, mars 1989 IIAP, p.3.

[730] Ministère du Plan, de l'Economie et de la Coopération internationale, situation économique et financière de la RCA en 2007.

[731] Ministère du Plan, de l'Economie et de la Coopération internationale, l'étude du système économique en Centrafrique, Rapport, 2009, p. 10.

internationale. On constate une légère hausse en 2012 à 11,5 %. En outre, cette période est marquée par des cycles de sécheresse et la chute des principaux produits d'exportation. Ces deux difficultés combinées à la crainte des troubles sociopolitiques pourraient expliquer la baisse de la pression fiscale.

505.— Par ailleurs, le caractère peu efficient du système fiscal en Centrafrique est également mis en exergue par le rapport Recettes de TVA/Recettes fiscales[732]. Ce rapport s'élève à 27,9 % en 2007, à 28,81 % en 2008 et à 28,94 % en 2009, alors que la norme au plan international est de 35 à 40 %[733]. En tout état de cause, l'analyse permet de constater que depuis 1980, la pression fiscale centrafricaine est en deçà de la moyenne de la CEMAC[734]. Le pourcentage des recettes fiscales par rapport au PIB tourne autour de 8 % alors qu'il varie de 12 % à 15 % dans les autres pays de la sous-région[735]. En 2013, le taux de pression fiscale était à 5,2 % du PIB et a baissé davantage à 4,8 % en 2014. Le Centrafrique se situe au plus bas niveau de collecte de recettes fiscales enregistrée dans le monde[736].

506.— Le taux de pression fiscale a connu une hausse à 7,2 % en 2015 et un léger mieux à 8,4 % en 2016, puis a chuté en 2017 à 7,6 %[737]. Le faible taux de pression fiscale en Centrafrique est fonction de la structure du PIB qui accorde un poids important au secteur primaire où les activités agricoles et d'élevage génèrent peu de recettes fiscales. Les secteurs secondaire et tertiaire sont peu développés, voire inexistants. L'ouverture sur l'extérieur, comme l'admet la littérature économique, a un double impact sur une économie. Les flux commerciaux, importations et exportations, sont une source importante de la fiscalité tarifaire. C'est le cas du Centrafrique, où l'ouverture accroît la matière imposable et améliore le bien-être social.

507.— Le Centrafrique appartient à un ensemble sous-régional, la CEMAC au sein duquel transitent des échanges commerciaux. Il s'agit d'analyser le lien éventuel entre la pression fiscale et le degré d'ouverture commerciale de l'économie. Il est à souligner qu'en dépit des politiques de libéralisation, les échanges extérieurs constituent l'occasion de prélèvements fiscaux substantiels. Les importations constituent une assiette essentielle pour les taxes indirectes. Or, depuis la fin des années 1990 avec la libéralisation des échanges commerciaux, on constate des pertes de recettes tarifaires[738] pour le groupe des pays en

---

[732] Idem.
[733] Ibidem.
[734] Rapport sur l'évolution socioéconomique en Afrique centrale en 2009-2010 et perspectives pour 2011, CEA – Nations Unies, mars 2011, p. 14.
[735] Ministère du Plan, de l'Economie et de la Coopération internationale, l'étude du système économique en Centrafrique, Rapport, 2009, p. 9.
[736] André NZAPAYEKE, Mémorandum de politique économique et financière, 1er mai 2014.
[737] Administration fiscale.
[738] Gérard CHAMBAS, Afrique au sud du Sahara : Mobiliser des ressources pour le développement, Economica, 2005, p. 69.

développement. Pour que le pays puisse tirer pleinement parti du commerce international, la facilitation des échanges commerciaux est devenue essentielle.

508.— Toutefois, d'importantes réformes fiscales ont été mises en œuvre et ont apporté des améliorations à l'efficience du système fiscal. Ces améliorations ont contribué à atténuer les effets économiques négatifs de l'alourdissement de la pression fiscale globale. Néanmoins, les charges fiscales demeurent très élevées. De nouvelles réformes fiscales seraient bénéfiques au regard du niveau actuel des recettes publiques. Les réformes fiscales mises en œuvre ont constitué partiellement une réponse au besoin d'améliorer la performance des recettes fiscales. Cette analyse permet d'apprécier les rapports entre ces variables et la pression fiscale pour le cas centrafricain afin d'apprécier le rendement de l'impôt dans l'économie[739].

Section 2 — L'analyse du rendement fiscal

509.— L'efficacité des dépenses publiques est une question essentielle pour que les ressources intérieures puissent devenir un moteur du développement[740]. Pour ce faire, la taxation est le moyen approprié à accroître des ressources en vue de la formation du capital financier. Cette formation du capital financier n'est possible que si l'État arrive à mobiliser les ressources financières intérieures. En effet, l'accès au capital financier est un déterminant essentiel du développement d'un pays. Pendant des décennies, l'Aide publique au développement (APD) a été la principale source de financement disponible pour de nombreux pays, en particulier les plus pauvres, dans lesquels la mobilisation des ressources domestiques est très faible[741]. C'est dans ce contexte que la conférence de Monterrey affirme le caractère essentiel de la mobilisation de recettes domestiques.

510.— Tout système fiscal d'un pays doit avoir un bon rendement financier afin de permettre à l'État de répondre aux besoins du développement. L'appréciation de ce rendement fiscal passe par une analyse des données statistiques disponibles. Elle permet de voir si concrètement le système fiscal assure à l'État un équilibre financier notable. En Centrafrique, comme ailleurs, la fiscalité doit répondre aux besoins importants du financement du développement. Dans quelle mesure la fiscalité centrafricaine peut-elle remplir ce rôle ? Cette interpellation amène à retracer l'évolution des recettes fiscales à travers ses composantes essentielles. L'objectif est d'évaluer les performances

---

[739] Grégoire LURTON, Mesurer la pression fiscale, Regards croisés sur l'économie 2007/1 (n° 1), p. 66-68.

[740] CNUCED, Le développement économique en Afrique retrouver une marge d'action : la mobilisation des ressources intérieures et l'État développementaliste ; rapport, Genève, 2007, p. 17.

[741] Matthieu BOUSSICHAS et Patrick GUILLAUMONT, Financer le développement durable – Réduire les vulnérabilités, Economica, 2015, p. 60.

en matière de mobilisation des recettes fiscales (§ 1). Mais également, l'analyse s'intéresse aux facteurs explicatifs de la performance relativement modeste des recettes budgétaires en Centrafrique (§2).

§ 1 — L'évaluation de la performance fiscale

511.— La mobilisation des recettes fiscales est l'un des défis qui se posent aux pouvoirs publics centrafricains. Elle permet de dégager un espace budgétaire pour le financement des dépenses. Les conclusions de la conférence de Doha en 2008 ont mis l'accent sur la nécessité de renforcer la mobilisation des ressources internes des pays pauvres[742]. Mais, comme dans la plupart des pays pauvres, les recettes propres de l'État sont faibles et ne permettent pas d'assurer le financement du développement économique. Bien que les recettes globales soient en progression, cette mobilisation de ressources fiscales demeure insuffisante. Rapportées au PIB, elles sont faibles par rapport aux autres pays de la sous-région, soit environ 10 % du PIB. Ce qui est inférieur à la norme de la CEMAC évaluée à 17 % du PIB[743].

512.— Les critères de convergence sous régionale représentent un défi pour la satisfaction du critère de performance en matière de recettes fiscales[744]. Ce défi continue de poser des contraintes pour le financement du développement[745] en Centrafrique. Les facteurs structurels de la contre-performance fiscale identifiés par la littérature économique sont principalement le caractère fragile de l'État, le faible niveau de revenu par tête d'habitant, l'importance relative de l'agriculture dans la production et l'enclavement du pays. En effet, la mobilisation des ressources fiscales s'explique par la priorité à la vocation budgétaire de l'impôt qui produit un rendement fiscal à minima (A) sur l'ensemble des recettes publiques (B).

A) Un rendement fiscal a minima

513.— La réalisation des recettes fiscales est un indicateur révélateur de l'objet pour lequel un impôt est fixé, ainsi que de ses effets sur le bien-être. Il existe de différences majeures dans la structure des recettes fiscales en Afrique[746]. Depuis 1980, la mobilisation des ressources fiscales en Centrafrique a connu une progression dans la réalisation des recettes fiscales recouvrées par les Administrations des impôts et des douanes. De 37,6 milliards FCFA en

[742] Banque de France, Rapport annuel de la zone franc, 2011, p. 107.
[743] CEMAC : Rapport intérimaire de surveillance multilatérale, décembre 2016.
[744] Rapport : Effort fiscal dans les pays de la CDEAO, Agence monétaire de l'Afrique de l'Ouest (AMAO), décembre 2011, p. 36.
[745] Rapport sur l'évolution socioéconomique en Afrique centrale en 2009-2010 et perspectives pour 2011, CEA – Nations Unies, mars 2011, p. 13.
[746] Banque africaine de développement (BAD), Note d'information, N° 2, 2010, p. 4.

1985, elles ont augmenté à 41,1 milliards FCFA en 1990, 49,3 milliards FCFA en 1995, pour atteindre 53,4 milliards FCFA en 2000[747]. Cette progression de recettes fiscales a connu une hausse en 2005 avec un montant de 72,6 milliards de FCFA. A partir de 2006, les recettes se sont amoindries à un montant de 53,8 milliards FCFA pour remonter à un chiffre de 79,7 milliards FCFA en 2010.

514.— Depuis lors, les recettes fiscales ont augmenté en 2011 et 2012 atteignant respectivement les chiffres de 85,7 millions FCFA et 100,3 millions FCFA. Cette progression des recettes fiscales s'explique par la mise en œuvre des réformes fiscales. Cependant, suite à l'instabilité politique qu'a vécue le pays, les recettes fiscales ont connu des chutes drastiques passant de 59,1 milliards FCFA en 2013 à 42,5 milliards FCFA en 2014. Depuis 2015, après la lente reprise de la situation sécuritaire, la mobilisation des recettes fiscales a connu une légère hausse à 67,9 milliards FCFA, puis à 79,3 milliards FCFA en 2016 pour atteindre 97,3 milliards FCFA en 2017 [748](Tableau n° 20). Mais cette progression ne permet pas le financement endogène du développement du pays.

Graphique n° 1 : Réalisations Impôts-Douanes

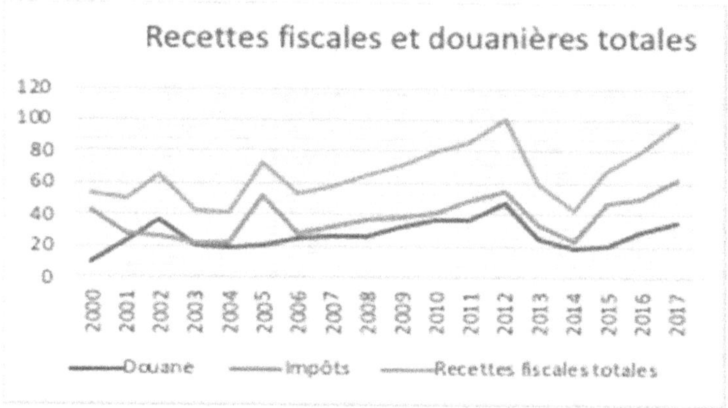

Source : Graphique réalisé par l'auteur

[747] Données statistiques produites par le FMI.
[748] Administrations fiscale et douanière centrafricaines.

Tableau n° 20 : Recettes fiscales et douanières totales (en milliards)

Année	Impôts	Douanes	Recettes fiscales totales
2000	42,9	10,5	53,4
2001	27,6	23,3	50,9
2002	27,2	37,7	64,9
2003	21,6	20,6	42,2
2004	22,3	19,5	41,8
2005	51,2	21,4	72,6
2006	28,8	25	53,8
2007	32,3	26	58,3
2008	37,3	27,2	64,5
2009	39,2	32,6	71,8
2010	42	37,7	79,7
2011	49	36,7	85,7
2012	55,3	47	100,3
2013	33,4	25,7	59,1
2014	23,4	19,1	42,5
2015	47,9	20	67,9
2016	49,6	29,7	79,3
2017	62,5	34,8	97,3

Source : Administrations des impôts et des douanes centrafricaines.

515.— L'analyse du rendement fiscal se fait en fonction des recettes fiscales mobilisées par les administrations des impôts et des douanes centrafricaines. Depuis la mise en œuvre des réformes, la contribution au budget de l'État des recettes de l'administration des impôts s'est accrue et représente plus de 70 % des recettes totales[749]. En effet, l'analyse de l'évolution de la structure des recettes fiscales montre une augmentation des recettes fiscales intérieures en 2005 et en 2012. Par rapport à 2012, les recettes réalisées par l'Administration des Impôts ont connu une hausse significative en 2017 pour une réalisation de 62,5 milliards FCFA[750]. Les contre-performances enregistrées entre 2006 et 2011, années pendant

[749] Direction générale du budget, Rapport d'exécution budgétaire, 2012.
[750] Direction générale du budget, Rapport d'exécution budgétaire, 2017.

lesquelles les réalisations ont chuté de façon drastique, sont imputables aux effets indirects de la crise financière internationale. Cette chute de recettes à partir de 2013 est liée à la situation politique du pays.

516.— Les recettes de l'administration fiscale concernent les impôts directs et les impôts indirects. La part des impôts indirects est en progression depuis 2015 et procure environ 40 % des recettes de l'État contre 21 % des impôts directs[751]. En matière des impôts directs, la réalisation est passée de 4,7 milliards FCFA en 1980 à 10,7 milliards FCFA en 1990. Elle est passée à 12,6 milliards FCFA en 2000 avant d'atteindre 21,5 milliards FCFA en 2010 et 31,8 milliards FCFA en 2012[752]. Les impôts directs ont connu une évolution progressive et régulière. La part moyenne de l'impôt direct dans le PIB a connu une légère augmentation au cours de l'année 2012. Les recettes au titre des impôts sur les revenus et des impôts sur les bénéfices ont augmenté, passant de 24,7 % du total en 1992 à 29,4 % en 2011. Le ratio des impôts directs sur le PIB est passé de 1,9 % en 2000 à 2,1 % en 2010.

517.— Depuis 2013, on assiste à une diminution de recettes des impôts directs. Cette baisse est liée au facteur d'instabilité que connaît le pays. La baisse des recettes s'explique par l'effondrement de l'assiette fiscale dû, d'une part à la destruction des unités économiques, d'autre part, au caractère informel des activités économiques. Sur la période 2015-2017, les recettes des impôts directs ont connu une nette amélioration, passant de 14,8 milliards FCFA en 2015 à 17,4 milliards FCFA en 2016 pour atteindre 22,7 milliards FCFA en 2017. En matière des impôts indirects, il ressort de l'analyse que l'évolution de la composition des recettes fiscales entre 1992 et 2012 est marquée d'abord par l'accroissement considérable de la TVA. Les réalisations de la TVA combinées à celles de la taxe sur le chiffre d'affaires représentent 39,5 % du total entre 2000 et 2011, dont environ 36 % de TVA.

518.— Cette évolution des recettes fiscales s'accompagne par la baisse des recettes fiscales liées aux échanges dont la proportion passe de 37,5 % en 1992 à 30,3 % en 2011. Les impôts indirects ont atteint 11,5 milliards FCFA en 2006 contre 14,6 milliards FCFA en 2008 et atteindre 16,4 milliards FCFA en 2010. Après une hausse en 2015, les recettes de TVA ont légèrement augmenté en 2016 pour une augmentation significative en 2017. Elles ont atteint 26,8 milliards FCFA en 2015, 27,5 milliards FCFA en 2016 et 37,1 milliards FCFA en 2017. Ces résultats ont été atteints suite aux mesures de réformes en matière de politique fiscale. Il s'agit du renforcement des contrôles en matière d'exonération, du recoupement des déclarations douanières et fiscales, des contrôles en matière de recouvrement[753]. Les recettes des impôts indirects ont progressé de

---

[751] Idem.

[752] Direction générale des impôts et des Domaines.

[753] FMI, République centrafricaine, Rapport, 17 juillet 2017, p. 10.

30,6 milliards FCFA en 2015, de 30,7 milliards FCFA en 2016 pour atteindre 37,4 milliards FCFA en 2017.

519.— L'instauration de la TVA s'est accompagnée d'un rendement fiscal appréciable, même si son application rencontre des difficultés d'ordre politique et économique qui nécessitent la mise en relief des réformes structurelles[754]. Depuis 1990, le contexte de libéralisation des échanges a contraint les pays africains à recentrer la mobilisation de leurs ressources sur la fiscalité interne. Les possibilités de taxation par la fiscalité directe étant limitées, cette transition fiscale s'est réalisée grâce aux taxes indirectes, notamment la TVA et les droits d'accises[755]. La RCA s'était engagée dans des politiques de libéralisation commerciale. Ces changements se sont traduits par des déclins des recettes fiscales perçues sur les échanges extérieurs. Pour compenser les pertes subies, le Centrafrique a axé sa transition fiscale[756] sur les recettes de la fiscalité indirecte.

520.— La performance des recettes de TVA est faible en Centrafrique si on l'évalue sur la base du coefficient d'efficacité budgétaire, qui mesure le volume des recettes en pourcentage du PIB. Ce ratio était de 11 % en 2011. Il a sensiblement baissé à environ 3,2 % du PIB de 2015 à 2017. Ce qui explique les difficultés lors du recouvrement de cette taxe. Dans l'ensemble, l'évolution de la structure des recettes fiscales de l'Administration des impôts sur la période considérée s'est traduite par une hausse de l'IS et de la TVA sur les importations. Leurs réalisations représentent entre 2015 et 2017 près de 70 % des recettes fiscales et en moyenne 50 % du total des recettes intérieures. Le renforcement du rôle de la TVA dans la mobilisation des recettes internes est la conséquence de la baisse progressive des tarifs douaniers négociée dans le cadre des accords régionaux et internationaux[757].

---

[754] Pierre ALAKA ALAKA, L'introduction de la TVA dans les pays africains : analyse d'une réception favorable à la remise en cause d'un mécanisme économiquement justifié, Revue européenne et internationale de droit fiscal, n° 2015/3, pp. 418-427.

[755] Anne-Marie GEOURJON, Bertrand LAPORTE et Céline DE QUATREBARBES, La TVA dans les pays africains : un nouveau droit de douane ? Revue européenne et internationale de droit fiscal, n° 2016/2, pp. 180-187.

[756] Gérard CHAMBAS, Afrique au sud du Sahara : Mobiliser des ressources pour le développement, Economica, 2005, p. 91.

[757] Anne-Marie GEOURJON, Bertrand LAPORTE et Céline DE QUATREBARBES, op. cit.

Tableau n° 21 : Réalisations de l'Administration fiscale
(en milliards et en %)

Impôts et taxes	2015		2016		2017	
	Réalisations	%	Réalisations	%	Réalisations	%
Impôts directs	14 862	31	17 461	35,2	22 720	36,3
Impôt sur les sociétés	5 529	11,5	6 911	13,9	9 172	14,6
Impôt sur le revenu des personnes physiques	8 507	17,7	5 643	11,3	6 756	10,8
Impôts fonciers	473	0,9	528	1	846	1,3
Impôts indirects	30 621	63,9	30 668	61,8	37 491	59,9
TVA	26 800	55,9	27 586	55,6	34 163	54,6
- *Dont TVA sur importations*	*15 537*	*32,4*	*17 166*	*34,6*	*17 596*	*28,1*
- *Dont TVA intérieure*	*11 263*	*23,5*	*10 420*	*21*	*16 567*	*26,4*
Taxe activités minières	365	0,7	541	1	225	0,3
Autres taxes	3 456	7,2	2 541	5,1	3 103	4,9
Enregistrement, timbre, autres	2 410	5	1 471	2,9	2 325	3,7
Réalisations totales (en milliards FCFA)	47 893	/	49 600	/	62 536	/

Source : Administration fiscale centrafricaine.

521.— La taxation aux frontières des transactions internationales est d'un apport déterminant dans les recettes globales en Centrafrique. L'administration des douanes a un rôle, à cet effet, prépondérant à jouer. La taxation du commerce extérieur est composée des taxes sur les exportations et sur les importations[758]. La structure des recettes douanières est constituée des droits de douane et taxes sur les produits à l'importation que collectent les services de la douane centrafricaine. La douane recouvre non seulement les recettes tarifaires, mais diverses taxes et redevances. Dans la nomenclature des recettes de la douane, on les appelle les recettes affectées en considération des autres recettes qualifiées de recettes budgétaires.

522.— L'analyse des recettes recouvrées par la douane montre que les réalisations ont connu une progression de 1980 à 2012. Sur la période d'observation, les recettes douanières sont de 20 milliards FCFA en moyenne annuelle. Elles sont passées de 10,5 milliards FCFA en 1980 à 21,4 milliards FCFA en 2005. Les droits de douane ont évolué pour se situer à 25,7 milliards FCFA en 2006, à 32,7 milliards FCFA en 2007 et à 37,6 milliards FCFA en 2010[759]. Ils ont baissé à 36,7 milliards FCFA en 2011, pour connaître une hausse à 47 milliards FCFA en 2012[760]. Ces réalisations sont dues aux efforts de restructurations internes liées à la réorganisation administrative et la lutte contre la fraude. Entre 2013 et 2014, le pays a connu une situation de crise sans précédent. Elle a impacté considérablement la mobilisation des recettes fiscales.

523.— L'insécurité grandissante a réduit sensiblement les échanges internationaux et a rendu l'économie centrafricaine vulnérable. Elle a eu comme conséquence la baisse des recettes liées au commerce extérieur. Depuis 2015, avec la reprise des activités commerciales, les recettes douanières ont connu une légère hausse à 19,9 milliards FCFA. Cette progression est restée constante pour atteindre 29,8 milliards FCFA en 2016 et augmenter à 34,8 milliards FCFA en 2017. D'une manière générale, le ratio des recettes douanières montre que le pays a enregistré des performances au cours de certaines périodes. Les taxes sur les échanges extérieurs représentaient 28 % du total des recettes fiscales en 2009 contre 38 % en 1992. Celles sur les importations représentaient 26 % des recettes fiscales en 2009, tandis que les taxes sur l'exportation représentaient seulement 2 % du total.

524.— Ce ratio a connu une chute significative à 19 % en 2010, puis à 18,7 % en 2011[761]. Bien que ce ratio des recettes douanières sur importations

---

[758] Code des douanes de la CEMAC.
[759] Tableau d'opérations financières de l'Etat (TOFE).
[760] Idem.
[761] Idem.

soit en augmentation par rapport à 2007, soit 14 %, il reste encore nettement inférieur aux autres années. La faiblesse du ratio des recettes douanières sur les importations en Centrafrique peut être attribuée en partie aux importations frauduleuses. Par suite de mesures de contrôle aux frontières, les recettes douanières sur importations ont progressé entre 2015 et 2017. Le ratio est en moyenne de 56 % des recettes douanières totales et représente 23 % en moyenne des recettes fiscales globales sur la période considérée. De manière globale, malgré la mise en œuvre des mesures afin d'améliorer la mobilisation des ressources fiscales, le rendement fiscal est a minima comparativement aux recettes publiques.

Tableau n° 22 : Réalisations de l'Administration douanière
(en milliards et en %)

Droits et taxes (hors TVA)	2015		2016		2017	
	Réalisations	%	Réalisations	%	Réalisations	%
Droits de douane	12 183	61	17 420	58,5	17 720	50,8
Taxe unique sur les produits pétroliers	1 680	8,4	5 047	16,9	8 118	23,3
Droits d'accise	600	3	570	1,9	1 015	2,9
Taxes sur les exportations	789	3,9	1 137	3,8	1 081	3,1
Autres taxes	4 715	23,6	5 588	18,7	6 900	19,8
Réalisations totales (en milliards FCFA)	19 967	/	29 762	/	34 834	/

Source : Administration des douanes centrafricaine.

B) Les recettes publiques insuffisantes et en déclin créant des déséquilibres structurels au niveau des finances publiques

525.— L'exécution budgétaire est très fortement contrainte par la faiblesse des recettes publiques. La gestion des finances publiques, à la faveur d'une série de réformes, s'est progressivement améliorée, avec une tendance à l'augmentation des recettes publiques et la maîtrise progressive des dépenses de l'État[762]. Plusieurs mesures ont été mises en œuvre pour améliorer la performance du système fiscal et la mobilisation des ressources publiques. Cela a occasionné une légère amélioration dans le rendement des recettes publiques. Ces recettes publiques ont oscillé autour de 10 % du PIB. Les recettes fiscales ont un lien étroit avec le PIB qui mesure le total de la production et des recettes. Ainsi, les recettes totales rapportées au PIB sont passées, respectivement de 9,5 % et 7,8 % du PIB en 2006 à 10,7 % et 8,9 % en 2010[763]. En 2011, les recettes publiques ont représenté 11,5 % du PIB, soit un niveau inférieur à celui de la moyenne des pays de la zone CEMAC, qui est de 15,5 %.

526.— Les recettes publiques sont restées quasiment constantes sur la période 1989-2017, autour de 10 % du PIB. Cela dénote que le rendement fiscal est demeuré stationnaire pendant de deux décennies. Pire encore, le niveau des recettes a sensiblement baissé suite à la situation sécuritaire du pays, atteignant 4,8 % du PIB en 2014. L'exécution budgétaire sur la période de référence est caractérisée par une progression du niveau de recettes propres recouvrées. En se référant à la période 1990-2009, l'on peut répartir l'évolution en trois phases. Une première phase qui va de 1996 à 2000, le montant total des recettes publiques intérieures était en moyenne à 50 milliards FCFA par an. Dans la deuxième phase, la moyenne des recettes annuelles était à 65 milliards FCFA entre 2001 et 2003. La dernière phase avait une moyenne annuelle de 86 milliards FCFA entre 2004 et 2009.

527.— En 2010, les recettes publiques ont atteint le seuil de 110,2 milliards FCFA, pour connaître une hausse à 127,8 milliards FCFA en 2012[764]. La situation consolidée des recettes publiques a affiché une croissance régulière sur la période. Cependant, ces recettes intérieures demeurent inférieures aux objectifs budgétaires. Cette tendance montre à quel point le pays a fourni un effort fiscal. L'effort fiscal est un indicateur qui mesure le recouvrement de l'impôt par rapport à ce qui serait raisonnablement attendu compte tenu du potentiel économique du pays. Même si le montant total des recettes publiques a plus que doublé entre 2004 et 2012, le ratio est resté autour de 10 % durant toute la période 1980-2012. Il n'a jamais franchi ce seuil. Mais, cette situation a connu une baisse à 7,2 % en 2015, une légère hausse à 8,4 % en 2016 pour enfin chuter à 7,6 % du PIB en 2017.

528.— Quant aux recettes non fiscales, elles ont représenté sur la période considérée une part marginale de recettes internes totales à environ 20 % par

[762] Document stratégique pour la réduction de la pauvreté, 2008-2010.
[763] Rapport économique et financier, ministère du Plan, de l'Economie et de la Coopération internationale, 2010.
[764] BEAC, les Indicateurs économiques de la République centrafricaine, 2012.

an sur la période 2004-2017[765]. Mais ce niveau de recettes n'a pas dépassé le taux de 2 % du PIB. A partir de 2005, on a noté une relative amélioration de la performance en matière de mobilisation des recettes publiques, avec une tendance haussière de l'ensemble des indicateurs. Cette évolution favorable des indicateurs de performance a reflété le retour de la stabilité politique et la mise en œuvre des réformes dans le domaine de la gestion des finances publiques[766]. La réorganisation des administrations fiscale et douanière ainsi que les réformes des secteurs minier et forestier ont permis d'améliorer de façon substantielle les recettes publiques. Par ailleurs, le comportement des recettes publiques conforte l'intuition que l'optimum est loin d'être atteint en dépit des opportunités. Les recettes totales ont représenté 7,6 % du PIB alors que les dépenses publiques ont atteint 17 %[767].

529.— L'évolution des recettes publiques de la RCA, comparativement aux autres pays d'Afrique au sud du Sahara (ASS), montre que ce pays connaît de faibles performances, quel que soit le groupe de pays. En dépit des progrès significatifs enregistrés sur certaines périodes, les indicateurs de performance pour la mobilisation des recettes publiques en Centrafrique sont largement inférieurs aux autres pays d'Afrique subsaharienne. Les ratios de recettes fiscales/PIB et de recettes intérieures/PIB de la RCA ont été, durant la période 2000-2017, nettement inférieurs, quelle que soit la catégorie de pays retenu. Cette contre-performance des recettes fiscales rapprochées au PIB en Centrafrique s'est accentuée sur la période 2000-2004. En effet, on n'observe aucune amélioration entre les périodes 2000-2004.

530.— Il convient toutefois de noter que cela correspond à la période d'aggravation des crises sociopolitiques qui ont durement affecté le pays. Sur la période 2008-2012, on note une relative amélioration dans la mobilisation des recettes fiscales, grâce notamment au retour progressif de la stabilité et de la mise en œuvre des réformes économiques. En raison d'une base fiscale trop étroite, le taux de pression fiscale reste faible, à 10,4 % du PIB[768]. Avec des recettes totales de 10,8 % du PIB, la RCA a une très faible ponction fiscale sur l'économie[769]. Le rendement du prélèvement fiscal est diminué par les allègements fiscaux qui sont censés, par leurs effets incitatifs ou pour des raisons sociales, poursuivre des objectifs d'efficacité[770]. De façon générale, l'effet combiné des réformes de la fiscalité intérieure et douanière sur les recettes fiscales totales est positif. Ce qui explique le fait

[765] Rapport sur la République centrafricaine, BAD, 2010.
[766] Idem.
[767] Rapport d'exécution budgétaire 2017.
[768] Rapport annuel de la zone franc, Banque de France, 2012, p. 210, Document Web.
[769] BEAC, les indicateurs économiques de la République centrafricaine, 2012.
[770] Fellah MOHAMMED, Problématique du choix du système fiscal entre efficacité économique et équité sociale, Recherches économique et managérial n° 3 — juin 2008, p. 64.

que les recettes fiscales sont restées sur une dynamique de croissance continue.

531.— En considérant les recettes fiscales totales, les données montrent une situation alarmante eu égard au potentiel des ressources fiscales que le pays peut mobiliser[771]. Avec des recettes totales représentant environ 34 % du PIB en 2017, la charge fiscale globale n'est pas élevée. Elle est inférieure à la moyenne de la CEMAC et plus faible que la moyenne des pays de l'Afrique subsaharienne. En outre, la charge fiscale globale a diminué depuis 2013, alors qu'au sein de la CEMAC, elle est restée identique ou a augmenté. Malgré les efforts déployés en matière de mobilisation de ressources fiscales, les besoins de financement demeurent au-dessus des ressources mobilisées. La comparaison entre les recettes publiques et les dépenses budgétaires ne permet guère de dégager une épargne publique susceptible de financer le développement. La mobilisation des ressources publiques en Centrafrique met en évidence une faible performance.

§ 2 — Les facteurs de la contre-performance fiscale

532.— En Centrafrique, les recettes fiscales constituent plus de la moitié des ressources budgétaires, soit 80 %[772]. Cependant, la problématique de la mobilisation des recettes publiques reste posée. Au regard du déficit budgétaire, des réformes fiscales ont été engagées pour corriger ce déséquilibre financier. Les résultats obtenus ne sont pas satisfaisants. En effet, la contre-performance des recettes budgétaires peut avoir à l'origine une mauvaise prévision budgétaire ou une mauvaise réalisation des recettes[773]. Mais l'analyse a mis en évidence les facteurs qui entravent la performance des recettes fiscales. La faible performance fiscale s'explique par le comportement des contribuables et la résistance des élites à la question du consentement à l'impôt. Divers facteurs administratifs et techniques bloquent également le rendement efficace de l'impôt. Cette contre-performance fiscale est caractéristique de l'insuffisance de l'effort fiscal (A) et du difficile problème à résoudre de la bonne gouvernance (B).

---

[771] Gilbert AHO et Davide STEFANINI, Pour une stratégie de croissance propauvre et au service du développement humain – contraintes et défis pour la République centrafricaine, PNUD, 2006, p. 115.

[772] Direction générale du Budget, Rapport d'exécution budgétaire.

[773] Serge YAGOUSSOU, Les causes de la faible performance du système fiscal centrafricain, Mémoire Master 2, Faculté des Sciences économiques et de Gestion, Université de Bangui, 2014, p. 5.

A) L'insuffisance de l'effort fiscal

533.— En Centrafrique, les réformes fiscales ont été considérées comme un exercice technique et administratif, sans tenir compte de sa dimension politique. À travers ces réformes, l'accent a été mis sur la modification de la structure de l'impôt au profit d'impôts faciles à recouvrer et considérés comme ayant des effets de distorsion moindres sur l'économie. Sur le plan administratif, les réformes ont été axées sur le renforcement de la capacité institutionnelle des administrations fiscale et douanière. Ces réformes ont toutefois été d'une utilité limitée en termes d'accroissement des recettes fiscales. Le faible niveau de recettes fiscales est dû en partie à des facteurs qui rendent difficile le recouvrement de l'impôt, notamment un revenu par habitant faible et un large rôle du secteur informel.

534.— La capacité contributive est concentrée sur un petit nombre de particuliers et d'entreprises, qui parviennent souvent à échapper à l'impôt. La majorité de la population, même si elle n'a guère de pouvoir politique ni d'influence, a une faible capacité contributive. Il en résulte que de faibles taux de pression fiscale peuvent cacher des pressions fiscales insupportables pour certains acteurs. Au regard de la forte pression fiscale sur les bénéfices des sociétés, il paraît clair que le potentiel fiscal de l'impôt direct est loin d'être atteint, ce qui confirme l'existence de certaines causes de l'amoindrissement du potentiel fiscal centrafricain[774]. Le concept d'effort fiscal exprime l'écart entre le potentiel fiscal théorique et le produit effectif des prélèvements. Il ressort de l'analyse que l'amoindrissement du rendement financier du système fiscal est le comportement de fuite devant l'impôt qui se traduit par la fraude et l'évasion fiscales ainsi que des moyens administratifs insuffisants.

535.— Longtemps, le niveau de réalisation de recettes budgétaires est loin d'atteindre les résultats attendus pour faire face aux dépenses publiques. Des solutions structurelles et administratives ont été prises, mais n'ont apporté que des résultats notablement mitigés. Certes, des améliorations sont enregistrées, mais le constat reste le même et confirme la contre-performance dans la réalisation des recettes fiscales. La faible productivité du système fiscal centrafricain a fait l'objet de recommandations pour une recherche de solutions idoines[775]. Cependant, force est de constater que le défi auquel sont confrontés les pouvoirs publics pour lever l'impôt est l'inefficacité des institutions[776]. Le constat est que le manque des moyens

---

774 Lambert YERIMO, La fraude fiscale en République centrafricaine, Thèse, Université Yaoundé II, 2012, p. 15.

775 Rapport du FMI n° 10/21, janvier 2010.

776 Gérard CHAMBAS, Afrique au sud du Sahara : Mobiliser des ressources fiscales pour le développement, Economica, 2005, p. 142.

adéquats et modernes est un handicap pour les administrations fiscale et douanière. Les services sont inefficaces et ne s'adaptent pas à l'évolution de l'environnement.

536.— Les administrations fiscale et douanière centrafricaines ont fait preuve de manque d'imagination. Le travail effectué est un travail d'improvisation quand il s'agit d'opérations de recouvrement. Cela introduit des coûts supplémentaires qui annulent les résultats en termes de rendement. Par ailleurs, les facteurs internes sont caractérisés par une politique tarifaire qui répond aux impératifs économiques du moment, mais qui semble pénalisante. La forte dépendance des recettes budgétaires vis-à-vis des recettes tarifaires a fragilisé la performance fiscale. Cette politique n'incite pas le secteur privé à s'intéresser au marché national et occasionne un déficit budgétaire récurrent[777].

537.— Par son enclavement, le Centrafrique demeure une économie très ouverte sur l'extérieur pour son approvisionnement aux produits manufacturés et aux produits de première nécessité. Sa forte dépendance vis-à-vis de l'extérieur est justifiée par la faiblesse de sa capacité à produire des biens de substitution. Ce qui justifie une taxation très importante à la frontière. Le recouvrement fiscal tant à l'intérieur qu'au cordon douanier s'est détérioré et la performance fiscale globale reste faible. Le Centrafrique est désormais à la traine en matière de recouvrement des recettes fiscales par rapport aux pays de la sous-région. Les facteurs internes résident aussi bien dans l'évaluation de la matière imposable que dans la politique fiscale.

538.— La production permet de déterminer le potentiel fiscal, mais ne donne pas une mesure satisfaisante des activités économiques en terme monétaire. Cependant, à degré divers, le PIB par tête reste un facteur favorable pour les recettes fiscales. Cet indicateur a une relation positive avec l'augmentation des recettes totales grâce à la contribution de chaque secteur à la production intérieure. À l'intérieur du pays, le prélèvement fiscal est mobilisé sur l'ensemble de la création des richesses nationales. La structure de l'économie s'articule autour, d'une part, du secteur fiscalement non maîtrisable qui regroupe une diversification d'activités et apte à s'adapter à l'environnement socioéconomique. D'autre part, elle s'articule autour du secteur réel réparti en secteur primaire, secondaire qui crée de la valeur ajoutée et le secteur tertiaire qui assure un rendement fiscal peu rentable.

539.— D'autres effets négatifs de la politique de la mobilisation sont liés aux exonérations fiscales qui imprègnent le système fiscal centrafricain,

---

[777] CUNCED, le développement économique en Afrique, 2007, p. 17.

créant ainsi des distorsions dans les secteurs d'activités économiques et érodant la base d'imposition. Les principales sources de revenus affectées par les exonérations sont les droits de douane et la TVA. Par exemple, les réductions des droits de douane et de la TVA sur les importations ont représenté 2 % du PIB[778]. Les pertes de recettes sont amplifiées également par des mesures discrétionnaires qui vont de l'exemption des opérateurs économiques à la suppression pure et simple des certaines catégories de taxes sans justification économique[779]. Pour un exercice budgétaire donné, plusieurs choix considérés comme mesures dans la prise de décision en matière fiscale se sont révélés inefficaces.

540.— Il s'agit des traitements au cas par cas de contribuables sortis du régime de droit commun pour profiter des faveurs des pouvoirs publics. L'octroi de tels avantages encourage les comportements de recherche de rente du secteur privé consistant à déployer des efforts pour obtenir les faveurs politiques. Ce mode de traitement fiscal définit une catégorie influente des opérateurs économiques au détriment des impératifs économiques et inflige une lourde conséquence pour l'intérêt public. Ainsi, de multiples exonérations ont été effectuées et ont occasionné des manques à gagner pour l'État. Ces régimes de taxation particuliers concédant des avantages fiscaux sont des mesures qui accentuent l'opacité dans le système fiscal et amoindrissent les recettes fiscales créant un déficit public.

541.— Pour financer son déficit, l'État fait supporter la charge par les agents économiques en procédant par l'accumulation des arriérés intérieurs. Pour compenser le montant équivalent, ils adoptent la stratégie du « passager clandestin »[780]. La possibilité est offerte aux opérateurs économiques de demander le règlement de leurs dettes à l'égard de l'État par la méthode de la compensation. La tentative de règlement de ces arriérés par le mécanisme des dettes croisées, État vis-à-vis du secteur public et secteur privé vis-à-vis de la collectivité, s'avère inefficace. Car, il occasionne des pertes de recettes à l'État et affaiblit la productivité économique. L'effet défavorable s'exerce sur les recettes fiscales d'abord en raison des difficultés qu'entraînent les arriérés et aussi parce que le contribuable est incité à des comportements de compensation sauvage[781].

542.— L'instabilité des recettes fiscales en Centrafrique n'est pas due seulement à des facteurs endogènes, mais également des éléments externes peuvent jouer sur la politique de mobilisation des ressources publiques.

---

[778] Rapport d'exécution budgétaire (REB), Direction générale du Budget, 2007.
[779] François OUENAM, La problématique des dépenses fiscales en Centrafrique, Mémoire, Institut d'Etudes financières Pôle-Régional (IEF-PR), Libreville, 2011, p. 35.
[780] Germain WAMOUSTOYO, Note de présentation du Budget, Direction générale du Budget, 2012.
[781] Idem.

L'instabilité est définie comme un écart positif ou négatif par rapport à une tendance. Cette instabilité ne doit pas être assimilée au risque dans la mesure où elle peut être anticipée[782]. En raison de la place relative des produits primaires dans l'économie centrafricaine, l'instabilité du prélèvement fiscal est significativement plus élevée. Ce phénomène peut aussi provenir d'une certaine atonie des cours des produits primaires[783]. L'agriculture, en état embryonnaire, est la principale activité puisqu'elle occupe environ 80 % de la population active et contraste avec le degré de sa contribution au prélèvement fiscal qui est très faible et est difficile à évaluer. Cette instabilité du prélèvement fiscal est alimentée également par le problème de gouvernance.

B) Le difficile problème de la bonne gouvernance

543.— Le concept de « bonne gouvernance » suggère la mutation d'économies où les rapports personnels dominent vers des économies où les rapports sont encadrés par des règles et des contrats, sanctionnés par des institutions spécialisées[784]. Plusieurs faits socioéconomiques et politiques caractérisent le concept de la gouvernance, ce qui rend la définition pluridimensionnelle. Pour éclairer un aspect de cette question en Centrafrique, il est important de connaître la manière dont on peut appréhender le problème de la gouvernance. Elle est assimilable à un mode de gestion à la carte qui exclut une gestion saine et rigoureuse des ressources humaines. C'est un système de pouvoir ethnofamilial[785]. Cette gestion privilégie la relation de proximité qui joue dans la responsabilisation des agents. Les critères dominants sont politiques, ethniques, tribalistes et régionalistes.

544.— Cette faillite multiforme tient principalement dans la patrimonialisation du pouvoir[786]. L'intérêt personnel immédiat prime sur toute autre considération. De tout temps, les autorités centrafricaines ont pratiqué, non sans succès, la politique du statu quo et de la main tendue sans vraiment se préoccuper de l'amélioration de la gouvernance du pays. Les mauvais indicateurs deviennent de bons arguments pour solliciter davantage une communauté internationale. L'« esprit de cueillette » sévit dans tous les

---

[782] Gérard CHAMBAS, Afrique au sud du Sahara : Mobiliser des ressources fiscales pour le développement, Economica, 2005, p. 17.

[783] Idem.

[784] Pierre JACQUEMOT et Marc RAFFINOT, La mobilisation fiscale en Afrique, Revue d'économie financière, n° 131, 2018, pp. 243-263.

[785] Rapport Afrique de Crisis Group, République centrafricaine : les urgences de la transition, n° 203, 11 juin 2013, p. 2.

[786] Didier NIEWIADOWSKI, La République centrafricaine : le naufrage d'un Etat, l'agonie d'une Nation, Rapport Afrique, ONG internationale Crisis Group, n° p. 17.

cercles des pouvoirs politiques, économiques et sociaux[787]. Cependant, force est de reconnaître que les objectifs de mobilisation de ressources fiscales visés par les pouvoirs publics n'ont pas été atteints du fait que « la rente et la prédation sont au cœur de la gouvernance centrafricaine »[788].

545.— Ce faisant, le délitement du tissu économique et la corruption au sein des cercles de pouvoir ont favorisé le glissement d'une économie de production vers une économie de prédation[789]. L'impunité est devenue la règle et la corruption se multiplie. Tout ceci engendre des effets dévastateurs au détriment de gains de masse. Toutes les tentatives d'amélioration dans la gestion des finances publiques ont rencontré de nombreux obstacles, car le maintien du statu quo permet de continuer à bénéficier de la rente de situation. La rente de situation a conduit à annihiler tout espoir de développement du pays. En outre, les fréquentes fuites des recettes fiscales dans les services en contact à une forte intensité de trafic bénéficient aux agents qui y opèrent.

546.— Plusieurs autres facteurs ont été identifiés comme responsables de la faiblesse des recettes publiques en Centrafrique. L'une des variables qui influencent négativement les recettes fiscales est l'instabilité politique. En effet, la tendance baissière des recettes est étroitement liée à l'instabilité politique caractérisée par des crises militaropolitiques successives. La récurrence des crises a occasionné l'attentisme de certains opérateurs économiques, tant dans la réalisation de nouveaux investissements que dans le règlement des impôts, droits et taxes revenant à l'État. L'absence de la viabilité politique ne contribue pas à la sécurisation et l'attraction des investissements privés.

547.— L'opérateur économique demeure dans une stratégie d'attente entraînant l'économie à moins de croissance et donc moins de recettes budgétaires. L'incertitude politique et les problèmes de sécurité continuent de peser lourdement sur les perspectives économiques du pays. Ils débouchent sur un environnement sociopolitique défavorable à l'activité économique. Si les conditions économiques se dégradent cela va entraver la croissance. Cette situation va occasionner des pertes en matière de recettes fiscales.

548.— En Centrafrique, l'instabilité politique a introduit un élément nouveau dans la pratique fiscale. Le coût de l'instabilité ou la facture pour rétablir l'ordre a amené le gouvernement à anticiper sur les recettes futures sous forme d'avances fiscales et a mené une politique de taxation des

---

[787] Didier NIEWIADOWSKI, op. cit., p. 17.
[788] Ibidem.
[789] Rapport Afrique de Crisis Group, La crise centrafricaine : de la prédation à la stabilisation, n° 219, 17 juin 2014, p. 2.

capitaux[790]. Une nouvelle pratique budgétaire s'installe et se perpétue au bon gré des régimes politiques successifs. Afin d'éviter cet « *avatar fiscal* » sur leurs investissements, le secteur privé a connu des cessations d'activités et des fuites de capitaux[791]. C'est une gangrène qui sape le système fiscal centrafricain et qui trouve une justification à sa faiblesse et à son dysfonctionnement. Elle est à l'origine de la contre-performance des recettes fiscales. La gestion de la fiscalité est un axe clé de la gestion de la performance qui est un des principes de la bonne gouvernance.

[790] Germain WAMOUSTOYO, Note de présentation du Budget, Direction générale du Budget, 2012.
[791] Idem.

Conclusion du chapitre 2

549.— Le système fiscal centrafricain a subi de multiples changements et des améliorations importantes ont été apportées dans le cadre de la mobilisation des ressources fiscales. En effet, plusieurs corrections ont été apportées dans le sens de la simplicité administrative, de l'équité et de l'efficacité qui sont des critères d'évaluation d'un système fiscal efficace et performant[792]. Une vision de la performance fiscale est fondée sur l'efficacité ou la productivité fiscale. Mais, la fiscalité cristallise de nombreux reproches[793] à cause du manque de performance des recettes publiques. L'analyse a montré que le cadre prévisionnel des déterminants structurels de la fiscalité manque de cohérence avec les indicateurs macroéconomiques. Elle décline les difficultés des recettes publiques en Centrafrique qui est souvent confronté à son déficit public chronique.

550.— Toutefois, ces facteurs ne sont pas les seuls pour expliquer les causes de cette contre-performance. Ils sont révélateurs de certains aspects qui sont évoqués et analysés dans ce travail. Cette contre-performance des recettes budgétaires en Centrafrique exige que des solutions soient recherchées. Il s'agit de mettre en œuvre les conditions de travail efficaces et efficientes afin d'atteindre un niveau optimal de recettes budgétaires compatible avec l'objectif de croissance économique pour financer le développement et réduire les vulnérabilités[794]. Une meilleure mobilisation des ressources publiques internes doit permettre d'améliorer le financement du budget national et l'offre de biens publics nécessaires au développement.

---

[792] Joseph E. STIGLITZ et Carl E. WALSH, Principes d'économie moderne, De Boeck 2ème Ed., 2004, p. 357.

[793] Budget de l'État et finances publiques, L'action de l'État, Cahiers français n° 329, p. 52, Document en ligne.

[794] Matthieu BOUSSICHAS et Patrick GUILLAUMONT, Financer le développement durable – Réduire les vulnérabilités, Ed. Economica, 2015.

Conclusion du titre 1

551.— Le dispositif fiscal en vigueur est le résultat de réformes de modernisation du système de prélèvement fiscal. Après plusieurs décennies de réformes, le système fiscal centrafricain n'est toujours pas adapté aux finalités du développement. La plupart des défaillances identifiées continuent de gangrener le niveau de mobilisation des recettes fiscales. En effet, le niveau insuffisant des recettes fiscales provient de la défaillance de l'État, mais aussi de l'inadaptation de la politique fiscale aux objectifs du développement. L'objectif est de rechercher comment dégager les ressources nécessaires à la couverture des dépenses de l'État et comment rendre les prélèvements fiscaux favorables au développement.

552.— S'intégrant dans une dynamique d'ensemble des domaines politique, économique et social, la réforme fiscale doit être consubstantielle[795] à une réflexion globale sur les politiques publiques. Elle doit s'interroger sur l'efficacité de l'action publique. Il ne s'agit pas d'adopter de simples aménagements à un système fiscal pour prétendre le réformer. L'objectif est de rechercher et de proposer des voies et moyens adéquats pour répondre à la problématique fiscale et à ses enjeux. A cet effet, la fiscalité est le levier de la performance des recettes budgétaires. Dans cette perspective, obtenir des recettes fiscales suffisantes constitue le défi de développement auquel la République centrafricaine est confrontée.

[795] René OSSA, Réformes fiscales et développement en Afrique subsaharienne, Edilivre, 2012, p. 37.

Titre 2 — La fiscalité, un outil au service de la politique du développement

553.— La fiscalité liée au processus du développement pose de manière cruciale la question du financement endogène du développement. En effet, tout processus de développement économique est conditionné par l'obtention de ressources financières. C'est pourquoi la politique fiscale contribue à la concrétisation des objectifs fixés par les plans de développement. Quelle que soit la stratégie de développement choisie, l'interventionnisme fiscal[796] avec les possibilités d'orientation et d'incitation qu'il offre est un facteur indispensable à la réalisation des programmes de développement. La mobilisation des ressources fiscales implique une stratégie qui tient compte des structures économiques spécifiques inhérentes au pays. Mais, la performance fiscale en Centrafrique est en deçà de son potentiel économique. A cet égard, l'objectif est de proposer des solutions pour relever les défis posés aux administrations fiscale et douanière centrafricaines en termes de mobilisation des ressources fiscales (chapitre 1), et de déterminer les nouveaux axes permettant d'améliorer le rendement de l'impôt (chapitre 2).

[796] Gilbert ORSONI, L'interventionnisme fiscal, PUF, 1995.

Chapitre 1 — La nécessité d'adopter des politiques publiques complémentaires visant à améliorer l'incidence de la politique fiscale

554.— Les objectifs, tant financier qu'économique ou social, assignés à tout système fiscal ne sont crédibles que lorsque ce dernier et les impositions qui le composent sont le reflet pertinent des structures économiques et sociales[797] d'un État. Les prélèvements de l'État, mais aussi leur structure ont une influence sur l'allocation des ressources et les incitations à créer des richesses nouvelles[798]. A cet effet, le développement économique de l'État centrafricain doit résulter principalement des stratégies permettant de transformer ce qui est souhaitable en un objectif réalisable[799]. Cela suppose l'existence d'une politique de développement capable de fixer les priorités entre les différents secteurs d'activités productifs de l'économie centrafricaine. L'approche esquissée repose sur la nécessité de mettre en cohérence la politique fiscale avec la politique économique (Section 1). Elle consiste à repenser les politiques publiques en vue de perspectives renouvelées pour l'élargissement de l'espace budgétaire (Section 2).

Section 1 — La mise en cohérence de la politique économique avec la politique fiscale

555.— La coordination de la politique fiscale avec la politique économique est essentielle à la diversification des secteurs productifs de l'économie centrafricaine. Ce qui constitue une source d'élargissement de l'assiette fiscale indispensable au financement du développement. Les limites endogènes du système de la mobilisation des ressources publiques exigent de repenser le financement du développement par une politique économique en adéquation avec la politique fiscale. Pour être efficace, la politique fiscale doit être synchronisée avec la politique du développement[800], dès lors que la fiscalité est un fait social, économique et

---

[797] Gustave Amavi KOUEVI, op. cit., p. 49.

[798] Bernard LANDAIS, Leçons de politique budgétaire, éd. De Boeck, 1998, p. 244.

[799] Philippe HUGON, Afriques : Entre puissance et vulnérabilité, Armand Colin, 2016, p. 247.

[800] Christophe HECKLY, La politique fiscale dans les pays industrialisés, Dunod, Paris, 1999, p. 78.

politique[801]. En cela, la fiscalité a dû dépasser les sphères techniques pour devenir un enjeu stratégique[802]. Il importe, pour ce faire, de s'appuyer sur un diagnostic des secteurs productifs de l'économie centrafricaine afin de mettre en synergie la politique fiscale et la politique du développement (§ 1). Il consiste également à adapter les standards internationaux aux spécificités socioéconomiques du pays (§ 2).

§ 1 — Les perspectives sectorielles de création de l'espace fiscal

556.— Malgré son potentiel économique important en ressources naturelles, l'économie centrafricaine peine à se diversifier. La concentration autour d'une poignée de produits et de secteurs bride le potentiel commercial. Elle sape la capacité à élargir l'assiette budgétaire et accentue la vulnérabilité[803] quant à la mobilisation des ressources fiscales pour le financement du développement. L'économie centrafricaine caractérise de ce fait l'enfermement des capacités de développement[804] du pays. L'analyse des caractéristiques économiques du pays devrait permettre d'élaborer des mesures visant à impulser la diversification économique comme objectif de sa dynamique de croissance (A). Ce processus devrait être accompagné par la levée de certaines contraintes majeures qui sont de véritables goulets d'étranglement, en améliorant les secteurs transversaux de l'économie centrafricaine (B).

A) La diversification économique pour créer la dynamique de croissance

557.— La diversification économique joue un rôle important dans le développement et la croissance d'une économie. Elle est un processus de transformation structurelle d'une économie qui migre d'un tissu économique dominé par les secteurs d'activités primaires vers les secteurs secondaires et tertiaires[805]. Le processus de diversification économique suppose la détermination des facteurs de production qui sont au cœur de ce processus[806].

---

[801] Michel BOUVIER, Pour une renaissance de la théorie de l'impôt, Revue de Droit fiscal n° 24, 15 juin 2006, pp. 1123-1124.
[802] Gianmarco MONSELLATO, Pour un nouveau contrat fiscal, Les Notes stratégiques de l'Institut Choiseul, avril 2013, p.
[803] Perspectives économiques en Afrique : Entrepreneuriat et industrialisation, BAfD, OCDE et PNUD, 2017, p. 83.
[804] François NGANGOUE, Planifier et organiser la diversification économique en Afrique centrale, Revue congolaise de gestion 2016/1 (Numéro 21 - 22), p. 45-87.
[805] Le rapport sur la diversification en Afrique de la Commission économique pour l'Afrique des Nations Unies, 2006.
[806] Idem.

La trajectoire de développement du pays doit s'accompagner d'une transformation de sa structure de production permettant la création de l'espace fiscal. L'économie centrafricaine est fondée sur la production et l'exportation de matières premières sans perspective de transformation locale (1). Les perspectives sectorielles de création de l'espace fiscal préconisent la diversification économique axée sur la transformation des ressources naturelles abondantes du pays. Pour ce faire, la conception d'une carte économique d'utilité fiscale[807] (2) serait l'une des clés de la solution à la mobilisation des ressources fiscales.

1. La mise en valeur des potentialités économiques

558.— Le Centrafrique est doté d'immenses ressources naturelles, mais leur exploitation a été entravée par des années de sous-investissement, de pillage et de mauvaise gestion. Les investissements sont très faibles et l'infrastructure économique se trouve en très mauvais état[808]. La faiblesse de la base productive et de la compétitivité de l'économie centrafricaine est le résultat d'une mise en valeur insuffisante des potentialités économiques de la RCA dans tous les domaines[809]. De même, les ressources publiques ne suffisent pas à couvrir les dépenses d'investissement requises, en particulier dans les infrastructures. Pire encore, les différentes activités commerciales, industrielles ou artisanales sont anémiées par les crises militaropolitiques caractérisées par des destructions massives de biens tant publics que privés.

559.— Les conditions d'une intégration à l'économie mondiale ne sont pas réunies. L'économie est de taille modeste et isolée avec des unités de production atomisées. Elle se caractérise par une inefficience générale, une sous-spécialisation, l'indisponibilité de certains biens et services indispensables à une production domestique en raison des coûts prohibitifs[810]. Il est l'exemple d'un État qui continue à conserver un système économique archaïque qui hypothèque tout espoir de diversification. En Centrafrique, la structure des exportations des biens est fortement concentrée sur un nombre limité de produits d'exportation. Le café, le tabac, le diamant et le bois constituent des produits classiques d'exportation. Pour surmonter les défaillances structurelles de son économie, les pouvoirs publics centrafricains doivent opérer des choix rationnels en organisant et en planifiant la diversification de l'économie.

---

[807] Gustave Amavi KOUEVI, Plaidoyer pour une géofiscalité en Afrique : éléments d'une nouvelle approche de la gouvernance économique et financière, Revue Droit fiscal, supplément au n° 25 juin 2007, p. 50.

[808] République centrafricaine : Plan national de relèvement et de consolidation de la paix (PNRCP) 2017-2021, pilier 3, p. 37.

[809] Troisième conférence des Nations Unies sur les pays les moins avancés (PMA), Mémoire présenté par le Gouvernement de la République centrafricaine, Bruxelles, mai 2001, p. 21.

[810] Matthieu BOUSSICHAS et Patrick GUILLAUMONT, Financer le développement durable : Réduire les vulnérabilités, Economica, 2015, p. 44.

560.— L'objectif est de proposer des pistes d'action capables de transformer structurellement l'économie centrafricaine pour une meilleure insertion internationale en ciblant les produits à haute valeur ajoutée. Aussi, le relèvement économique dépendra de la création de conditions propices au développement du secteur privé, notamment l'amélioration du climat des affaires[811]. La stimulation des secteurs productifs permettra d'accroître les recettes intérieures. En effet, la question de la cohérence des politiques économiques avec la politique fiscale doit interroger la création de l'espace fiscal. Ainsi, des analyses[812] faites sur les facteurs importants de l'économie centrafricaine ont permis de déceler quelques branches clés dynamiques qui doivent être les locomotives du développement. Quels sont ces piliers de la croissance future de l'économie centrafricaine ? Pour les identifier, une cartographie économique d'utilité fiscale doit être établie.

2. L'établissement d'une cartographie économique d'utilité fiscale

561.— La carte économique d'utilité fiscale doit être établie, d'une part, en faveur de la diversification de l'économie et d'une industrialisation dynamique. D'autre part, elle doit être conçue sur les facteurs qui déterminent la compétitivité des secteurs sur lesquels il faut agir pour améliorer la compétitivité[813]. La tâche consiste à établir une liste des ressources, leurs zones de localisation sur le territoire, leurs caractéristiques techniques, économiques et financières[814]. En effet, les données que recèle cette carte économique d'utilité fiscale sont d'importants indicateurs des potentiels économiques et financiers réels du pays[815]. La carte économique centrafricaine d'utilité fiscale laisse entrevoir de nombreuses possibilités d'investissement. Car, elle va aider à déterminer les branches clés dynamiques qu'il faut assujettir ou non à l'impôt.

562.— Dans ce contexte, différents scénarios de réforme dans les secteurs de l'agriculture, de l'extraction minière, de la foresterie et des services sont envisagés. Dans le cadre du premier de ces scénarios, le gouvernement stimulerait l'investissement public dans le secteur agricole. Dans le cadre du deuxième scénario, il adopterait des mesures visant à stimuler les exportations de l'industrie minière. Dans le cadre du troisième scénario, il délivrerait de nouveaux permis d'exploitation forestière, ce qui accroîtrait les exportations de produits forestiers. Enfin, dans le cadre du

---

[811] République centrafricaine : Plan national de relèvement et de consolidation de la paix 2017-2021 (PNRCP), Groupe de la Banque Mondiale, octobre 2016, p. 38.

[812] PNRCP, DSRP,

[813] CNUCED, Le développement économique en Afrique, Rapport 2009, Nations Unies, p. 61.

[814] Gustave Amavi KOUEVI, Plaidoyer pour une géofiscalité en Afrique : éléments d'une nouvelle approche de la gouvernance économique et financière, Revue Droit fiscal, supplément au n° 25 juin 2007, p. 55.

[815] Idem.

quatrième scénario, il mettrait en œuvre des réformes visant à améliorer la productivité du secteur des services, avec pour effet d'accélérer l'activité économique[816]. Dans chacun de ces piliers, le Centrafrique est capable, en mettant ensemble le potentiel de devenir un acteur significatif au niveau régional.

563.— Le premier scénario vise à promouvoir la production agricole. L'agriculture constitue la base de l'économie à la fois comme composante du marché intérieur et d'exportation. Ce faisant, les secteurs de l'agriculture et de l'élevage sont jugés prioritaires parce qu'ils peuvent contribuer à améliorer la croissance économique. Mais, l'importance de l'agriculture dans le tissu économique centrafricain ne doit pas occulter ses faiblesses. L'agriculture centrafricaine demeure fondamentalement une agriculture de subsistance caractérisée par le faible niveau de production des cultures de rente et des produits vivriers ainsi que par sa faible diversification. Le développement du secteur agricole est entravé par diverses contraintes d'ordre à la fois technique, socioculturel et économique. Les moyens de production sont assez archaïques et rudimentaires, occasionnant une faible productivité.

564.— De ce fait, les obstacles entravant l'agriculture commerciale et l'agro-industrie doivent être levés. Les potentiels agricoles doivent être cartographiés afin d'identifier les cultures commerciales et les chaînes de valeur les plus susceptibles d'accroître les recettes[817]. La plupart de ces productions nécessitent une transformation locale avant la commercialisation[818]. Ceci fournira ainsi un terreau économique favorable et peut servir de levier économique[819]. Pour le Centrafrique, la stratégie de développement aura besoin d'une agriculture dynamique, mais surtout tournée vers la production exportable. Elle passe par un programme d'investissement accompagné de mesures appropriées et diversifiées[820]. Sur ces bases, les pouvoirs publics doivent promouvoir le développement du secteur agricole pour qu'il devienne un secteur potentiellement imposable.

565.— Il est judicieux de renforcer le secteur agricole et le faire évoluer vers l'industrialisation par des mesures fiscales de faveur, notamment la création des industries agroalimentaires[821]. En outre, l'imposition de tous les

---

[816] CENTRAFRIQUE : Cahiers économiques de la République centrafricaine, briser le cycle des conflits et de l'instabilité ; Rapport groupe de la Banque Mondiale, n° 1, mars 2018, p. 33.
[817] République centrafricaine : Plan national de relèvement et de consolidation de la paix (PNRCP) 2017-2021, pilier 3 — Composante 1, p. 39.
[818] Roger YELE, Paul DOKO et Abel MAZIDO, op. cit., p. 181.
[819] République centrafricaine : Document de stratégie de réduction de la pauvreté (DSRP) 2008-2010, Rapport de mise en œuvre, mars 2009, p. 43.
[820] Roger YELE, Paul DOKO et Abel MAZIDO, Les défis de la Centrafrique : Gouvernance et stabilisation du système économique, CODESRIA, 2011, p. 199.
[821] René DUMONT, L'Afrique noire est mal partie, édition du Seuil, 1962.

contribuables œuvrant dans ledit secteur permet d'élargir l'assiette de l'impôt et d'accroître les recettes fiscales. De manière générale, la vision du développement économique en Centrafrique se matérialise à travers la stratégie harmonisée du secteur agricole et industriel. Le développement industriel revêt une importance cruciale pour le développement économique du Centrafrique. En faisant jouer la synergie entre l'agriculture et l'industrie, la République centrafricaine peut amorcer son développement par la diversification économique et la création de la valeur ajoutée.

566.— Le deuxième scénario vise à rationaliser l'exploitation forestière. Le Centrafrique est riche en ressources forestières. Son territoire comprend un écosystème forestier faisant partie du bassin du Congo qui couvre 200 millions d'hectares et constitue la deuxième forêt tropicale du monde après l'Amazonie[822]. La forêt dense centrafricaine couvre une superficie de 15 % du territoire national, soit environ 5,5 millions d'hectares. Elle se répartit en deux grands massifs : le forestier du Sud-Ouest qui s'étend sur 3,9 millions d'hectares et le massif du Sud-est sur 1,6 million d'hectares[823]. L'exploitation industrielle est uniquement implantée dans le Sud-Ouest si bien que le pays conserve un vaste potentiel forestier non exploité[824]. La forêt centrafricaine génère des moyens financiers pour l'État à travers l'exploitation du bois d'œuvre et fournit un socle d'une biodiversité très appréciée[825].

567.— L'exploitation forestière relève soit du secteur informel, soit du secteur formel. Plusieurs acteurs évoluent dans le secteur informel. Ce qui signifie une perte de maîtrise des autorités sur des pans entiers de l'activité, dont l'impact peut être significatif sur les ressources forestières[826]. Pour le secteur formel, l'exploitation de la forêt est menée soit artisanalement, soit de manière industrielle. En matière d'industrialisation, l'objectif de la transformation locale du bois ne connaît pas encore une réelle émergence. Avant la crise de 2013, le secteur forestier représentait plus de 6 % du PIB, environ la moitié du total des exportations et 10 % des recettes publiques[827]. En 2017, le sous-secteur de la transformation du bois n'a représenté que 5 %

---

[822] Anne-Marie GEOURJON, Alfred BAGUEKA ASSOBO, Bertrand LAPORTE, Jean-Luc SCHNEIDER, République centrafricaine : Mobiliser et rationaliser les recettes, Aide-mémoire, FMI, janvier 2017, p. 57.
[823] Idem.
[824] CENTRAFRIQUE : Cahiers économiques de la République centrafricaine, briser le cycle des conflits et de l'instabilité ; Rapport groupe de la Banque Mondiale, n° 1, mars 2018, p. 36.
[825] Ibidem.
[826] Dieudonné NJOKOU, Stéphane LIOTET et Fred SEPULCHRE, Rapport de mission harmonisation de la fiscalité forestière, CEMAC — PAIRAC (Programme d'appui à l'Intégration Régionale en Afrique Centrale), janvier 2010, p. 28.
[827] CENTRAFRIQUE : Cahiers économiques de la République centrafricaine, briser le cycle des conflits et de l'instabilité ; Rapport groupe de la Banque Mondiale, n° 1, mars 2018, p. 36.

du PIB[828]. La diversification de l'industrie du bois par la transformation locale devrait apporter d'importants gains pour l'économie du pays.

568.— Le troisième scénario vise à augmenter les exportations minières. Pour ce qui est des industries extractives, le Centrafrique possède d'abondantes ressources naturelles. Le secteur minier constitue une importante source de recettes pour l'État, et la richesse minière du pays présente un potentiel intéressant en dépôts alluviaux de diamant, d'or et d'uranium[829]. Malheureusement, il ne parvient pas à en tirer profit. Le secteur des industries extractives en Centrafrique est peu développé. Les contraintes au développement des industries extractives résident dans l'enclavement du pays, la vétusté des infrastructures de transport et les crises sociopolitiques récurrentes. L'exploitation demeure artisanale et reste très problématique[830]. La production est exportée à moindre échelle et à l'état brut.

569.— La capacité du gouvernement à gérer le secteur minier est cependant limitée. Sa gestion devient de ce fait un enjeu majeur de gouvernance. Or, les pouvoirs publics doivent convertir la richesse tirée des ressources naturelles en un véritable facteur du développement économique. La ressource minière doit jouer un rôle essentiel sur les recettes fiscales. Pour atteindre cet objectif, cela requiert une fiscalité bien pensée assurant à la fois des recettes fiscales à l'État et des incitations pour les investisseurs. De ce fait, une meilleure réglementation de l'activité minière est cruciale pour une mobilisation efficace des recettes fiscales dans le secteur. La contribution de l'industrie minière au PIB est estimée à seulement 0,5 %[831].

570.— Des mesures qui visent à encourager la création et le développement des entreprises minières capables de transformer le secteur minier en une source de croissance, à augmenter les recettes de l'État et à avoir un impact positif général sur l'économie du pays. D'autres mesures doivent être adoptées pour attirer les investissements dans le secteur, notamment en améliorant la gestion du cadastre minier[832]. En promouvant une exploitation minière artisanale responsable aux côtés des grandes exportations minières commerciales, le gouvernement pourrait accroître les recettes publiques[833]. Par ailleurs, l'augmentation des exportations minières aurait d'importantes conséquences pour d'autres secteurs.

---

[828] CENTRAFRIQUE : op. cit., p. 3.
[829] Emmanuelle de POOTER, Étude diagnostique du secteur minier de la République centrafricaine, novembre 2008, Banque Mondiale.
[830] CENTRAFRIQUE : op. cit., p. 45.
[831] CENTRAFRIQUE : op. cit., p. 4.
[832]République centrafricaine : Plan national de relèvement et de consolidation de la paix 2017-2021 (PNRCP), Groupe de la Banque Mondiale, octobre 2016, p. 40.
[833] CENTRAFRIQUE : op. cit., p. 36.

571.— Le quatrième scénario vise à améliorer la productivité du secteur des services. Le monde, en pleine mutation et des progrès continus de la technologie, est riche en opportunités économiques. Plusieurs pays s'adaptent à l'évolution du contexte économique en fournissant des produits et des services innovants. Cependant certains pays, dont le Centrafrique, ont du mal à faire la transition nécessaire[834]. Le commerce, les transports, les télécommunications et les services non marchands constituent l'essentiel du secteur des services[835]. En Centrafrique, la faible productivité du secteur des services entrave la croissance. De ce fait, l'amélioration de la productivité du secteur des services favoriserait un effet d'entraînement des autres secteurs.

572.— Par conséquent, l'exportation des matières premières n'a eu que peu d'impact sur la mobilisation des recettes. Le pays doit avoir pour objectif non seulement de diversifier la gamme de ses exportations, mais aussi de penser à la transformation des matières premières. Ce faisant, elle permet l'adoption des politiques économiques qui favorisent les investissements publics et le développement des exportations. Une bonne gestion budgétaire permettra d'une part à l'État de reconstruire une base fiscale et de collecter des revenus, et d'autre part, d'investir dans les secteurs productifs prioritaires de sorte à optimiser l'impact économique[836]. Les enseignements tirés de l'expérience d'autres pays montrent que le Centrafrique peut, en élargissant la base d'imposition, accroître les recettes fiscales[837].

573.— On peut gager que la politique fiscale à mener reflétera la structure économique réelle du pays, qu'elle ne se décidera pas au hasard de la mode, mais sera fondée sur les richesses naturelles, les biens et les activités fiscalement appréhendables[838]. Il s'agit là d'une caractéristique essentielle du développement économique et social, car la mise en œuvre de politiques économiques et leur pérennité dépendent, en partie, de la capacité des décideurs à prendre des décisions objectives et pertinentes[839]. Il ressort de l'analyse que la diversification économique peut contribuer de manière

---

[834] Sonja GRATER, Ali PARRY et Wilma VIVIERS, Les PME du secteur des services, un nouveau moteur de croissance pour les PMA africains ? ICTSD, Passerelles, Vol. 17 – n° 4, mai 2016. Document en ligne : www.ictsd.org

[835] CENTRAFRIQUE : op. cit., p. 4.

[836] Idem.

[837] Gregory DE PAEPE et Ben DICKINSON, Les recettes fiscales, moteur du développement durable, dans Coopération pour le développement 2014 : Mobiliser les ressources au service du développement durable, Éditions OCDE, pp. 101-109.

[838] Gustave Amavi KOUEVI, Plaidoyer pour une géofiscalité en Afrique : éléments d'une nouvelle approche de la gouvernance économique et financière, Revue Droit fiscal, supplément au n° 25 juin 2007, p. 55.

[839] CENTRAFRIQUE : Cahiers économiques de la République centrafricaine, briser le cycle des conflits et de l'instabilité ; Rapport groupe de la Banque Mondiale, n° 1, mars 2018, p. 34.

importante à l'élargissement de l'espace budgétaire à condition de remédier à certains problèmes transversaux de l'économie centrafricaine.

B) L'amélioration des secteurs transversaux de l'économie

574.— Les faibles performances de l'économie centrafricaine sont imputables à des contraintes majeures. De manière générale, les infrastructures déficientes freinent le progrès économique. Pour que l'économie centrafricaine puisse retrouver une trajectoire de croissance, le défi consiste à mettre en œuvre des politiques publiques judicieuses. Dans cette perspective, il importe de cerner les contraintes majeures qui se sont révélées de véritables goulets d'étranglement. Leur levée serait susceptible d'ouvrir la voie au décollage de l'économie centrafricaine. Il est important de réaliser des investissements en infrastructures (1) pour favoriser le développement des services. Pour ce faire, des objectifs stratégiques doivent être préconisés afin d'atteindre le but escompté (2).

1. La réduction du handicap infrastructurel

575.— La qualité des infrastructures constitue un facteur essentiel pour permettre le développement des secteurs de services. Or, le Centrafrique souffre d'un fort déficit d'infrastructures et d'un enclavement qui pénalise son développement économique et social. La mauvaise qualité des infrastructures portuaires, électriques et de réseaux routiers urbains ruraux, l'inefficacité des services de transport sont des principaux obstacles à la croissance. Ces obstacles au commerce transfrontalier ont rendu ces échanges les plus lents, les plus onéreux et les plus risqués du continent. Les échanges internationaux sont restés très faibles à cause des pratiques illégales[840]. Les conditions matérielles, liées à la vétusté des équipements, et sécuritaires transforment tout transport en odyssée et rendent son coût prohibitif[841].

576.— Le commerce centrafricain est bridé par la médiocrité ou l'absence d'infrastructures et par les coûts commerciaux élevés qui en résultent[842]. On observe une évolution vers des investissements dans des projets de « corridor », comprenant la mise à niveau d'infrastructures de transport. Ces investissements peuvent faciliter les échanges de marchandises et le transport multimodal[843]. Le transport multimodal est

---

[840] François NGANGOUE, Planifier et organiser la diversification économique en Afrique centrale, Revue congolaise de gestion 2016/1 (Numéro 21 - 22), p. 45-87.
[841] Patrice GOURDIN, République centrafricaine : géopolitique d'un pays oublié, document Web, http://www.diploweb.com/Republique-centrafricaine.html
[842] CNUCED, op. cit., p. 56.
[843] Mustapha OUDANI, Optimisation des problèmes de transport multimodal : Modélisation et simulation, Thèse, Université du Havre, 2016, p. 30.

défini comme le transport de marchandises par au moins deux modes de transport différents. Le transport multimodal s'est développé en raison de la nécessité d'assurer la poursuite de transport terrestre de fret maritime. Par exemple, la multimodalité se définit par le trafic croissant de conteneurs entre les terminaux maritimes d'un port de commerce avec son hinterland où plusieurs millions de conteneurs sont transférés par route, par rail ou par les voies fluviales.

577.— Une multitude de facteurs géographiques peuvent influer sur la capacité d'un pays à lever des impôts[844]. La position du territoire d'un État détermine dans une large mesure son rôle international. Pour un pays sans littoral, l'enclavement du territoire traduit sa fermeture fonctionnelle et freine les échanges de toutes natures[845]. Le Centrafrique porte le poids de l'enclavement qui handicape gravement son développement économique. Car, il constitue le principal goulot d'étranglement pour l'approvisionnement industriel et l'exportation des produits. Il pèse sur la compétitivité des productions locales destinées à l'exportation et sur les prix des denrées et biens importés disponibles sur le marché local. En effet, les flux commerciaux sont largement tributaires de l'enclavement géographique du pays et dépendent à la fois du Cameroun et du Congo pour son approvisionnement et pour ses exportations[846].

578.— Les deux accès pour atteindre la mer suivent la voie routière en passant par le Cameroun et en empruntant le fleuve par le Congo-Brazzaville. Le Centrafrique, pays sans littoral, se trouve à plus de 1500 km de Douala, et 1850 km de Pointe-Noire. Ce qui rend les produits centrafricains peu compétitifs sur les marchés extérieurs. Un problème dont la résolution passe a priori par l'adoption de réformes structurelles pour la gestion des infrastructures[847]. Pour desserrer ces contraintes, il faut faire figurer dans les stratégies nationales de développement des plans d'investissement dans des ouvrages d'équipement de qualité, tout en renforçant les conditions favorables à l'activité intérieure[848]. Par conséquent, l'amélioration de l'infrastructure doit être la priorité des politiques publiques et permet d'étoffer le courant des investissements privés, stimulant ainsi les recettes publiques.

---

844 Gregory DE PAEPE et Ben DICKINSON, Les recettes fiscales, moteur du développement durable, dans Coopération pour le développement 2014 : Mobiliser les ressources au service du développement durable, Éditions OCDE, pp. 101-109.

845 Georges COURADE, L'Afrique des idées reçues, éd. Belin, 2006, p.112.

846 Dieudonné MOZOULOUA, Accès à la mer, un défi à variables multiples pour la Centrafrique, in Enjeux, n° 26, 2006, pp. 29-35.

847 Perspectives économiques en Afrique 2016, p. 149.

848 Nations Unies, Troisième Conférence internationale sur le financement du développement : Programme d'action d'Addis-Abeba, Document final, juillet 2015, paragraphe 47.

2. Les perspectives budgétaires de la réduction du handicap infrastructurel

579.— Pour améliorer la compétitivité, il s'avère essentiel pour le Centrafrique de disposer d'infrastructures économiques capables d'assurer l'offre des biens et services à moindre coût. En fait, l'amélioration des infrastructures économiques va favoriser l'élargissement de l'espace budgétaire. L'origine de ces coûts est constituée par des carences dans des domaines suivants : l'infrastructure matérielle, l'infrastructure immatérielle, l'infrastructure énergétique et d'autres infrastructures de base. Ce défi sera pris en charge à travers quatre objectifs stratégiques. Le premier objectif vise à consolider le rôle essentiel de l'infrastructure matérielle. Cette expression désigne l'infrastructure physique qui est souvent inexistante ou de mauvaise qualité dans le pays. L'amélioration de l'infrastructure physique pourrait contribuer pour beaucoup à augmenter le volume des échanges commerciaux.

580.— Des stratégies sectorielles de transport devront être suivies pour améliorer les performances commerciales, car l'infrastructure est un déterminant fondamental des coûts de transport et des flux d'échange[849]. L'analyse des infrastructures de transport qu'elles soient routières, fluviales ou aériennes, s'effectue dans le cadre de l'économie centrafricaine en termes de facteurs de production, notamment l'approvisionnement, l'accès aux marchés. Pour soutenir les activités productrices issues de ces différents secteurs, il sera nécessaire de développer et d'entretenir les infrastructures de transport dont la qualité sera vitale pour l'économie centrafricaine[850]. Parmi tous les modes de transport, le réseau routier est le principal support du commerce. Une circulation plus facile des biens et des personnes conduit à une augmentation des échanges.

581.— La construction de l'infrastructure de transport, notamment les corridors internationaux, les routes nationales et rurales, facilitera aussi la fourniture des services de base dans les régions marginalisées. Il attirera les investissements, aidant ainsi à atténuer les disparités. Par ailleurs, les investissements au seul secteur des transports ne doivent pas se limiter aux chantiers classiques de réaménagement du réseau routier centrafricain. Le projet d'investissement doit aller au-delà du réseau routier en envisageant de rendre le fleuve Oubangui navigable toute l'année. Le fleuve Oubangui est navigable seulement 6 mois sur 12 en raison du niveau du cours d'eau qui baisse considérablement en période de la saison sèche. A cet effet, la cohérence des différents projets d'investissement facilite le passage à des

---

[849] Roger YELE, Paul DOKO et Abel MAZIDO, Les défis de la Centrafrique : Gouvernance et stabilisation du système économique, CODESRIA, 2011, p. 210.

[850] Gilbert AHO, Pour une stratégie de croissance propauvre et au service du développement humain : Contraintes et défis pour la République centrafricaine, PNUD, 2006, p. 33.

activités de transformation. Elles favorisent ainsi l'élargissement de l'espace budgétaire et un rendement fiscal efficace.

582.— Le deuxième objectif vise à démontrer l'utilité économique de l'infrastructure immatérielle. L'amélioration de l'infrastructure immatérielle est nécessaire pour bénéficier pleinement des progrès de la technologie. Les nouvelles technologies de l'information et de la communication (NTIC) sont considérées comme vectrices d'améliorations économiques pour les PED, notamment par la facilitation des échanges[851]. Des facteurs comme les procédures douanières ont été définis comme étant les principaux obstacles aux échanges internationaux. La modernisation des douanes, avec l'application SYDONIA (Système douanier automatisé)[852], a raccourci la durée des formalités. L'informatisation de toutes les opérations de transit a contribué dans une large mesure à un contrôle efficace des mouvements de marchandises dans les corridors de transit avec le Cameroun.

583.— D'autres formes d'infrastructures immatérielles efficaces et fiables de services nationaux, notamment les télécommunications, ont aussi une influence favorable sur le commerce international[853]. Les investissements dans l'infrastructure de la RCA sont indispensables pour réaliser le potentiel économique du pays et faciliter la mobilité et la communication. Les télécommunications sont considérées aujourd'hui comme des accélérateurs de la croissance et du développement pour les pays qui savent saisir les opportunités qu'elles offrent[854]. La levée d'obstacles des infrastructures permettra de créer de nouvelles opportunités économiques indispensables à l'élargissement de l'espace budgétaire. La vision consiste à améliorer la contribution des NTIC au développement économique et social du pays.

584.— Le troisième objectif vise à favoriser l'accroissement des infrastructures d'énergie. Le sous-secteur de l'électricité est confronté à de nombreuses difficultés. La mauvaise couverture du pays en électricité accentue les difficultés des opérateurs économiques. Les investissements dans le secteur énergétique auront pour objet d'accroître l'accès aux sources fiables d'énergie afin de fournir l'électricité aux services et aux industries. La mise en valeur et la construction des barrages hydroélectriques sur toute l'étendue du territoire sont vitales pour l'économie. La réalisation de ces projets d'investissements permettra aux unités économiques de s'installer sur

---

[851] Clémence VERGNE et Camille LAVILLE, Comment analyser le risque sociopolitique ? Une composante clé du risque pays, AFD, Macroéconomie & Développement, janvier 2018/n° 25, p. 15.

[852] L'installation de SYDONIA s'accompagne de la prise de mesures de facilitation du commerce et d'harmonisation régionale.

[853] CNUCED, Le développement économique en Afrique, Rapport 2009, p. 48.

[854] République centrafricaine : Document de stratégie de réduction de la pauvreté (DSRP) 2008-2010, Rapport de mise en œuvre, mars 2009, p. 49.

toute l'étendue du territoire et promouvoir le développement économique. Le rendement fiscal sera au rendez-vous par le processus de l'élargissement de l'assiette fiscale.

585.— Le quatrième objectif vise à promouvoir la contribution d'autres infrastructures de base. Afin de surmonter ce handicap naturel, le Centrafrique doit envisager d'élaborer une économie du savoir. Contrairement au commerce de marchandises, le commerce de services spécialisés pourrait contribuer à surmonter l'obstacle de l'infrastructure physique auquel se heurte l'économie centrafricaine. Les vecteurs du commerce transfrontalier de services sont également en pleines évolutions, les nouvelles technologies créent de nouvelles opportunités en la matière[855]. En effet, la mise en œuvre d'un programme d'investissement judicieux permet de dynamiser les perspectives économiques par la réduction du handicap infrastructurel. La stratégie de diversification, si elle est appliquée de façon effective et méthodique, comporte des gains substantiels pour l'économie nationale et facilitera son ouverture[856].

§ 2 — La stratégie d'intégration à l'économie mondiale

586.— L'intégration de la mondialisation dans les réalités économiques de tous les États[857] invite chaque État à revoir la santé financière de son économie. La santé financière de l'économie se détermine lorsque l'État réussit à couvrir une majeure partie de ses dépenses publiques par le seul produit de l'impôt. De ce fait, le commerce international est un moteur du développement économique. Il offre, avec l'investissement, des possibilités d'élargissement de l'espace budgétaire[858]. Cependant, le Centrafrique ne peut tirer profit de l'ouverture sur le monde extérieur. Son économie est une économie spécialisée portée essentiellement sur des produits primaires. Sa compétitivité globale reste faible et limite sa capacité d'exportation. Pour ce faire, le commerce extérieur doit constituer un important facteur de mutation structurelle de l'économie centrafricaine indispensable à l'objectif de mobilisation des ressources fiscales. Cet objectif ne pourrait être atteint que si la fluidité des échanges est renforcée (A) et une dynamique dans le cadre de la coopération fiscale internationale est à promouvoir (B).

---

[855] Dan LUI, Adapter l'aide pour le commerce à l'économie des services, CTSDI, Passerelles, Vol. 17 – n° 4, mai 2016.

[856] Solange Patricia MAKAYA GABOUA : La stratégie de diversification économique des pays des Grands Lacs, CODESRIA, 2017, p. 49-81.

[857] Bernard CASSEN, Les dossiers de la mondialisation : libre-échange, privatisations, délocalisations…, in Manière de voir, n° 91, janv.-février 2007, pp. 4-98.

[858] Nations Unies, Troisième Conférence internationale sur le financement du développement : Programme d'action d'Addis-Abeba, Document final, juillet 2015, paragraphe 88.

A) Renforcer la fluidité des échanges commerciaux

587.— Le commerce international est un levier important de création de richesse. En Centrafrique, il représente 44,3 % du PIB[859]. Au-delà des questions liées à la maîtrise des moyens de production, le développement du commerce extérieur est fonction de l'efficacité des processus qui sous-tendent le déroulement d'une transaction commerciale. Par sa position géographique, le Centrafrique est un pays favorable aux échanges internationaux. Cependant, ses politiques protectionnistes ont limité son ouverture. A cet égard, la facilitation des échanges constitue un élément primordial pour la mobilisation des ressources financières[860]. Ainsi, la fluidité des échanges commerciaux est garantie par des mesures de facilitation du commerce (1) et la création des pôles de développement pour encourager l'investissement privé (2).

1. Des mesures de facilitation du commerce

588.— La facilitation du commerce renvoie aux mesures d'amélioration de la logistique du mouvement des marchandises à travers les infrastructures portuaires ou aéroportuaires. Elle fait également référence à l'ensemble des démarches et de la documentation administratives nécessaires aux opérations commerciales avec l'extérieur. Enfin, elle renvoie à l'environnement des transactions internationales, notamment l'efficacité, la transparence, le professionnalisme de l'administration douanière en conformité avec les normes et réglementations internationales[861]. La facilitation du commerce consiste à simplifier et à uniformiser les procédures commerciales et douanières ainsi qu'à diffuser les informations relatives aux importations et exportations des marchandises[862]. Elle rend les échanges plus faciles et constitue un facteur d'élargissement de l'assiette fiscale.

589.— L'évolution d'une nation dépend de sa capacité à échanger[863]. De ce fait, les efforts de la douane centrafricaine doivent concilier les impératifs de fluidité des échanges, de facilitation du commerce avec tous les acteurs chargés de la mobilisation des recettes et de protection des espaces économiques et sociaux[864]. Dans ces conditions, trouver un point d'équilibre entre ces différentes contraintes est devenu un enjeu pour l'administration

---

[859] Rapport de la Banque mondiale, mars 2019.

[860] Guichet unique : un outil pour la facilitation des échanges, Etude, CEA-Nations unies, 26 juin 2008, p. 1.

[861] Gilbert AHO, op. cit., p. 61.

[862] Augustin KONGATOUA KOSSONZO, L'impact de l'Accord de partenariat économique (APE) sur l'économie centrafricaine, Penant, n° 869 Octobre-Décembre 2009, p.455.

[863] François NGANGOUE, Planifier et organiser la diversification économique en Afrique centrale, Revue congolaise de gestion 2016/1 (Numéro 21 - 22), p. 45-87.

[864] Jerry Victor YAKETE-KOSSI, Contribution à la réforme de la Douane centrafricaine, 2006, p. 5.

douanière centrafricaine. La République centrafricaine est un pays totalement enclavé et, de surcroît, faiblement peuplé. Ces deux handicaps peuvent être surmontés par des politiques appropriées, fondées sur une stratégie fondamentale : l'ouverture sur le monde[865]. L'ouverture d'une économie peut avoir des effets positifs sur le niveau des recettes fiscales par le canal de l'élargissement de l'assiette fiscale à la suite à un accroissement du volume des échanges.

590.— L'administration douanière centrafricaine est confrontée au développement fulgurant des échanges internationaux, à la circulation d'importants flux des marchandises, aux préoccupations d'ordre sécuritaires et à la mobilisation des recettes budgétaires. Consciente du caractère irréversible de cette mutation, elle s'est résolument engagée dans un processus dynamique de mise en œuvre d'une série de réformes des structures et de modernisation des procédures pour répondre au mieux aux attentes et sollicitations des acteurs du commerce international. Le Centrafrique doit prendre des mesures de facilitation des échanges commerciaux afin de générer les ressources financières nécessaires au financement endogène de son développement économique. L'effet positif de l'ouverture extérieure sur la mobilisation des ressources fiscales peut se caractériser de deux manières.

591.— D'une part, plus le taux d'exportation d'une économie est élevé, plus la matière imposable est accessible et productive de ressources fiscales. D'autre part, un taux d'exportation croissant génère en règle générale un volume d'importations lui-même croissant, c'est-à-dire une richesse fiscale en expansion. Au-delà de ces actions de réforme menées, la gestion des finances publiques nécessite d'être améliorée et renforcée par de nouveaux outils tels que l'informatique et une gestion intégrée des frontières. A cet effet, la facilitation des échanges, avec les impératifs de sécurité et d'accélération du commerce, est dépendante des nouvelles technologies pour apporter les réponses adéquates[866]. Pour atteindre cet objectif, il faut placer la problématique de la facilitation dans la gestion intégrée des frontières.

592.— L'informatique est requise en vue d'atteindre l'objectif qui consiste en la dématérialisation du processus de dédouanement. En effet, l'appropriation de l'outil informatique va entraîner une mutation des missions de services. Le seul impératif, c'est une conception nouvelle du rôle de la douane qui ne doit plus être considéré comme une régie financière publique, mais comme l'acteur majeur de la facilitation des échanges, facteur d'élargissement de l'assiette fiscale. En d'autres termes, simplifier la

---

[865] Gilbert AHO, Pour une stratégie de croissance propauvre et au service du développement humain : Contraintes et défis pour la République centrafricaine, PNUD, 2006, p. 42.

[866] Guichet unique : un outil pour la facilitation des échanges, Etude, CEA-Nations unies, 26 juin 2008, p. 12.

procédure douanière est devenu une nécessité afin de mieux répondre aux exigences modernes du commerce international[867]. Dans un monde qui se globalise, il est de la responsabilité des décideurs politiques de mettre en œuvre des stratégies visant à rendre l'économie compétitive.

2. La création de pôles de développement

593.— L'économie centrafricaine a besoin d'un commerce extérieur dynamique pour pouvoir s'épanouir[868]. De ce point de vue, la politique de développement doit s'appuyer sur des stratégies en matière d'ouverture pour éviter que l'économie se trouve enfermer dans une trappe à pauvreté[869]. Cette stratégie d'ouverture vers l'extérieur va engendrer une croissance des exportations, basée sur la diversification économique[870]. Ce faisant, la stimulation des secteurs productifs permettra d'accroître les recettes intérieures. Le but est d'améliorer la compétitivité des produits nationaux et de se procurer des devises nécessaires pour le financement endogène du développement. L'augmentation des recettes publiques dépendra de la création de conditions propices au développement du secteur privé, notamment l'amélioration du climat d'investissement.

594.— Le Centrafrique possède un potentiel considérable dans de nombreux secteurs. Pourtant, il ne dispose d'aucun tissu important d'entreprises ayant développé une position dominante sur les marchés internationaux. Parce qu'il n'existe pas des investissements dans les secteurs à haut potentiel, susceptibles de doper la croissance économique et d'avoir un effet d'entraînement sur l'économie. C'est pourquoi l'économie et le marché du pays sont de petites tailles et restent enclavés. Afin de profiter des opportunités, certains obstacles fondamentaux au commerce extérieur doivent être surmontés. En particulier, celui de l'insuffisance des infrastructures qui majore substantiellement les coûts de transport et réduit la compétitivité des biens. A cet effet, les politiques publiques mises en œuvre doivent améliorer l'environnement économique et institutionnel, avec des infrastructures de qualité qui permettent de relier les différents marchés.

595.— La politique qui consiste à relier les différents marchés permet d'augmenter les possibilités d'investissement privé et de croissance au-delà des villes. La décentralisation peut jouer un rôle important pour accélérer le développement économique du pays. Pour pouvoir satisfaire à la promotion de l'investissement privé, il est nécessaire de créer des pôles de

---

[867] Ghenadie RADU, Sur la nécessiter de simplifier la réglementation douanière, Revue internationale de Droit économique, n° 3, 2015, pp. 357-371.

[868] Gilbert AHO, Pour une stratégie de croissance propauvre et au service du développement humain : Contraintes et défis pour la République centrafricaine, PNUD, 2006, p. 44.

[869] Roger YELE, Paul DOKO et Abel MAZIDO, Les défis de la Centrafrique : Gouvernance et stabilisation du système économique, CODESRIA, 2011, p. 176.

[870] Idem, p. 175.

développement (PDD). Ainsi, la relance des investissements privés sera menée au niveau régional dans le cadre de la stratégie de redynamisation des régions à travers les pôles de développement. Ce qui va impulser le développement du marché intérieur. L'essor du marché intérieur exige un développement de l'économie urbaine et rurale en faisant jouer une dynamique double. Elle se détermine par une synergie entre les grappes d'activités créant des services de proximité et une synergie entre villes et campagnes.

596.— Les pôles de développement peuvent accroître dans des proportions substantielles le commerce intérieur, avec les opportunités de croissance économique et de développement que cela implique. La mise en place de la stratégie des pôles de développement est une locomotive de la croissance au niveau national. Elle vise à orienter l'économie nationale vers la voie d'un développement équitable sur l'ensemble du territoire. C'est un choix géographique qui doit tenir compte de la situation spécifique et particulière de chaque région en agonie économique. A ce titre, l'une des principales missions de PDD est de diagnostiquer les potentiels économiques existant dans chaque région afin de les valoriser au profit de la relance économique nationale. L'objectif global vise à contribuer au développement économique du Centrafrique par l'amélioration des conditions de vie de la population en milieu rural.

597.— A cet effet, les PDD sont un outil de la promotion de piliers des activités économiques en Centrafrique. Ces piliers permettent de redessiner l'aménagement du territoire, avec l'émergence de grands pôles économiques régionaux. Les pôles de développement pourront, à travers le développement des marchés locaux, stimuler la production, le commerce et l'investissement. L'émergence de ces PDD se fera grâce à l'aménagement de zones économiques spéciales autour de ces pôles, prévue par le programme économique régional (PER) de la CEMAC[871]. Ces zones économiques spéciales faciliteront l'investissement privé et l'implantation des entreprises. Elles seront des supports de l'intégration régionale, en garantissant l'accès aux marchés des pays de la sous-région[872]. À la faveur des objectifs de l'intégration régionale, la coopération fiscale internationale doit être promue.

B) Promouvoir la coopération fiscale internationale

598.— Pour assurer la réussite d'une économie, les pouvoirs publics doivent intensifier leur coopération permettant un traitement efficace des

[871] CEMAC 2025 : Vers une économie régionale intégrée et émergente, programme économique régional 201-2015, Rapport final, vol. 1, octobre 2009, p. xii.
[872] Idem.

problèmes au niveau mondial. La fiscalité ne fait pas exception à la règle[873]. La communauté internationale estime nécessaires l'élaboration des systèmes fiscaux efficaces et l'importance d'une coopération extérieure pour leur mise en œuvre. Par définition, la coopération caractérise précisément l'action de travailler conjointement, sans toutefois que cela implique nécessairement la création d'une œuvre commune[874]. Cette conception des relations est celle qui préside aux actions menées par les États pour la mise en œuvre concrète des conventions fiscales, qu'il s'agisse du contrôle de la situation fiscale des contribuables ou du recouvrement des créances fiscales.

599.— Toutefois, la coopération internationale en matière fiscale peut ne pas être conçue uniquement sur le plan administratif, coopération à l'assiette et au recouvrement. Elle peut également être envisagée au niveau des règles de fond du droit fiscal international. La question fiscale est au cœur de la problématique du développement dans un monde de plus en plus interdépendant, du fait des stratégies d'ouverture des économies. La fiscalité imprime sa marque sur l'évolution. Cependant, on note un déficit de participation du pays aux discussions internationales en matière fiscale. Ce phénomène tient principalement au fait que les administrations fiscale et douanière centrafricaines ne sont pas représentées dans les instances internationales chargées de la matière fiscale. Ces administrations fiscale et douanière ont aussi des difficultés à promouvoir des méthodes comptables transparentes et le partage des informations fiscales[875].

600.— La fiscalité est l'une des principales prérogatives de puissance publique dont dispose un État pour mener ses politiques publiques[876]. En Centrafrique, la question des ressources fiscales est en effet centrale pour lui permettre de mobiliser les ressources financières dont elle a besoin pour promouvoir et financer les activités de développement. La stratégie de coopération fiscale au développement vise à optimiser en priorité le fonctionnement des administrations fiscales et à sécuriser les recettes en proportionnant les moyens administratifs aux enjeux. De ce fait, une coopération internationale renforcée en matière fiscale permet d'accroître les ressources nationales à des fins de financement endogène du développement. Car, il est de plus en plus difficile pour les systèmes fiscaux nationaux de fonctionner efficacement sans coopération internationale à cause des conflits de compétences et de la mobilité de la matière fiscale.

---

[873] OCDE, Vers une coopération fiscale globale, Rapport, 2000, p. 5.

[874] Alexandre LAUMONIER, La coopération entre États dans la lutte contre la fraude et l'évasion fiscales internationales, Thèse, Université de Bordeaux, 2017, p. 23.

[875] Nations unies, Rôle et travaux du comité d'experts de la coopération internationale en matière fiscale, Rapport du Secrétariat général, juillet 2012, p. 8.

[876] Éric PECHILLON, Les finances publiques en 100 fiches, Ellipses, p. 95.

601.— Des solutions coordonnées sont nécessaires afin de contribuer à créer les meilleures conditions pour que le système fiscal favorise le développement. Il est évident de rechercher les moyens d'organiser la fiscalité en fonction des contraintes d'une coopération internationale. Dans ces conditions, le Centrafrique doit développer la coopération fiscale internationale en encourageant des participations aux forums mondiaux[877] en ce qui concerne la transparence et l'échange des informations[878]. Cette participation aux structures de coopération fiscale internationale vise à acquérir les meilleures pratiques dans le domaine fiscal et à renforcer les capacités des administrations fiscale et douanière centrafricaines. De telles initiatives permettent au pays de lutter efficacement contre la fraude fiscale internationale et d'élargir l'assiette afin d'accroître les recettes fiscales.

602.— L'impératif d'intégrer les changements fréquents de réglementation dus à l'évolution des politiques publiques suppose la mise en place de compétences nouvelles et de qualité de service. Afin d'atteindre cet objectif, la coopération internationale en matière fiscale est indispensable dans le cadre du renforcement des capacités et d'accompagnement des réformes. Dans cette optique, les administrations fiscale et douanière centrafricaines doivent, en permanence, adapter leurs missions et leurs services d'où le besoin de requalification professionnelle du personnel. C'est dans cette perspective qu'elles ont connu des réorganisations pour s'adapter aux nouvelles tendances des politiques publiques. De ce fait, le fonctionnement des services est remodelé avec d'une part, la création de nouvelles entités administratives et d'autre part, la révision des missions et le renforcement de celles qui sont existantes.

603.— Poursuivant le même objectif, le renforcement de la coopération fiscale internationale permet d'échanger sur les problématiques que connaissent les administrations fiscale et douanière. Le Centrafrique doit participer de manière régulière aux structures et aux processus de coopération fiscale internationale à un niveau multilatéral, régional et bilatéral. En effet, la mobilisation des ressources financières nationales constitue un élément fondamental du partenariat mondial pour le développement[879]. Dans le cas des pays en développement, ce partenariat signifie qu'il y a lieu de déployer des efforts accrus pour mobiliser les ressources nationales afin de financer les priorités du développement. L'objectif consiste à améliorer la coopération fiscale et à lutter contre la fraude et l'évasion fiscales.

---

[877] OCDE, CREDAF, ATAF,

[878] Denis Papin NGANDA, La fiscalité comme instrument de politique économique et sociale en République centrafricaine, Mémoire Master 2, Université de Douala, 2012, p. 94.

[879] Conférence de Doha sur le financement du développement, 2008.

604.— Le Centrafrique qui n'est pas encore membre du Forum sur l'Administration fiscale africaine (ATAF)[880] doit y adhérer afin de mutualiser les efforts et les expériences. Cette adhésion permettra également de promouvoir le rôle de la fiscalité dans la gouvernance financière et dans le renforcement de l'État. Par ailleurs, la nécessité d'assistance technique est indispensable par le canal de la coopération multilatérale, régionale[881] sur la création de capacités[882]. Cette nécessité se manifeste par l'adhésion de la République centrafricaine à toutes les initiatives mondiales de lutte contre la fraude et l'évasion fiscales internationales. Il en est par exemple du Forum mondial sur la transparence et l'échange de renseignements à des fins fiscales (GFTEI)[883].

605.— Pour lutter contre l'érosion de l'assiette fiscale occasionnée par les grandes entreprises multinationales dans le cadre du transfert de bénéfices, le Centrafrique doit mettre en œuvre le plan d'action de l'OCDE contre le BEPS[884]. Pour ce faire, le Centrafrique adhère à l'Accord d'assistance mutuelle en matière fiscale (AMATM) de l'ATAF. C'est un instrument multilatéral en Afrique dans la lutte contre le BEPS. Il permet aux pays africains d'échanger les renseignements, partager leur expertise, conduire ensemble des vérifications et des enquêtes. Il permet également de s'assister mutuellement[885]. Un autre volet de la promotion de la coopération fiscale internationale que les pouvoirs publics centrafricains doivent envisager est l'adhésion à l'initiative « Inspecteurs des impôts sans frontières » (IISF).

606.— L'initiative conjointe de l'OCDE et du PNUD « IISF » a vocation à faciliter la mise en œuvre de programmes ciblés d'assistance en matière de vérification fiscale dans les PED. Il s'agit d'un projet novateur pour répondre à l'évasion fiscale pratiquée par les entreprises multinationales dans les PED. L'IISF se traduit concrètement par l'envoi d'experts en fiscalité dans des pays ayant sollicité une assistance pour la conduite de vérifications d'entreprises multinationales. Ces experts en fiscalité vont travailler aux côtés des administrations fiscales locales sur des contrôles fiscaux complexes, selon une approche fondée sur l'apprentissage par la

---

[880] African Tax Administration Forum ou le Forum africain d'administration fiscale qui vise à améliorer les administrations fiscales à travers le partage d'expériences, l'étalonnage et l'examen collégial des meilleures pratiques.

[881] CNUCED, Le développement économique en Afrique, Rapport 2009, p. 45.

[882] Pascal RAESS, Fiscalité et gouvernance : rôle et impact de la coopération internationale au développement, Annuaire suisse de politique de développement, 26-2, 2007, pp. 227-245.

[883] Alain Symphorien NDZANA BILOA, Fiscalité : des perspectives peu reluisantes pour les pays africains, interview dans Journal Intégration le 11/01/2018.

[884] Perspectives fiscales en Afrique, Revue, Publication ATAF, Première édition, 2016, p. 91.

[885] Idem.

pratique[886]. A cet égard, l'initiative IISF est principalement axée sur le recouvrement des recettes fiscales et sur l'amélioration des capacités des services locaux en matière de vérification ainsi que sur la nécessité de la discipline fiscale.

607.— Les pays en développement, comme le Centrafrique, devraient être en mesure de renforcer leur capacité à collecter des recettes. Pour ce faire, le Centrafrique devrait adhérer et solliciter une assistance IISF dans les domaines d'expertise en matière fiscale. L'initiative IISF permet d'améliorer la qualité et l'uniformité des contrôles fiscaux. Ce faisant, elle permet d'élever le niveau de discipline fiscale et de sécurité juridique des contribuables. L'initiative IISF constitue ainsi une opportunité d'améliorer la mobilisation des ressources intérieures dont le Centrafrique a besoin pour financer son développement. Comme l'affirme madame Samia ABDELGHANI, un louable dessein de l'OCDE s'est ainsi mué en espèces sonnantes et trébuchantes entrant dans les caisses des pays en développement[887]. Par l'adhésion à cette initiative, la capacité des administrations fiscale et douanière centrafricaines à mobiliser les ressources fiscales pourrait être renforcée.

Section 2 — L'amélioration de l'incidence de la politique fiscale par la mise en œuvre des principes de bonne gouvernance

608.— L'enjeu essentiel pour l'efficacité des politiques publiques est d'assurer une nouvelle logique institutionnelle de conduite des politiques publiques[888] dans le cadre du financement du développement. Pour autant, les politiques publiques et la mobilisation efficace des ressources intérieures sont un aspect essentiel pour le financement du développement. Les ressources intérieures sont engendrées par la croissance économique avec un environnement favorable à toutes les activités économiques[889]. En effet, la croissance économique doit s'accompagner des politiques publiques réductrices de fractures et d'inégalités[890]. Pour ce faire, les autorités

---

[886] Samia ABDELGHANI, L'initiative Inspecteurs des impôts sans frontières au service de la mobilisation des ressources intérieures, Revue européenne et internationale de droit fiscal, n° 2018/1, pp. 103-110.

[887] Inspecteurs des impôts sans frontières, Rapport annuel 2018/2019, OCDE/PNUD 2019, p. 10.

[888] FONDAFIP, Une priorité incontournable pour 2017-2022 : Les finances publiques, condition majeure de confiance et moteur de l'économie, Cercle des finances publiques, 31 mars 2017, p. 11.

[889] Nations Unies, Troisième conférence internationale sur le financement du développement : Programme d'action d'Addis-Abeba, Document final, juillet 2015, paragraphe 20.

[890] Philippe HUGON, Afriques : entre puissance et vulnérabilité, éditions Armand Colin, 2016, p. 90.

nationales doivent s'engager à appliquer des politiques publiques servant à assurer le développement économique du pays.

609.— En Centrafrique, l'analyse des stratégies de développement conduit à établir un ensemble de constatations relatives au rôle joué par les politiques publiques sur les performances socioéconomiques. Ces politiques publiques ont été inappropriées et moins efficaces. C'est en toute logique qu'elles n'ont pu efficacement servir de cadres appropriés à la mise en œuvre des programmes de développement[891]. Ainsi, seule la prise en compte concomitante des politiques publiques et du financement peut permettre d'étudier les potentielles synergies[892] entre l'impôt et l'efficacité des politiques publiques. Pour favoriser un effort d'investissement public et privé, il doit exister une réelle corrélation entre la fiscalité et la gouvernance (§ 1). Ces différentes politiques publiques participent au nécessaire objectif de mobilisation des ressources fiscales (§ 2).

§ 1 — L'impôt et les politiques publiques : quelle gouvernance ?

610.— Le concept de gouvernance désigne les traditions et les institutions au travers desquelles s'exerce l'autorité d'un pays[893]. Le programme des Nations unies pour le développement (PNUD) définit le concept de la gouvernance comme l'exercice de l'autorité politique, économique et administrative en vue de gérer les affaires d'un pays à tous les niveaux. Cette définition de la gouvernance amène à faire la distinction entre la bonne et la mauvaise gouvernance. La bonne gouvernance renvoie à l'allocation et la gestion des ressources de façon à résoudre les problèmes collectifs[894]. Elle est caractérisée par la transparence, la recherche du consensus, la responsabilité et l'efficacité[895]. Par contre, la mauvaise gouvernance est un frein au développement des activités économiques. L'accès au pouvoir donne une emprise sur les richesses. Il permet de bénéficier de prébendes et d'accéder aux diverses rentes. Le contexte

---

891 Gustave Amavi KOUEVI, Plaidoyer pour une géofiscalité en Afrique : éléments d'une nouvelle approche de la gouvernance économique et financière, Revue Droit fiscal, supplément au n° 25 juin 2007, p. 50.

892 Matthieu BOUSSICHAS et Patrick GUILLAUMONT, Financer le développement durable : Réduire les vulnérabilités, Economica, 2015, p. 60.

893 Daniel KAUFMANN, Aart KRAAY et Pablo ZOIDO-LOBATON, Gestion des affaires publiques : de l'évaluation à l'action, Finances & Développement, Vol. 37, n° 2, 2000, p. 46-47.

894 PNUD, la bonne gouvernance et le développement durable, 1997, p. 40.

895 Agnès POUILLAUDE, La Bonne Gouvernance, dernier né des modèles de développement : aperçu de la Mauritanie, Centre d'Economie de développement, Bordeaux IV, 1999, p. 8-9.

demeure celui du clientélisme, de la confusion entre la chose publique et la chose privée[896].

611.— Il est clair que la mauvaise gouvernance a un coût pour la stabilité économique. Afin de relever ce défi, il faudrait une rupture avec les mauvaises pratiques qui nuisent à la qualité des résultats économiques et financiers. Le pays a besoin d'un cadre de gouvernance propice pour être en mesure de conduire de meilleures politiques publiques et d'obtenir de meilleurs résultats. La bonne gouvernance est devenue, de ce fait, un paradigme de développement[897]. Pour cela, il faut œuvrer dans le cadre d'une stratégie de réformes politiques et économiques permettant une création de richesses. La démarche interroge la qualité de la gouvernance afin d'établir une stratégie fiscale adaptée à une gouvernance économique et financière responsables[898]. C'est dans cette logique générale que doit être appréhendée l'impérieuse nécessité d'améliorer la gouvernance en matière fiscale (B) tout en réduisant d'abord les pratiques fiscales dommageables (A).

A) La réduction des pratiques fiscales dommageables

612.— La question fiscale est plus que jamais au cœur des préoccupations des pouvoirs publics[899]. Sachant que la fiscalité est indispensable à la mise en œuvre des politiques publiques, il est indéniable que l'impôt est un instrument financier destiné à remplir les caisses publiques et un instrument politique capable d'influencer les comportements[900]. En effet, la question du consentement volontaire à l'impôt constitue la pierre angulaire des théories fiscales. Cependant, les révélations de pratiques fiscales dommageables de grande ampleur ont renouvelé l'attention des pouvoirs publics sur le phénomène d'évitement fiscal[901]. Pour ce faire, les pouvoirs publics doivent chercher à identifier et à réduire ces pratiques[902] qui portent préjudice à l'élargissement de la base fiscale (1).

---

[896] Philippe HUGON, Afriques : Entre puissance et vulnérabilité, Armand Colin, 2016, p. 85.
[897] Thomas ROCA, La gouvernance à l'heure du consensus post-Washington : Les limites théoriques et méthodologiques d'un concept protéiforme, Thèse, Université Montesquieu - Bordeaux IV, 2011, p. 5.
[898] Gustave Amavi KOUEVI, Plaidoyer pour une géofiscalité en Afrique : éléments d'une nouvelle approche de la gouvernance économique et financière, Etudes N° 25, juin 2007, p. 49.
[899] OCDE, Lutter plus efficacement contre les pratiques fiscales dommageables, en prenant en compte la transparence et la substance, Action 5 — Rapport final, 2016, Editions OCDE, p. 3.
[900] Éric PECHILLON, Les finances publiques en 100 fiches, fiche 8 : les doctrines fiscales, Ellipses, p. 33.
[901] Isabelle BRUNEAU et Marc LAFFINEUR, Paquet anti-évitement fiscal, Rapport d'information, Assemblée nationale, 2016.
[902] OCDE, Vers une coopération fiscale globale, Rapport, 2000, p. 26.

Tout ceci induit le civisme fiscal qui est l'un des facteurs d'élargissement de l'assiette fiscale (2).

1. L'identification des pratiques fiscales dommageables

613.— En Centrafrique, la mauvaise gouvernance est caractérisée par des pratiques peu orthodoxes de la gestion de la chose publique. Les pratiques nuisibles au rendement fiscal posent de sérieux problèmes aux administrations fiscale et douanière. Le pouvoir politique s'exprime à travers les réseaux clientélistes, les redistributions de rentes, les compromis ou des liens incestueux avec le milieu des affaires. La manière dont les citoyens perçoivent les agents publics, et notamment les fonctionnaires des impôts, peut influer sur leurs attitudes face à l'impôt[903]. Ce faisant, la corrélation entre la bonne gouvernance et la politique de la mobilisation des ressources fiscales achoppe dès lors que la corruption et l'incivisme fiscal persistent. En effet, la corruption reste une des causes du dysfonctionnement des administrations fiscale et douanière centrafricaines.

614.— L'intégration des économies ne cesse de s'accélérer et met à l'épreuve le cadre fiscal international[904]. Le développement des relations économiques internationales, qu'il s'agisse des échanges de biens ou des échanges de services, constitue un facteur favorable au développement de la fraude ou de l'évasion fiscale. Une meilleure mobilisation des ressources fiscales passe par un renforcement de la prévention et de la lutte contre la fraude et l'évasion fiscales, de même que la sécurisation des recettes fiscales[905]. La procédure du rescrit fait partie des instruments de prévention de l'évasion fiscale. Elle offre à tout contribuable la possibilité de saisir l'administration pour avis sur la régularité d'une opération qu'il envisage pour l'avenir. Il s'agit d'un accord conclu entre l'administration fiscale et le contribuable[906]. L'objectif est de sécuriser ce dernier préalablement à la réalisation d'une opération.

615.— Les entreprises peuvent être tentées de réduire leurs obligations fiscales dans les pays en développement, notamment à travers des pratiques de prix de transfert. Les prix de transfert sont les prix de facturation internes entre des sociétés d'un même groupe implantées dans des juridictions

---

903 Melinda MOORE, Improving Governance in the MENA Region through Tax Reform? 2012 (Document de travail pour la conférence régionale MENA sur l'amélioration de la gouvernance et l'équité fiscale, mai 2012).

904 Marwah RIZQY, L'évasion fiscale et l'évitement fiscal grâce aux paradis fiscaux, Mémoire pour la Commission des finances publiques, Université de Sherbrooke, septembre 2016, p. 14.

905 FONDAFIP, Une priorité incontournable pour 2017-2022 : Les finances publiques, condition majeure de la confiance et moteur de l'économie, Cercle des finances publiques, 31 mars 2017, p. 21.

906 Michel BOUVIER, La nouvelle administration financière et fiscale, LGDJ, 2011, p. 43.

fiscales différentes. Ils supposent donc des transactions intragroupes et le passage d'une frontière. Dans la mesure où les sociétés d'un groupe forment une même entité économique, et ne sont pas indépendantes les unes des autres, elles n'ont aucun intérêt à établir des prix de cession interne reflétant les conditions de marché[907]. En effet, ils sont devenus un enjeu majeur pour les administrations fiscales qui y voient une zone de risque pour les recettes fiscales de l'État[908].

616.— Les pays en développement éprouvent des difficultés à mettre au point et à appliquer des régimes efficaces de prix de transfert et d'échange de renseignements[909]. En Centrafrique, l'encadrement juridique en matière de contrôle de prix de transfert est lacunaire. La législation fiscale interne a subi la transposition des dispositions communautaires en la matière[910]. Mais, il n'y a pas usage de technique particulière de contrôle des prix de transfert. Afin de lutter contre l'utilisation abusive des prix de transfert par les multinationales, de nombreux États ont introduit des dispositions législatives relatives aux prix de transfert et/ou à l'évasion et la fraude fiscales. Pour d'autres, ils ont durci les règles déjà existantes. Il importe aux pouvoirs publics centrafricains de promouvoir une meilleure coopération afin de lutter contre l'érosion de la base d'imposition et le transfert de bénéfices par les multinationales.

617.— Les évolutions en matière de lutte contre l'érosion de la base d'imposition et le transfert de bénéfices (BEPS) portent sur la réorientation des politiques. La mise en œuvre du projet BEPS présente pour les pays d'Afrique des défis sur le plan législatif[911]. Les mécanismes complexes de l'évasion fiscale pratiquée par les multinationales mettent au défi les administrations, qui doivent déchiffrer de tentaculaires montages aux frontières de la légalité et de l'illégalité[912]. Ainsi, la dimension internationale de la fraude et de l'évasion fiscales oblige à des réponses concertées entre les pays et les organisations[913]. A cet effet, les capacités des administrations

---

[907] Communication de la Commission au Parlement européen, op. cit.

[908] Document CREDAF, Les aspects prix de transfert des restructurations d'entreprises et des incorporels, Séminaire des Directeurs, Gabon, 24-26 février 2015.

[909] Gregory DE PAEPE et Ben DICKINSON, Les recettes fiscales, moteur du développement durable, dans Coopération pour le développement 2014 : Mobiliser les ressources au service du développement durable, Éditions OCDE, pp. 101-109.

[910] Articles 52 et suivants de la Directive CEMAC relative à l'impôt sur les sociétés et articles 131 et 131 bis du CGI.

[911] Séverine LAURATET et Charlotte DELSOL, Les retombées du plan BEPS en Afrique francophone : Analyse de l'impact sur les législations et pratiques fiscales des pays de l'OHADA, Revue de Droit fiscal, n° 12, 22 mars 2018, pp. 13-18.

[912] Eva JOLY, Pour en finir avec l'impunité fiscale, Le Monde diplomatique n° 747, juin 2016, p. 21.

[913] Les problématiques liées à l'élaboration des politiques de contrôle fiscal et leur mise en œuvre, 25e colloque du CREDAF, Dakar, Sénégal, du 19 au 22 avril 2010.

fiscale et douanière doivent être renforcées en matière de politique fiscale internationale dans l'objectif d'améliorer le civisme fiscal.

2. Civisme fiscal et efficacité du service public

618.— Le socle sur lequel doit être bâtie la fiscalité au service du développement est la culture du civisme fiscal qui constitue un acte citoyen. Le civisme fiscal, c'est-à-dire l'accomplissement volontaire des obligations fiscales par les contribuables, constitue une des actions stratégiques des pouvoirs publics centrafricains. Il s'appuie sur les deux piliers de l'administration que sont le service à l'usager et le contrôle. Les indicateurs visant à mesurer les progrès dans la promotion du civisme fiscal s'attachent à évaluer le respect spontané des obligations déclaratives par les usagers et le paiement de l'impôt dû. Pour éviter que ce phénomène ne débilite pas tout dessein fiscal réformateur, les responsables de l'administration doivent être des « montreurs de conduites »[914].

619.— Le civisme fiscal est au cœur de la mise en place des institutions et de la relation entre le citoyen et l'État. L'amélioration du civisme repose sur la réactivité des services face aux principales défaillances en matière de déclaration et de paiement. Ces facteurs aggravent l'inégalité déjà constatée dans la répartition de la charge fiscale et contribuent à une remise en cause sérieuse du principe d'équité. A cet effet, la communauté internationale a reconnu la nécessité de lutter contre les effets pervers du système fiscal lorsqu'il engendre corruption et mauvaise gouvernance[915]. Dans cette optique, l'enjeu est d'assujettir un grand nombre de citoyens et d'entreprises à l'impôt de manière plus consensuelle, afin d'améliorer les recettes. De même, les améliorations potentielles de la gouvernance doivent être prises en compte dans le cadre des réformes fiscales.

620.— Pour ce faire, les administrations fiscale et douanière centrafricaines doivent se doter d'une stratégie fiscale internationale afin de réduire les pratiques dommageables. Des progrès doivent être réalisés pour améliorer la qualité du contrôle fiscal, depuis la préparation des opérations avec une meilleure réactivité jusqu'à leurs conséquences. En outre, une meilleure acceptation des contrôles par les contribuables doit être recherchée, par la pédagogie, la simplification des procédures pour les personnes contrôlées et le traitement rapide des contentieux. Les orientations stratégiques du contrôle fiscal poursuivent trois objectifs. D'abord, la finalité dissuasive consolide le civisme fiscal de tous les contribuables. Ensuite, la finalité budgétaire vise à recouvrer avec rapidité et efficacité l'impôt éludé. Enfin, la finalité répressive sanctionne les comportements frauduleux.

---

[914] Bertrand de JOUVENEL, Histoire naturelle de sa croissance, in Du pouvoir, éd. Du cheval ailé, 1945, pp. 541-557.
[915] La conférence de Monterrey, la conférence de Doha et la conférence d'Addis-Abeba.

621.— Pour y parvenir, les services disposent, d'une part, de moyens juridiques adéquats à la réalisation de ces missions. En effet, la fiscalité s'inscrit dans un environnement juridique très développé. Comme l'écrivent les Professeurs Jean-Jacques BIENVENU et Thierry LAMBERT, la fiscalité est inconcevable sans juridisme[916]. Car seul le droit permet de limiter l'arbitraire législatif et réglementaire et de garantir une certaine stabilité et transparence de la matière[917]. D'autre part, ils disposent des moyens humains et matériels qui leur sont alloués pour l'accomplissement des objectifs fixés. Dans ce contexte, elles doivent rechercher la meilleure adéquation entre ces moyens et les objectifs qui leur sont fixés. Cette recherche constante d'efficacité les amène à perfectionner leur organisation interne, mais également à améliorer le déroulement des procédures de contrôle fiscal.

622.— Cette efficacité ainsi recherchée ne peut cependant être atteinte que si les administrations fiscale et douanière acceptent de repenser leur relation avec les contribuables. Il serait souhaitable pour l'administration fiscale centrafricaine d'expérimenter l'exemple de l'administration fiscale ivoirienne en mettant en place un observatoire des contrôles fiscaux, structure de veille et d'alerte destinée à éviter les dérapages à l'occasion des contrôles ou des procédures de recouvrement. En effet, la programmation du contrôle constitue une étape préalable indispensable pour permettre aux administrations fiscale et douanière de s'assurer avec efficacité de la sincérité des éléments déclarés par les contribuables. Afin d'atteindre cet objectif, l'administration doit disposer d'outils lui permettant d'identifier les informations utiles à sa mission et d'adapter les moyens dont elle dispose aux objectifs qui lui sont fixés.

623.— Dans ce contexte, la recherche du renseignement apparaît comme un axe prioritaire de l'action administrative devant permettre la détection des fraudes. Elle suppose cependant que les administrations fiscale et douanière disposent d'outils juridiques de collecte de l'information et d'équipes spécialisées agissant en synergie avec d'autres services et administrations. Elles doivent, par ailleurs, assurer une conduite efficace du dispositif de recherche, tout en veillant à ce que les droits des contribuables soient respectés à chaque étape des procédures mises en œuvre. L'efficacité du contrôle implique également que l'administration soit en mesure de proportionner les moyens dont elle dispose aux enjeux de la fraude. Ce qui suppose qu'elle ait à sa disposition des outils informatiques capables de détecter les anomalies ou incohérences que peuvent présenter les déclarations des redevables.

---

[916] Jean-Jacques BIENVENU et Thierry LAMBERT, Droit fiscal, PUF, 2010, p. 16.
[917] Sylvie CAUDAL, La fiscalité de l'environnement, LGDJ, 2014, p. 20.

624.— Ces outils d'analyse-risques doivent apporter une aide à la synthétisation, à la fiabilité des informations et déclarations concernant les contribuables. Ils doivent contribuer également à la connaissance du tissu fiscal permettant d'identifier les zones à risques. Enfin, ils doivent permettre de définir une politique de contrôle fiscal afin d'améliorer l'organisation des services de gestion et de contrôle. La lutte contre la fraude vise à renforcer les sanctions à l'encontre des fraudeurs qui contreviennent délibérément aux principes fondamentaux d'égalité devant les charges publiques et de consentement à l'impôt. Elle concourt à trois objectifs à savoir mieux détecter, appréhender et sanctionner les défaillants. Cependant, la contrainte et la menace des sanctions demeurent les mesures appliquées pour améliorer le civisme fiscal. Or, l'analyse faite des causes de l'incivisme doit conduire les pouvoirs publics à intégrer une approche nouvelle.

625.— Les méthodes administratives pour promouvoir le civisme fiscal et renforcer l'efficacité de la lutte contre la fraude fiscale et douanière sont variées. Il s'agit de mettre en place une administration de service, de rendre les règles fiscales simples et accessibles à tous. De toutes ces mesures, le renforcement des capacités des acteurs nationaux est indispensable à la mobilisation efficace des ressources fiscales. En effet, l'introduction du civisme fiscal dans le système scolaire de base et son extension au cycle secondaire est une préoccupation majeure que les décideurs politiques doivent expérimenter. Il faut agir aussi au travers d'initiatives favorisant des campagnes d'information et d'éducation des citoyens au civisme fiscal. Pour que ces actions puissent s'inscrire dans la durée, le développement implique une appropriation et un pilotage innovant de la part des autorités fiscales.

B) L'amélioration de la gouvernance en matière fiscale

626.— La réflexion sur le système fiscal peut induire un gouvernement à une meilleure gouvernance[918]. A cet effet, la fiscalité apparaît comme le fondement de l'efficacité et de la fiabilité de l'État[919]. Le lien entre la politique fiscale et la relation État et citoyen pose l'épineux problème de l'amélioration de la gouvernance. Car, dans les pays en développement, la relation entre fiscalité et gouvernance reste un champ négligé[920]. La nécessité de l'amélioration de la gouvernance en matière fiscale en Centrafrique repose sur un constat d'échec. Cette situation d'échec est imputable à la mauvaise appréhension du modèle de gouvernance. Le rapport à l'impôt est caractérisé par le trafic d'influence impliquant les élites cherchant à amasser

---

918 Honoré MBEKO, La problématique de la gouvernance en République centrafricaine, PNUD Bangui, janvier 1998, p. 30.
919 OCDE, Gouvernance, fiscalité et responsabilité : enjeux et pratiques, 2008, p. 9.
920 OCDE, op. cit., p. 10.

des fortunes. Il en résulte au plan fiscal des pratiques qui révèlent une gestion chaotique, illustrant la « mal-administration »[921] de la fiscalité centrafricaine.

627.— La nouvelle gouvernance fiscale, en Centrafrique, devra déboucher sur des politiques fiscale et budgétaire tournées vers des résultats concrets et mesurables. Elle requiert pour ce faire la ferme volonté politique de cerner tous les enjeux du système et de recourir à tous les outils déterminants[922]. C'est dire combien il importe de mettre au centre des préoccupations fiscales un ensemble d'autres considérations économiques, financières, politiques et sociales[923]. Ce faisant, une bonne gouvernance en matière fiscale ne peut pas être exportée ou imposée de l'extérieur. La définition d'une politique fiscale doit se reposer sur des perspectives dynamiques afin de mobiliser les ressources financières nécessaires au développement socioéconomique du pays. Ce qui témoigne de l'impérieuse nécessité de la modernisation de l'information financière (1) et de l'amélioration de l'environnement économique (2).

1. La modernisation de l'information financière

628.— De toutes les relations entre les citoyens et l'État, la relation fiscale est sans doute la plus sensible et donc la plus vulnérable. Il faut éviter de la brusquer et, pire, de la casser[924]. Cette relation fiscale est rendue possible par l'information financière qui est mise à la disposition du citoyen. De ce fait, l'information financière doit être un axe stratégique de la nouvelle gouvernance en matière fiscale. La stratégie à mettre au point consiste à faciliter l'accès d'information financière à l'ensemble des agents économiques. Ces stratégies concernent notamment le renforcement des capacités locales de génération, de gestion, de diffusion de l'information économique[925], en utilisant les nouvelles technologies de l'information et de la communication (NTIC). En effet, les NTIC ont un impact sur les modes d'apprentissage, sur la productivité et la compétitivité.

629.— Les NTIC modifient les rapports au monde et permettent l'accès à l'information et à la connaissance. Simplifier les régimes fiscaux et recourir davantage aux technologies de l'information sont des moyens d'améliorer le civisme fiscal. L'amélioration du civisme fiscal nécessite le

---

[921] Gustave Amavi KOUEVI, Plaidoyer pour une géofiscalité en Afrique : éléments d'une nouvelle approche de la gouvernance économique et financière, Revue Droit fiscal, supplément au n° 25 juin 2007, p. 53.

[922] Gustave Amavi KOUEVI, op. cit., p. 54.

[923] Idem.

[924] Laurent FABIUS, Communication lors du 2e colloque international : Fiscalité et développement, Paris, 1982.

[925] Roger YELE, Paul DOKO et Abel MAZIDO, Les défis de la Centrafrique : Gouvernance et stabilisation du système économique, CODESRIA, 2011, p. 213.

perfectionnement du système de gestion de l'impôt par des moyens adéquats. Il s'agit notamment de l'éducation du contribuable, de l'utilisation efficace des systèmes automatiques et de l'amélioration de la coopération entre les administrations fiscales et douanières pour lutter contre l'évasion fiscale[926]. En tout état de cause, la diffusion de l'information financière va avoir des impacts sur l'environnement économique. De ce fait, la corrélation entre les NTIC et le développement économique est une réalité incontournable pour l'amélioration de la gouvernance fiscale en Centrafrique.

630.— Pour ce faire, il faut promouvoir la transparence des règles et des critères de gestion. Comme l'affirme le Professeur Thierry LAMBERT, la transparence est aujourd'hui une exigence de la démocratie. Elle est associée à l'idée qu'elle participe à la lutte contre la corruption et que c'est aussi un outil concourant à la bonne gouvernance. Nécessairement, la transparence des finances publiques s'impose comme un élément consubstantiel de la gestion publique[927]. Elle est une condition de succès de l'émergence d'une nouvelle gouvernance en matière fiscale. Car, il faut harmoniser les efforts afin d'éviter les interactions négatives entre les différents déterminants de la discipline fiscale. La mobilisation des ressources intérieures avec une politique fiscale mieux structurée permet de sécuriser une base de revenus durable[928].

631.— De même, la transparence des recettes contribue de plusieurs manières à améliorer la responsabilité. La publication des statistiques sur les recettes peut contribuer à faire la transparence sur les impôts acquittés et les services publics fournis en renforçant la légitimité de l'État. Encourager la transparence de la gestion des incitations fiscales et des conditions dans lesquelles il est possible d'en bénéficier vise à démontrer l'utilité des dépenses fiscales. Au niveau international, l'amélioration de la transparence peut contribuer à lutter contre l'utilisation abusive des prix de transfert. La transparence des informations financières communiquées par les entreprises multinationales peut également contribuer à faire progresser la discipline fiscale. Cet effort de transparence est devenu un élément essentiel de la gestion qu'il faut améliorer en ce qui concerne les administrations fiscale et douanière centrafricaines.

632.— L'amélioration de l'information financière est une revendication légitime. A cet effet, le contribuable doit être éclairé, conseillé et aidé par l'administration fiscale. Les contribuables doivent également être informés des changements intervenus dans la loi fiscale et avoir un accès facile à

---

[926] OCDE, Perspectives économiques en Afrique 2009, p. 54.

[927] Thierry LAMBERT, Editorial, Revue européenne et internationale de droit fiscal, n° 2017/1, pp. 3-4

[928] Julien JARRIGE, Les pays en développement face au BEPS : défis et engagement, Revue de Droit fiscal, 9 juin 2016, n° 23, p. 22.

l'information[929]. Cette méthode permet aux contribuables de connaître la législation qui leur est applicable et la position de l'administration quand il y a lieu à interprétation. Le défi à relever est de parvenir à un véritable changement de mentalité induisant un nouveau rapport du citoyen centrafricain à l'impôt. Il faut faire accepter l'impôt par une bonne politique de communication. Pour ce faire, d'intenses actions de communication, aussi bien en interne qu'à l'externe, doivent être menées. Les actions pour la lutte contre l'incivisme doivent être adaptées au contexte socioéconomique et faire l'objet de la vulgarisation dans le pays.

633.— Leurs mises en œuvre doivent résulter d'un plan d'action qui implique une administration de service faisant appel à une politique communicationnelle. Par conséquent, les administrations fiscale et douanière centrafricaines doivent inscrire la communication comme l'une des priorités stratégiques qui vise l'acceptation de l'impôt par le citoyen. Il serait souhaitable qu'une cellule de communication soit mise en place pour l'animation d'émissions radio diffusées et télévisées. Des séances d'informations et de sensibilisation sont à organiser sur les nouvelles dispositions de la loi de finances. Les contribuables doivent être guidés dans leurs déclarations par des documents administratifs concis, clairs et mis à leur disposition. Cette démarche contribuera nécessairement à l'amélioration de l'environnement économique.

2. L'amélioration de l'environnement économique

634.— Il est reconnu que le rôle du secteur privé dans l'accélération de la croissance économique est essentiel. Ainsi, la nécessité de l'amélioration de l'environnement économique a conduit les décideurs politiques à prendre des mesures pour créer un environnement favorable au secteur privé. En effet, l'étroitesse des liens entre le commerce et l'investissement invite les économies africaines à se donner les moyens d'une véritable politique d'encouragement à l'investissement et au partenariat[930]. Le consensus de Monterrey met en exergue l'importance des efforts visant à créer un climat d'investissement transparent, stable et prévisible pour permettre aux pays en développement d'attirer les flux de capitaux productifs[931]. Il estime que pour attirer ou accroître les investissements de capitaux productifs, des efforts sont nécessaires dans les domaines liés aux cadres législatifs et réglementaires.

[929] Rapport de la Cour des comptes sur la situation et les perspectives des finances publiques, p. 199.

[930] Corinne VADCAR, L'investissement étranger en Afrique, Afrique contemporaine, n° 181, 1997, p. 34.

[931] CNUCED, Rapport sur l'investissement international, 2004.

635.— Cependant, en Centrafrique, les conditions politiques, légales et institutionnelles sont défavorables au développement du secteur privé. Les obstacles administratifs à l'enregistrement des sociétés, la corruption, le manque de dialogue entre secteur public et privé sont autant d'obstacles à la promotion de l'investissement productif. De même, un environnement commercial à haut risque et peu favorable est à l'origine de faibles investissements. A cet égard, les pouvoirs publics ont pris des mesures visant à améliorer l'environnement des affaires par application du Traité de l'OHADA. Des organes de régulation sont mis en place, notamment le cadre mixte de concertation pour l'amélioration des affaires (CMCA), une plate-forme de dialogue public-privé, l'adhésion à l'Initiative ITIE et au processus de Kimberley.

636.— L'appropriation du processus de développement favorise un environnement propice aux investissements privés. Un pays en situation de fragilité, comme le Centrafrique, ne dispose pas des capacités nécessaires pour gérer efficacement son système fiscal. Avec un niveau faible de rendement fiscal, il est pris au piège d'un cercle vicieux qui induit des investissements faibles. Pour ce faire, il est impérieux de mettre en œuvre une politique fiscale destinée à encourager, coordonner et rationaliser l'effort d'investissement. L'État ne peut plus aujourd'hui ignorer que de la santé de l'économie dépend sa capacité à faire face aux charges qui lui incombent et qu'il ne peut rester dès lors indifférent à la rentabilité et à l'efficacité de la fiscalité[932]. Il faut prendre des mesures favorisant la qualité de l'environnement fiscal qui est une composante essentielle de la qualité d'un système fiscal.

637.— Le Professeur Néji BACCOUCHE considère que l'environnement fiscal doit être entendu au sens large. Il ne se limite pas aux seuls éléments du système d'imposition au sens fiscal. Mais, il englobe aussi le cadre législatif et réglementaire de tous les prélèvements obligatoires, et l'appareil administratif fiscal. Il implique les garanties de nature à sécuriser le contribuable contre tout arbitraire ou tout traitement individuel fiscalement discriminatoire. Il ajoute que l'environnement fiscal favorable suppose une législation fiscale relativement simple et stable. Il suppose aussi une administration qui considère le contribuable, notamment lors du contrôle fiscal, comme un partenaire et non comme un « fraudeur présumé »[933]. La corrélation entre réforme fiscale et amélioration de l'environnement économique joue un rôle clé, dans la mesure où elle facilite la tâche des entreprises en matière d'investissement et de commerce.

---

[932] Michel BOUVIER, Introduction au droit fiscal général et à la théorie de l'impôt, LGDJ, 2014, p.194.

[933] Néji BACCOUCHE, L'environnement fiscal de l'entreprise à l'heure de l'internationalisation de l'économie : le cas tunisien, IACE, Sousse, novembre 2001, page 87.

638.— Cependant, la fiscalité n'est pas le seul paramètre qui intervient dans la prise d'une décision d'investissement. L'investissement est, de ce fait, une priorité de la politique du développement. Pour ce faire, l'État doit prendre des mesures pour créer les conditions nécessaires au développement économique. Cela exige un engagement politique réel pour rompre avec les habitudes du passé, conjugué à une amélioration de l'État de droit, afin de lutter contre les vulnérabilités sociopolitiques[934]. Ce qui requiert l'application de mesures structurelles visant à réduire les distorsions du marché pour promouvoir un environnement favorable à l'investissement. Des réformes juridiques et institutionnelles sont à préconiser afin d'améliorer la transparence dans les secteurs clés de l'économie centrafricaine. L'efficience de toutes ces réformes implique la mise en œuvre de politiques publiques adéquates.

§ 2 — L'impôt et les politiques publiques : de nouveaux paradigmes dans l'action publique

639.— La fiscalité apparaît comme l'un des meilleurs vecteurs de l'action publique. Elle constitue l'un des leviers dont l'État dispose pour orienter l'économie dans le sens tracé par les politiques publiques[935]. De ce fait, l'efficacité et l'efficience des interventions publiques sont un enjeu majeur[936] et un impératif à la mobilisation des recettes fiscales. La politique fiscale ne peut être dissociée des politiques publiques. Le pourvoir de lever l'impôt est consubstantiel à la notion de l'État d'où l'enjeu politique est crucial. Mais lorsqu'il s'agit d'optimiser la fiscalité pour atteindre les objectifs en matière de développement, l'État centrafricain fait face à une série de vulnérabilités. La notion de vulnérabilité renvoie à la propension ou prédisposition d'une société, d'une institution ou d'une population à subir les conséquences négatives d'une crise[937]. Ainsi, l'efficacité de l'action publique réside dans la recherche d'un processus de stabilisation (A) et d'une mise en perspective de la décentralisation comme facteur d'institution de la fiscalité locale (B).

---

[934] République centrafricaine : Plan national de relèvement et de consolidation de la paix (PNRCP) 2017-2021, p. 43.

[935] Gauthier BLANLUET, Fiscalité et politiques publiques : Peut-on vraiment orienter le comportement des entreprises par l'impôt ? Rapport, Institut Messine, mars 2015, p. 13.

[936] Rozenn DESPLATZ et Marc FERRACCI, Comment évaluer l'impact des politiques publiques ? Un guide à l'usage des décideurs et praticiens, France Stratégie, septembre 2016, p. 5.

[937] Clémence VERGNE et Camille LAVILLE, Comment analyser le risque sociopolitique ? Une composante clé du risque pays, Revue, AFD/Macroéconomie & Développement/janvier 2018. www.afd.fr

A) La recherche d'un processus de stabilisation

640.— Les crises sociopolitiques peuvent durablement enrayer le processus de développement et conduire à une dégradation marquée des composantes économiques et financières du pays[938]. Elles impactent la capacité productive en ayant des ruptures dans le processus de création de richesse nationale. Les vulnérabilités de nature sociopolitique constituent une dimension clé du développement économique. Leur analyse doit permettre de s'émanciper des contraintes négatives qui agissent sur le Centrafrique. Les comportements de prédation, de captation de rentes et d'instabilité politique sont des facteurs de gaspillage des ressources et de fuite des capitaux[939]. En effet, les structures politiques ne sont pas sans influence sur l'exercice du pouvoir fiscal. Elles déterminent certains choix lors de la mise en œuvre de la fiscalité. Il existe les liens les plus étroits entre la politique et les finances. Le fait politique est essentiel et domine l'ensemble de la réalité financière.

641.— De tous les temps, la fragilité de l'État s'est révélée en Centrafrique comme une constance majeure qui entrave le processus de développement de ce pays. L'instabilité politique constitue un des obstacles majeurs à la mobilisation efficace des recettes fiscales. Elle est un des maux du développement économique et social en Afrique, quels que soient les instruments d'intervention auxquels l'on a recours pour amener des transformations structurelles[940]. Les pays sortant d'un conflit dont l'administration et la base d'imposition sont littéralement dévastées éprouvent énormément de difficultés à mobiliser des recettes intérieures[941]. En Centrafrique, l'ampleur de l'instabilité politique est révélatrice de l'érosion de l'autorité de l'État. La fréquence et la variété des événements qui surviennent montrent à quel point la vie politique centrafricaine a été instable.

642.— En effet, la fragilité politique et institutionnelle de la République centrafricaine est le reflet de son histoire, marquée par de longues périodes de chaos. Elle affecte l'image du pays, entame la crédibilité et affaiblit l'autorité de l'État. Les successions de crises qu'a connu le pays ont entraîné un ralentissement significatif de l'activité économique. Les indicateurs de perception du climat des affaires sont explicites. Les tensions politiques ont

---

[938] Clémence VERGNE et Camille LAVILLE, op. cit.

[939] Philippe HUGON, Afriques : Entre puissance et vulnérabilité, Armand Colin, 2016, p. 205.

[940] Soumahila KEBE, Le rôle de la fiscalité dans une intégration économique régionale, Thèse, Université de Clermont-Ferrand 1, 1981, p. 49.

[941] Gregory DE PAEPE et Ben DICKINSON, Les recettes fiscales, moteur du développement durable, coopération pour le développement 2014 : Mobiliser les ressources au service du développement durable, Éditions OCDE, pp. 101-109.

eu des répercussions néfastes sur le commerce extérieur. Elles nuisent à la production et au transport des marchandises à travers les frontières[942]. C'est autant de maux contre lesquels une politique de mobilisation de ressources fiscales ne serait que dérision. Ces facteurs empêchent l'outil fiscal de jouer son rôle principal de pourvoyeur de fonds publics. Car l'amélioration de ces facteurs va permettre d'accroître la productivité globale de l'économie.

643.— Une économie en développement a besoin de stabilité politique, car l'instabilité a un impact négatif considérable sur la croissance économique. Dans cette perspective, la stabilité politique joue un rôle important et constitue une garantie pour les acteurs économiques. Ainsi, le programme des réformes structurelles de la République centrafricaine doit être adapté à la fragilité du pays[943]. Le processus doit surtout viser à stabiliser le cadre politique. Un État stable instaure un environnement qui aide à assurer la croissance et à créer des richesses. Dans cette optique, l'activité économique nécessite l'encadrement et l'encouragement de l'État. La sécurité va ainsi apparaître comme un impératif à la mobilisation des ressources fiscales. L'amélioration du climat sécuritaire conjuguée avec des programmes économiques permet d'envisager des perspectives économiques favorables pour l'investissement privé.

644.— En s'appuyant sur les enseignements tirés de l'expérience d'autres pays en situation de post-conflit, les pouvoirs publics pourraient formuler une stratégie efficace pour répondre aux besoins considérables de développement. En effet, la nécessaire convergence de la politique fiscale et la politique économique requiert aussi des tours de vis démocratiques[944]. Il est impératif de s'employer à promouvoir le développement en consolidant les acquis démocratiques. Une meilleure coordination institutionnelle et la cohésion nationale permettront une meilleure appropriation et une mise en œuvre des réformes économiques. De même, il faut accroître la transparence et améliorer progressivement la qualité de l'administration publique. Ces politiques témoignent de l'engagement des décideurs publics à créer un environnement politique et juridique propice au développement économique.

645.— Pour ce faire, la stabilité politique est indispensable à la mobilisation efficace de ressources fiscales. Le contexte politique et social est un élément déterminant pour la croissance économique. C'est pourquoi la paix et la sécurité doivent mériter une attention particulière afin de créer un environnement propice pour le développement des échanges commerciaux. Dans un contexte de sécurisation très difficile, l'analyse a mis en lumière les

---

942 CNUCED, Le développement économique en Afrique, Rapport 2009, p. 46.

943 CENTRAFRIQUE : op. cit., p. 45.

944 Gustave Amavi KOUEVI, Plaidoyer pour une géofiscalité en Afrique : éléments d'une nouvelle approche de la gouvernance économique et financière, Revue Droit fiscal, supplément au n° 25 juin 2007, p. 50.

possibilités par lesquelles l'État centrafricain peut concevoir des politiques publiques garantissant la mobilisation des ressources fiscales. Toutefois, l'action publique demande quant à elle, un changement de paradigme politique et de gouvernance[945]. De ce fait, l'enjeu de la problématique financière pour le financement du développement interroge le choix de la rationalisation des politiques publiques au niveau local. Les collectivités territoriales se trouvent face aux défis de la nouvelle gouvernance.

B) Décentralisation et impôt : une nécessité pour les politiques publiques

646.— Le mouvement de décentralisation qui a touché de nombreux États à travers le monde a constitué une partie importante des processus de réformes politiques de nombreux pays en développement. Certains pays restent tributaires des institutions léguées par leurs anciennes puissances coloniales[946]. L'État centrafricain dans un mouvement persistant et croissant de ses responsabilités, hésite entre déléguer réellement des compétences sans plus intervenir ou au contraire déléguer et continuellement intervenir dans la gestion de celles-ci[947]. Bien que la décentralisation ne mène pas automatiquement à des succès de développement, des structures gouvernementales et administratives décentralisées sont des éléments essentiels de la bonne gouvernance[948]. Les défis se situent à diverses échelles locales et s'insèrent dans une économie politique nationale[949].

647.— Par définition, la décentralisation signifie le transfert de tâches, de compétences, de ressources et de pouvoirs de décisions politiques au niveau des administrations locales[950]. Elle se différencie de la déconcentration qui consiste à donner des compétences pour prendre certaines décisions à des agents qui exercent leur fonction dans une circonscription territoriale déterminée tout en restant soumise à l'autorité hiérarchique du gouvernement central[951]. Le concept de la déconcentration suppose la

---

945 Denys LAMARZELLE, Stratégie et démocratie territoriale, voyage au cœur des collectivités locales, Montreuil, éditions du Papyrus, 2001, p. 92.

946 Pascal RAESS, Fiscalité et gouvernance : rôle et impact de la coopération internationale au développement, Annuaire suisse de politique de développement, Vol. 26, n° 2 | 2007.

947 Xavier PEREZ, La raison fiscale de l'ancienne France à la naissance de l'État décentralisé contemporain, Thèse, Université Montesquieu-Bordeaux IV, 2011, p. 15.

948 Eduard WESTREICHER, Décentralisation et autogestion locale : La décentralisation dans la coopération allemande au développement, ministère fédéral de la Coopération économique et du Développement, octobre 2008, pp. 1-12.

949 Philippe HUGON, Afriques : Entre puissance et vulnérabilité, Armand Colin, 2016, p. 144.

950 Eduard WESTREICHER, op. cit.

951 Bernard DAFFLON et Thierry MADIÈS, Décentralisation : quelques principes issus de la théorie du fédéralisme financier, Agence française de Développement (AFD), 2008, p. 15.

coordination des activités locales et la conclusion des actes de l'autorité centrale[952]. Or, la décentralisation est un processus politique s'inscrivant dans la réforme de l'ensemble du système gouvernemental et administratif. Elle institutionnalise la participation des citoyens aux processus de décisions au niveau local.

648.— Pour autant, la décentralisation peut être regardée comme un élément bénéfique dans la mise en œuvre des politiques publiques en Centrafrique. Malgré la reconnaissance constitutionnelle[953] qui fonde le principe même de libre administration dont l'autonomie financière et fiscale constitue l'un des axes majeurs, la décentralisation manque encore d'effectivité en Centrafrique. Elle est restée au milieu du gué, car le processus est en attente d'une mise en œuvre effective. Par conséquent, toutes les collectivités territoriales sont gérées par des délégations spéciales. En effet, la délégation désigne le transfert de pouvoir et de responsabilité de l'État central à des entités souvent semi-autonomes dans un domaine de responsabilité bien défini[954]. Ces entités qui ont la personnalité morale et un budget autonome sont généralement tenues de rendre des comptes à l'État central.

649.— Dans la situation sociopolitique en Centrafrique, il reste encore un long chemin à parcourir avant qu'elle ne devienne une véritable réalité de politiques publiques. Pour cause, l'érosion de l'État est l'un des grands facteurs de fragilité. Le retour d'une présence opérationnelle et proactive de l'État sur tout le territoire national est indispensable pour la mise en œuvre effective de la politique de décentralisation. Ce qui va permettre de formuler des politiques de développement équitables et efficaces tenant compte des disparités territoriales. Eu égard à son enjeu, la décentralisation concerne toute l'action publique portée par les collectivités territoriales. Elles sont des pièces maîtresses des politiques publiques sur le fondement de la solidarité nationale, des potentialités régionales et de l'équilibre interrégional[955].

650.— Cependant, une des caractéristiques de la gouvernance en Centrafrique est la centralisation. Il en résulte que les services publics nationaux et locaux sont souvent défaillants du fait de la faiblesse du prélèvement fiscal. Fait réel en Centrafrique où l'absence de décentralisation rime avec l'inexistence de la fiscalité locale. À cet égard, la fiscalité doit être un des instruments de la politique d'aménagement du territoire. Dans cette perspective, la réforme fiscale doit être un élément de la politique de

---

[952] Samir ZINE EL ALAOUI, La décentralisation entraîne-t-elle de comportements stratégiques entre les collectivités locales au Maroc ? Revue d'économie du développement, n° 2 juin 2017, De Boeck supérieur, pp. 95-114.
[953] Articles 128 et 129 de la Constitution centrafricaine du 30 mars 2016.
[954] Bernard DAFFLON et Thierry MADIÈS, op. cit.
[955] Article 128 al. 2 de la Constitution centrafricaine du 30 mars 2016.

décentralisation. Elle doit permettre de fournir des recettes permanentes aux communes[956]. Toutefois, la recherche d'une nouvelle donne en matière de finances publiques et de fiscalité locales apparaît comme une véritable gageure.

651.— Dans cette optique, la décentralisation a été suspectée de vouloir porter atteinte à l'unité nationale. Mais, la décentralisation, loin d'être une menace, devient une nécessité pour les politiques publiques. De ce fait, le processus de décentralisation ouvre de nouvelles perspectives aux finances publiques et à la fiscalité locale[957]. En effet, la fiscalité locale n'est autre que l'extension de stratégies fiscales centralisées[958]. Ainsi, la mutation de la fiscalité et la naissance d'un État décentralisé amènent un nouvel ordre social et juridique. Le développement des collectivités locales peut constituer une voie pour améliorer l'efficacité de l'intervention publique en faveur du développement. Ce processus de décentralisation doit être effectif en vue d'un élargissement de l'espace budgétaire à travers l'offre de biens publics et aussi à travers un renforcement des ressources publiques[959].

652.— En cela, la problématique des ressources locales propres est fondamentale puisqu'elle détermine la capacité des collectivités territoriales à répondre, de manière autonome et démocratique, aux besoins de la population[960]. De ce fait, la décentralisation induit des comportements stratégiques entre les collectivités territoriales[961]. Ainsi, pour favoriser la mobilisation des ressources publiques, il convient d'agir sur l'ensemble des facteurs. C'est pourquoi il est nécessaire de mettre en œuvre un mode d'administration favorable à la mobilisation de ressources locales[962]. Le but étant d'instaurer la fiscalité locale pour aboutir à doter les collectivités territoriales de recettes suffisantes afin d'assurer les fonctions qui sont les leurs. Par ses qualités, la fiscalité locale est, à la fois, un moyen efficace de financer le développement, une voie d'accès privilégiée à une

---

[956] Serge ABESSOLO, Réflexions et propositions pour une fiscalité du développement en Afrique centrale, conférence consultative régionale en Afrique 5 au 7 novembre 2007, Accra — Ghana.

[957] Revue africaine de Finances publiques : Les finances publiques vues d'Afrique et de France, n° 1, 1er semestre 2015, L'Harmattan, p. 10.

[958] Samir ZINE EL ALAOUI, op. cit.

[959] Gérard CHAMBAS, Mobiliser les ressources locales pour les collectivités décentralisées en Afrique subsaharienne, CERDI, 2009, p. 9.

[960] Gérard CHAMBAS, op. cit., p. 19.

[961] Samir ZINE EL ALAOUI, La décentralisation entraîne-t-elle de comportements stratégiques entre les collectivités locales au Maroc ? Revue d'économie du développement, n° 2 juin 2017, De Boeck supérieur, pp. 95-114.

[962] Gérard CHAMBAS, Mobiliser les ressources locales pour les collectivités décentralisées en Afrique subsaharienne, CERDI, 2009, p. 10.

responsabilisation de la gestion publique et un élément clé de la démocratie de proximité[963].

653.— La fiscalité locale peut également encourager l'innovation, l'entrepreneuriat et le dynamisme local[964]. C'est pourquoi la promotion d'une fiscalité locale et le renforcement d'un tissu économique local susceptible de contribuer à l'accroissement des ressources publiques pourraient représenter les voies principales pour une meilleure mobilisation des ressources fiscales[965] en Centrafrique. Mais, le déficit budgétaire que connaît le Centrafrique le met en effet dans la quasi-impossibilité de transférer aux collectivités locales des ressources financières qu'il a lui-même bien du mal à réunir du fait du faible niveau général de son économie. Au vu de ces facteurs, le Centrafrique a encore du chemin à parcourir avant de parvenir à une décentralisation budgétaire, voire à l'institution de la décentralisation fiscale[966]. En réalité, l'envisager dans un avenir proche serait une utopie.

654.— Enjeu de gouvernance locale et de démocratie, le développement d'une fiscalité locale en Centrafrique est de nature à favoriser l'introduction d'une plus grande proximité avec les besoins des localités. C'est la raison pour laquelle l'approche doit être politique au sens large. La fiscalité ne peut être considérée d'un point de vue purement instrumental, car elle est un fait social et politique. La décentralisation est, de ce fait, présentée comme l'une des solutions face aux problèmes structurels qui minent le développement économique en Centrafrique. Il ne faudrait pas toutefois la considérer comme un archétype du développement. Ses effets dépendent de la nature des mécanismes adoptés et surtout de la volonté politique garantissant une meilleure évaluation, mais essentiellement une répartition équitable des gains et des potentiels[967].

---

[963] Sept questions préalables à la conception d'une nouvelle gouvernance financière locale, Rapport, FONDAFIP, décembre 2008, p. 12.

[964] Sylvain H. BOKO, Un aperçu sur la décentralisation fiscale et les finances locales en Afrique francophone, Wake Forest University, 2008, p. 2.

[965] Francis ANDRIANARISON, le financement du développement local et lutte contre la pauvreté, Rapport final, décembre 2001.

[966] François Paul YATTA, « La décentralisation fiscale en Afrique. Enjeux et perspectives », Paris, Edition Karthala, 2009.

[967] Désiré AVOM et Dieudonné MIGNAMISSI, Pourquoi le commerce intra-CEMAC est-il si faible ? Revue française d'économie, n° 3, vol. XXXII, janvier 2018, pp. 136-170.

Conclusion du chapitre 1

655.— Le développement de l'investissement et du commerce est la principale raison pour laquelle le Centrafrique doit diversifier les secteurs de production des activités économiques. Les échanges internationaux apportent des avantages significatifs en termes d'industrialisation et de commercialisation. La diversification de la production et la commercialisation font apparaître le lien étroit qui existe entre l'investissement et le commerce. Malgré l'existence de ce lien, les courants d'investissement en Centrafrique sont négligeables. Pour ce faire, il revient aux pouvoirs publics centrafricains de définir des stratégies idoines visant à développer la capacité de production, de transformation et d'exportation des produits du pays.

656.— L'édifice d'une fiscalité tournée vers le développement devra être bâti sur des bases solides, car elle est appelée à répondre à des urgences écologique, sociale et économique[968]. C'est dire que la mobilisation des ressources fiscales exige une stabilité politique, des structures économiques appropriées qui favorisent l'activité économique et l'investissement privé. L'analyse suggère des pistes pour relancer l'économie et saisir les opportunités commerciales afin d'élargir l'espace budgétaire. Seules des stratégies proactives de la part d'acteurs pluriels, combinant les dynamiques internes et externes, peuvent apporter des réponses. Mais l'efficacité dépendra de la mise en œuvre d'institutions adéquates et d'acteurs qui en permettront l'impulsion et la gestion. La coopération au développement est nécessaire et appelée à s'adapter à une nouvelle donne[969] pour relever le défi de la mobilisation des ressources fiscales. La levée de l'impôt interfère souvent avec d'autres contraintes liées aux instruments de la politique économique.

---

[968] Communication à la Première conférence fiscale internationale de l'Union des Ordres fiscaux de l'Afrique de l'Ouest (UDOFAO) sur le thème : La fiscalité : un outil de développement régional et durable, Lagos-Nigeria, 28-29 février 2012. Document en ligne : www.wauti.org/wauti/files/22.docx

[969] Matthieu BOUSSICHAS et Patrick GUILLAUMONT, Financer le développement durable : Réduire les vulnérabilités, Economica, 2015, p. 101.

Chapitre 2 — Des réformes fiscales pour répondre aux enjeux du développement

657.— Les enjeux du développement exigent de repenser son financement autour des principes clairs. Car le financement du développement est avant tout l'offre d'instruments adéquats en vue d'atteindre les objectifs fixés par les gouvernements[970]. Les réponses aux défis sont multiples, toutefois les solutions sont celles du « sur mesure » et non des « prêt-à-porter »[971]. Pendant longtemps, les pouvoirs publics ont concentré leurs efforts sur des modifications répétées de la législation fiscale, sans vraiment se soucier de la nécessité d'une prise en charge administrative des réformes. Le défi lié à la gestion de l'impôt dépasse largement le cadre de la politique fiscale et concerne le fonctionnement de l'administration d'une manière générale[972]. La perspective semble changer et la tendance est en faveur d'une prise en compte de la dimension de gestion. Ce qui permet d'encourager la discipline fiscale et d'améliorer le rendement fiscal.

658.— Dans l'objectif de renforcer le niveau des recettes et de réduire les distorsions, des réformes fiscales doivent être mises en œuvre. Les recettes fiscales représentent une source indispensable pour le financement du développement[973]. C'est pourquoi le consensus de Monterrey a reconnu cette corrélation et a souligné l'importance des systèmes fiscaux dans la mobilisation des ressources nationales[974]. L'État doit chercher de nouvelles recettes et stimuler l'imagination fiscale[975]. Pour ce faire, les grands axes d'une gestion fiscale doivent être orientés vers la performance (Section I). Une telle démarche va permettre la création d'un espace budgétaire nécessaire à la mobilisation efficace des ressources fiscales (Section II).

---

970 Elias GANAGÉ, Financement du développement, PUF, 1969, p. 7.

971 Philippe HUGON, Afriques : Entre puissance et vulnérabilité, Armand Colin, 2016, p. 245.

972 Julien JARRIGE, Les pays en développement face au BEPS : défis et engagement, Revue de Droit fiscal, n° 23, 9 juin 2016, p. 23.

973 Maaike KOKKE & Francis WEYZIG, Fiscalité et financement du développement, Document d'information de SOMO ou Centre de Recherche sur les Multinationales (document en ligne), octobre 2008, www.somo.nl

974 Rapport des Nations Unies sur la conférence internationale sur le financement du développement, Monterrey, Mexique, du 18 au 22 mars 2002, A/CONF.198/11.

975 Guillaume SAINTENY, L'écofiscalité comme outil de politique publique, Revue française d'administration publique, 2010/2 n° 134, p. 351-372.

Section 1 — La démarche de performance fiscale

659.— La performance dans la gestion publique a longtemps été une quête pour les pouvoirs publics. Entreprendre une action publique performante est la garantie d'une gestion saine et responsable des affaires publiques. Qu'appelle-t-on performance ? La performance mesure la capacité de l'entreprise à atteindre ses objectifs en utilisant mieux ses ressources[976]. Elle repose sur la notion d'efficience et d'efficacité. La performance se définit comme étant le bilan d'une action[977]. Trois sens sont généralement retenus : une action, un résultat d'une action et un record ou un résultat exceptionnel[978]. La performance est une notion polarisée sur le résultat annoncé, mais elle véhicule en plus un jugement de valeur sur le résultat obtenu et la démarche qui a permis de l'atteindre[979]. Cette définition est liée à l'économie de marché selon le Professeur Jacques CHEVALIER[980]. Elle se situe entre le contrôle de gestion et l'évaluation.

660.— Cependant, appliquée à la sphère publique, elle se définit comme un système de pilotage et de contrôle de l'action publique[981]. Elle est entendue comme une optimisation des services rendus aux citoyens[982]. La performance tient un rôle prépondérant dans la gestion publique et le besoin d'un mode de gestion proche du secteur privé se fait sentir. Cette notion de gestion par la performance traduit au mieux la démarche d'une action publique, de sa conception à sa réalisation. Désormais, l'idée de la bonne gestion devient un critère central d'appréciation des politiques budgétaires, avec une référence systématique aux résultats[983]. La performance est multidimensionnelle : la performance stratégique, organisationnelle, économique, commerciale, sociale et naturellement fiscale[984]. Les conditions

---

976 Patrick SIMON, Management, Bréal, 2015, p. 31.

977 Inès MENCHAOUI, Identification et impact des pratiques de gestion fiscale sur la performance fiscale des groupes de sociétés : une étude menée dans le contexte tunisien, Thèse, Université de Franche-Comté et université Tunis El Manar, 2015, p. 139.

978 Pierre-Laurent BESCOS, Dialogue autour de la performance en entreprise : les enjeux, Éditions L'Harmattan, 1999, p. 15.

979 Éric SÉVERIN, Les réductions d'effectifs comme mesure de restructuration pour favoriser la performance : Analyse empirique sur le cas français, La Revue des Sciences de Gestion, vol. 223, n° 1, 2007, pp. 13-24.

980 Jacques CHEVALIER, Performance et gestion publique, dans Réformes des finances publiques et modernisation de l'Administration, mélanges en l'honneur du Professeur Robert HERTZOG, Paris, Economica, 2010, p. 83-93.

981 Henri GUILLAUME, Guillaume DURAND et Franck SILVENT : Gestion publique, l'État et la performance, Presses de Sciences Po et Dalloz, 2002, p. 20.

982 Virginie GALDEMAR, Léopold GILLES et Marie-Odile SIMON, op. cit., p. 9.

983 Jean-Pierre DUPRAT, La dynamique des réformes budgétaires : globalisation des problèmes, unification des outils et adaptation nationale des solutions, RFFP n° 98, juin 2007, p. 9.

984 Inès MENCHAOUI, op. cit.

du succès de la performance fiscale (§ 1) constituent le dénominateur commun d'une meilleure gestion des ressources humaines (§ 2).

§ 1 — Les conditions du succès

661.— La mise en place d'un schéma approprié de financement du développement constitue, pour un pays comme le Centrafrique, l'un des défis majeurs. La mobilisation des ressources internes suppose des efforts considérables. Cependant, pour relever le défi d'une fiscalité adaptée au développement, cela constitue un exercice particulièrement complexe. En effet, dans l'objectif de mobilisation des ressources pour le développement, le système fiscal centrafricain a fait l'objet de réformes axées autant sur la politique fiscale que sur les modes d'administration susceptibles d'améliorer le rendement de l'impôt[985]. Ces réformes ont tenté de définir des politiques et des méthodes d'organisation administrative qui permettent d'accroître les recettes publiques tout en limitant au maximum les distorsions économiques.

662.— Malgré les réformes, le rendement de l'impôt n'a pas atteint l'objectif escompté. A cet effet, le renforcement de la mobilisation des recettes intérieures représente un défi pour assurer les services publics indispensables et soutenir les investissements publics. Il s'agit de mettre en place un dispositif permettant d'améliorer la gestion de l'impôt et de promouvoir la transparence. Pour ainsi dire, un meilleur pilotage des missions, un meilleur encadrement des services, une capacité d'adaptation aux besoins des usagers, une simplification et une automatisation des procédures (A) sont autant d'indicateurs à l'amélioration de la performance fiscale (B).

A) L'introduction progressive de la gestion par la performance

663.— Pour améliorer les conditions de vie et créer plus d'emplois, il faut offrir aux citoyens des services de santé et d'éducation adaptés et des infrastructures adéquates. Tout ceci a un coût. Comment le financer efficacement ? Ce défi qui consiste à satisfaire des besoins croissants avec des ressources publiques limitées ne peut être réglé que par une mobilisation efficace des ressources fiscales. Dans ce contexte, des réformes sont engagées visant à placer la notion de performance comme une nécessité du pilotage de l'action publique. A cet effet, accroître les recettes fiscales est pour les pouvoirs publics, un passage obligé vers l'augmentation des dépenses consacrées à la fourniture de ces services essentiels. La fiscalité joue alors un rôle essentiel dans la mobilisation des ressources nationales

[985] René OSSA, Administrer l'impôt : les nouveaux enjeux de la fonction de gestion dans les pays en développement, Iroko, 2007, p. 11.

pour atteindre cet objectif[986]. L'amélioration de l'efficacité du système fiscal est la nouvelle frontière de la politique de développement[987].

664.— Si le système fiscal est conçu et mis en œuvre d'une manière efficace, il constitue une base financière essentielle au développement économique. Il appartient aux pouvoirs publics d'éviter les composantes de la fiscalité qui freinent le développement économique. Les recettes nationales doivent constituer l'une des principales sources d'expansion de l'espace budgétaire en raison de leur caractère durable, ce qui permet de réduire la dépendance à l'égard de l'aide extérieure[988]. En effet, les pays en développement, dont le Centrafrique, sont évidemment confrontés à un large éventail de difficultés pour améliorer les recettes fiscales. Afin de mieux améliorer les recettes fiscales, l'introduction progressive de la gestion par la performance est essentielle.

665.— Cette démarche s'articule autour des manifestations de la performance dans la génération des ressources publiques. L'amélioration des recettes fiscales constitue l'ancrage de la performance comme outil de pilotage et de contrôle de l'action publique. Toutefois, la littérature juridique sur les finances et la gestion publiques montre que la gestion axée sur la performance va au-delà d'une simple question de recettes et de contrôle. Elle englobe tout cela, mais ne s'y réduit pas[989]. La démarche de performance se veut un fil conducteur de la nouvelle gestion publique. Elle doit être prise en compte dans divers paramètres de l'élaboration des politiques publiques avant l'exécution de celles-ci. Il s'agit, dans toutes les actions des collectivités publiques, d'avoir le souci d'atteindre les meilleurs résultats possible au vu des moyens mis en œuvre[990]. Elle rend ces acteurs entièrement responsables de leur gestion.

666.— Cette responsabilité ne peut être mise en évidence qu'au travers de mécanismes de contrôle et d'évaluation corollaires nécessaires d'une gestion par la performance. Pour que la culture de la responsabilité et de la performance puisse s'ancrer dans les administrations fiscale et douanière centrafricaines, il apparaît nécessaire de réformer l'organisation des contrôles. Le contrôle évoque la problématique globale à laquelle est confrontée toute administration publique s'agissant de l'emploi de ses

---

[986] OCDE, Une fiscalité orientée vers l'investissement et le développement : Aperçu de quelques enjeux de politique fiscale en Afrique, novembre 2009. Document internet.
[987] Angel GURRIA, Secrétaire général de l'OCDE — avril 2009.
[988] Base de données de l'OCDE, http://www.oecd.org/dataoecd/1/33/41227692.pdf.
[989] Boubacar DEMBA BA, Finances publiques et gestion par la performance dans les pays membres de l'UEMOA : étude de cas du Sénégal, Thèse, Université de Bordeaux, 2015, p. 44.
[990] Idem.

ressources[991]. Celle-ci est guidée par les orientations suivantes : la mise en avant des contrôles managériaux au vu de leur caractère préventif et le rattachement de la responsabilité managériale au cadre plus approprié de l'évaluation. Le principe de l'évaluation induit la gestion par la performance.

667.— Dans la mesure où l'autorité exécutive a, au préalable, identifié des priorités, défini des objectifs et, sur la base de l'ensemble, demandé l'affectation de moyens pour la réalisation des politiques qu'elle a jugées comme les plus utiles à la Nation, il est logique qu'à la fin du processus elle rende compte de son action. L'évaluation, dans l'une de ses acceptions, participe de ce compte rendu. La gestion par la performance donne en effet une importance particulière à la notion de résultats. Le constat de l'inefficacité de l'action de l'État doit conduire les pouvoirs publics centrafricains à réformer l'administration publique en la faisant entrer dans l'ère de la recherche de la performance. Cette démarche consiste à orienter et soutenir les services dans leurs efforts d'amélioration de leur performance.

668.— En effet, le passage d'une logique de moyens à une logique de résultats renforce le besoin d'adopter une démarche dynamique et de se doter d'outils de pilotage. Il consolide le processus décisionnel et les conséquences des choix stratégiques opérés. En d'autres termes, piloter une administration, c'est la conduire pour atteindre des objectifs, au moyen d'une stratégie[992], selon un calendrier, dans la recherche d'une meilleure performance[993]. La performance est tout ce qui aide à contribuer à atteindre les objectifs stratégiques[994]. Cependant, il ne s'agit pas seulement d'atteindre des objectifs, encore faut-il que ces objectifs soient bien choisis et que la stratégie retenue soit pertinente en tenant compte des indicateurs de performance .

---

[991] Inspection générale des finances (France) : Rapport de la Mission de comparaisons internationales relative à l'audit et à l'évaluation dans les administrations de cinq pays de l'OCDE et de la Commission européenne n° 2008-M-052-01, Paris, 2008. Document en ligne : www.igf.finances.gouv.fr.

[992] Jean-Pierre DUPRAT, La dynamique des réformes budgétaires : globalisation des problèmes, unification des outils et adaptation nationale des solutions, RFFP n° 98, juin 2007, p. 21.

[993] Communication de Monsieur AMBACH, Pilotage de la performance : le contrôle de gestion, Séminaire sur la mobilisation des ressources fiscales et douanières, Paris, 25 décembre 2007.

[994] Inès MENCHAOUI, Identification et impact des pratiques de gestion fiscale sur la performance fiscale des groupes de sociétés : une étude menée dans le contexte tunisien, Thèse, Université de Franche-Comté et université Tunis El Manar, 2015, p. 139.

B) La prise en compte des indicateurs de performance

669.— La prise en compte des indicateurs de performance revêt une importance majeure. En effet, un indicateur n'a de sens que lorsqu'il doit être lié à la définition d'une stratégie et de priorités clairement établies. Plusieurs écueils doivent dès lors être évités dans la prise en compte des indicateurs de performance. D'une part, il ne faut pas retenir un trop grand nombre d'objectifs et d'indicateurs. Ce qui ne permet pas de mettre en valeur la dimension stratégique de l'action menée. D'autre part, il faut éviter de ne focaliser l'action des services que sur la réalisation des objectifs avec indicateurs au détriment des domaines ne donnant pas lieu à la formulation d'indicateurs de performance. Ainsi, la recherche de la performance nécessite la prise en compte des indicateurs permettant d'évaluer les actions menées par les administrations fiscale et douanière, mais aussi par rapport à la perception qu'en ont les usagers.

670.— La notion d'indicateurs doit s'entendre comme la mesure périodique d'une réalité par rapport à des critères de références prédéfinis. Ce sont des agrégats dont la vocation est de déterminer la part de l'action dans les performances d'une organisation en rapport avec l'idéal à atteindre[995]. Cette définition met un accent particulier sur la logique du résultat qui n'a pas toujours été une préoccupation des administrations publiques en général et des administrations fiscale et douanière en particulier. Dans le secteur public, un indicateur permet de mesurer l'écart entre le résultat obtenu et les objectifs poursuivis, pour déterminer si ces derniers sont en voie d'être atteints[996]. Car, il est établi que l'introduction d'une démarche de qualité dans l'encadrement des contribuables ne peut qu'améliorer les performances de l'administration[997] et apparaît nécessaire pour l'efficacité des actions publiques[998].

671.— Il y a dans cette démarche un souci de responsabilisation et d'amélioration qui est fondamental si l'on veut que la prise en compte des indicateurs ait un impact sur les performances de l'administration. Il faut, pour le Centrafrique, se mettre désormais à l'ère de la gestion par la performance. En effet, les indicateurs ne sont pas un objectif, mais un outil dont le but est de construire chez les agents le sens de la performance et du résultat. Ils se déclinent en tableau de bord. Ces tableaux de bord permettant d'évaluer, à partir d'indicateurs de gestion, l'évolution des performances

[995] René OSSA, Administrer l'impôt – Les nouveaux enjeux de la fonction de gestion dans les pays en développement, Iroko éditions, 2007, p. 245.
[996] Virginie GALDEMAR, Léopold GILLES et Marie-Odile SIMON, op. cit., p. 13.
[997] Les contrôles financiers de l'administration ; Les Cahiers de la fonction publique et de l'administration, 2001, p. 204.
[998] Fanie CLOETE, La transformation de l'Administration : objectifs et contraintes, RFAP, 1985, p. 159.

sont quasi inexistants dans certaines administrations publiques centrafricaines. À fortiori, les administrations fiscales et douanières ne disposent pas fréquemment des données qui permettraient de comparer leurs performances à celles d'autres administrations travaillant dans des contextes comparables.

672.— Ces tableaux de bord doivent faciliter la fixation d'objectifs et permettre une affectation plus efficace des personnels et matériels dans le but de rendre les services performants. C'est pourquoi au sein des administrations fiscale et douanière centrafricaines, des pistes d'amélioration doivent être définies afin d'aboutir à la culture de la performance fiscale. Pour consolider cette culture de la performance fiscale, il est impératif pour les pouvoirs publics centrafricains de mettre en place des indicateurs de gestion afin de mesurer les efforts d'élargissement de l'assiette. Parallèlement, il convient de définir une politique de contrôle de l'exécution des services. Cette politique de contrôle va s'assurer de la réalisation des objectifs, de l'adéquation des besoins et des moyens ainsi que du bon fonctionnement des services[999].

673.— En matière de recouvrement, l'instrument de mesure de la performance est le taux d'apurement de restes à recouvrer recouvrables. En matière de contrôle, des tableaux de suivi de l'activité doivent être élaborés et diffusés tandis que le taux de réalisations ne se limite plus en rendement chiffré, mais aussi sur le nombre d'opérations clôturées suivant une cible projetée. Ce mouvement de rénovation des outils de pilotage doit être diffusé à l'ensemble des services déconcentrés dans le but de constituer un nouveau cap à la pratique d'un management innové[1000]. Des mesures fiscales ont été appliquées sans que ni l'administration ni les contribuables puissent percevoir clairement le sens des actions engagées[1001]. Il est nécessaire de veiller à la cohérence de toute nouvelle réforme.

674.— Le calendrier des mesures modifiant à la fois les règles fiscales et leur mode d'administration constitue un instrument essentiel de cette cohérence. Des priorités doivent être dégagées en tenant compte de l'intérêt budgétaire et économique de la réforme ainsi que de son insertion dans une stratégie à long terme. Partant de ces priorités, plusieurs possibilités d'action s'offrent aux responsables des administrations concernées. Ils doivent s'inspirer des bonnes pratiques en matière de fiscalité et d'administration. C'est pourquoi les deux principaux organes de recettes que sont les administrations fiscale et douanière doivent être renforcés en outils

---

[999] Gérard CHAMBAS, Afrique au sud du Sahara : Mobiliser des ressources fiscales pour le développement, Economica, 2005, p. 149.
[1000] Antoine NGAKOSSO, Réformes fiscales en Afrique – Le management du changement, L'Harmattan, 2013, p. 181.
[1001] Gérard CHAMBAS, op. cit., p. 54.

modernes de gestion. Car, chaque administration doit mener son processus, l'adapter à ses missions et à son contexte. Il n'existe donc pas de démarche type, de projet de service « en prêt-à-porter »[1002].

675.— Le développement de la fonction de pilotage s'explique par la transformation progressive du cadre de gestion. L'outil de pilotage est constitué par le recours à la planification stratégique, dont la nature correspond bien à l'environnement globalement stable des administrations fiscale et douanière. La quasi-totalité des administrations modernes dispose d'un plan stratégique pluriannuel, incluant la définition de la mission de l'administration, l'analyse de son environnement et la description des principaux programmes d'action. Le plan stratégique inclut également les principaux indicateurs de gestion, qui constituent le second outil de pilotage. Ce modèle de gestion doit être pris en compte et adapté au bon fonctionnement des administrations fiscale et douanière centrafricaines.

676.— Ces indicateurs constituent l'outil principal de gestion. L'exigence des critères évaluables, c'est-à-dire pouvant faire l'objet d'une mesure, apparaît en effet comme la seule façon de s'assurer, in fine, que l'objectif de la politique concernée est atteint[1003]. L'affirmation de la nécessité de rendre compte et de mesurer les réalisations par rapport aux objectifs tient en partie à l'obligation d'expliciter les choix de politiques publiques à l'égard des citoyens dans un contexte budgétaire moins favorable[1004]. Par ailleurs, les systèmes d'information doivent permettre de renseigner ces indicateurs. Ils apparaissent en ce sens comme des piliers de la mesure de la performance, ce qui suppose des remontées d'informations fiables et régulières.

§ 2 — La recherche de la performance fiscale

677.— Les supports organisationnel, humain et matériel sont le réceptacle du système fiscal. Ce dernier, pour une application optimale, doit être porté par un ensemble de gestion adapté au dispositif, donc capable d'en atteindre les objectifs et d'en susciter les pleins effets. Malheureusement, en Centrafrique comme ailleurs dans les pays en développement, les administrations fiscale et douanière restent une image fidèle de l'administration publique en perte de vitesse. Il faut reconnaître qu'il y a des déficits liés aux moyens humains et matériels. Toutefois, les administrations financières disposent généralement de personnels de qualité, bien formés et informés des conceptions modernes de la gestion publique.

[1002] André BARILARI, la modernisation des administrations financières 1990-1995, RFFP n° 54, 1996, pp. 7-14.

[1003] Virginie GALDEMAR, Léopold GILLES et Marie-Odile SIMON, op. cit., p. 11.

[1004] Françoise WAINTROP, Céline CHOL, Brigitte COUÉ, Marie-Thérèse DELEPLACE, Michel MARÉCHAL, Performance, l'ère des RH, Recherche, Études, Veille ; juin 2005, p. 3.

678.— Mais, leur efficacité dans l'exercice de leurs fonctions dépend de leur capacité à mettre en œuvre des politiques qui ne sont pas trop parasitées par des interventions discrétionnaires des gouvernants[1005]. Le développement des capacités administratives constitue aujourd'hui un préalable au choix de la politique fiscale. Pour ce faire, le renforcement de capacités des administrations fiscale et douanière centrafricaines doit permettre d'améliorer le rendement de l'impôt. Il s'agit de faciliter la perception de l'impôt et de rendre efficace le contrôle de l'administration sur le respect des obligations fiscales. Les administrations fiscale et douanière doivent renforcer leurs capacités managériales, repenser et réorganiser les services pour améliorer le rendement de l'impôt (B). Pour ce faire, un changement de paradigme est souhaitable d'abord par la valorisation des ressources humaines (A).

A) La valorisation des ressources humaines

679.— La mobilisation des ressources fiscales pour le financement du développement impose un renforcement des capacités humaines du secteur public. En effet, des institutions performantes ayant comme principes de fonctionnement l'efficacité et l'efficience, la compétence, la transparence des opérations et la responsabilité dans l'action sont indispensables pour impulser le processus du développement. La compétence d'une institution dépend de la qualité des ressources humaines qui l'animent. Le premier capital des administrations fiscale et douanière demeure leurs ressources humaines et leurs capacités individuelles et collectives à mieux répondre aux besoins des usagers. En effet, dans l'exercice de leurs responsabilités, les dirigeants des administrations publiques se trouvent confrontés à des défis importants tels que la mise en place de réformes et de changements organisationnels.

680.— La valorisation des ressources humaines contribue au renforcement des capacités individuelles et institutionnelles du pays en vue de son développement économique et social. Ce faisant, la gestion des ressources humaines est d'un intérêt majeur pour toutes les administrations publiques. En effet, la qualité du capital humain d'une administration est devenue l'ingrédient essentiel pour assurer le dynamisme et la compétitivité de l'économie. Le personnel avec des niveaux élevés de formation professionnelle développe des habiletés et des compétences. Dès 1996, l'Assemblée générale des Nations unies a reconnu le rôle important que joue

---

[1005] Salif YONABA, Le recouvrement des recettes publiques dans les états africains : un état des lieux préoccupant, Revue française d'administration publique n° 144, 2012/4, p. 1043-1051.

la mise en valeur des ressources humaines dans les administrations publiques. L'OCDE a indiqué qu'une gestion plus efficace du personnel provoque une amélioration de l'efficacité et de l'efficience de ces administrations[1006].

681.— La Banque mondiale a indiqué qu'il soit chargé d'élaborer des politiques, de fournir des services ou d'administrer des contrats, un personnel compétent et motivé est la cheville ouvrière d'un état efficace[1007]. Cette volonté de modernisation et d'efficacité doit conduire les pouvoirs publics à affirmer de nouvelles valeurs pour les administrations fiscale et douanière : efficience, qualité, transparence, flexibilité, équité, simplification et aussi culture de résultats tant pour la rentrée des recettes fiscales que pour la qualité du service rendu au citoyen. Cependant, l'importance attachée au statut du fonctionnaire a poussé les administrations à limiter la question de la gestion du personnel à l'application pure et simple des règlements sans trop se préoccuper d'un réel développement des ressources humaines.

682.— Dans une société en constante évolution, l'État ne peut pas jouer son rôle sans un personnel qualifié, motivé et rigoureux. S'il faut rendre les administrations performantes, il va falloir mettre en œuvre un management efficace des ressources humaines. Plusieurs réformes ont été engagées dans ce domaine. Elles visent à mieux maîtriser la mise en œuvre des politiques publiques, assouplir les procédures, offrir aux citoyens des services mieux adaptés à leurs besoins, en substance, rendre l'administration plus performante[1008]. Pour ce faire, de multiples mesures ont été prises afin de moderniser le système fiscal centrafricain et l'administration en vue d'améliorer la qualité des services rendus à l'usager et de mobiliser les ressources suffisantes et nécessaires au financement des dépenses publiques. En effet, l'accélération du changement constitue une opportunité de progrès.

683.— C'est pourquoi les administrations fiscale et douanière centrafricaines doivent placer la gestion des ressources humaines au cœur de leurs objectifs stratégiques. L'essor de la gestion par la performance appelle un renouvellement d'approche en termes de constitution et d'utilisation des ressources humaines. La formation permanente et la formation continue devront connaître une revalorisation dans l'ensemble des corps de métiers. Ainsi, le personnel des administrations financières confronté à des exigences nouvelles des techniques de gestion devra intégrer des programmes de recyclage en rapport avec les grandes orientations stratégiques. Il serait dans cette optique d'exiger des écoles de formation, une révision du contenu des

---

[1006] Denis Papin NGANDA, La fiscalité comme instrument de politique économique et sociale en République centrafricaine, Mémoire Master 2, Université de Douala, 2012, p. 75.
[1007] Idem.
[1008] Françoise WAINTROP, Céline CHOL, Brigitte COUÉ, Marie-Thérèse DELEPLACE, Michel MARÉCHAL, Performance, l'ère des RH, Recherche, Études, Veille ; juin 2005, p. 2.

programmes dans le sens d'une plus grande professionnalisation des enseignements ainsi qu'une certaine ouverture vers l'innovation managériale.

684.— Dans cette perspective, la formation professionnelle apparaît comme un investissement nécessaire qui conditionne la qualité du service public et l'amélioration des performances individuelles et collectives des administrations fiscale et douanière centrafricaines. En matière de gestion des ressources humaines, de nouveaux axes stratégiques devront être explorés aux fins d'accompagner la démarche de gestion par la performance. A cet effet, il conviendrait d'aménager le cadre de gestion du personnel dans le sens d'une grande flexibilité. De même, afin de consolider la gestion orientée vers les résultats, le développement de la rémunération au mérite dans la fonction publique pourrait connaître un essor.

685.— Par ailleurs, le management par objectifs qui implique une démarche prévisionnelle dans le cadre des dispositifs de planification stratégique devra être en phase avec le mode de gestion des ressources humaines appelées à mettre en œuvre les actions. Il faut promouvoir des pratiques nouvelles en matière de gestion des ressources humaines et mettre en œuvre des outils nouveaux. Cela suppose que ces pratiques et ces outils soient connus autant que les principes qui les inspirent. En plus, le renforcement des capacités des administrations en personnel devra aussi constituer un axe stratégique à consolider. Les pistes à explorer dans ce contexte sont à la fois quantitatives et qualitatives afin d'assurer une mise en cohérence entre les missions des organisations et les effectifs permettant de les accomplir avec efficacité et efficience.

686.— On ne peut développer une culture de la performance et du résultat que si chaque agent se sent responsabilisé et motivé pour améliorer sa propre prestation. Le résultat collectif n'est que l'addition des résultats individuels[1009]. Il faut enfin relever que ce n'est pas la formation des agents des seules administrations fiscale et douanière qui importe, mais le développement des autres administrations est aussi une condition de perfectionnement du contrôle fiscal. En effet, l'administration fiscale dispose, pour contrôler les déclarations des contribuables, d'un droit de communication auprès des autres administrations. Ce droit de communication ne sera efficace que dans la mesure où les autres administrations disposent d'archives suffisamment bien tenues pour pouvoir donner au fisc tous les renseignements qu'il réclame[1010].

[1009] Philippe PARINI, les adaptations des Administrations financières, Finances publiques : scénarios pour demain, RFFP, n° 87, septembre 2004.

[1010] Paul Marie GAUDEMET et Joël MOLINIER, Finances publiques : Fiscalité, tome 2, 6e édition Montchrestien ; 1997, p.73.

687.— Par ailleurs, les administrations fiscale et douanière centrafricaines ont pour vocation de collecter les deniers pour le compte de l'Etat. A ce titre, elles se doivent d'inspirer respect, crédibilité et confiance pour convaincre les usagers à accepter l'impôt. Tout comportement malveillant risque de nuire au rendement de l'impôt par la réticence que peuvent afficher les contribuables et par voie de conséquence assécher les caisses de l'État. De ce fait, l'agent des impôts et des douanes doit réunir un certain nombre de qualités et de valeurs morales qui doivent le guider à bien se comporter. Cet objectif est encadré par les différents codes d'éthique et de déontologie des administrations fiscale et douanière centrafricaines. Il importe de la diffuser dans les différents services pour que chaque agent en appréhende le contenu et les attentes pour le changement de comportement qu'il induit.

688.— De même, les responsables hiérarchiques des administrations doivent eux-mêmes le valoriser et montrer qu'ils sont importants pour la bonne marche de l'administration. En effet, l'accent mis sur la performance, l'atteinte des résultats et sur la manière dont le service est rendu aux bénéficiaires a un impact sur les compétences, sur la culture et les pratiques de travail dans une organisation[1011]. Toutefois, la mise en place d'un dispositif de pilotage des performances reste tout de même un chantier de longue haleine qui verra des aménagements institutionnels et des novations normatives au service des finances publiques. La généralisation des savoirs managériaux apportera une meilleure approche dans la gestion des ressources humaines et une conduite méthodique des changements projetés[1012]. Cela nécessite la réorganisation des services.

B) Le renforcement des capacités

689.— Le renforcement des capacités des administrations fiscale et douanière centrafricaines est primordial pour mobiliser davantage de ressources propres destinées au financement du développement. Pour cause, les caractéristiques d'un système fiscal efficace sont fondées sur cinq grands principes : la simplicité administrative, la flexibilité, l'équité, la transparence, l'efficacité. Ces principes sont les critères d'évaluation d'un système fiscal performant[1013]. Le renforcement structurel des administrations fiscale et douanière centrafricaines peut être un facteur décisif de l'efficacité

[1011] Françoise WAINTROP, Céline CHOL, Brigitte COUÉ, Marie-Thérèse DELEPLACE, Michel MARÉCHAL, Performance, l'ère des RH, Recherche, Études, Veille ; juin 2005, p. 24.

[1012] Richard EVINA OBAM, L'intégration du pilotage des performances en finances publiques camerounaises, Mémoire, ENA, 2005, p. 2.

[1013] Joseph E. STIGLITZ — Carl E. WALSH, Principes d'économie moderne, 2e éd. De Boeck, 2004, p.357.

opérationnelle. Comme l'a souligné Gabriel ARDANT, le système fiscal le mieux conçu ne vaut que par l'administration qui le met en œuvre[1014]. Cette citation devenue célèbre met l'accent sur un aspect essentiel des problèmes fiscaux des pays en développement.

690.— L'impôt, pour être productif, appelle un minimum d'efficacité dans la liquidation et le recouvrement. Cette condition n'est obtenue que là où une organisation administrative permet un contrôle sérieux de la matière imposable et le paiement intégral de la cotisation due[1015]. C'est dire que la politique fiscale la mieux conçue serait vouée à l'échec si elle est appliquée par une administration peu performante. Le dysfonctionnement de l'administration centrafricaine et les contre-performances des entreprises publiques ont toujours préoccupé les autorités politiques et les partenaires au développement. Car, il est difficile de promouvoir un développement harmonieux sans lever ces obstacles. A cet effet, la culture de la performance doit devenir en Centrafrique un aiguillon pour une mobilisation efficace de recettes fiscales.

691.— Le renforcement des capacités administratives suppose la réalisation de deux conditions. D'une part, un recrutement de qualité dans les administrations fiscale et douanière, à tous les niveaux, accompagné d'un programme de formation permanente. D'autre part, un meilleur déploiement des effectifs de l'administration fiscale et douanière à l'intérieur du pays pour opérer des contrôles auprès des acteurs économiques. Aussi bien pour les administrations des douanes que celles des impôts, la recherche de l'efficacité requiert une séparation des tâches conceptuelles et opérationnelles. Elle repose sur la recherche de la performance et la promotion de l'éthique[1016]. Les réformes à entreprendre par les autorités pour un meilleur pilotage par le résultat supposent une réorganisation des administrations centrales et déconcentrées afin de les adapter à la nouvelle donne. Il faut élargir la capacité d'action du fisc.

692.— Cela revient à décentraliser les missions des administrations fiscale et douanière tout en améliorant la qualité des services décentralisés. Mais, quel que soit le degré de perfection de l'organisation administrative, celle-ci ne peut aboutir à une amélioration des recouvrements, à une meilleure application des réformes sans une amélioration des moyens matériels. Les administrations fiscale et douanière ont besoin pour remplir leur mission d'un patrimoine immobilier substantiel. La nécessité de disposer de locaux afin d'assurer certains services par une présence physique à proximité raisonnable des contribuables. Cela dans le but de minimiser les

---

[1014] Gabriel ARDANT, Histoire de l'impôt, Fayard, 1971, p. 858.

[1015] Jean DUFOUR, La fiscalité du développement, Annales africaines, 1959, p. 112.

[1016] Gérard CHAMBAS, Afrique au sud du Sahara : Mobiliser des ressources fiscales pour le développement, Economica, 2005, p. 148.

contraintes qu'ils subissent pour se conformer aux règles et les coûts administratifs liés aux vérifications. Ainsi, la démarche de la performance doit faire face aux nouvelles exigences de mobilisation accrue des ressources fiscales.

693.— C'est pourquoi la mesure de la performance doit permettre de renseigner sur l'efficacité des choix de politique et l'efficience des choix de gestion[1017]. Les traits communs à cette démarche de performance sont la volonté d'améliorer le service à l'usager en lui offrant un service irréprochable et lutter contre la fraude fiscale. Le renforcement des capacités des administrations fiscale et douanière doit apporter une assistance aux opérateurs économiques, pour que le fisc ne soit pas pour eux seulement une administration qui perçoit l'impôt et sanctionne, mais aussi un « service public », qui leur apporte un service[1018]. Une telle réforme permettrait non seulement de changer la perception que les contribuables peuvent avoir de l'administration fiscale, mais aussi, par l'assistance que celle-ci leur apporte, de limiter les tentatives de soustraction illégale à l'impôt.

694.— Enfin, plus largement, le renforcement des capacités des administrations fiscales est nécessaire à la mise en place de toute réforme fiscale. Car, elle exige de nouvelles compétences pour la mise en œuvre de nouvelles techniques ou de nouvelles méthodes de travail[1019]. Au demeurant, la préoccupation d'améliorer l'efficacité des politiques publiques n'est pas nouvelle. La question récurrente de leur évaluation en est une illustration[1020]. La culture de l'évaluation doit se développer au sein des administrations fiscale et douanière centrafricaines en raison des exigences de performances auxquelles elles sont soumises. L'impératif d'évaluation vient du souci de rendre compte qui doit habiter toute personne en charge de la mobilisation ainsi que de la gestion des ressources publiques. Pour ce faire, les exigences d'évaluation s'opèrent à plusieurs échelons de la hiérarchie des administrations.

695.— A cet effet, ce mécanisme permet d'installer une véritable boucle de rétroaction[1021] qui favorise un enchaînement séquentiel entre les objectifs, leur mise en œuvre, les résultats, l'évaluation et la réorientation des objectifs. Comme dans toute transition organisationnelle, le facteur humain est déterminant dans l'aboutissement de la mise en œuvre de cette nouvelle

---

[1017] Jean-Pierre DUPRAT, La dynamique des réformes budgétaires : globalisation des problèmes, unification des outils et adaptation nationale des solutions, RFFP n° 98, juin 2007, p. 28.
[1018] Serge ABESSOLO, Réflexions et propositions pour une fiscalité du développement en Afrique centrale, p.10.
[1019] Idem.
[1020] Jean-Pierre DUPRAT, op. cit.
[1021] Michel BOUVIER, André BARILARI, la nouvelle gouvernance financière, LGDJ, Paris, 2005.

approche de gestion des finances publiques[1022]. Pour mieux appréhender la démarche de la performance, un changement de mentalité des acteurs de la réforme s'impose afin de donner aux réformes une chance de succès. Afin d'atteindre l'objectif de performance fiscale, la modernisation des administrations fiscale et douanière centrafricaines s'impose comme une stratégie de mobilisation des ressources fiscales. Au regard de leur obsolescence généralisée, la thérapie reposera sur une réforme en profondeur.

696.— Au demeurant, la démarche de performance qui guide les réformes dans les autres pays se présente à cet égard, comme une source d'inspiration féconde[1023]. Des actions de soutien méthodologique doivent se faire par l'organisation des séminaires de réflexion à l'endroit des cadres et agents des administrations fiscale et douanière. L'objectif est de permettre aux participants d'échanger sur la pratique de leur métier, mutualiser leurs initiatives, échanger sur les problématiques et les perspectives de la mission de contrôle, la pratique managériale. Il a aussi pour vocation de favoriser un encadrement de qualité. Ensuite, les pouvoirs publics doivent mener des actions visant à promouvoir le civisme fiscal, renforcer le contrôle et améliorer le recouvrement des impôts et taxes. Autant d'éléments dont on peut se convaincre qu'ils assureront à tout système fiscal efficacité et pérennité[1024].

Section 2 — La démarche d'efficacité, fondement d'une politique fiscale à vocation budgétaire

697.— L'un des défis auxquels est confrontée la RCA est la collecte des ressources fiscales. Ce défi est difficile à relever du fait que les champs de politique fiscale sont encadrés par des contraintes touchant à des domaines variés tels que la bonne gouvernance, l'incitation des investissements privés et les programmes économiques[1025]. A cet effet, la gestion de l'impôt se place au centre de toutes les stratégies d'amélioration des recettes fiscales. Or, le dilemme se pose dans la recherche d'un équilibre entre la nécessité d'engranger des recettes fiscales et le besoin d'attractivité pour les

---

1022 Marouf ALABI CHITOU, Le renforcement des contrôles : le rôle des juridictions financières africaines (expérience du Bénin), RFFP n° 98, juin 2007, p. 137.

1023 Henri GUILLAUME et autres, Gestion publique. L'Etat et la performance, Presse des Sciences politiques et Dalloz, 2002, p. 272.

1024 Gustave Amavi KOUEVI, Plaidoyer pour une géofiscalité en Afrique : éléments d'une nouvelle approche de la gouvernance économique et financière, Revue Droit fiscal, supplément au n° 25 juin 2007, p. 58.

1025 René OSSA, Administrer l'impôt : les nouveaux enjeux de la fonction de gestion dans les pays en développement, Iroko, 2007, p. 7.

investissements[1026]. Il s'agit de concilier la volonté des pouvoirs publics d'accroître les ressources internes nécessaires à la mise en œuvre de leur politique et la quête permanente du profit des opérateurs économiques[1027].

698.— La République centrafricaine est un pays fragilisé[1028] par plusieurs épisodes d'instabilité politique et de violence. Ces crises récurrentes ont eu des impacts majeurs sur les recettes fiscales. Pour remédier à cette situation de chute de recettes fiscales, des mesures portant sur la réforme des techniques et des outils de collecte de l'impôt sont prises dans le but d'améliorer la mobilisation des recettes fiscales. Mais, le rendement de l'impôt demeure très faible au regard de la potentialité économique du pays. Ce faisant, l'amélioration des sources de revenus est essentielle à la création d'un espace budgétaire pour répondre aux besoins de développement. De ce fait, des mesures relatives à l'élargissement de l'assiette fiscale doivent être prises (§ 1) afin d'améliorer les conditions d'un rendement fiscal optimal (§ 2).

§ 1 — Les mesures de la performance fiscale relatives à l'élargissement de l'assiette fiscale

699.— Le problème posé par l'assiette de l'impôt est celui de savoir sur quelle matière doit être établi l'impôt. Il se ramène à deux questions fondamentales : Qui va être contribuable ? Quelle va être la matière imposable ?[1029] Ces interrogations renvoient aux principes de justice et d'équité fiscale[1030] qui sous-tendent la problématique de l'élargissement de l'assiette fiscale. En effet, élargir les bases imposables en les rapprochant de ce qu'elles devraient être est un des éléments importants d'un agenda pour davantage de justice fiscale[1031]. Il n'est pas étonnant qu'un objectif central des politiques économiques consiste à élargir l'espace budgétaire en recherchant une combinaison optimale entre les différentes composantes de cet espace, notamment la fiscalisation des activités non enregistrées (A) et la convergence de la politique fiscale applicable aux ressources naturelles (B).

[1026] Julien JARRIGE, Les pays en développement face au BEPS : défis et engagement, Revue de Droit fiscal, n° 23, 9 juin 2016, p. 23.

[1027] René OSSA, op. cit., p. 8.

[1028] OCDE, L'engagement international dans les États fragiles : Peut-on mieux faire ? Éditions OCDE, 2011.

[1029] Paul Marie GAUDEMET et Joël MOLINIER, Finances publiques : Fiscalité, tome 2, 6e édition Montchrestien ; 1997, p. 61.

[1030] Denis CLERC, Fiscalité et équité : propositions pour un débat, L'Économie politique 2010/3, n° 47, p. 7-20.

[1031] Christian VALENDUC, Justice fiscale : inaccessible étoile ou choix de société ? Analyses, Vivre ensemble Education, 2016/13, p. 6.

A) La fiscalisation des activités économiques non enregistrées

700.— La stratégie de replacer l'économie dans un cadre formel fait partie des objectifs de toute politique fiscale parce que le secteur informel fait obstacle à la mobilisation des recettes fiscales. Pour les petites entreprises, la décision de ne pas en payer et de rester par conséquent dans le secteur informel est donc conditionnée par une simple analyse coûts-avantages[1032]. Face à cette situation, l'extension de la base d'imposition comme moyen d'améliorer la mobilisation des ressources fiscales pose de sérieux problèmes. De ce fait, il convient d'optimiser les mesures de performance afin d'appréhender les contribuables qui essaient de se soustraire à leurs obligations fiscales. La formalisation des activités économiques repose sur de nombreuses mesures qui doivent être coordonnées et échelonnées dans le temps (2). Il est nécessaire de circonscrire le concept des activités économiques non enregistrées (1).

1. Définition du concept

701.— L'étroitesse de l'assiette fiscale, en Centrafrique, conduit à focaliser la mobilisation des recettes fiscales sur le nombre limité de contribuables qui paient les impôts. A cet effet, la réforme fiscale est nécessaire pour élargir l'assiette fiscale et amener une part plus importante d'activités économiques dans l'économie formelle[1033]. L'économie non enregistrée est loin de conduire à une situation favorable pour une économie en développement[1034]. Le secteur informel est une composante essentielle de l'économie de nombreux pays, industrialisés ou en développement. Son expansion et son hétérogénéité rendent cependant son appréhension et son évaluation particulièrement délicates[1035]. Ses formes pouvant être très diverses, il est également très difficile à définir.

702.— S'il y a un aspect du secteur informel sur lequel les analystes divergent, c'est bien sur sa définition. Au vu des multiples définitions qui en sont données, on est tenté de dire qu'il y a presque autant de définitions que de travaux qui lui sont consacrés. Pour définir ce secteur, plusieurs critères sont privilégiés en fonction des auteurs, mais aussi en fonction de ce que l'on veut mesurer ou étudier. C'est ainsi que les éléments d'appréciation sont mis en avant dans l'analyse du secteur informel. On retrouve l'effectif du

---

[1032] Jean-François BRUN, Gérard CHAMBAS, Samuel GUERINEAU, Aide et mobilisation fiscale dans les pays en développement, CERDI, Etudes et Documents, 2008, p. 5.

[1033] Ibidem, p. 9.

[1034] Mahaman SANI. Secteur non enregistré et mobilisation fiscale dans les pays en développement (PED) : le cas des pays d'Afrique au sud du Sahara (PASS), Université d'Auvergne - Clermont-Ferrand I, 2009, p. 6.

[1035] Guide des modalités et procédures de fiscalisation du secteur informel, CREDAF, 2009, p. 3.

personnel ou plus précisément la taille de l'entreprise. Ensuite, on a le type de relations entre les responsables des entités informelles et les employés. En outre, il y a le degré du respect des obligations fiscales et autres obligations relatives au monde du travail. Enfin, c'est le niveau de technologie utilisée.

703.— Au sein du secteur informel, les problématiques sont différentes selon que l'on se trouve face à des entreprises connues des services fiscaux, mais défaillants ou face à des activités clandestines, c'est-à-dire des activités économiques non connues des services fiscaux et où la principale difficulté consiste en leur détection. Il existe ainsi un secteur informel légal qui regroupe des microactivités pour lesquelles les obligations fiscales et déclaratives demeurent très réduites et qui acquittent un impôt synthétique ou forfaitaire. Un autre aspect du secteur informel est celui de l'économie souterraine dont les enjeux économiques sont importants avec l'existence de véritables réseaux frauduleux. L'activité économique générale se trouve perturbée par leur existence dans la mesure où ils entrent en concurrence avec les entreprises formelles qui pâtissent de cette concurrence déloyale[1036].

704.— Cette situation crée des distorsions économiques en faveur du secteur frauduleux. Selon la terminologie fiscale, c'est l'ensemble des activités économiques qui sont mal connues de l'administration fiscale en raison de l'absence de structures et/ou de numéros d'enregistrement permettant leur identification. Ce manquement peut être dû à une volonté manifeste de dissimuler leurs activités et de fuir leurs charges fiscales. De ce fait, fiscaliser le secteur frauduleux reviendrait à réduire ces distorsions et favoriser ainsi le jeu de la concurrence. L'imposition se justifie par les objectifs de mobilisation de recettes fiscales, de promotion de l'équité dans le traitement fiscal et de l'élargissement de l'assiette fiscale[1037].

705.— En effet, l'élargissement de l'assiette fiscale par la fiscalisation du secteur informel consiste en l'extension de l'imposition à tous les agents économiques. Ceux qui exercent leurs activités dans l'économie clandestine doivent être atteints, car ils constituent un véritable gisement fiscal. L'économie clandestine génère d'énormes revenus substantiels sans pour autant contribuer à la couverture des charges publiques. De ce fait, les activités économiques non enregistrées ont un impact négatif sur la mobilisation des ressources internes. Cependant, l'imposition du secteur informel est un défi pour le Centrafrique. Pour pouvoir augmenter les recettes fiscales, les pouvoirs publics doivent élargir l'assiette fiscale, en trouvant le moyen d'imposer ledit secteur.

[1036] Idem, p. 11.

[1037] Mahaman SANI. Secteur non enregistré et mobilisation fiscale dans les pays en développement (PED) : le cas des pays d'Afrique au sud du Sahara (PASS), Université d'Auvergne - Clermont-Ferrand I, 2009, p. 57.

2. Réduire la portée de l'économie informelle

706.— Pour atteindre l'objectif du développement, la question relative au financement par des stratégies fiscales se pose avec acuité afin de mobiliser les ressources fiscales[1038]. L'impact du secteur informel dans la mobilisation des ressources internes est double. D'une part, les contribuables qui évoluent dans ce secteur sont susceptibles de se soustraire de leurs obligations fiscales en payant moins par le jeu d'imposition forfaitaire ou en ne payant aucun impôt par la non-traçabilité de leurs activités. D'autre part, du fait de la concurrence déloyale qu'il exerce à l'encontre du secteur moderne, le secteur informel tire le secteur moderne vers la faillite. Ce qui constitue pour l'administration fiscale la perte d'un contribuable-collecteur d'impôt[1039].

707.— Au regard des conséquences, il paraît pertinent d'instituer les mesures fiscales visant à réduire la portée de l'économie informelle. Ces mesures fiscales peuvent s'articuler autour de plusieurs axes. La première stratégie viserait à l'éradication des activités frauduleuses en les assujettissant aux obligations fiscales de droit commun. Le cordon douanier constitue le point de départ de la chaîne où le risque de fraude est élevé. Les mesures pouvant permettre de mieux contrôler les opérateurs économiques impliqués dans les actes frauduleux découlent des pratiques administratives. Il s'agit de rendre systématiques les contrôles physiques au cordon. Toutefois, en plus de la technique utilisée au cordon douanier, les opérateurs économiques usent d'astuces qui se traduisent par la non-déclaration d'une partie des marchandises importées consistant à minorer le chiffre d'affaires[1040].

708.— La seconde stratégie consisterait à recourir à des acomptes sur impôts perçus au cordon douanier ou auprès des fournisseurs. Les activités informelles font l'objet d'une taxation forfaitaire à travers une patente synthétique indiciaire[1041]. Certains opérateurs économiques se réfugient dans le secteur informel, ne versant que des forfaits qui ne correspondent pas à leurs revenus réels. Une des solutions consisterait à modifier les tranches ou barèmes d'imposition par lesquels les entreprises sont classées dans les secteurs formel ou informel. Aussi, les administrations fiscale et douanière centrafricaines doivent sécuriser les importations par des mesures d'assainissement et de mise à jour régulière du fichier du numéro

[1038]Antoine NGAKOSSO, op. cit., p. 12.
[1039]Antoine NGAKOSSO, op. cit., p. 15.
[1040] Stéphane SCHLOTTERBECK, Anthony RAMAROZATOVO et autres, République centrafricaine : Mobilisation des recettes fiscales et douanières, Rapport mission FMI, novembre 2016, p. 13.
[1041] Gérard CHAMBAS, Afrique au sud du Sahara : Mobiliser des ressources fiscales pour le développement, Economica, 2005, p. 133.

d'identification fiscale (NIF) ainsi que la surveillance conjointe des personnes physiques, importatrices de produits à fort potentiel de fraude.

709.— Par ailleurs, les autorités fiscales pourraient, en introduisant des incitations adaptées et en développant la culture du respect des obligations du contribuable, lever des impôts sur le secteur informel, mais aussi faciliter la transition vers l'économie formelle de nombreuses entreprises non déclarées. A cet effet, les acteurs économiques doivent connaître davantage l'impôt dans toutes ses composantes. Pour ce faire, des structures d'encadrement des acteurs économiques telles que les Centres de gestion agréés (CGA) doivent être instituées. Au regard du développement des activités économiques du secteur informel, l'objectif de création des CGA est non seulement d'améliorer la gestion des PME-PMI à travers des structures appropriées, mais aussi de leur apporter une assistance en matière de tenue de comptabilité, de fiscalité, de conseil et de formation.

710.— Par leurs compétences, les CGA seront un véritable outil de sensibilisation, d'information, de développement et de fiabilité des informations financières des agents économiques. Il est donc utile de les former aux techniques modernes de gestion et à l'utilisation de l'impôt comme un instrument de gestion de l'entreprise. L'objectif économique des CGA est de faciliter le passage des opérateurs économiques de l'informel vers le formel. Leur existence militerait en faveur de la monétarisation de l'économie et à l'amélioration de la mobilisation des recettes fiscales. Il est par conséquent essentiel d'élaborer une politique fiscale qui doit remplir la fonction du pilier du développement en cohérence avec le régime fiscal spécifique.

B) Le renforcement de l'efficacité de la fiscalité spécifique

711.— La spécialisation fiscale n'a pas une seule finalité. Elle poursuit des objectifs budgétaires de rendement fiscal, des objectifs économiques de régulation ou d'orientation des comportements[1042]. Dans les faits, la fiscalité spécifique poursuit surtout un objectif de financement de politique publique[1043]. En Centrafrique, les fiscalités spécifiques et de droit commun qui s'appliquent aux secteurs considérés doivent être placées dans le cadre global de la politique de l'élargissement de l'assiette fiscale. La fiscalité spécifique n'est pas sans importance au regard de la mobilisation des ressources fiscales pour le développement et joue un rôle en matière

[1042] Jean-Marc SAUVÉ, vice-président du Conseil d'État, discours d'ouverture du colloque organisé dans le cadre des entretiens du Conseil d'État en droit public économique à l'Ecole nationale d'administration, le 5 juin 2015.

[1043] Christophe WITCHITZ, Analyse économique de la fiscalité affectée et examen de son impact sur les assujettis, Rapport particulier n° 3, avril 2013, p. 24.

d'attractivité. Cependant, le développement des dispositifs de la fiscalité spécifique ne s'est pas accompagné d'une évaluation systématique et préalable de leur efficacité et de leur cohérence[1044].

712.— La fiscalité spécifique centrafricaine présente de nombreuses imperfections. Elle est caractérisée par sa complexité, l'éclatement de sa gouvernance et de son recouvrement ainsi que sa cohérence parfois incertaine avec l'ensemble des objectifs poursuivis par les politiques publiques. Les performances en matière de mobilisation de recettes provenant des industries extractives sont particulièrement faibles, au regard de son potentiel estimé. Le rendement fiscal des secteurs spécifiques ne permet pas de contribuer efficacement à la richesse nationale et au développement économique[1045]. Même si certaines réformes ont pu être apportées à la fiscalité spécifique, elles ne permettent pas de répondre à tous les enjeux. Il résulte de cet état des lieux que les pouvoirs publics doivent prendre la mesure de ces différences et adapter en conséquence la politique fiscale applicable aux secteurs d'activités économiques que sont le secteur minier (1), le secteur forestier (2) et le secteur des télécommunications (3).

1. Améliorer le régime fiscal du secteur minier

713.— Le sous-sol centrafricain a fait l'objet de peu d'activités d'exploration depuis l'indépendance du pays et reste assez méconnu[1046]. Il recèle néanmoins de nombreuses ressources minérales telles que le pétrole, l'or, le diamant, l'uranium, le fer, le coltan, etc. Le diamant et l'or sont les deux ressources minérales exploitées en Centrafrique. L'exploitation est de nature artisanale liée aux gisements alluvionnaires, aucune exploitation industrielle des gisements de diamants et or n'existe dans le pays. Le régime fiscal du secteur minier en Centrafrique est défini à travers plusieurs textes légaux[1047]. Le constat fait apparaître une inadéquation des instruments mis en place à la fois pour protéger l'investisseur et garantir à l'État une part suffisante de la rente produite par l'exploitation minière. L'évaluation de la rente minière est rendue difficile par la prédominance de l'exploitation artisanale.

714.— Dans l'objectif de l'élargissement de l'assiette fiscale pour un rendement budgétaire, il est impérieux de procéder à la réforme du régime fiscal du secteur minier. La réforme doit relever un double enjeu. Elle doit

---

[1044] Jean-Marc SAUVÉ, op. cit.

[1045] Kathrin RUSSNER, Fiscalité des ressources naturelles en Afrique Centrale : une approche régionale, AFRITAC Centre, FMI, mars 2014, p. 6.

[1046] Anne-Marie GEOURJON, Alfred BAGUEKA ASSOBO, Bertrand LAPORTE, Jean-Luc SCHNEIDER, République centrafricaine : Mobiliser et rationaliser les recettes ; Rapport FMI, janvier 2017, p. 38.

[1047] Le code minier, le code général des impôts, le code des douanes CEMAC, la convention minière, les lois de finances.

faire accroître le niveau de prélèvement sur l'activité artisanale et permettre le développement d'activités minières industrielles, tout en garantissant un juste partage des retombées financières. Cependant, sa contribution aux recettes de l'État est marginale par rapport au PIB, avec un taux de 0,2 % du PIB en 2016[1048]. Mais, une contribution significative du secteur à la mobilisation de ressources internes ne pourra venir que d'une diversification de l'activité minière et d'un changement d'échelle. Ainsi, l'attractivité du régime fiscal du secteur minier doit être un enjeu majeur de la réforme fiscale.

715.— La question de l'attractivité du régime fiscal pour les investissements étrangers et du partage de la rente minière est au cœur de la définition d'un régime fiscal minier optimal[1049]. En effet, l'activité minière industrielle présente un potentiel fiscal important en Centrafrique. L'efficacité du régime fiscal centrafricain va reposer en grande partie pour l'État sur sa capacité à prélever une juste part de la rente minière. Le secteur minier centrafricain est assujetti à des prélèvements spécifiques. L'application de ces différents instruments de taxation sur des assiettes semblables complexifie le régime fiscal minier. Dans le cadre de la réforme du code minier centrafricain, l'évaluation du régime fiscal nécessite l'élaboration d'un modèle de partage de rente qui permettrait d'analyser les effets combinés des différents instruments de taxation de l'activité du secteur minier.

716.— La stabilité du régime fiscal est un facteur d'attractivité compte tenu du caractère risqué de l'activité minière à l'échelle industrielle, en raison des incertitudes géologiques, de la volatilité des prix et de l'importance de coûts irrécupérables pour l'investisseur[1050]. Afin d'élargir l'assiette fiscale, le mécanisme de stabilisation du régime fiscal des activités minières en Centrafrique doit être repensé. Le nombre d'instruments fiscaux pouvant être négociés dans la convention signée entre l'État et l'investisseur doit être limité. Il doit concerner exclusivement la fiscalité spécifique au secteur et exclure la fiscalité de droit commun. La clause de stabilité telle qu'elle est prévue par le code minier correspond à ce que la doctrine appelle une clause de gel[1051].

717.— En effet, la réglementation ne prévoit rien en termes de possibilité de renégociation sauf à ce que les dispositions nouvelles soient plus favorables pour l'investisseur. Ces clauses de gel présentent des tares qui nient la souveraineté en matière de mobilisation des recettes fiscales laquelle

---

[1048] Anne-Marie GEOURJON et autres, op. cit., p. 40.
[1049] Idem, p. 41.
[1050] Idem, p. 43.
[1051] Adama SY, L'avenir de la stabilisation du régime fiscal et douanier des activités minières au Sénégal, Tax&Legal Counsel. Article en ligne.

est l'un des attributs régaliens de l'État. Or, en gelant le régime fiscal applicable aux sociétés minières, l'État renonce à se prévaloir de cette prérogative qu'il est le seul à détenir. En plus, ces clauses de gel rendent ineffective les réformes fiscales, car les régimes de stabilité font coexister dans un même ordre juridique un régime de droit commun et des régimes dérogatoires. De surcroît, à cause de la durée des conventions minières, le régime fiscal applicable finit par être en déphasage avec sa réalité économique après un certain temps.

718.— Cependant, le régime fiscal doit permettre à l'État de capter une part de la rente. A l'inverse des clauses de gel, il existe des clauses de stabilisation dites d'équilibre économique. Ce type de clauses permet aux parties de renégocier, d'un commun accord, les avantages contenus dans la convention afin de les mettre en conformité avec la réalité économique du contrat. L'idée est d'offrir à l'État la possibilité de rééquilibrer les avantages tirés de l'exploitation sans pour autant léser les attentes légitimes de l'investisseur. On peut envisager une renégociation périodique des conditions fiscales et douanières tenant compte des intérêts réciproques. Toutefois, aucun progrès dans ce domaine ne peut se faire de façon unilatérale.

719.— Le risque pour l'État est de ne capter qu'une faible part de la rente minière. Pour ce faire, la combinaison des éléments de taxation conduit à privilégier la simplicité et la transparence du régime fiscal. En effet, la combinaison d'une redevance minière à taux modéré et d'une taxe sur la rente est un modèle de régime fiscal le plus à même d'assurer la captation de la rente minière, sans introduire une forte incertitude sur la rentabilité de l'activité pour les sociétés minières[1052]. Une taxe sur la rente n'incite pas nécessairement l'investisseur à maîtriser les coûts dès lors qu'elle est conçue dans le but de lui garantir un certain niveau de rendement de son investissement. Une redevance minière fixe ne permet pas de garantir une captation raisonnable de la rente.

720.— Pour atténuer les effets négatifs de la redevance minière sur les décisions d'investissement et de production, certains pays ont introduit une redevance minière progressive, dont le taux varie en fonction du cours international. Le Centrafrique pourrait étudier l'opportunité d'introduire une telle redevance dans son code minier. Cette redevance progressive permettrait au régime fiscal d'être suffisamment flexible et d'éviter une révision systématique de la législation à chaque nouvelle rupture de tendance

[1052] Ibidem.

dans l'évolution des cours mondiaux. Par conséquent, elle rapprocherait le système centrafricain des meilleures pratiques internationales[1053].

2. Renforcer la maîtrise de la fiscalité du secteur forestier

721.— Le Centrafrique est riche en ressources forestières et le secteur forestier joue un rôle important dans l'économie du pays. La forêt produit des moyens financiers pour l'État à travers l'exploitation du bois d'œuvre et fournit le socle d'une biodiversité particulière. Sa contribution au PIB se situe à environ 10 % et constitue environ 34 % des recettes budgétaires. Le cadre légal et réglementaire de l'activité forestière définit deux catégories d'exploitations : l'exploitation artisanale et l'exploitation industrielle. L'exploitation artisanale[1054] requiert l'obtention d'un permis artisanal accordé uniquement aux personnes physiques de nationalité centrafricaine et aux communautés de base pour l'exploitation d'une superficie limitée à dix (10) hectares et pour une durée d'un an renouvelable.

722.— L'exploitation industrielle est soumise à l'obtention d'un permis d'exploitation et d'aménagement (PEA)[1055]. Le permis est octroyé pour une période égale à la durée de vie de la société[1056]. En Centrafrique, l'exploitation industrielle du bois est une activité économique qui fournit une part importante des recettes de l'État. En effet, son régime fiscal combine la fiscalité spécifique et la fiscalité du droit commun. Il est applicable pour l'accès à la ressource forestière, à l'exploitation et à la commercialisation du bois ou d'autres produits forestiers[1057]. Le régime fiscal est constitué des redevances et des taxes. Les premières visent à capter la rente forestière. Les secondes sont considérées comme des instruments d'orientation des pratiques d'exploitation et de gestion de la ressource forestière.

723.— La fiscalité forestière peut se révéler un auxiliaire utile pour des politiques cohérentes combinant réglementation et instruments économiques incitatifs[1058]. Le régime fiscal du secteur forestier est fondé sur des prélèvements des taxes collectées en amont et en aval de la filière. En Centrafrique, le levier fiscal sectoriel en amont pour l'État est la taxe d'abattage. Mais sa rentabilité est très peu performante. Pour améliorer sa rentabilité, il serait souhaitable de prendre des mesures favorables afin

---

[1053] Anne-Marie GEOURJON, Alfred BAGUEKA ASSOBO, Bertrand LAPORTE, Jean-Luc SCHNEIDER, op. cit., p. 46.
[1054] Article 23 du code forestier centrafricain.
[1055] Article 31 du code forestier centrafricain.
[1056] Article 32 du code forestier centrafricain.
[1057] Alain KARSENTY, Le rôle controversé de la fiscalité forestière dans la gestion des forêts tropicales — L'état du débat et les perspectives en Afrique centrale, Cahiers d'Economie et de Sociologie
rurales, INRA Editions, 2002, p. 8.
[1058] Alain KARSENTY, op. cit., p. 34.

d'encourager la transformation locale du bois. En aval, les prélèvements sont constitués des taxes à l'exportation sur les grumes et les bois transformés perçues par les services des douanes. Cependant, les douaniers centrafricains sont peu qualifiés en matière de bois.

724.— Les agents ne disposent pas en référence d'échantillons qui leur permettraient de visualiser les types d'essence. Très peu d'agents vérificateurs disposent d'une technicité suffisante pour vérifier une déclaration. Dans le cadre de résolution d'un éventuel contentieux, la douane centrafricaine se fonde sur l'avis de réconciliations d'une société de préinspection, BIVAC. Toutefois, la maîtrise par les administrations fiscale et douanière centrafricaines de la fiscalité liée aux ressources naturelles reste imparfaite. Il serait judicieux d'organiser des cycles de renforcement des capacités des agents sur les connaissances spécifiques du bois. Cette spécialisation va contribuer à mieux collecter les recettes fiscales liées aux différents secteurs des ressources naturelles.

3. Rationaliser le régime fiscal du secteur des télécommunications

725.— Le secteur des télécommunications en Centrafrique comprend des opérateurs de téléphonie mobile (TELECEL, MOOV, AZUR et ORANGE) et l'opérateur public historique, Société centrafricaine de télécommunication (SOCATEL) qui intervient essentiellement dans la téléphonie fixe et l'accès à internet. Il est régi par différents textes juridiques[1059]. Le régime fiscal appliqué au secteur est caractérisé par une fiscalité ordinaire et une fiscalité spécifique. En Centrafrique, la fiscalité spécifique est constituée d'une licence d'exploitation, de redevances et de taxes de régulation[1060]. Différentes lois de finances viennent ajouter des droits supplémentaires. De ce fait, l'appréciation de la charge fiscale supportée par les entreprises de téléphonie mobile est difficile à évaluer compte tenu de la multiplication des prélèvements. Elle a des impacts sur la croissance du secteur et sur les recettes fiscales.

726.— La structure industrielle du marché ne permet pas de générer une rente importante en raison des prix faibles pratiqués, des coûts en capital et d'exploitation relativement élevée. De même, la fragmentation d'une taxation spécifique ne permet pas d'avoir une vision claire de la politique fiscale appliquée audit secteur. D'où l'intérêt d'une nécessaire rationalisation du régime fiscal du secteur des télécommunications. Pour ce faire, la réforme de la fiscalité spécifique au secteur des télécommunications doit respecter les principes de simplicité et de transparence. La simplicité implique de limiter

---

[1059] La loi 07.020 sur la régulation des télécommunications et la loi 07.021 sur les taxes et redevances du secteur (Licences), 2007.

[1060] Djallo AMADOU, Fiscalités appliquées aux activités de téléphonie mobile en Centrafrique, Communication Séminaire, Caire (Egypte), février 2013.

les nombres d'instruments de taxation et la transparence consiste à inscrire l'ensemble des prélèvements spécifiques au secteur dans un seul texte législatif[1061].

727.— Toutefois, le préalable à la réforme de la fiscalité du secteur est l'audit de l'Agence de régulation des télécommunications (ART), organe de régulation, afin d'étudier l'adéquation entre les recettes collectées des différentes redevances et les services rendus à la collectivité. Une autre considération importante est la difficulté pour l'administration fiscale d'évaluer la rente ou même le bénéfice imposable. Les prix de transfert et la capitalisation restreinte sont largement utilisés par les multinationales pour réduire leurs bénéfices[1062]. Ainsi, la réforme fiscale ne permettra d'améliorer la mobilisation des recettes fiscales que si la régulation du secteur est rationalisée. Car, l'État centrafricain a besoin de ressources suffisantes pour la conduite de sa politique de développement économique et social.

§ 2 — L'amélioration des conditions d'un rendement fiscal optimal

728.— L'accroissement des recettes fiscales a toujours été l'une des principales priorités de politique fiscale. Néanmoins, les efforts de mobilisation de recettes n'ont pas abouti. Malgré de multiples réformes mises en œuvre, les administrations fiscale et douanière continuent de collecter moins de recettes fiscales rapportées au PIB. Dans ces circonstances, l'un des défis auxquels le Centrafrique se confronte est la collecte des ressources fiscales. En effet, les recettes fiscales permettent à l'État de mettre en œuvre ses différentes politiques publiques. Il s'agit pour les administrations fiscale et douanière centrafricaines de mettre en œuvre des axes stratégiques indispensables à l'amélioration du rendement de l'impôt. Le premier objectif stratégique demeure la poursuite de l'élargissement de l'assiette fiscale par la maîtrise des dépenses fiscales (A). Le second objectif stratégique consiste à améliorer la qualité du recouvrement des recettes fiscales (B).

A) Mieux évaluer l'impact des exonérations sur le rendement fiscal

729.— Dans un contexte globalisé, les États sont engagés dans des échanges économiques internationaux. Cette implication dans l'économie internationale les a rendus conscients des effets bénéfiques des

[1061] Anne-Marie GEOURJON, Alfred BAGUEKA ASSOBO, Bertrand LAPORTE, Jean-Luc SCHNEIDER, op. cit., p. 45.
[1062] Anne-Marie GEOURJON, op. cit., p. 53.

investissements étrangers sur leur développement économique. Cette prise de conscience progressive a engendré une concurrence acharnée et accrue entre les différents États pour attirer les investisseurs étrangers vers leur territoire. Or, cette bataille concurrentielle pour la séduction des investisseurs étrangers est assortie d'un nouvel impératif pour les États, à savoir mettre en place un cadre juridique favorable et attractif (2) garantissant les règles de protection et de traitement de l'investissement international[1063]. Il faut atténuer d'abord les effets néfastes des politiques d'incitation fiscale (1).

1. Atténuer les effets néfastes des politiques d'incitation fiscale

730.— La problématique des dépenses fiscales est particulièrement importante au regard de la mobilisation des ressources internes. Pendant longtemps, les dépenses fiscales sont présentées comme une stratégie efficace pour stimuler les investissements parce que la croissance économique et la dynamique de l'investissement d'un pays subissent largement l'influence de la fiscalité[1064]. Cette influence de la fiscalité se manifeste à double titre. D'une part parce que le niveau des prélèvements fiscaux dans un pays peut encourager ou, au contraire, défavoriser le développement des activités économiques ou l'investissement. D'autre part parce que l'importance des recettes fiscales de l'État détermine sa capacité à réaliser des investissements publics. De cette prise de conscience de la part des pouvoirs publics, les régimes d'incitations et d'exonérations fiscales ont connu un développement en Afrique[1065].

731.— Ces dépenses fiscales sont censées constituer le signe de l'engagement du pays à promouvoir un climat des affaires favorable et à faciliter l'activité économique en compensant les déficiences structurelles[1066]. Il s'agit de compenser les défaillances de marché et de soustraire les entreprises, et plus généralement les investisseurs, aux effets néfastes d'une fiscalité excessive et à l'origine de distorsions considérables. Les avantages fiscaux accordent un traitement préférentiel à certaines catégories de contribuables ou d'investissements par l'intermédiaire de déductions, d'exonérations, d'exemptions ou de crédit d'impôt. Les pouvoirs publics les justifient de diverses manières. Autant d'avantages qui fondent les niches de pertes de recettes fiscales pour les caisses de l'État.

[1063] Rola ASSI, Le régime juridique des investissements étrangers au Liban au regard de l'ordre juridique international, Thèse, Aix-Marseille Université, 2014, p. 15.
[1064] Mike PFISTER, Une fiscalité orientée vers l'investissement et le développement : Aperçu de quelques enjeux de la politique fiscale en Afrique, Document de travail, Initiative NEPAD-OCDE pour l'investissement en Afrique, 11-12 novembre 2009.
[1065] Gérard CHAMBAS, Afrique au sud du Sahara : Mobiliser des ressources fiscales pour le développement, Economica, 2005, p. 108.
[1066] René OSSA, Réformes fiscales et développement en Afrique subsaharienne, Edilivre, 2012, p. 99.

732.— En effet, la prolifération des exonérations fiscales et douanières, réglementaires, conventionnelles ou circonstancielles, permet souvent aux multinationales opérant de profiter d'une fiscalité avantageuse sur leurs bénéfices. Ces pratiques constituent des conditions sine qua non de leurs investissements[1067]. Cependant, les régimes d'incitation et d'exonération ont occasionné des pertes de recettes et créé des distorsions au sein de l'économie[1068]. En effet, les dépenses fiscales ont eu un impact négatif sur la productivité, l'efficacité et le civisme fiscal. Elles ont instauré un cercle vicieux nocif pour la croissance économique en réduisant l'assiette fiscale[1069]. En Centrafrique, l'usage de l'instrument fiscal pour compenser les déficiences structurelles est inapproprié et ne donne pas le résultat escompté en termes d'élargissement de l'assiette fiscale.

733.— Ces mesures fiscales dérogatoires qui réduisent les assiettes de l'impôt au détriment de l'efficacité économique sont encore nombreuses et doivent être limitées ou supprimées[1070]. Le diagnostic du système des exonérations en Centrafrique met en relief de nombreuses faiblesses qui justifient le niveau élevé et la prédominance des exonérations sur les recettes fiscales. Il apparaît nécessaire de trouver une solution efficiente aux problèmes liés à des pertes des recettes subies au titre des dépenses fiscales. La politique de mobilisation des ressources fiscales nécessite la rationalisation de la gestion des dépenses fiscales par des outils efficaces[1071]. La rationalisation de ces exonérations en vue d'une meilleure mobilisation des recettes fiscales nécessite que certaines mesures soient mises en œuvre. Elles sont nécessaires à la réalisation des défis qui sont identifiés.

734.— Dans cette perspective, il convient de faire respecter les normes en matière fiscale, de revoir et de corriger certaines dispositions légales et réglementaires qui octroient les avantages fiscaux. Par ailleurs, le cadre légal régissant les exonérations est éparpillé dans différents textes juridiques. L'élaboration d'un cadre juridique unique relatif aux conditions d'octroi, à la nature et à la portée des exonérations, susceptibles d'être accordées serait une avancée notable en matière de rationalisation. Il s'agira de mettre en conformité ces régimes dérogatoires légaux avec la législation fiscale et douanière. Par conséquent, il faut proscrire les régimes dérogatoires sans base légale. Au niveau structurel de la gestion des exonérations à savoir les

---

[1067] Ce qui justifie ces pratiques est la position de faiblesse réelle du gouvernement pour négocier avec les multinationales ou l'influence politique exercée par l'Etat du siège de la multinationale.
[1068] Gérard CHAMBAS, op. cit., p. 120.
[1069] René OSSA, op. cit., p. 100.
[1070] Christine EYEBIYI, La gestion rationnelle des exonérations fiscales et douanières en République centrafricaine, Rapport, Expertise France, août 2016, p. 38.
[1071] François BARQUE, La rationalisation du coût des dépenses fiscales, revue de Droit fiscal, n° 40, 7 octobre 2010, p. 27.

administrations fiscale et douanière, des faiblesses ont été remarquées. C'est ainsi qu'un organe mixte a été créé pour la gestion des exonérations fiscales et douanières, le comité interministériel chargé des exonérations fiscales et douanières (CICEFD)[1072].

735.— La création du comité a constitué une réponse au souci de mieux réguler les exonérations fiscales et douanières en expansion. Force est de constater que le comité n'assume pas efficacement ses missions. Pour cause, les textes régissant le comité renferment des lacunes constitutives d'obstacles à la réalisation de ses missions, d'une part. D'autre part, les difficultés de la gestion des exonérations présentent un bicéphalisme conflictuel entre le comité avec les administrations fiscale et douanière[1073]. Afin de corriger ces faiblesses, les pouvoirs publics ont pris un nouveau texte[1074] qui redéfinit les missions du comité en les réduisant. Cette redéfinition de la mission dudit comité participe de l'amélioration du cadre structurel de gestion des exonérations.

2. Trouver un équilibre entre la charge et la préservation de l'assiette fiscale

736.— La gestion rationnelle des exonérations exige de mettre en place un système de suivi et d'évaluation périodique des privilèges fiscaux et de leur impact sur la croissance. Des mesures doivent être prises pour l'adoption du principe de l'évaluation des dépenses fiscales comme instrument de politique économique et sociale[1075]. Il est indispensable de maîtriser les coûts de l'action publique et préserver les ressources qui profitent à l'État. Pourtant, la quête d'un régime fiscal attrayant pour les investisseurs privés et la nécessité de générer des recettes suffisantes pour financer les dépenses publiques représentent un défi pour les pouvoirs publics[1076]. Tout comme les dépenses budgétaires, les dépenses fiscales requièrent des procédures qui doivent garantir leur transparence et leur maîtrise. Elles peuvent faire l'objet d'analyses qui rendent nécessaires des compétences autres que celles des administrations fiscale et douanière.

737.— La mesure de leurs impacts sur la vie socioéconomique du pays peut aider les pouvoirs publics à mieux les orienter et les rationaliser. Plusieurs pays élaborent déjà cet important outil de politique économique et sociale. Le contexte actuel des recettes publiques de la RCA caractérisé par

---

[1072] Décret n° 07.380 du 27 décembre 2007.

[1073] Christine EYEBIYI, La gestion rationnelle des exonérations fiscales et douanières en République centrafricaine, Rapport, Expertise France, août 2016, p. 36.

[1074] Décret n° 17 351 du 3 novembre 2017.

[1075] Christine EYEBIYI, op. cit., p. 38.

[1076] Gregory DE PAEPE et Ben DICKINSON, Les recettes fiscales, moteur du développement durable, OCDE : Mobiliser les ressources au service du développement durable, 2014, pp. 101-109.

une prédominance des exonérations est un motif supplémentaire de mettre l'accent sur cette démarche. Elle permet de faciliter l'arbitrage entre les différentes actions possibles au profit d'une meilleure efficacité budgétaire. Il faut de ce fait publier les données et les analyses relatives aux dépenses fiscales. De ce fait, l'inclusion dans les documents budgétaires d'un rapport sur les principales dépenses fiscales de l'administration centrale est une condition fondamentale de transparence des finances publiques[1077]. En effet, une évaluation systématique des dépenses fiscales constitue un préalable nécessaire pour une appréciation de l'efficacité des dispositifs d'exonérations fiscales.

738.— Cette évaluation devrait inciter, soit à renoncer à ces exonérations, soit à retenir d'autres instruments plus efficaces[1078]. À la suite de cette évaluation, les pouvoirs publics doivent revoir les avantages fiscaux accordés et renégocier des concessions équitables et transparentes avec les entités bénéficiaires. Les multinationales négocient des exonérations totales de leurs bénéfices pour une certaine durée. Pour ce faire, les pouvoirs publics doivent veiller à limiter le champ d'exonérations et à proscrire les avantages exceptionnels accordés à certaines entreprises au gré des circonstances. De même, l'abandon des exonérations relatives aux projets sur financements extérieurs aurait l'avantage de réduire les fraudes et distorsions économiques. Il permet également de dégager des recettes budgétaires pour financer la demande des biens publics occasionnée par ces projets[1079].

739.— Par conséquent, pour mettre un terme à une surenchère fiscale ruineuse, il serait préférable d'utiliser la fiscalité à la fois à des fins incitatives et dissuasives. Les dépenses fiscales entraînent des pertes de recettes pour l'État. Donc, il semble préférable de privilégier une fiscalité incitative assise sur des assiettes bien identifiée et destinée à accroître les recettes publiques. Pour autant, l'impôt sert traditionnellement à collecter les ressources financières permettant à l'autorité publique de fonctionner et de réaliser les tâches qui lui incombent. Cette fonction de financement ne doit pas occulter les autres objectifs sous-tendant l'utilisation de l'instrument fiscal, notamment celui d'amélioration de la collecte des impôts.

B) Vers une rationalisation de la collecte des impôts

740.— Le système fiscal d'un pays doit être susceptible de fournir des recettes suffisantes pour financer le budget de l'État. Il doit permettre de

---

[1077] Gérard CHAMBAS, Afrique au sud du Sahara : Mobiliser des ressources fiscales pour le développement, Economica, 2005, p. 119.
[1078] Gérard CHAMBAS, op. cit., p. 121.
[1079] Idem.

minimiser les distorsions préjudiciables à l'activité économique. Pour ce faire, le prélèvement fiscal a pour objectif le rendement budgétaire. Il est essentiel, pour des raisons de viabilité budgétaire, de rationaliser les systèmes de collecte des impôts. En effet, l'effort d'accroissement des recettes fiscales doit concerner à la fois la lutte contre la fraude et l'évasion fiscales ainsi que le renforcement du dispositif de recouvrement de l'impôt (1). Il est indispensable de renforcer l'efficacité des administrations fiscale et douanière afin d'assurer la viabilité budgétaire sur le moyen et le long terme (2).

1. L'amélioration du recouvrement

741.— La mobilisation des ressources fiscales est un enjeu majeur pour un État, car l'insuffisance des ressources publiques pèse sur le financement du développement. Il est impératif d'améliorer le rendement fiscal afin de rétablir une marge de manœuvre financière pour une politique de développement économique et social[1080]. De ce fait, la lutte contre la fraude et l'évasion fiscales constitue des moyens permettant d'élargir l'assiette fiscale et de mobiliser davantage de recettes fiscales. Mais, force est de constater qu'en dépit du rôle crucial que peut jouer le prélèvement fiscal dans le processus de développement du Centrafrique, cette mobilisation des ressources fiscales reste insuffisante. Cette situation peut être expliquée par divers facteurs, dont le refus, du consentement à l'impôt et par des défaillances dans le recouvrement. La mobilisation des ressources fiscales est freinée par le développement des transactions en espèces.

742.— Par conséquent, l'évasion et la fraude fiscales ont un coût économique, mais l'ampleur de ce coût est mal connue des administrations fiscale et douanière centrafricaines. Pour ce faire, des stratégies fiscales doivent être adoptées afin d'accroître les recettes en centrant l'effort sur la lutte contre la fraude et l'évasion fiscales. En effet, l'enjeu du recouvrement optimal des recettes est central pour l'État dans la mesure où il détermine ses capacités à assurer ses missions de services publics. Or, le recouvrement de l'impôt en Centrafrique relève d'une véritable gageure en raison de l'effet conjugué des difficultés des opérateurs économiques, de leur incivisme fiscal qui se nourrit des incohérences de la politique gouvernementale[1081]. C'est pourquoi la modernisation comme levier essentiel pour l'amélioration du recouvrement des impôts revêt une importance cruciale dans le cadre de la mobilisation des ressources fiscales.

[1080] Chapitre 2. Améliorer la viabilité des finances publiques, Etudes économiques de l'OCDE 2009/15 (n° 15), p. 65-94. Document internet : http://www.cairn.info/revue-etudes-economiques-de-l-ocde-2009-15-page-65.htm

[1081] Salif YONABA, Le recouvrement des recettes publiques dans les états africains : un état des lieux préoccupant, Revue française d'administration publique 2012/4, n° 144, p. 1043-1051.

743.— L'informatisation des administrations fiscale et douanière participe à la maîtrise des enjeux et des risques. Dans le cadre de la lutte contre la fraude fiscale et douanière, les administrations fiscale et douanière centrafricaines ont mis en place un protocole d'échange d'informations qui s'appuie sur l'interconnexion des systèmes informatiques permettant la transmission des données. Cette interconnexion du réseau informatique des impôts et des douanes permet d'avoir des informations sur les flux d'importations et d'exportations et l'identité des contribuables par le biais du numéro d'identification fiscale (NIF). Mais, le traitement des déclarations et les règlements d'impôts demeurent encore sous forme imprimée. À cet effet, les administrations fiscale et douanière centrafricaines, dans l'optique de les rendre efficaces et efficientes, doivent automatiser ces procédures en recourant davantage à la technologie.

744.— Il faut savoir que l'usage optimal de la technologie dans ces domaines présente d'autres avantages que sont un recouvrement accéléré des recettes publiques, une plus grande exactitude des données et une obtention accélérée de données relatives au contribuable servant toute une série d'objectifs administratifs. Eu égard à cette perspective, les administrations fiscale et douanière centrafricaines doivent, dans une approche de bonne gestion et d'amélioration du rendement budgétaires, investir et consentir des efforts importants pour mettre en place des systèmes modernes de déclaration et de paiement de l'impôt.

745.— On ne saurait trop insister sur la relation étroite qui unit le recouvrement des recettes publiques et la construction et le fonctionnement de l'État, voire du développement[1082]. Le recouvrement de l'impôt ne doit pas faire l'objet d'une dérogation dans le but de ne pas faire payer le contribuable. A certaines conditions, s'il y a dérogation, c'est pour favoriser un paiement échelonné du montant de l'impôt dû. Cependant, l'agent qui ne fait pas payer le contribuable de sa dette fiscale agit au travers de la loi et doit être sanctionné. Au demeurant, l'autorité administrative ou politique doit avoir un comportement exemplaire pour enfin influencer l'attitude de l'agent. Dans la perspective d'une mobilisation accrue des ressources fiscales, les pouvoirs publics doivent investir dans le renforcement du dispositif en menant des actions en synergie entre les administrations chargées du recouvrement des recettes fiscales.

[1082] Salif YONABA, op. cit.

2. Renforcer la synergie entre les administrations chargées du recouvrement

746.— Dans un contexte de contraintes économiques et budgétaires, les États cherchent à mettre en place des organisations efficientes[1083]. Un recouvrement efficace des recettes peut libérer des ressources vitales permettant de promouvoir le développement à long terme. Certains pays ont confié à une même autorité l'ensemble des missions de recouvrement de l'impôt, aux frontières et à l'intérieur du territoire. D'autres pays ont maintenu la distinction entre les douanes et les impôts, en considérant que la nature radicalement différente des missions en douane et en matière de fiscalité interne justifie le maintien de deux administrations distinctes. Pour cela, il est possible d'assurer une interrelation efficace à travers une gestion informatique fondée sur l'utilisation systématique d'un identifiant fiscal unique[1084]. Au niveau de la cohérence à assurer entre les missions fiscales et douanières, des choix institutionnels différents ont été effectués.

747.— Ainsi, la notion de performance incite les administrations fiscales et douanières à améliorer leurs méthodes. Pour progresser vers l'efficacité, les administrations fiscale et douanière centrafricaines se sont particulièrement appuyées sur les possibilités offertes par l'informatisation. Ce progrès a permis l'utilisation du numéro d'identification fiscal (NIF) pour assurer l'interconnexion entre elles afin de garantir la cohérence dans la mobilisation des recettes fiscales. Dans beaucoup de pays, l'enregistrement du contribuable et l'attribution d'un numéro constituent un aspect essentiel du système fiscal, sur lequel reposent de nombreuses procédures d'administration des impôts. L'emploi d'un numéro unique d'identification du contribuable suppose d'enregistrer des informations de base, qui permettent l'identification courante des contribuables en vue d'accomplir toute une série d'actions administratives.

748.— L'établissement de liaisons reste une étape essentielle que les administrations financières centrafricaines doivent franchir. Historiquement, les liaisons étaient souvent défaillantes entre les administrations des douanes et des impôts. Les procédures d'échanges d'information n'étaient pas systématiques. Fréquemment, des rivalités traditionnelles entre administrations ne permettaient pas les recoupements qui devraient constituer la pierre angulaire de l'administration de la fiscalité interne, mais aussi de la fiscalité en douane[1085]. De même, l'administration des impôts

---

[1083] Guide d'aide à la contractualisation des objectifs, 26e colloque du CREDAF, Niamey, Niger, octobre 2012.

[1084] Penda AMAR, Les déterminants de la pression fiscale au Sénégal, ENSAE, Mémoire, juin 2014, p. 15.

[1085] Gérard CHAMBAS Afrique au sud du Sahara : Mobiliser des ressources fiscales pour le développement, Economica, 2005, p. 155.

contrôlait des déclarations de chiffres d'affaires sans pouvoir les rapprocher systématiquement des opérations d'importations connues des services des douanes ou des achats liés à l'exécution de marchés publics gérés par l'administration du Trésor. Or, le recouvrement de l'impôt requiert des liaisons efficaces entre les administrations afin de permettre les échanges d'informations nécessaires.

749.— A ce titre, les échanges d'informations entre la douane et les impôts sont renforcés par la mise en place d'une cellule mixte « douanes-impôts »[1086]. Cette cellule a pour mission de rapprocher, de traiter et de diffuser toutes les informations utiles aux deux Administrations. Une telle unité présente l'avantage de cerner les différents aspects fiscaux et douaniers d'un dossier et aussi de réduire le nombre d'interventions auprès du contribuable. Cette approche transversale impôts et douanes est consolidée en passant d'une stratégie d'échanges d'informations à un véritable partage de données[1087]. En effet, le recouvrement efficace de l'impôt dans le cadre d'une problématique commune « douanes-impôts » est fondé sur des orientations essentielles. Il s'agit d'une coopération permanente dans tous les domaines d'intérêt commun à travers la catégorisation commune des opérateurs, la coordination en matière de contrôle et de recouvrement.

750.— Cette synergie repose sur l'usage commun d'un NIF permettant le traitement informatisé des informations dans le cadre des échanges entre les deux administrations. Pour ce faire, les investissements en matière informatique doivent s'inscrire dans la durée afin de pallier les éventuelles difficultés inhérentes à l'amélioration des systèmes de collecte des recettes fiscales pour assurer un rendement efficace. Le renforcement des capacités administratives et techniques est, à cet effet, essentiel pour assurer une mise en œuvre réussie de la mobilisation des ressources fiscales. Afin d'améliorer le contrôle fiscal et assurer, un meilleur recouvrement, la transmission aux services des douanes d'informations détenues par les services des impôts ou du trésor, et inversement, pourrait contribuer à identifier des fraudeurs qui se dissimulent en multipliant des importations occasionnelles ou en sous-estimant la valeur de leurs importations.

751.— Pour les services des douanes, le développement des contrôles a posteriori consécutif à l'adoption de la valeur OMC rendrait utile une étroite collaboration avec les impôts. Cette collaboration va permettre à l'administration des douanes de suivre la marchandise jusqu'au bénéficiaire grâce aux dossiers fiscaux. Des interventions communes lors de contrôles de comptabilité en entreprise, auprès du secteur bancaire ou à l'occasion de

[1086] Signature d'un protocole de collaboration entre la Direction générale des Douanes et Droits indirects et la Direction générale des Impôts et des Domaines, Bangui le 24 mars 2015.
[1087] Une stratégie de confiance 2013-2018, Brochure DGFIP, octobre 2013.

contrôles douaniers permettent de recueillir des renseignements exploitables par les deux services. L'échange systématique d'informations entre administrations financières, mais aussi vis-à-vis d'organismes statistiques nationaux et internationaux peut être recherché à travers des protocoles d'accords entre administrations, définissant la nature des informations à fournir et les modalités de transmission. Dans tous les cas, ces transmissions d'informations doivent être sécurisées et présenter un caractère automatique.

Conclusion du chapitre 2

752.— Au demeurant, les pouvoirs publics doivent savoir qu'un système fiscal est efficace, non seulement en fonction de son rendement, mais également dans le sens du respect de la procédure. Afin de jouer pleinement son rôle de pourvoyeur des recettes de l'État, il doit être moderne dans ses structures fonctionnelles et de gestion, avec un personnel qualifié et mieux formé. Les nouveaux défis imposent au personnel des administrations fiscale et douanière centrafricaines de s'engager dans une démarche de recherche de résultats et de performance[1088]. En fait, l'efficacité de l'État est le dénominateur commun aux différentes réformes s'appuyant sur l'idée de performance[1089]. Par conséquent, la modernisation des administrations fiscale et douanière doit être l'objectif ultime des pouvoirs publics centrafricains à la mise en place d'un système national viable de collecte de recettes fiscales.

753.— C'est dire que la politique fiscale orientée vers le développement doit s'articuler avec les principaux cadres stratégiques et des mécanismes efficaces de pilotage, de suivi-évaluation, de gestion des ressources humaines qui doivent être mis en œuvre. En cela, l'analyse des mesures de la performance fiscale en Centrafrique vise à susciter la mise en place d'un cadre de formulation de mesures de politique fiscale appropriées et répondant aux besoins à la fois de l'économie nationale et de l'action publique. Dans cette visée, le système fiscal doit être en mesure de soutenir la capacité de mobilisation des ressources budgétaires nécessaires à la conduite des politiques publiques. Il doit également permettre de préserver la capacité des entreprises à générer des richesses, base pérenne de prélèvement des ressources fiscales. Il doit enfin permettre de faire face à la contrainte structurelle représentée par la reconfiguration du cadre stratégique national de développement.

[1088] De telles initiatives peuvent concourir à alimenter le dialogue sur les politiques à suivre dans le domaine de la mobilisation des ressources intérieures et susciter de vastes mouvements d'adhésion aux réformes.

[1089] Jean-Pierre DUPRAT, La dynamique des réformes budgétaires : globalisation des problèmes, unification des outils et adaptation nationale des solutions, RFFP n° 98, juin 2007, p. 14.

Conclusion du titre 2

754.— Le Centrafrique a des besoins en matière d'infrastructure publique et de développement social. Face aux vulnérabilités, le pays doit recourir à des sources internes de financement. Ce qui fera de la mobilisation des recettes fiscales un des enjeux des politiques publiques. En raison des difficultés à mobiliser les ressources fiscales, les pouvoirs publics doivent mettre en pratique une politique fiscale proactive[1090]. Cette politique fiscale proactive doit être en totale cohérence avec les politiques publiques. Son objectif sera de rationaliser et d'accroître le rendement fiscal. Hormis sa mission principale, cette politique fiscale proactive doit, également, prendre en considération les exigences du développement. Les perspectives économiques de la RCA reposent sur la consolidation de la stabilité, l'accroissement des investissements et l'accélération de la croissance des exportations[1091].

755.— Les politiques économiques et les réformes d'appui doivent être adaptées aux caractéristiques structurelles. De même que des politiques visant à améliorer la gouvernance, à lutter contre la corruption et à assurer l'efficience et la transparence des dépenses publiques peuvent inciter les contribuables à la discipline fiscale[1092]. Pour ce faire, l'édifice d'une fiscalité orientée vers le développement sera bâti sur des bases solides, car elle sera appelée à répondre à des urgences économique et sociale. Par conséquent, la nécessité de mobiliser des ressources pour le développement reste un gigantesque chantier[1093] qui ne semble pas être achevé à l'image du « travail *d'Hercule »*[1094]. La réussite dudit chantier dépendra de la détermination avec laquelle les politiques publiques seront mises en œuvre.

[1090] Rapport sur les économies de l'Afrique centrale, Commission économique des Nations Unies pour l'Afrique, 2010, p. 95.

[1091] CENTRAFRIQUE : Cahiers économiques de la République centrafricaine, briser le cycle des conflits et de l'instabilité ; Rapport groupe de la Banque Mondiale, n° 1, mars 2018, p. 10.

[1092] FMI, Perspectives économiques régionales pour l'Afrique subsaharienne : Mobilisation des recettes fiscales et investissement privé, Études économiques et financières, Rapport, avril 2018, p. 16.

[1093] Salif YONABA, Les contraintes de l'harmonisation d'un droit budgétaire rénové dans la zone UEMOA, Revue française de Finances publiques N° 98, juin 2007, p. 79.

[1094] Poursuivi par la haine de Junon, Hercule dut accomplir pour le roi de Mycènes douze tâches considérées comme insurmontables. Accomplir un travail d'Hercule signifie donc accomplir un travail énorme et pratiquement impossible.

Conclusion de la deuxième partie

756.— La quête du développement est devenue une nécessité pour le Centrafrique. Malgré ses ressources naturelles, ce pays présente de vulnérabilités socioéconomiques sans précédent. Il fait face à des difficultés majeures de mobilisation des recettes fiscales. Ces obstacles sont caractérisés par une économie atome, une base d'imposition étroite, un secteur informel grandissant, une mauvaise gouvernance et des capacités administratives insuffisantes ainsi que des pratiques de fraude et d'évasion fiscales. De multiples réformes ont été mises en œuvre, mais le résultat attendu de mobilisation des recettes fiscales n'a pas été au rendez-vous. Toutefois, ces réformes doivent avoir des effets positifs sur la croissance économique si les mesures sont élaborées en tenant compte des réalités socioéconomiques du pays. Or, la philosophie des programmes de développement élaborés de l'extérieur avec des critères de performance trimestrielle et de résultats immédiats ne peut intégrer ce schéma d'analyse[1095].

757.— L'efficacité de l'outil fiscal dépend de sa bonne articulation avec de nombreux autres instruments, dont la situation économique du pays. Au demeurant, les défis que pose aujourd'hui la fiscalité sont étroitement liés aux transformations présentes et à venir de nos sociétés. La réflexion en ce qui concerne la fiscalité centrafricaine nécessite une approche fondamentale plurielle et globale[1096]. Aujourd'hui, la politique fiscale ne peut plus être envisagée dans un cadre purement national. Elle doit être replacée d'emblée dans le contexte de la mondialisation[1097]. Ce qui n'est pas sans conséquence juridique et que la fiscalité entre dans le champ des compétences communautaires. Cette contrainte n'est pas nouvelle puisque, au sein de la CEMAC, la mise en place du marché commun s'est achevée au début des années 1990. La contrainte communautaire étant posée, elle n'est d'ailleurs que la conséquence d'un choix fait en commun par les États membres, dont le Centrafrique.

[1095] Jacques BOURGAULT, Conditions de succès d'implantation des réformes administratives en Afrique : leçons apprises au sujet des stratégies d'appui au changement, Mondes en développement 2006/1 n° 133, p. 63-82.

[1096] Revue de droit fiscal, n° 24, 15 juin 2006 ; article écrit par Michel Bouvier : Pour une renaissance de la théorie de l'impôt, p. 1123.

[1097] Christophe HECKLY, La politique fiscale dans les pays industrialisés, Dunod, 1999, p. 121.

Structures éditoriales du groupe L'Harmattan

L'Harmattan Italie
Via degli Artisti, 15
10124 Torino
harmattan.italia@gmail.com

L'Harmattan Hongrie
Kossuth l. u. 14-16.
1053 Budapest
harmattan@harmattan.hu

L'Harmattan Sénégal
10 VDN SICAP AMITIE 3
BP 45034 Dakar-Fann
direction@senharmattan.com

L'Harmattan Cameroun
Tsinga/Derrière polyclinique FECAFOOT
BP 11486 Yaoundé
Jacques.koukam@harmattan.fr

L'Harmattan Burkina Faso
Villa 281, secteur 23 623, rue 14.32
Ouagadougou
zagbie@outlook.fr

L'Harmattan Guinée
Almamya, rue KA 028 OKB Agency
BP 3470 Conakry
harmattanguinee@yahoo.fr

L'Harmattan RDC
185, avenue Nyangwe
Commune de Lingwala - Kinshasa
matangilamusadila@yahoo.fr

L'Harmattan Congo
219, avenue Nelson Mandela
BP 2874 Brazzaville
deunovmikhael@gmail.com

L'Harmattan Mali
Immeuble Mgr Jean Marie Cissé
Aci Hamadallaye
BP 145 Bamako
syllaka@yahoo.fr

L'Harmattan Togo
Djidjole - Maison Amela
face EPP BATOME
02 BP 20680 Lomé
didieramela11@gmail.com

L'Harmattan Côte d'Ivoire
Résidence Karl - Cité des Arts
Abidjan-Cocody
03 BP 1588 Abidjan
harmattan.ivoire@gmail.com

L'Harmattan Bénin
Rue 604, (Immeuble à l'entrée
de la rue UCAO- Cite de Saint-Jean)
Cotonou
stepcorpus@gmail.com

Nos librairies en France

Librairie internationale
16, rue des Écoles
75005 Paris
librairie.internationale@harmattan.fr
01 40 46 79 11
www.librairieharmattan.com

Librairie des savoirs
21, rue des Écoles
75005 Paris
librairie.sh@harmattan.fr
01 46 34 13 71
www.librairieharmattansh.com

www.ingramcontent.com/pod-product-compliance
Lightning Source LLC
LaVergne TN
LVHW021151061026
849535LV00002B/419
9782336579320

Conclusion générale

758.— Le Centrafrique a été le théâtre de l'une des plus graves crises politico-militaires de son histoire. Une crise qui a entraîné des conséquences dramatiques sur le plan sécuritaire et humanitaire, des destructions et de pillages de biens publics et privés. Il présente l'image d'un pays naufragé et appauvri par la spirale des conflits. Cette situation est à l'origine d'un quasi-arrêt de l'activité économique, entraînant l'effondrement des ressources publiques mettant à mal le fonctionnement normal de l'État. Tel est l'état des lieux de ce que l'on peut appeler un État failli[1098]. En effet, le paradigme de la faillite constitue le cadre d'analyse de l'histoire économique et sociale de ce pays qui semble avoir mis délibérément une impasse sur son développement économique. Ce qu'il est convenu d'appeler la « faillite du développement »[1099] en Centrafrique.

759.— Par conséquent, l'analyse de la situation exige la réévaluation des discours qui refusent de s'interroger sur la pertinence des conditions de passage à la modernité économique. Le problème demeure complexe et sa solution dépend de nombreux paramètres politique, économique, juridique, social, démographique et financier. Mais les efforts effectués en matière de développement ne donnent pas satisfaction. Il convient de les appréhender sur la durée, car le développement économique du Centrafrique est possible. Puisque des pays moins avancés, conformément à leurs capacités et leur situation propres, y accèdent en adoptant des politiques de développement réfléchies et appropriées[1100]. Pour qu'elles soient efficaces et efficientes, il faudrait la manifestation d'une réelle volonté politique. Ce faisant, une réflexion prospective peut contribuer à saisir les opportunités qu'offre le potentiel économique centrafricain.

760.— En effet, le débat sur le paradigme du développement est une préoccupation majeure à laquelle l'État centrafricain doit apporter des solutions idoines. Du fait de ses trois fonctions principales qui sont l'offre de

---

1098 République centrafricaine : Anatomie d'un État fantôme, International Crisis Group, Rapport Afrique n° 136 – 13 décembre 2007.

1099 Jean-Marc LIOTIER, Echec des modèles de développement occidentaux, Afrique : Histoire, économie, politique ; Document en ligne : http://afriquepluriel.ruwenzori.net/developpement-a.htm

1100 Nations Unies, Troisième Conférence internationale sur le financement du développement : Programme d'action d'Addis-Abeba, Document final, juillet 2015, paragraphe 27.

biens publics, la régulation des activités et des transactions entre agents économiques, la garantie de la sécurité des personnes et des biens, l'État est au cœur de ce processus de développement[1101]. Parmi les solutions contribuant au développement du pays, la fiscalité occupe une place significative. L'impôt est, avec la monnaie et la sécurité, l'un des attributs de souveraineté de l'État[1102]. Il s'agit de mettre en perspective la question du financement endogène du développement. Dans cette perspective, la politique fiscale est utilisée pour financer le développement en répondant à plusieurs objectifs économiques et sociaux. La fiscalité est, de ce fait, un instrument de politique économique et sociale.

761.— Pourquoi la fiscalité influe-t-elle sur le développement ? L'influence de la fiscalité sur le développement vise trois objectifs. Premièrement, les recettes fiscales procurent une base durable pour le développement. Deuxièmement, les recettes fiscales réduisent la dépendance à l'égard de l'aide extérieure. Troisièmement, des systèmes fiscaux stables constituent un cadre essentiel pour les échanges et l'investissement. Pour satisfaire à ces objectifs, des mesures portant sur la réforme des techniques et des outils de collecte de l'impôt sont prises dans le but d'améliorer la mobilisation des recettes fiscales. Les mesures proposées ne constituent pas une panacée. Il est important de souligner que ces mesures ne pourront être également efficaces que si certaines conditions sont réunies.

762.— Il est impératif de centrer la réflexion en matière de financement du développement sur une approche de moyen et long termes. Ainsi, des pistes d'amélioration doivent faire l'objet d'une attention soutenue pour permettre à la fiscalité de jouer son rôle dans le financement endogène du développement. Toutefois, le réaménagement du système fiscal n'entraînera pas de facto d'accroissement substantiel des recettes. Il faudra des transformations économiques structurelles importantes afin d'élargir l'assiette fiscale. Ce faisant, la politique fiscale doit être alignée avec une vision stratégique à long terme. La crédibilité, la prévisibilité et la stabilité de la politique fiscale sont des déterminants majeurs pour évaluer le rendement de l'impôt.

763.— Pays enclavé, la République centrafricaine est obligée de faire la politique de sa géographie en ayant une dimension importante de l'intégration régionale dans sa stratégie de développement économique. Le président Barthélemy BOGANDA, le père de l'indépendance du pays ne s'y

---

[1101] Mahaman SANI. Secteur non enregistré et mobilisation fiscale dans les pays en développement (PED) : le cas des pays d'Afrique au sud du Sahara (PASS), Thèse, Université d'Auvergne - Clermont-Ferrand I, 2009, p. 8.

[1102] Christian DEBLOCK et Michèle RIOUX, L'impossible coopération fiscale internationale, éthique publique, vol. 10, n° 1 | 2008. Document en ligne : http://journals.openedition.org/ethiquepublique/1707

était pas trompé, en proposant aux autres ex-colonies de l'Afrique-Équatoriale française (AEF) d'accéder à la souveraineté internationale, sous la forme d'un État unitaire, République centrafricaine ou Union des Républiques latines d'Afrique centrale (URAC)[1103]. Il était conscient que seul un grand ensemble pouvait avoir un vaste marché capable de promouvoir le développement économique de tous les peuples de la sous-région.

764.— En effet, les analyses faites montrent qu'il n'y a pas en matière de mobilisation des ressources fiscales des voies standardisées, bien balisées, qui s'imposeraient. Ce sont les gouvernements qui en modulent les éléments en rapport avec leurs préoccupations et leurs ambitions politiques, économiques ou financières. Il est essentiel de considérer le financement endogène du développement dans toutes ses dimensions plurielles entre des mesures à favoriser ou à éviter. En effet, le financement du développement ne relève pas seulement de la politique fiscale. L'enjeu est de trouver les voies et moyens pour construire un ordre fiscal solide, accepté et productif de recettes budgétaires[1104]. La mobilisation des ressources fiscales demeure l'objectif, mais il reste beaucoup à faire avant de parvenir au développement.

765.— Au terme de cette analyse, la problématique étudiée est relative à la mobilisation des ressources fiscales, hors pétrole, pour le financement endogène du développement. Dans un avenir proche, la République centrafricaine va être un pays producteur du pétrole. En tant que futur producteur de pétrole, le Centrafrique ne devrait pas commettre les mêmes erreurs commises par la première génération des pays producteurs de l'or noir en Afrique. Toutefois, l'existence des ressources naturelles n'est pas en soi problématique ni fatale. C'est leur mauvaise utilisation, à des fins autres que le bien-être des peuples, qui pose véritablement un problème[1105].

766.— L'exploration et l'exploitation du pétrole en Centrafrique sont pensées comme un moyen d'arriver à un développement économique. Pour profiter pleinement de la manne financière liée à la production du pétrole, le Centrafrique doit œuvrer à une diversification économique afin d'améliorer les perspectives de croissance économique. Il est de ce fait primordial que le pays prenne ce virage dans les meilleures conditions en élaborant un régime fiscal lié aux activités de la production du pétrole en Centrafrique. Dans le système fiscal centrafricain, la fiscalité pétrolière est un domaine qui n'est pas encore pris en compte. Ce faisant, la perspective d'élaboration d'une

---

1103 Auguste TENE-KOYZOA, Histoire économique et sociale du Centrafrique au XXe siècle, 2005, p. 303.
1104 Richard EVINA OBAM, La politique fiscale au Cameroun depuis les années 1980, L'harmattan, 2016, p. 11.
1105 Yanis AINAS et autres, Les hydrocarbures : atout ou frein pour le développement de l'Algérie ? Revue Tiers Monde 2012/2 (n° 210), pp. 69-88.

fiscalité applicable aux activités de recherche et d'exploitation pétrolière semble être pertinente dans le cadre de la problématique traitée.

767.— Son importance tient d'abord à sa fonction financière. Les prélèvements financiers obligatoires en rapport avec ces exploitations peuvent représenter une part substantielle, parfois prépondérante des ressources publiques. Elle tient également à son rôle économique. La fiscalité applicable à l'opérateur exerce des effets sur la nature des retombées économiques qu'un État peut escompter de la présence, sur son sol, de la ressource exploitée[1106]. Eu égard à la production future du pétrole, la problématique étudiée peut, par sa démarche méthodologique, susciter des questions et réflexions qui peuvent nourrir les perspectives d'analyses[1107] portant sur la fiscalité liée aux activités de la production du pétrole en Centrafrique.

[1106] Albert Léonard DIKOUME, La fiscalité pétrolière des États membres de la CEMAC : Cameroun, Congo, Gabon, Guinée équatoriale, Tchad, Centrafrique, L'Harmattan, 2008, p. 7.
[1107] Laurence VAPAILLE, Chronique bibliographique, REIDF, n° 2015/2, pp. 331-338.

Index alphabétique

M

O

P

R

S

T

V

Bibliographie

I — Ouvrages généraux

- ADDA Jacques, La mondialisation de l'économie, 2 vol., La Découverte, Repères, 1996.
- AGUILE André G. et DAVID Jacques E., L'Afrique sans frontières, éd. Paul Bory, Monaco, 1965.
- AMIN Samir, L'importance du sommet social des Nations unies, in Afrique et monde arabe. Echec de l'insertion internationale, Forum du tiers monde, L'Harmattan, 1995.
- AMIN Samir et COQUERY-VIDROVITCH Catherine, Histoire économique du Congo 1880-1968, IFAN Dakar, éditions Anthropos, Paris, 1969.
- ARDANT Gabriel, Histoire de l'impôt, tome 2, Paris, Fayard, 1971.
- ASSOGBA Yao, Sortir l'Afrique du gouffre de l'histoire, PUL, 2004.
- BABA KAKE Ibrahima « L'Afrique coloniale » Collection Histoire générale de l'Afrique ACCT — 1990.
- BACHMANN Heinz, Les politiques de déréglementation et de promotion des Investissements directs étrangers en Afrique, M.I.G.A, 1996.
- BALLO Adama, 30 ans de sous-développement. Ça suffit. Editions nouvelles du sud, 1993.
- BARILARI André, Création de valeur et système de valeur, dans L'Impôt, Tome 46, Dalloz, 2002.
- BARRERE Alain, Politique financière, Dalloz, 1959.
- BASSINO Jean-Pascal, LEROUX Jean-Yves, MICHELENA Pascal, Les politiques économiques, Foucher, 1999.
- BEITONE Alain & DOLLO Christine, Economie générale, Sirey, 5e éd., 1996.
- BESCOS Pierre-Laurent, Dialogue autour de la performance en entreprise : les enjeux, Editions L'Harmattan, 1999.
- BOULVERT Yves, Le Centrafrique au seuil du troisième millénaire : essai synthétique de géographie physique, économique et humaine, Bilan, 2002.
- BOUONY Lazhar et TOURNIE Gérard, les Finances publiques : instruments des politiques publiques – les expériences françaises et tunisiennes, IREDE, 1998.

- BOUSSICHAS Matthieu et GUILLAUMONT Patrick, Financer le développement durable – réduire les vulnérabilités, Economica, 2015.
- BOUVIER Michel, BARILARI André, la nouvelle gouvernance financière, LGDJ, Paris, 2005.
- BRESSER-PEREIRA Luiz Carlos, Mondialisation et compétition : pourquoi certains pays émergents réussissent et d'autres non, Ed. La Découverte, 2009.
- BRUEL Georges, Notes ethnographiques sur quelques tribus de l'Afrique Equatoriale Française, Leroux, 1911.
- CAMUS Albert, L'Etranger, Gallimard, Paris, 1942.
- CARREAU Dominique et JUILLARD Patrick, Droit international économique, 2e éd., 2005, Dalloz.
- CHAMBAS Gérard, Mobiliser les ressources locales pour les collectivités décentralisées en Afrique subsaharienne, CERDI, 2009.
- COQUERY-VIDROVITCH Catherine, Le Congo du temps des grandes compagnies concessionnaires, Hautes Etudes en Sciences sociales, 2001.
- COURADE Georges, L'Afrique des idées reçues, Belin, 2006.
- COUSSY Jean, Rubrique « Un essai de typologie », vs Christophe JAFFRELOT, L'enjeu mondial : les pays émergents, presses de Sciences Po L'Express, 2008.
- DAFFLON Bernard et MADIÈS Thierry, Décentralisation : quelques principes issus de la théorie du fédéralisme financier, Agence française de Développement (AFD), 2008.
- DE JOUVENEL Bertrand, Histoire naturelle de sa croissance, in Du pouvoir, éd. Du cheval ailé, 1945.
- DELMAS-MARTY Mireille, La mondialisation du droit, chances et risques, Dalloz, 1999.
- DEMEESTERE René, Le contrôle de gestion dans le secteur public, LGDJ, 2002.
- DRAGO Roland, Science administrative : les cours de Droit, 1977.
- DROUIN Michel, Le financement du développement, Armand Colin, 1998.
- DUCROS Jean-Claude, Sociologie financière, PUF, 1982.
- DUMONT René, L'Afrique noire est mal partie, édition du Seuil, 1962.
- DUVERGER Maurice, Finances publiques, PUF, 1971.
- ESSAGA Victor Stéphane, Droit des hydrocarbures en Afrique – Recueil commenté de textes, L'Harmattan, 2013.
- FOIRRY Jean-Pierre, L'Afrique : continent d'avenir ? éd. Ellipses, 2006.

- FORTERRE Damien, LAFARGE Catherine, Gérer les risques des achats à l'international – opportunités de développement dans les pays émergents, Éditions Dunod, 2013.
- GANAGÉ Elias, Financement du développement, PUF, 1969.
- GAUDEMET Paul Marie et MOLINIER Joël, Finances publiques : Fiscalité, Tome 2, 6e édition Montchrestien, 1997.
- GIRAULT Arthur, Les Finances de la colonisation et de la législation coloniale : Notions administratives, juridiques et financières, Sirey, 1929.
- GODBOUT Luc, L'intervention gouvernementale par la politique fiscale, Rôle des dépenses fiscales — Étude comparée : Canada, USA, France ; Éd. Economica, 2006.
- GRELLET Gérard, Les structures économiques de l'Afrique noire, PUF, 1982.
- GRELLET Gérard, MAINGUET M. et SOUMILLE P., La République centrafricaine, Que sais-je, 1982.
- GRISAY Dominique, De la lutte contre la fraude à l'argent du crime – Etat des lieux, éd. Larcier, 2012.
- GUILLAUME Henri et autres, Gestion publique. L'État et la performance, Presse des Sciences politiques et Dalloz, 2003.
- GUY Camille, Les colonies françaises ; mise en valeur de notre domaine colonial, Paris, 1900.
- HUGON Philippe, Les politiques d'ajustement dans les pays en voie de développement, Environnement africain, n° 25-28 spécial, Environnement et développement du Tiers monde (Enda), Dakar, 1989.
- HUGON Philippe, Afriques : Entre puissance et vulnérabilité, Armand Colin, 2016.
- JACQUET Jean Michel et DELEBECQUE Philippe, Droit du Commerce international, 3e éd., Dalloz, 2002.
- KALCK Pierre, Réalités oubanguiennes, Ed. Berger-Levrault, 1959.
- KALCK Pierre, Histoire de la République centrafricaine des origines à nos jours, Ed. Berger-Levrault, 1974.
- KALK Pierre, Barthélemy BOGANDA : élu de Dieu et des centrafricains, Saint Maur, Editions sépia, 1995.
- KICONCO BARYA Mildred, Sciences sociales et l'avenir de l'Afrique, éd. CODESRIA, Dakar, 2005.
- KI ZERBO Joseph, Histoire de l'Afrique, Hâtier, 1978.
- LANDAIS Bernard, Leçons de politique budgétaire, éd. De Boeck, 1998.
- LAMARZELLE Denys, Stratégie et démocratie territoriale, voyage au cœur des collectivités locales, Montreuil, éditions du Papyrus, 2001.

- MAKAYA GABOUA Solange Patricia, La stratégie de diversification économique des pays des Grands Lacs - facteur de stabilité et de développement, CODESRIA, 2017.
- MATHONNAT Jacky, Disponibilité des ressources financières pour la santé dans les pays d'Afrique subsaharienne, Agence française de Développement, AFD 2010, n° 52.
- MENY Yves, La Corruption dans la vie publique, La Documentation française, 1997.
- MICHALON Thierry, Quel Etat pour l'Afrique, Présence africaine, 1978.
- MVUMBI-DI-NGOMA Mavungu, Les relations interafricaines, Paris, C.H.E.A.M., La Documentation française, 1990.
- NAUDET Jean-Yves (Dir. —), Ethique et développement, Actes du 13e colloque d'éthique économique, Collection « Ethique et déontologie », Librairie de l'Université d'Aix-en-Provence, 2007.
- NZAPAKOMANDA-YAKOMA Raphaël, L'Afrique centrale insurgée. La guerre du Kongo-Wara 1928-1931, L'Harmattan, 1986.
- PEBEREAU Michel, La politique économique de la France – les instruments, Armand Colin, 1985.
- PECHILLON Éric, Les finances publiques en 100 fiches, Ellipses, 2013.
- PERRETI Jean Marie, Dictionnaire des ressources humaines, Vuibert, 2015.
- PHILIP Loïc, Les dépenses publiques le droit budgétaire et financier, éditions Cujas, 1999.
- SALAH Mohamed, La liberté de commerce dans les pays en développement, in Liberté et droit économique, De Boeck-Université, 1992.
- SCHMOLDERS Günter, Psychologie des finances et de l'impôt, PUF, 1973.
- SIGNORINI Elian, L'administration fiscale, Dictionnaire du savoir.
- SIMON Patrick, Economie-Droit et Management, Bréal, 2015.
- STERN Nicholas Herbert, Le rôle de l'État dans le développement économique, Conférence Walras-Pareto, Editions Payot Lausanne, 1992.
- STIGLITZ Joseph E. — WALSH Carl E., Principes d'économie moderne, 2e édition De Boeck, 2004.
- SURET-CANALE Jean, De la colonisation aux indépendances (1945-1960) : crise du système colonial et capitalisme monopoliste d'Etat, éditions sociales, 1977.
- SURRET-CANALE Jean, L'Afrique noire occidentale et centrale, éd. Sociales, 1986.
- TENE-KOYZOA Auguste, Histoire économique et sociale du Centrafrique au XXe siècle, L'Harmattan, 2005.

- VATÉ Michel, Leçons d'économie politique, Economica, 8e édition, 1999.
- WAGO Jean-Baptiste N., L'économie centrafricaine — pour rompre avec la logique de rente, L'Harmattan, 2000.
- WAGO Jean-Baptiste N., L'Afrique face à son destin, L'Harmattan, 1997.
- WAINTROP Françoise, CHOL Céline, COUÉ Brigitte, DELEPLACE Marie-Thérèse, MARÉCHAL Michel, Performance, l'ère des RH, Recherches, Études, Veilles ; juin 2005.
- YELE Roger, DOKO Paul, MAZIDO Abel, Les défis de la Centrafrique — Gouvernance et stabilisation du système économique : Recherche de canevas pour amorcer la croissance, CODESRIA, 2011.
- ZADY Marcel, Développement de proximité et gestion des communautés villageoises, Paris, Éd. Burnie, 2004.
- ZOCTIZOUM Yarisse, Histoire de la Centrafrique 1879 – 1959 : violence du développement – domination et inégalité, Tome 1 et Tome 2, L'Harmattan, 1983.

II — Ouvrages spécialisés

- ABANDA ATANGANA Anicet, L'administration fiscale et contribuable au Cameroun, L'Harmattan, 2011.
- ALAKA ALAKA Pierre, Systèmes fiscaux : l'expérience camerounaise des réformes, Idara, 2003.
- ALVENTOSA Jean-Raphaël, Les outils du management public, LGDJ, 2012.
- ARDANT Gabriel, L'histoire de l'impôt, Tome I, Fayard, 1971.
- AUJEAN Michel et LORENZI Jean-Hervé, Fiscalité et Croissance, PUF, 2011.
- AYESSA Alphonse, Eléments de droit douanier — des procédures et des techniques douanières dans les états membres de la CEMAC, Connaissances et Savoirs, 2010.
- BACCOUCHE Néji, L'environnement fiscal de l'entreprise à l'heure de l'internationalisation de l'économie : le cas tunisien, IACE, Sousse, novembre 2001.
- BARILARI André, Lexique fiscal, Dalloz, 1992.
- BARRERRE Alain, Economie financière, Dalloz, 1971.
- BAZIADOLY Sophie, Systèmes fiscaux comparés, Ellipses, 2010.
- BELTRAME Pierre, Science et techniques fiscales, PUF, Thémis, 1984.
- BELTRAME Pierre, Les systèmes fiscaux, PUF, 1997.
- BELTRAME Pierre et MEHL Lucien, Techniques, politiques et institutions fiscales comparées, PUF, 1997.

- BERR Claude J. et TREMEAU Henri, Le droit douanier communautaire et national, 7e éd., Paris, Economica, 2006.
- BIENVENU Jean-Jacques et LAMBERT Thierry, Droit fiscal, PUF, 2010.
- BOKO Sylvain H., Un aperçu sur la décentralisation fiscale et les finances locales en Afrique francophone, Wake Forest University, 2008.
- BOUVIER Michel, Introduction au droit fiscal général et à la théorie de l'impôt, LGDJ, 2014.
- BOUVIER Michel (Dir. —), La nouvelle administration financière et fiscale, LGDJ, 2011.
- CASTAGNEDE Bernard, La politique fiscale, que sais-je, PUF, 2008.
- CAUDAL Sylvie, La fiscalité de l'environnement, LGDJ, 2014.
- CHAMBAS Gérard, Fiscalité et développement en Afrique subsaharienne, Economica, 1994.
- CHAMBAS Gérard, Afrique au sud du Sahara : Mobiliser des ressources fiscales pour le développement, Economica, 2005.
- DIKOUME Albert Léonard, La fiscalité pétrolière des Etats membres de la CEMAC : Cameroun, Congo, Gabon, Guinée Équatoriale, Tchad, Centrafrique, L'Harmattan, 2008.
- DISLE Emmanuel et SARAF Jacques, Droit fiscal, Dunod, 2004.
- DUFOUR Jean, La fiscalité du développement, Annales africaines, 1959.
- EVINA OBAM Richard, La politique fiscale au Cameroun depuis les années 1980, L'Harmattan, 2016.
- FONGUE ATANGA Roland, Contrôle fiscal et protection du contribuable dans un contexte d'ajustement structurel : Le cas du Cameroun, L'Harmattan, 2007.
- GAMBIER Claude, Les impôts en France, Francis Lefebvre, 1983.
- GASTELLU Jean Marc, MOISSERON Jean Yves, POURCET Guy in présentation de l'ouvrage « fiscalité, développement et mondialisation », Maisonneuve et Larose, Paris, 1999.
- GAUDEMET Paul-Marie, MOLINIER Joël, Finances publiques : Fiscalité, Tome 2, 6e édition Montchrestien, 1997.
- GODBOUT Luc, L'intervention gouvernementale par la politique fiscale, Rôle des dépenses fiscales — étude comparée : Canada, USA, France ; éd. Economica, 2006.
- HAYAT Mirko et LAMBERT Thierry (Dir. —), La décentralisation fiscale : jusqu'où ? L'Harmattan, 2005.
- HECKLY Christophe, La politique fiscale dans les pays industrialisés, Dunod, 1999.
- JACQUOT Michel Jean, La politique douanière et la coopération franco-africaine, la Documentation africaine, Paris, 1962.

- KALDOR Nicholas, Le rôle de la fiscalité dans le développement économique, AISE, 1968.
- KARSENTY Alain, Le rôle controversé de la fiscalité forestière dans la gestion des forêts tropicales — L'état du débat et les perspectives en Afrique centrale, Cahiers d'Economie et de Sociologie rurales, INRA Editions, 2002.
- LAMBERT Thierry (Dir.), La fin des paradis fiscaux ? Montchrestien, Collection Grands Colloques, 2011.
- LASSERRE CAPDEVILLE Jérôme, MARCESSOU Philippe, TRESCHER Bruno et CUTAJAR Chantal, Fraude et évasion fiscales : état des lieux et moyens de lutte, Joly éditions, Lextenso éditions, 2015.
- LAURÉ Maurice, La taxe sur la valeur ajoutée, PUF, 1952.
- LEROY Marc, L'impôt, l'État et la société : la sociologie fiscale de la démocratie interventionniste, Economica, 2010.
- MARTIN Isaac William, MEHROTRA Ajay K., & PRASAD Monica, The new fiscal sociology: taxation in comparative and historical perspective. Cambridge ; New York : Cambridge University Press, 2009.
- MARTINEZ Jean-Claude et Di MALTA Paul, Droit fiscal contemporain 2 ; Les impôts, le droit français, le droit comparé, Litec, 1989.
- MEHL Loïc et BELTRAME Pierre, Science et Technique fiscales, PUF, 1984.
- MESPLE-SOMPS Sandrine, Les outils fiscaux et budgétaires en Afrique subsaharienne : contraintes ou opportunités pour la lutte contre la pauvreté et une meilleure équité ? DIAL, Paris, 2008.
- MONSELLATO Gianmarco, Pour un nouveau contrat fiscal, Les Notes stratégiques de l'Institut Choiseul, avril 2013.
- MUSTAPHA Elktiri, Fiscalité et développement au Maroc, Ed. Maghrébines, 1982.
- NEURISSE, André Histoire de l'Impôt, PUF, collection « Que sais-je ? », 1978.
- NGAKOSSO Antoine, Comment la fiscalité peut-elle contribuer à la monétarisation d'une économie ? Editions Publibook Université, 2013.
- NGAKOSSO Antoine, Réformes fiscales en Afrique – Le management du changement, L'Harmattan, 2013.
- NGAOSYVATH Pheuiphanh, Le rôle de l'impôt dans les pays en voie de développement, le rôle qualitatif – L'impôt promoteur du développement économique et sociopolitique, tome 2, LGDJ, 1980.
- NZENGUET IGUEMBA Gilchrist Anicet, Colonisation, fiscalité et mutations au Gabon 1910-1947, L'Harmattan, 2005.

- ORSONI Gilbert, L'interventionnisme fiscal, coll. Fiscalité, PUF, 1995.
- OSSA René, Réformes fiscales et développement en Afrique subsaharienne, Edilivre, 2012.
- OSSA René, Administrer l'impôt : les nouveaux enjeux de la fonction de gestion dans les pays en développement, Iroko, 2007.
- RABETAFIKA Roger, Réforme fiscale et révolution socialiste à Madagascar, L'Harmattan, 1990.
- RIVOLI Jean, Vive l'impôt, Seuil, 1965.
- SANZ RAMOS Lucas & BOULAY Anne, Économie Droit, Delagrave, 2018.
- SCHMIDT Jean, L'impôt : politique et technique, Dalloz, 1995.
- SIERACZEK-ABITAN Manon, Termes de droit fiscal, Gualino, 2007.
- TIXIER Gilbert et GEST Guy, Droit fiscal, LGDJ, 1976.
- TROTABAS Louis et COTTERET Jean-Marie, Droit fiscal, Dalloz, 1985.
- VALLEE Annie, Les systèmes fiscaux, édition du seuil, 2000.
- VERNIER Éric, Fraude fiscale et paradis fiscaux – décrypter les pratiques pour mieux les combattre, Dunod, 2014.
- YATTA François Paul, « La décentralisation fiscale en Afrique. Enjeux et perspectives » , Paris, Edition Karthala, 2009.
- ZEMRANI Anas Bensalah, La fiscalité face au développement économique et social du Maroc, LGDJ, 1982.

III — Rapports

A. Rapports généraux

- AMOAKO Kingsley Y., Rapport : L'Afrique sur la voie de la bonne gouvernance, 4e Forum pour le développement de l'Afrique, Commission économique pour l'Afrique - Nations Unies, 2004.
- ANDRIANARISON Francis, le financement du développement local et lutte contre la pauvreté, Rapport final, décembre 2001.
- Banque africaine de développement (BAD), Note information, n° 2, 2010.
- Banque de France, Rapport annuel de la Zone franc, 2011.
- BRUNEAU Isabelle et LAFFINEUR Marc, Paquet anti-évitement fiscal, Rapport d'information, Assemblée nationale, 2016.
- CEMAC : Rapport intérimaire de surveillance multilatérale, décembre 2010.
- CEMAC 2025 : Vers une économie régionale intégrée et émergente, programme économique régional 2010-2015, Rapport final, vol. 1, octobre 2009.

- CNUCED, Le développement économique en Afrique, Rapport 2009, Nations Unies.
- CNUCED, Le développement économique en Afrique retrouver une marge d'action : la mobilisation des ressources intérieures et l'État développementaliste, Rapport, Genève, 2007.
- CNUCED, Rapport sur l'investissement international, 2004.
- COTTARELLI Carlo, Mobilisation des recettes dans les pays en développement, Rapport Fonds monétaire international, 2011.
- DESCHAMPS Jean-Karl et GARDINAL Didier, Pour une réforme globale de la fiscalité locale, Rapport du Conseil économique, social et environnemental, Les éditions des Journaux officiels, avril 2018.
- FMI-OCDE-ONU-BM, Renforcer l'efficacité du soutien extérieur au renforcement des capacités fiscales dans les pays en développement, Rapport présenté aux ministres des Finances du G20, juillet 2016.
- Inspecteurs des impôts sans frontières, Rapport annuel 2018/2019, OCDE/PNUD 2019.
- Investir en France, un espace attractif. Rapport du groupe « localisation des investissements transnationaux », La documentation française, avril 1992.
- Les données commerciales des Etats d'Afrique centrale, Rapport, BEAC, 2015.
- Ministère des Affaires étrangères et Européennes, Orientations pour la coopération française en matière fiscale, Rapport, 2011.
- Nations unies, Rôle et travaux du comité d'experts de la coopération internationale en matière fiscale, Rapport du Secrétariat général, juillet 2012.
- Nations unies, Rapport sur la gouvernance en Afrique, Commission économique pour l'Afrique - Nations unies, 2005.
- Nations unies, Troisième Conférence internationale sur le financement du développement : Programme d'action d'Addis-Abeba, Document final, juillet 2015.
- Nations unies, Rapport de la Conférence internationale sur le financement du développement, Monterrey (Mexique), 18-22 mars 2002.
- Nations unies, Rapport sur « Les Économies de l'Afrique centrale », Commission économique des Nations unies pour l'Afrique, 2010.
- NJOKOU Dieudonné, LIOTET Stéphane et SEPULCHRE Fred, Rapport de mission harmonisation de la fiscalité forestière, CEMAC — PAIRAC (Programme d'appui à l'Intégration Régionale en Afrique Centrale), janvier 2010.
- OCDE, Lutter plus efficacement contre les pratiques fiscales dommageables, en prenant en compte la transparence et la substance, Action 5 — Rapport final, 2016.

- OCDE, Quels sont les déterminants du civisme fiscal ? Fiscalité et développement, mars 2013.
- OCDE, L'engagement international dans les États fragiles : Peut-on mieux faire ? 2011.
- OCDE, Gouvernance, fiscalité et responsabilité : enjeux et pratiques, 2008.
- OCDE, Perspectives économiques en Afrique 2009.
- OCDE, Vers une coopération fiscale globale, Rapport, 2000.
- OMC, Examen des politiques commerciales, Rapport des pays de la Communauté économique et monétaire de l'Afrique centrale (CEMAC), 24 juin 2013.
- PELOSSE Hélène, PAINAULT Pierre, WINTER Laurent et LAURENT Jérôme, La fiscalité et la mise en œuvre de la nouvelle stratégie nationale pour la biodiversité (2010-2020), Rapport IGF-CGEDD, oct. 2011.
- PNUD, « La gouvernance en faveur du développement humain durable », PNUD, 1997.
- PNUD, la bonne gouvernance et le développement durable, PNUD, 1997. Rapport public annuel, Les dépenses fiscales : un enjeu budgétaire majeur, février 2011.
- Rapport de la Cour des comptes sur la situation et les perspectives des finances publiques.
- Rapports des officiels coloniaux, Archives nationales.
- Rapports des autorités financières de l'AEF, Archives nationales.
- Rapport sur la situation financière en AEF, Archives nationales.
- Rapport de présentation du Décret du 30 juin 1934.
- Rapport d'Etude sur l'évolution de la Fiscalité dans 13 pays de l'Afrique noire francophones, n° 48, juillet 1982.
- Rapports Doing Business de la Banque mondiale.
- Rapport sur le développement en Afrique, Banque africaine de développement, 2007.
- Rapport de suivi des objectifs du millénaire pour le Développement : « Les Progrès vers l'atteinte des OMD dans le contexte d'un Etat fragile », 2010.
- Rapport de la Conférence des Nations unies sur le commerce et le développement, « Le développement économique en Afrique », Genève, 2007.
- Rapport de la Cour des comptes, La fraude aux prélèvements obligatoires et son contrôle, France, mars 2007.
- Rapports de la Banque des Etats de l'Afrique centrale (BEAC).
- Rapport intitulé « Baromètre mondial de la corruption » publié par l'ONG Transparency internationale, 2006.

- 21e Rapport du Conseil des Impôts, La fiscalité dérogatoire. Pour un réexamen des dépenses fiscales, Paris, Journal officiel de la République française, 2003.
- Rapport : Effort fiscal dans les pays de la CEDEAO, Agence monétaire de l 'Afrique de l'Ouest (AMAO), décembre 2011.
- Rapport sur l'évolution socioéconomique en Afrique centrale en 2009-2010 et perspectives pour 2011, CEA ; Nations unies, mars 2011.
- Rapport annuel de la Zone franc, Banque de France, 2012.
- Rapport du FMI n° 10/21, janvier 2010.
- Rapport sur la diversification en Afrique de la Commission économique pour l'Afrique des Nations Unies, 2006.
- RIZQY Marwah, L'évasion fiscale et l'évitement fiscal grâce aux paradis fiscaux, Mémoire pour la Commission des finances publiques, Université de Sherbrooke, septembre 2016.
- RUSSNER Kathrin, Fiscalité des ressources naturelles en Afrique Centrale : une approche régionale, AFRITAC Centre, FMI, mars 2014.
- TANZI Vito et ZEE Howell, La politique fiscale pour les pays en développement, Dossiers économiques n° 27, FMI, 2001.
- THELOT Claude et ROUET Pascal, Sens et limites de la comparaison des taux de prélèvements obligatoires entre pays développés, Conseil des prélèvements obligatoires, Rapport, La Documentation française, mai 2008.
- THILL Jean, Rapport de synthèse sur la fiscalité et l'ajustement structurel en Afrique francophone, 1991.
- UDEAC, Réforme fiscalo-douanière : nouveau régime fiscal et douanier, avril 1997.
- VALLETOUX Philippe, Fiscalité et finances publiques locales : à la recherche d'une nouvelle donne, Rapport du Conseil économique et social, La documentation française, 2006.

B. Rapports spécifiques à la République centrafricaine

- AHO Gilbert et STEFANINI Davide, Pour une stratégie de croissance propauvre et au service du développement humain – contraintes et défis pour la République centrafricaine, PNUD, 2006.
- BAD/FAD : Mobilisation des ressources publiques intérieures et système fiscal en RCA, Rapport, 2012.
- Banque africaine de Développement, Etude économique et sectorielle, RCA, Novembre 2012.
- Banque Mondiale, Mémorandum sur la politique économique et financière de la Centrafrique, 1998.

- BEAC, Les indicateurs économiques de la République centrafricaine, 2012.
- BODIN Jean-Paul et PHILIPPE Albert, RCA : Plan d'action pour améliorer l'Administration fiscale, Rapport FMI, 1993.
- Cabinet IDC (Investment Development Consultancy), Étude-diagnostic de la gestion des finances publiques en RCA, FMI, 2002.
- CENTRAFRIQUE : Cahiers économiques de la République centrafricaine, brisée le cycle des conflits et de l'instabilité ; Rapport groupe de la Banque Mondiale, n° 1, mars 2018.
- Coopération technique allemande (GTZ), Rapport préliminaire de la mission allemande : « Participation de la population à la décentralisation en République centrafricaine », Bangui, 1995.
- Document de stratégies pour la réduction de la pauvreté en République centrafricaine, 2008-2010. Rapport de mise en œuvre, mars 2009.
- Document de stratégies pour la réduction de la pauvreté en République centrafricaine, 2010-2015.
- EYEBIYI Christine, La gestion rationnelle des exonérations fiscales et douanières en République centrafricaine, Rapport, Expertise France, août 2016.
- FOSSAT Patrick et JOLIBERT Germain, RCA : Plan d'action pour l'introduction de la TVA, Rapport FMI, 1999.
- GEOURJON Anne-Marie, BAGUEKA ASSOBO Alfred, LAPORTE Bertrand, SCHNEIDER Jean-Luc, République centrafricaine : Mobiliser et rationaliser les recettes, Aide-mémoire, FMI, janvier 2017.
- GRANDCOLAS Christophe et BAZARD Jacques, RCA : Introduction de la taxe sur le chiffre d'Affaires (TCA) et renforcement de l'Administration fiscale, Rapport FMI, 1994.
- KHAN Abdoul et BOULEY Dominique, Vers une meilleure gestion des finances publiques, Rapport de la Mission d'évaluation du FMI en Centrafrique, août 2005.
- LESPRIT Éric, BREMEERSCH Christian, KOUKPAIZAN Vincent de Paul, RCA : Mesures prioritaires pour le renforcement des Administrations fiscale et douanière, FMI, 2004.
- MBEKO Honoré, La problématique de la Gouvernance en République centrafricaine, PNUD Bangui, janvier 1998.
- Ministère du Plan, de l'Economie et de la Coopération internationale, situation économique et financière de la RCA en 2007.
- NDOLOMBAYE Josué et NGOUFLO Jean Bruno, Le rapport final du cadre de politique de réinstallation involontaire, RCA ministère des Affaires sociales, 2010.

- NIEWIADOWSKI Didier, La République centrafricaine : le naufrage d'un Etat, l'agonie d'une Nation, Rapport Afrique, ONG internationale Crisis Group, 2014.
- Note de synthèse macroéconomique, RCA, 2009.
- Note sur l'économie centrafricaine, ministère de l'Economie et du Plan, 1985.
- NZAPAYEKE André, Mémorandum de politique économique et financière, 1er mai 2014.
- PENTZLIN Friederike, Politique fiscale en République centrafricaine, Rapport de mission, 1986.
- PNUD, Rapport sur l'état de la pauvreté en République centrafricaine, 2008.
- PNUD, La République centrafricaine face aux défis de la pauvreté, de la bonne gouvernance et de la démocratie, 2001.
- PNUD, Résultats de l'enquête sur la corruption auprès des ménages et des entreprises, RCA, décembre 2005.
- POOTER Emmanuelle de, Étude diagnostique du secteur minier de la République centrafricaine, novembre 2008, Banque Mondiale.
- Programme indicatif national pour la période 2014-2020 pour la République centrafricaine, Rapport, Union européenne, 2013.
- Rapport Forum sur la promotion du secteur privé, Bangui septembre 2015.
- Rapport « Etude-Diagnostic de la gestion des finances publiques en RCA », 2002.
- Rapport du comité technique chargé de la réforme de l'Administration des Douanes, 2007.
- Rapport économique et financier, ministère du Plan, de l'Economie et de la Coopération internationale, RCA, 2010.
- Rapport du comité interministériel chargé des exonérations fiscales et douanières (CICEFD), 2010.
- Rapport Afrique de Crisis Group, République centrafricaine : les urgences de la transition, n° 203, 11 juin 2013.
- Rapport Afrique de Crisis Group, La crise centrafricaine : de la prédation à la stabilisation, n° 219, 17 juin 2014.
- Rapport d'évaluation du programme d'appui aux Réformes économiques (PARE), RCA, 2008.
- République centrafricaine, programmation 1997-2001, PNUD, note consultative.
- République centrafricaine, Rapport d'exécution budgétaire (REB), Direction générale du Budget, 2012.
- République centrafricaine : Plan national de relèvement et de consolidation de la paix (PNRCP) 2017-2021.

- République centrafricaine : Anatomie d'un État fantôme, International Crisis Group, Rapport Afrique N° 136 – 13 décembre 2007.
- SCHLOTTERBECK Stéphane, RAMAROZATOVO Anthony et autres, République centrafricaine : Mobilisation des recettes fiscales et douanières, Rapport mission FMI, novembre 2016.
- Troisième Conférence des Nations Unies sur les pays les moins avancés (PMA), Mémoire présenté par le Gouvernement de la République centrafricaine, Bruxelles, mai 2001.
- WAMOUSTOYO Germain, Note de présentation du Budget, Direction générale du Budget, 2012.
- YAKETE-KOSSI Jerry Victor, Contribution à la réforme de la Douane centrafricaine, 2006.
- YAKITE-KOSSI Jerry Victor, Réflexion sur la gestion intégrée des frontières et la problématique des guichets uniques : cas de la République centrafricaine, 2007.

IV — Articles

- ABDELGHANI Samia, L'initiative « Inspecteurs des impôts sans frontières » au service de la mobilisation des ressources intérieures, Revue européenne et internationale de droit fiscal, n° 2018/1, pp. 103-110.
- AINAS Yanis et al., « Les hydrocarbures : atout ou frein pour le développement de l'Algérie ? », Revue Tiers Monde 2012/2 (n° 210), p. 69-88.
- ALABI CHITOU Marouf, Le renforcement des contrôles : le rôle des juridictions financières africaines (expérience du Bénin), RFFP n° 98, juin 2007, pp. 129-137.
- ALAKA ALAKA Pierre, L'introduction de la TVA dans les pays africains : analyse d'une réception favorable à la remise en cause d'un mécanisme économiquement justifié, Revue européenne et internationale de droit fiscal, n° 2015/3, pp. 418-427.
- ALAKA ALAKA Pierre, Systèmes fiscaux : l'expérience camerounaise des réformes, Etudes administratives africaines, Idara, 2003, pp. 73-91.
- ANDREWS David, BOOTE Anthony R., RIZAVI Syed S., SINGH Sukhwinder, L'initiative renforcée en faveur des pays pauvres très endettés, Brochure Fonds monétaire international, Washington, 1999, pp. 1-6.
- AVOM Désiré et MIGNAMISSI Dieudonné, Pourquoi le commerce intra-CEMAC est-il si faible ? Revue française d'économie, n° 3, vol. XXXII, janvier 2018, pp. 136-170.

- BARILARI André, Place et représentation des finances publiques dans la société d'aujourd'hui, in Finances publiques : scénarios pour demain, RFFP, n° 87, septembre 2004, pp. 103-107.
- BARILARI André, Réflexions sur la problématique de la réforme fiscale, RFFP n° 60, 1997, pp. 77-80.
- BARILARI André, la modernisation des administrations financières 1990-1995, RFFP n° 54, Paris, 1996, pp. 7-14.
- BARQUE François, La rationalisation du coût des dépenses fiscales, Revue de Droit fiscal, n° 40, 7 octobre 2010, pp. 27-36.
- BASSINO Jean-Pascal, LEROUX Jean-Yves et MICHELENA Pascal, Éd. Les politiques économiques, Foucher, 1999, pp. 177-178.
- BEIR Jean De, La fiscalité environnementale s'inscrit dans l'économie du bien-être, Revue européenne et internationale de droit fiscal, n° 2015/4, pp. 495-502.
- BELANGER Sylvie, L'Ajustement structurel ou restructurer pour la croissance de l'Etat, Université du Québec, collection Cahier du GRETSÉ, n° 8, janvier 1992, pp. 1-37.
- BELIBANGA Clément, L'étude des impacts des mesures macroéconomiques des PAS sur le secteur rural en RCA, 1992, pp. 1-30.
- BELTRAME Pierre, Quelques réflexions sur l'informatique et la gestion des finances publiques, RFFP, n° 11, 1985, pp. 21-27.
- BERDOT Jean-Pierre, L'ajustement structurel dans les pays en développement. Une analyse de la faisabilité, in Revue économique, volume 49, n° 4, 1998. pp. 1151-1164.
- BERR Éric, « Le financement du développement, Introduction », Revue Tiers Monde, 4/2007 - n° 192, pp. 765-770.
- BEYTOUT Nicolas, Tous gagnants sauf la réforme, Les Echos 1er - 2 septembre 2000, page unique.
- BODIN Jean-Paul, Modernisation de l'administration fiscale dans les pays en développement : impact de la TVA, Revue d'économie du développement 2012/3 (Vol. 20), pp. 83-103.
- BOOGAARD Vanessa van den, PRICHARD Wilson, BENSON Matthew S. et MILICIC Nikola, La mobilisation des recettes fiscales dans les pays en développement touchés par un conflit, Revue de développement international, vol. 30, n° 2, 2018, pp. 345-364.
- BOUKOBZA Frédéric, Optimisation fiscale et localisation, R.I.D.C, collection Persée, 2-1995, pp. 385-402.
- BOURGAULT Jacques, « Conditions de succès d'implantation des réformes administratives en Afrique : leçons apprises au sujet des stratégies d'appui au changement », Mondes en développement 2006/1, n° 133, collection CAIRN, pp. 63-82.

- BOUVIER Michel, La sécurité fiscale : une politique publique à part entière, RFFP, avril 2015, n° 130, pp. V-VII.
- BOUVIER Michel, rubrique : « Un système fiscal français en mutation », Revue « Après demain », n° 29 : « L'impôt : pour un consentement renouvelé », février 2014, collection CAIRN, pp. 3-5.
- BOUVIER Michel, Pour une renaissance de la théorie de l'impôt, Revue de Droit fiscal n° 24, 15 juin 2006, pp. 1123-1129.
- BOUVIER Michel, Les zones d'exception fiscale, RFFP, n° 63, 1998, pp. 3-4.
- BRUN Jean-François, CHAMBAS Gérard et COMBES Jean-Louis, Recettes publiques des pays en développement Méthode d'évaluation, pp. 1-15.
- CANTENS Thomas, La mesure de la performance dans les administrations fiscales et douanières des pays en développement, Conférence Ferdi, Clermont-Ferrand, 2014, pp. 1-4.
- CASSEN Bernard, Les dossiers de la mondialisation : libre-échange, privatisations, délocalisations..., in Manière de voir, Le Monde diplomatique n° 91, janv.-février 2007, pp. 4-98.
- CASTAGNEDE Bernard, Présentation générale du colloque « Fiscalité et Développement » RFAP n° 13, Jan-Mars 1980, pp. 5-10.
- CHAMBAS Gérard, Afrique au sud du Sahara : quelle stratégie de transition fiscale ? Afrique Contemporaine, collection CAIRN, 2005, pp. 133-163.
- CHAMBAS Gérard, TVA et transition fiscale en Afrique : les nouveaux enjeux, Afrique Contemporaine, collection CAIRN, 2005, pp. 181-194.
- CHATEL Bénédicte, « La Banque mondiale met fin aux prêts d'ajustement structurel », in Marchés Tropicaux du 10 septembre 2004.
- CHEVALIER Jacques, « Performance et gestion publique », dans Réformes des finances publiques et modernisation de l'Administration, mélanges en l'honneur du Professeur Robert HERTZOG, Paris, Economica, 2011, pp. 83-93.
- CLERC Denis, « Fiscalité et équité : propositions pour un débat », L'Économie politique 2010/3, n° 47, pp. 7-20.
- CODINE Jean-Pascal, Informatique et Finances publiques — rubrique : Spécificités de l'informatique douanière, RFFP n° 11, 1985, pp. 67-75.
- COQUERY-VIDROVITCH Catherine, L'échec d'une tentative économique : L'impôt de capitation au service des compagnies concessionnaires du « Congo français » (1900-1909). In : Cahiers d'études africaines, vol. 8, n° 29, 1968, pp. 96-109.

- COQUERY-VIDROVITCH Catherine, Le Congo au temps des grandes compagnies concessionnaires 1898-1930. Tome 1, Éditions de l'École des hautes études en sciences sociales, pp. 117-141.
- DE PAEPE Gregory et DICKINSON Ben, « Les recettes fiscales, moteur du développement durable », dans Coopération pour le développement 2014 : Mobiliser les ressources au service du développement durable, Éditions OCDE, pp. 101-109.
- DJEBARA Amar Chouki, Douanes et entreprises : améliorer la performance par le partenariat, Le Phare n° 129, janvier 2010.
- DUFOUR Jean, La fiscalité du développement, Annales africaines, 1959, pp. 109-127.
- DUPRAT Jean-Pierre, La dynamique des réformes budgétaires : globalisation des problèmes, unification des outils et adaptation nationale des solutions, RFFP n° 98, juin 2007, pp. 9-24.
- EASTERLY William et REBELO Sergio, Fiscal policy and economic growth – An empirical investigation, Journal of Monetary Economics 32, World Bank, September 1993, pp. 417-458.
- EVINA Richard, Réflexions sur quelques spécificités camerounaises de la TVA, Revue européenne et internationale de droit fiscal, n° 2015/3, pp. 428-434.
- FEARON James D., « Fragilité des États, indicateurs de gouvernance et risque de guerre civile », Revue d'économie du développement 2011/4, Vol. 19, pp. 153-154.
- GABAS Jean-Jacques et LOSCH Bruno, Rubrique « La fabrique en trompe-l'œil de l'émergence », vs Christophe JAFFRELOT, L'enjeu mondial : les pays émergents, Presses de Sciences Po L'Express, 2008, pp. 25-40.
- GALDEMAR Virginie, GILLES Léopold et SIMON Marie-Odile, Performance, efficacité, efficience : les critères d'évaluation des politiques sociales sont-ils pertinents ? Cahier de recherche, CREDOC, n° 29 décembre 2012.
- GEOURJON Anne-Marie, LAPORTE Bertrand et DE QUATREBARBES Céline, La TVA dans les pays africains : un nouveau droit de douane ? Revue européenne et internationale de droit fiscal, n° 2016/2, pp. 180-187.
- GHANI Ejaz et O'CONNELL Stephen D., Les services peuvent-ils devenir un escalator de croissance pour les pays à faible revenu ? Revue d'économie du développement, Vol. 24, n° 2, 2016, pp. 143-173.
- GLEIZEL Jean Jacques, « L'État et la sécurité en Afrique » in revue de science criminelle et de droit pénal comparé, Dalloz, décembre 2000, pp. 908-914.

- GUILLAUME Henri, DURAND Guillaume et SILVENT Franck : Gestion publique : l'État et la performance, Presses de Sciences Po et Dalloz, 2003, pp. 108-111.
- GOURNAY Bernard, Informatique et Finances publiques, RFFP, n° 11, 1985, pp. 1-4.
- HAMZAOUI Moustapha, BOUSSELHAMI Nezha, Impact de la fiscalité sur la croissance économique du Maroc, Article, pp. 104-127.
- HOEVEN Rolph Van Der et KRAAIJ Fred Van Der, L'ajustement structurel et au-delà en Afrique subsaharienne : Thèmes de recherche et thèmes politiques, Karthala, 1995, pp. 67-130.
- HUGON Philippe, Les politiques d'ajustement dans les pays en voie de développement, Environnement africain, n° 25-28 spécial, Environnement et développement du Tiers monde (Enda), Dakar, 1989.
- JACQUEMOT Pierre et RAFFINOT Marc, La mobilisation fiscale en Afrique, Revue d'économie financière, n° 131, 2018, pp. 243-263.
- JARRIGE Julien, Les pays en développement face au BEPS : défis et engagement, Revue de Droit fiscal, n° 23, 9 juin 2016, pp. 22-27.
- JOLY Eva, Pour en finir avec l'impunité fiscale, Le Monde diplomatique n° 747, juin 2016, pp. 1-21.
- JOUANNET Emmanuelle, De la personnalité et la souveraineté de l'État dans la Constitution de 1958 (Théorie française de l'État et intégration européenne), juin 2003, pp. 1-27.
- JOUYET Jean-Pierre, GIBERT Bruno « Les dépenses fiscales… tour d'horizon », RFFP, n° 18, 1987, pp. 21-28.
- JOUVENEL Bertrand de, Histoire naturelle de sa croissance, in Du pouvoir, éd. Du cheval ailé, 1945, pp. 541-557.
- KARSENTY Alain, Le rôle controversé de la fiscalité forestière dans la gestion des forêts tropicales — L'état du débat et les perspectives en Afrique centrale, Cahiers d'Economie et de Sociologie rurales, INRA Editions, 2002, pp. 6-33.
- KAUFMANN Daniel, KRAAY Aart et ZOIDO-LOBATON Pablo, Gestion des affaires publiques : de l'évaluation à l'action, Finances & Développement, Vol. 37, n° 2, 2000, pp. 46-47.
- KI-ZERBO Joseph, Histoire de l'Afrique noire. D'hier à demain, Éd. Hâtier, 1978, pp. 429-435.
- KONGATOUA KOSSONZO Augustin, L'impact de l'Accord de partenariat économique (APE) sur l'économie centrafricaine, Penant, n° 869 Octobre-Décembre 2009, pp. 429-467.
- KOUEVI Gustave Amavi, Plaidoyer pour une géofiscalité en Afrique : éléments d'une nouvelle approche de la gouvernance

économique et financière, Revue de Droit fiscal, supplément au n° 25 juin 2007, pp. 49-59.
- LAMBERT Thierry, « Editorial », Revue européenne et internationale de droit fiscal, n° 2017/1, pp. 3-4.
- LAURATET Séverine et DELSOL Charlotte, Les retombées du plan BEPS en Afrique francophone : Analyse de l'impact sur les législations et pratiques fiscales des pays de l'OHADA, Revue de Droit fiscal, n° 12, 22 mars 2018, pp. 13-18.
- LONCLE Jean-Marc et PHILIBERTPOLLEZ Damien, « Les clauses de stabilisation dans les contrats d'investissement », Revue de Droit des Affaires internationales, no 3, 2009, pp. 267-292.
- LOPEZ Christian, Fraude fiscale : quelle coopération internationale ? dans « Les chantiers fiscaux à engager », ouvrage collectif, L'Harmattan, coll. Finances publiques, 2002, pp. 115 – 132
- LURTON Grégoire, « Mesurer la pression fiscale », Regards croisés sur l'économie 2007/1, pp. 66-68.
- MAKAYA GABOUA Solange Patricia : La stratégie de diversification économique des pays des Grands Lacs, CODESRIA, 2017, pp. 49-81.
- MEDE Nicaise, TONI Errol M. et AVAHOUNDJE Fiacre J. J., Réflexions sur la fiscalité environnementale en Afrique francophone, Revue européenne et internationale de droit fiscal, n° 2015/4, pp. 556-562.
- MEHL Lucien, Informatique et Finances publiques — rubrique : Les enjeux du développement de l'informatique dans les finances publiques, RFFP, n° 11, LGDJ, 1985, pp. 5-19.
- MICHALET Charles-Albert, « La séduction des nations ou comment attirer les investissements », Economica, 1999, pp. 83 — 100.
- MICHALON Thierry, Quel Etat pour l'Afrique, Présence africaine, 1978, pp. 64-65.
- MOHAMMED Fellah, Problématique du choix du système fiscal entre efficacité économique et équité sociale, Recherches économiques et managériales n° 3 — juin 2008, pp. 1-16.
- MONNIER Jean-Marie, « La politique fiscale », in Olivia MONTEL-DUMONT, La politique économique et ses instruments, 2e éd., coll. « Les Notices », La Documentation française, 2010, pp. 111-123.
- MONTAGNAT-RENTIER Gilles et PARENT Gilles, Réforme et modernisation des douanes en Afrique subsaharienne francophone : 1995-2010, Revue d'économie de développement, n° 3 septembre, 2012, De Boeck, pp. 105-146.
- MONTAGNIER Gabriel, L'harmonisation communautaire des impôts directs, RFFP n° 4, 1983, pp. 119-148.

- MOURIAUX François, Le concept d'attractivité en Union monétaire, Bulletin de la Banque de France — n° 123 — mars 2004, pp. 29-44.
- MOUSSA Pierre, L'investissement privé étranger en Afrique : atouts et obstacles, Afrique contemporaine, n° 204, 4e trimestre, 2002, pp. 35-41.
- MOZOULOUA Dieudonné, Accès à la mer, un défi à variables multiples pour la Centrafrique, in Enjeux, n° 26, 2006, pp. 29-35.
- NGANGOUE François, « Planifier et organiser la diversification économique en Afrique centrale », Revue congolaise de Gestion 2016/1 (Numéro 21 - 22), pp. 45-87.
- NGAOSYVATHN Pheuiphanh : « Attraction de l'épargne privée étrangère par l'impôt : excentricité dispendieuse pour les pays en voie de développement », Revue de Science financière, n° 4 Oct.-Déc. 1974, pp. 969-998.
- NZAPAKOMANDA YAKOMA Raphaël, L'Afrique centrale insurgée. La guerre du Kongo-Wara 1928-1931, Ed. L'Harmattan, 1986, pp. 14-15.
- OCDE, « Les recettes fiscales, moteur du développement durable », dans Coopération pour le développement 2014 : Mobiliser les ressources au service du développement durable, Éditions OCDE, 2015, pp. 101-109.
- PARINI Philippe, les adaptations des Administrations financières, Finances publiques : scénarios pour demain, RFFP, n° 87, septembre 2004, pp. 197-202.
- PEBEREAU Michel, Rationalité économique et mondialisation, Bulletin de l'Académie des Sciences morales et politiques, n° 10 mai/août 2015, pp. 31-57.
- PELLAS Jean-Raphaël, La sécurité fiscale : Quels enjeux juridiques ? RFFP, avril 2015 n° 130, pp. 7-31.
- PFISTER Mike, Une fiscalité orientée vers l'investissement et le développement : aperçu de quelques enjeux de politique fiscale en Afrique, NEPAD-OCDE, 2009, pp. 1-20.
- PHILIP Loïc, Les dépenses publiques le droit budgétaire et financier, éditions Cujas, 1999, p. 72-73.
- POUILLAUDE Agnès, La bonne gouvernance, dernier né des modèles de développement : aperçu de la Mauritanie, Centre d'Economie de développement, Bordeaux IV, 1999, pp. 8-9.
- RADU Ghenadie, Sur la nécessiter de simplifier la réglementation douanière, Revue internationale de Droit économique, n° 3, 2015, pp. 357-371.
- RAESS Pascal, Fiscalité et gouvernance : rôle et impact de la coopération internationale au développement, Annuaire suisse de politique de développement, vol. 26, n° 2, 2007, pp. 226-245.

- RAMBOURG Michel, L'échec des réformes en Afrique : Le cas des pays francophones au sud du Sahara, Revue française d'administration publique, juillet-septembre 1998, pp. 405-422.
- ROUX André (Dir. —), Finances publiques, Notice 12 : « Fiscalité et politique économique et sociale », Christophe STRASSEL, La Documentation française, 2011, pp. 159-172.
- ROUX André (Dir. —), Finances publiques, Notice 14 : « Les voies de réforme de la fiscalité », Jean-Marie MONNIER, La Documentation française, 2011, pp. 185-201.
- SAINTENY Guillaume, « L'écofiscalité comme outil de politique publique », Revue française d'administration publique, 2010/2 n° 134, pp. 351-372.
- SALAH Mohamed, La liberté de commerce dans les pays en développement, in Liberté et droit économique, De Boeck-Université, 1992, pp. 121-125.
- SÉE Arnaud, Les doctrines fiscales de l'OCDE, Revue de Droit fiscal, n° 24, juin 2006, pp. 1124-1129.
- SERLOOTEN Patrick, « La neutralité fiscale — un principe obsolète ? » dans Mélanges dédiés à Louis Boyer - Doyen de la faculté de droit de Toulouse, Presses de l'Université des sciences sociales de Toulouse, 1996, pp. 701-715.
- SÉVERIN Éric, Les réductions d'effectifs comme mesure de restructuration pour favoriser la performance : Analyse empirique sur le cas français, La Revue des Sciences de Gestion, vol. 223, n° 1, 2007, pp. 13-24.
- SINDZINGRE Alice, État et intégration internationale des États d'Afrique subsaharienne : l'exemple de la fiscalité, Afrique contemporaine, numéro spécial, 3e trimestre 2001, pp. 65-71.
- SY Amadou, Un obstacle à la croissance, Revue Finances & Développement, juin 2016, pp. 26-27.
- TALLEC Georges Le, « La concession, instrument juridique d'investissements privés étrangers », la Revue de Science financière, n° 3 juillet-septembre 1959.
- TANZI Vito, Augmentation des impôts et niveau des prix, Revue « finances et développement », septembre 1982, pp. 27-30.
- THÉRET Bruno et URI Didier, La courbe de Laffer dix ans après : un essai de bilan critique, Revue économique, 1988/39-4, pp. 753-808.
- TROUVELOT Sandrine, Ajustement structurel : la faillite d'un modèle, Alternatives économiques, n° 131, novembre 1995, p. 19 (page unique).
- VADCAR Corinne, « L'investissement étranger en Afrique », Revue Afrique contemporaine, n° 181, 1997, pp. 25-37.

- VAPAILLE Laurence, Chronique bibliographique, Revue européenne et internationale de droit fiscal, n° 2015/2, pp. 331-338.
- WAINTROP Françoise, CHOL Céline, COUÉ Brigitte, DELEPLACE Marie-Thérèse, MARÉCHAL Michel, Performance, l'ère des RH, Recherches, Études, Veilles ; juin 2005, pp. 1-30.
- WESTREICHER Eduard, Décentralisation et autogestion locale : La décentralisation dans la coopération allemande au développement, ministère fédéral de la Coopération économique et du Développement, octobre 2008, pp. 1-12.
- YONABA Salif, Le recouvrement des recettes publiques dans les états africains : un état des lieux préoccupant, Revue française d'administration publique n° 144, 2012/4, pp. 1043-1051.
- YONABA Salif, L'expérience africaine du modèle français du contrôle juridictionnel des finances publiques : traits communs et diversité, Revue française de Finances publiques n° 101, mars 2008, pp. 61-77.
- YONABA Salif, Les contraintes de l'harmonisation d'un droit budgétaire rénové dans la zone UEMOA, Revue française de Finances publiques n° 98, juin 2007, pp. 69-79.
- ZINE EL ALAOUI Samir, La décentralisation entraîne-t-elle de comportements stratégiques entre les collectivités locales au Maroc ? Revue d'économie du développement, n° 2 juin 2017, De Boeck supérieur, pp. 95-114.

VI — Thèses et mémoires

A. Thèses

- ASSI Rola, Le régime juridique des investissements étrangers au Liban au regard de l'ordre juridique international, Thèse, Aix-Marseille Université, 2014.
- BAYOR Baba B., Fiscalité et développement au Togo, Thèse, Université de Nice, 1990.
- CARUANA Nicolas, La fiscalité environnementale : entre impératifs fiscaux et objectifs environnementaux, une approche conceptuelle de la fiscalité environnementale, Thèse, Aix-Marseille Université, 2015.
- CAULLERY Maurice, La Réforme du régime douanier colonial, Thèse, éd. Domat-Montchrestien, Paris, 1930.
- DEMBA BA Boubacar, Finances publiques et gestion par la performance dans les pays membres de l'UEMOA : étude de cas du Sénégal, Thèse, Université de Bordeaux, 2015.

- DOUI WAWAYE Augustin Jérémie, La sécurité, la fondation de l'Etat centrafricain : contribution à la recherche de l'Etat de droit, Thèse, Université de Bourgogne, 2012.
- EL FAKIR Nahed Mohamed Ali, La réforme fiscale dans les pays émergents : le cas de l'impôt sur le revenu des personnes physiques en Egypte, Thèse, Université Aix-Marseille III, 2004.
- FALL Abdoul Hamid, Contribution à une réflexion sur la fiscalité de développement au Sénégal, Thèse, Université de Toulouse 1, 2001.
- FARGEOT Christian, La chasse commerciale en Afrique centrale : Une menace pour la biodiversité ou une activité économique durable ? Le cas de la République centrafricaine, Thèse, Université Montpellier 3, 2013.
- FOTSING Jean-Baptiste, Le pouvoir fiscal en Afrique : essai sur la légitimité fiscale dans les Etats d'Afrique noire francophone, LGDJ, 1995.
- GNIMPIEBA TONNANG Edouard, Droit matériel et intégration sous régionale en Afrique centrale (Contribution à l'étude des mutations récentes du Marché intérieur et du droit de la concurrence CEMAC), Thèse, Université de Nice-Sophia Antipolis, 2004.
- GUIRE Brahima, Fiscalité et promotion de l'investissement privé dans les Etats membres de l'UEMOA : le cas du Burkina Faso ; thèse, Université Paul Cézanne Aix-Marseille III, 2011.
- KABRAL-YANGASSENGUE Fidèle, Les aspects juridiques de l'interventionnisme économique dans les Etats francophones d'Afrique au sud du Sahara : cas de la Centrafrique, Thèse, Université Toulouse I, 1986.
- KEBE Soumahila, Le rôle de la fiscalité dans une intégration économique régionale, Thèse, Université de Clermont-Ferrand 1, 1981.
- LAUMONIER Alexandre, La coopération entre États dans la lutte contre la fraude et l'évasion fiscales internationales, Thèse, Université de Bordeaux, 2017.
- MEKONGO Jean-Marie, Les retenues à la source dans le système fiscal du Cameroun, Thèse, Panthéon-Sorbonne, 2005.
- MENCHAOUI Inès, Identification et impact des pratiques de gestion fiscale sur la performance fiscale des groupes de sociétés : une étude menée dans le contexte tunisien, Thèse, Université de Franche-Comté et université Tunis El Manar, 2015.
- MONDONGOU Georges, L'impôt de capitation et le régime des prestations en Centrafrique : de 1902 au lendemain de la seconde guerre mondiale, Thèse, Université de Provence Aix-Marseille 1, 1986.
- NDIAYE Idrissa, La politique fiscale des sociétés dans les États membres de l'espace OHADA : la problématique de l'assiette fiscale

et solutions pour le développement, Thèse, Université Paris 13, 2008.
- NGOUFLO Jean Bruno, Apprentissages et transmission des savoir-faire dans une entreprise nationale de production d'électricité l'ENERCA en République centrafricaine, Thèse, Aix-Marseille Université, 2011.
- OUANDJI Florent, Le contrôle fiscal en République centrafricaine, Thèse, Université de Yaoundé, 2015.
- PASCAL Lionel, La privatisation des missions douanières en République centrafricaine : une opportunité d'amélioration des finances publiques ? Thèse, Université Montesquieu Bordeaux 4, 2014.
- PEREZ Xavier, La raison fiscale de l'ancienne France à la naissance de l'Etat décentralisé contemporain, Thèse, Université Montesquieu-Bordeaux IV, 2011.
- ROCA Thomas, La gouvernance à l'heure du consensus post-Washington : Les limites théoriques et méthodologiques d'un concept protéiforme, Thèse, Université Montesquieu — Bordeaux IV, 2011.
- SANI Mahaman, Secteur non enregistré et mobilisation fiscale dans les pays en développement (PED) : le cas des pays d'Afrique au sud du Sahara (PASS), Université d'Auvergne - Clermont-Ferrand I, Thèse, 2009.
- SY Cuong Vu, La politique fiscale et le développement du Vietnam au cours de la transition, Thèse, Université Panthéon-Sorbonne — Paris I, 2009.
- TOURE Cheickna, La fiscalité comme instrument de politique économique et sociale : cas du Mali, Thèse, Université Panthéon-Assas Paris 2, 1998.
- YERIMO Lambert, La fraude fiscale en République centrafricaine, Thèse, Université Yaoundé II, 2012.
-

B. Mémoires

- AMAR Penda, Les déterminants de la pression fiscale au Sénégal, ENSAE, Mémoire, juin 2014.
- DJOMENI KOLOKO Elvis, La fiscalité des investissements et l'optimisation fiscale : cas du Cameroun, Mémoire, Université de Douala, 2008.
- EVINA OBAM Richard, L'intégration du pilotage des performances en finances publiques camerounaises, Mémoire, ENA, 2005.
- NDIAYE Mariétou, Financement du développement dans les PPTE dans le contexte de globalisation — l'accès aux capitaux privés : le cas du Sénégal, Mémoire, ENA, 2005.

- NGANDA Denis Papin, La fiscalité comme instrument de politique économique et sociale en République centrafricaine, Mémoire Master 2, Université de Douala, 2012.
- OUENAM François, La problématique des dépenses fiscales en Centrafrique, Mémoire, Institut d'Etudes financières Pôle-Régional (IEF-PR), Libreville, 2011.
- VONDO Véronique, L'efficacité du contrôle fiscal en Centrafrique, Mémoire, Master II Recherche, Université de Bangui, 2013.
- WECXSTEEN Camille, Mesures fiscales incitatives et localisation des investissements, Mémoire, Université Robert Schuman Strasbourg, 2000.
- YAGOUSSOU Serge, Les causes de la faible performance du système fiscal centrafricain, Mémoire Master 2, Faculté des Sciences économiques et de Gestion, Université de Bangui, 2014.

VII — Actes des colloques, Séminaires, Conférences

- ABESSOLO Serge, Réflexions et propositions pour une fiscalité du développement en Afrique centrale, Communication Conférence consultative régionale en Afrique 5 au 7 novembre 2007, Accra — Ghana.
- AMADOU Djallo, Fiscalités appliquées aux activités de téléphonie mobile en Centrafrique, Communication Séminaire, Caire (Egypte), février 2013.
- CASTAGNEDE Bernard, « La fiscalité des pays en développement », Communication au colloque Fiscalité et développement, Paris, septembre 1980.
- CREDAF, Séminaire, La formation : Outil de renforcement des capacités et d'accompagnement des réformes, CREDAF, Conakry (Guinée), juillet 2016.
- CREDAF, Les aspects prix de transfert des restructurations d'entreprises et des incorporels, Séminaire des Directeurs, Gabon, 24-26 février 2015.
- CREDAF, Guide d'aide à la contractualisation des objectifs, 26e colloque, Niamey (Niger), octobre 2012.
- CREDAF, Les problématiques liées à l'élaboration des politiques de contrôle fiscal et leur mise en œuvre, 25e colloque du CREDAF, Dakar, Sénégal, du 19 au 22 avril 2010.
- CREDAF, Guide des modalités et procédures de fiscalisation du secteur informel, CREDAF, 2009.
- DAVIDSON Ralph, Les problèmes fiscaux et monétaires dans les pays en voie de développement, Communication 3e conférence de Réhovoth, Dunod, 1967.

- EKANZA Simon Pierre, « La colonisation, un défi pour l'Afrique », extrait d'un discours prononcé à la conférence du 4 mars 2005, CERAP Abidjan.
- EMAGNA Maximin, Les adaptations de la coopération administrative internationale de la France et le poids des traditions juridiques et corporatistes, polycopiées, Communication présentée au Congrès international des sciences administratives, Athènes, Grèce, IISA, Bruxelles, 2001.
- ENA, Pilotage de la performance : le contrôle de gestion, communication au Séminaire sur la mobilisation des ressources fiscales et douanières, Paris, 25 décembre 2007.
- FABIUS Laurent, Communication lors du 2e colloque international « Fiscalité et développement » Paris, 1982.
- Fiscalité et développement, Communication de la Commission européenne au Parlement européen, au Conseil et comité économique et social européen, Bruxelles, 21 avril 2010.
- Fiscalité et développement : Coopérer avec les pays en développement afin d'encourager la bonne gouvernance dans le domaine fiscal, Communication de la Commission au Parlement européen, au Conseil et au comité économique et social européen 28 avril 2009.
- KALDOR Nicholas, Les problèmes fiscaux et monétaires dans les pays en voie de développement, Article : « Les prélèvements fiscaux dans les pays en voie de développement », 3e conférence de Réhovoth, Dunod, 1967.
- LOGMO MBELEK Aaron, Communication au Séminaire sur la réforme des politiques fiscales axées sur l'innovation et la modernisation des institutions en charge de la collecte et de la gestion du patrimoine public, CAFRAD, 29 novembre au 1er décembre 2010, Tanger (Maroc).
- NZAPAYEKE André, la problématique de la performance du secteur public centrafricain, conférence-débat organisée à Bangui, le 10 mars 1995 par GERDES-Centrafrique.
- Réunion du comité intergouvernemental d'experts de la communication économique des Nations unies pour l'Afrique, MAHE, SEYCHELES du 27 ou 29 avril 2009.
- SAUVÉ Jean-Marc, vice-président du Conseil d'État, discours d'ouverture du colloque organisé dans le cadre des entretiens du Conseil d'État en droit public économique à l'Ecole nationale d'administration, le 5 juin 2015.

Table des matières

DEUXIÈME PARTIE — LA FISCALITÉ, UN OUTIL STRATÉGIQUE À PARFAIRE POUR LE DÉVELOPPEMENT

RÉPUBLIQUE CENTRAFRICAINE
AUX ÉDITIONS L'HARMATTAN

Dernières parutions

AMNISTIE ET DROITS DES VICTIMES EN RÉPUBLIQUE CENTRAFRICAINE

Fleury Fulgence Banale

En début d'année 2019, la République Centrafricaine a amorcé une nouvelle page de son histoire par la signature d'un huitième accord entre « le Gouvernement et les Groupes armés ». Cet accord n'a pas fait mention explicite de l'amnistie car le peuple centrafricain ne veut pas en entendre parler et avait réclamé au forum de Bangui « zéro impunité ». Toutefois, parce que l'amnistie, dans le passé n'a pas fonctionné, faut-il l'exclure des solutions politiques possibles à la crise centrafricaine ? Comment garantir les droits des victimes au regard des expériences antérieures d'amnistie ?

(126 p., 14 euros)

ISBN : 978-2-343-18163-9, EAN EBOOK : 9782140128264

AGIR POUR SAUVER LA RÉPUBLIQUE CENTRAFRICAINE

Aristide Briand Reboas

Préface d'Emmanuel Caulier

Ce livre propose un diagnostic de l'état de la République centrafricaine, des diverses raisons de la crise et des responsabilités de tous les protagonistes. L'auteur propose des solutions pour permettre au pays de retrouver la place qui était la sienne dans le concert des nations démocratiques. Il s'agit de redonner confiance au peuple, de compter sur son implication et sa responsabilisation, de préconiser l'esprit de travail coopératif afin d'améliorer les rendements dans tous les secteurs d'activité, de favoriser l'esprit de solidarité et l'esprit démocratique nécessaires au vivre-ensemble dans la paix et la concorde. .

(Coll. Diplomatie et stratégie, 132 p., 14,5 euros)

ISBN : 978-2-343-17991-9, EAN EBOOK : 9782140126086

ANNONCER L'EVANGILE POUR LA PAIX EN CENTRAFRIQUE

Ecrits et Interventions publiques du Cardinal Dieudonné Nzapalainga

Thibault Sylver Ko-Batoka

La RCA, jadis appelée la « Suisse africaine », n'est plus qu'un amas de ruines à l'heure actuelle. Face au risque d'enlisement total de la nation centrafricaine, l'Église du Christ en Centrafrique a pris ses responsabilités. C'est à ce titre que le Cardinal Dieudonné Nzapalainga est devenu, au gré des circonstances, un protagoniste majeur dans la gestion de la crise centrafricaine. Cet ouvrage, essentiellement composé d'une collecte fournie des interviews, des homélies et des messages du Magistère de Bangui, propose d'autres pistes à explorer pour sortir de l'enfer centrafricain.

(Coll. Églises d'Afrique, 330 p., 34 euros)

ISBN : 978-2-343-17033-6, EAN EBOOK : 9782140124082

RÉPUBLIQUE CENTRAFRICAINE : LA PARENTHÈSE SÉLÉKA

Chronique d'une coalition d'obédience musulmane au pouvoir

Clotaire Saulet Surungba

Préface de Michel Gbézéra-Bria

La tragédie centrafricaine a atteint un sommet inégalé sous le régime de la Séléka. Ses exactions ont eu notamment pour conséquence l'apparition de milices d'autodéfense rurales, les Antibalaka, qui vont à leur tour verser dans la criminalité. L'auteur analyse les causes endogènes et exogènes de cette crise et décrit sans détour les violences incroyables subies par les populations et les réfugiés. La chute officielle du régime Séléka n'a pas mis fin à la tragédie de la République centrafricaine malgré le retour de la légalité constitutionnelle du 30 mars 2016. L'auteur propose des pistes de sortie de crise.

(Coll. Points de vue, 328 p., 34 euros)

ISBN : 978-2-343-17649-9, EAN EBOOK : 9782140122620

LA RCA À LA CROISÉE DES CHEMINS ET L'HÉRITAGE DE BARTHÉLÉMY BOGANDA

Actes de la conférence-débat du 2 février 2019

Victor Bissengue, Prosper Indo

Voici les actes de la rencontre Autour de la RCA et héritage de B. Boganda ; Une première partie est consacrée aux témoignages de ceux qui ont vécu ou partagé le quotidien du pouvoir ou des Centrafricains ; un deuxième temps consigne des travaux et des réflexions plus théoriques. Viennent ensuite les contributions et réflexions personnelles donc nécessairement subjectives sur les problématiques du moment en Centrafrique : partition ou fédération, CEMAC ou CEEAC ; ces deux interrogations plus polémiques font l'actualité de la pensée de Bathélemy Boganda.

(104 p., 10 euros)

ISBN : 978-2-343-17313-9, EAN EBOOK : 9782140117541

LA SUBSISTANCE DU CLERGÉ SÉCULIER EN CENTRAFRIQUE

Possible auto-prise en charge

Justin-Sylvestre Kette

Préface du Cardinal Dieudonné Nzapalainga

Selon le Code de droit canonique, la subsistance du clergé est prévue au canon 281 : rémunération qui permet de subvenir aux besoins et assistance sociale en cas de maladie, d'invalidité ou de vieillesse. Mais comment pourvoir à ces exigences dans la jeune Église d'un pays en guerre civile et dont la pauvreté est structurelle ? Cette étude propose des mesures à prendre pour rendre possible l'auto-prise en charge des prêtres en Centrafrique, à commencer par les modalités d'une gestion rigoureuse et transparente des maigres ressources et la vigilance accrue des évêques diocésains.

(Coll. Églises d'Afrique, 386 p., 38 euros)

ISBN : 978-2-343-17099-2, EAN EBOOK : 9782140117237

DE LA RESPONSABILITÉ ET DU DÉVELOPPEMENT DU CENTRAFRIQUE

Pour plus de responsabilisation des centrafricains

Julien Junior Kovockoua

Cinquante-huit ans après son indépendance politique, le Centrafrique n'arrive pas à décoller sur le plan économique. Certains comportements (despotisme, corruption, mauvaise gouvernance, injustice, etc) ont alimenté de nombreuses querelles fratricides plongeant le pays dans une crise interminable. L'auteur mène une réflexion sur la notion de responsabilité et en fait une liaison avec la question du développement de son pays. En stigmatisant l'irresponsabilité au coeur de cette crise, il met en exergue le rôle que chaque Centrafricain doit jouer dans la reconstruction de ce pays.

(Coll. Points de vue, 118 p., 14 euros)

ISBN : 978-2-343-16110-5, EAN EBOOK : 9782140111044

COMPRENDRE LA VIOLENCE EN RÉPUBLIQUE CENTRAFRICAINE

Enoch Tompte-Tom

Cet ouvrage a pour objectif de chercher à comprendre si la République centrafricaine recèle en elle dès son émergence des germes de violence ou bien si elle est un phénomène qui est extérieur à la civilisation centrafricaine. Il permet de reconsidérer l'histoire de la République centrafricaine depuis l'époque de la colonisation et celle des indépendances, pour analyser si ces époques ne couvaient pas une violence latente qui avait été refoulée dans le subconscient du Centrafricain, redevenant manifeste dans des moments similaires à ceux du passé, et qui s'expriment de nos jours de façon extrême.

(Coll. Points de vue, 158 p., 17,5 euros)

ISBN : 978-2-343-15636-1, EAN EBOOK : 9782140110924

DANS L'IMPASSE DU CONFLIT CENTRAFRICAIN

Récit

Sébastien Noël

Le témoignage de cet officier inséré pendant six mois au sein d'une mission internationale de maintien de la paix a pour but d'apporter des éléments de réflexion qui mettent en lumière les raisons de l'inefficacité du système onusien déployé sur le sol centrafricain. Partant de constats et s'appuyant sur des faits concrets, il s'interroge notamment sur les raisons structurelles, fonctionnelles ou opérationnelles qui font que la MINUSCA, mission de l'ONU en Centrafrique, peine à apporter une réponse fi able à ce conflit qui s'enlise irréversiblement.

(248 p., 23 euros)

ISBN : 978-2-343-16312-3, EAN EBOOK : 9782140107092

LA CENTRAFRICANITÉ, ANTIDOTE DE LA CRISE

Clotaire Saulet Surungba

Préface d'Adolphe Pakoua

Le néologisme'centrafricanité' rebute certains et, après avoir démontré avec méthode et conviction que ce concept est plutôt intégratif dans le contexte actuel de la République centrafricaine en quête d'unité et de paix, l'auteur fait entendre son amour profond pour son pays d'origine, d'abord en prose, sur tous les aspects de la vie d'une nation, puis par le truchement d'une pièce de théâtre, sur la nécessité d'avoir un citoyen de type nouveau grâce à un système d'éducation et de formation adapté aux réalités nationales.

(Coll. Points de vue, 100 p., 12,5 euros)

ISBN : 978-2-343-15832-7, EAN EBOOK : 9782140101786

BARTHÉLÉMY BOGANDA

Héritage et vision

Victor Bissengue, Prosper Indo

Préface de Monseigneur Joachim N'Dayen

L'histoire est écrite par les vainqueurs, dit l'adage. La colonisation et la décolonisation sont donc présentées comme une oeuvre civilisationnelle. Pourtant, si les premiers explorateurs furent des esprits libres et éclairés, la suite fut une expédition sanglante et mortifère, dans le contexte particulier de la IIIè république française, provoquant "méfiance et haine envers l'occupant". Barthélémy Boganda fut l'un des héraults de cette lutte, le dernier, en ce qui concerne l'Oubangui-Chari, qui donna naissance à la République Centrafricaine.

(194 p., 20 euros)

ISBN : 978-2-343-15579-1, EAN EBOOK : 9782140097850

LE DROIT MARITIME DANS LA ZONE CEMAC

Eric Dibas-Franck

Volontairement limité au Droit maritime dans la communauté économique et monétaire de l'Afrique centrale (CEMAC), cet ouvrage a pour ambition de faire le point sur la construction du droit maritime dans cette zone en scrutant le Code communautaire de la marine marchande. Les grands problèmes contemporains du Droit maritime comparé ou international y trouvent des réponses précises. Le livre est également enrichi d'une jurisprudence inédite.

(Coll. Affaires maritimes et Transports, 258 p., 26 euros)

ISBN : 978-2-343-14948-6, EAN EBOOK : 9782140096082

CHRONIQUES NÈGRES

Pour l'amour d'Alpha

Soutongnoma Wilfried Denis Simporé

Située au coeur de l'Afrique, la Centrafrique renoue avec la paix après une décennie de guerre civile opposant chrétiens et musulmans. Un concert géant de réconciliation et de distinctions avec la superstar Alpha Blondy en présence du nouveau chef de l'Etat, le premier président blanc du continent, permettra dans la féérie festive de poser les bases nouvelles d'une solide unité nationale. A travers une fiction romantique typiquement africaine, l'auteur nous introduit dans la passion d'un couple de jeunes Banguissois que tout unit; le temps, l'amour, l'ambition mais aussi les doutes...

(Coll. Harmattan Burkina Faso, 178 p., 18 euros)

ISBN : 978-2-343-15482-4, EAN EBOOK : 9782140096815

L'ÉVOLUTION CONSTITUTIONNELLE ET JURIDICTIONNELLE DE LA RÉPUBLIQUE CENTRAFRICAINE À TRAVERS LES TEXTES

Danièle Darlan

Préface de Jean-Dominique Penel

Ce livre offre une synthèse claire et indispensable à toute personne qui veut comprendre comment se sont élaborées et modifiées les sept institutions successives de la République centrafricaine depuis l'indépendance en 1960 jusqu'en 2017 et comment, dans le même temps, les institutions judiciaires se sont façonnées et enrichies, du moins au niveau des textes, car l'application, pourtant logiquement nécessaire, de la Justice pose encore bien des problèmes.

(Coll. Études africaines, 174 p., 18,5 euros)

ISBN : 978-2-343-15418-3, EAN EBOOK : 9782140096358

LA NATION CENTRAFRICAINE ET LES RÉCIFS

Crépin Mboli-Goumba

Depuis pratiquement cinq ans, la République centrafricaine est prise dans une spirale de violence sans fin. La crise, à l'origine politique, a été transformée en affrontement interconfessionnel. Pour la première fois, un acteur majeur de la scène politique centrafricaine brise le silence et relate les faits tels qu'il les a vécus. Pour lui, si les centrafricains sont en plein chaos, c'est parce qu'ils ont manqué de vision et ont laissé l'ignorance prospérer. Or, l'ignorance, qui est repli sur soi, haine de l'autre, peur de la différence, ne peut permettre de former une vraie nation.

(300 p., 29 euros)

ISBN : 978-2-343-14518-1, EAN EBOOK : 9782140092428

LE DÉSARMEMENT DES GROUPES ARMÉS EN CENTRAFRIQUE

Charles Lasserre Yakite

En République Centrafricaine, pour sortir de la crise, il faut prendre en compte le programme de désarmement, démobilisation, reintégration et rapatriement (DDRR) qui permet de contribuer à la stabilité, à la sécurité et au relèvement du pays. La signature de l'accord sur les principes du DDRR entre le gouvernement et 14 groupes armés lors du forum de la Paix de Bangui en mai 2015 mets peu à peu un terme à la lutte armée comme moyen de revendication politique.

Les Impliqués (Coll. Les Impliqués, 106 p., 13 euros)

ISBN : 978-2-343-13945-6, EAN EBOOK : 9782140088742

PROTECTION DES CIVILS EN RÉPUBLIQUE CENTRAFRICAINE

Les déboires d'une mission de paix onusienne

Josué Kanabo

Préface de Didier Prince-Agbodjan

En mars 2013 éclata en République centrafricaine un conflit armé à l'issue d'un coup d'Etat. Cette crise prouve l'insuccès des politiques promouvant un Etat de droit pérenne. Trois ans après le déploiement de la Mission multidimensionnelle intégrée de stabilisation des Nations Unies en Centrafrique (MINUSCA), très peu d'avancées ont été réalisées dans les domaines de la protection des civils, de la justice, de la réconciliation nationale, du désarmement. Qu'est-ce qui explique ce résultat ? La Mission a-t-elle les moyens de son mandat ? Bénéficie-t-elle de la bonne volonté des divers acteurs politiques ? Quel mandat pour quelle efficacité ?

(Coll. Le Droit aujourd'hui, 254 p., 25,5 euros)

ISBN : 978-2-343-14369-9, EAN EBOOK : 9782140085659

Structures éditoriales du groupe L'Harmattan

L'Harmattan Italie
Via degli Artisti, 15
10124 Torino
harmattan.italia@gmail.com

L'Harmattan Hongrie
Kossuth l. u. 14-16.
1053 Budapest
harmattan@harmattan.hu

L'Harmattan Sénégal
10 VDN en face Mermoz
BP 45034 Dakar-Fann
senharmattan@gmail.com

L'Harmattan Cameroun
TSINGA/FECAFOOT
BP 11486 Yaoundé
inkoukam@gmail.com

L'Harmattan Burkina Faso
Achille Somé – tengnule@hotmail.fr

L'Harmattan Guinée
Almamya, rue KA 028 OKB Agency
BP 3470 Conakry
harmattanguinee@yahoo.fr

L'Harmattan RDC
185, avenue Nyangwe
Commune de Lingwala – Kinshasa
matangilamusadila@yahoo.fr

L'Harmattan Congo
67, boulevard Denis-Sassou-N'Guesso
BP 2874 Brazzaville
harmattan.congo@yahoo.fr

L'Harmattan Mali
Sirakoro-Meguetana V31
Bamako
syllaka@yahoo.fr

L'Harmattan Togo
Djidjole – Lomé
Maison Amela
face EPP BATOME
ddamela@aol.com

L'Harmattan Côte d'Ivoire
Résidence Karl – Cité des Arts
Abidjan-Cocody
03 BP 1588 Abidjan
espace_harmattan.ci@hotmail.fr

L'Harmattan Algérie
22, rue Moulay-Mohamed
31000 Oran
info2@harmattan-algerie.com

L'Harmattan Maroc
5, rue Ferrane-Kouicha, Talaâ-Elkbira
Chrableyine, Fès-Médine
30000 Fès
harmattan.maroc@gmail.com

Nos librairies en France

Librairie internationale
16, rue des Écoles – 75005 Paris
librairie.internationale@harmattan.fr
01 40 46 79 11
www.librairieharmattan.com

Librairie l'Espace Harmattan
21 bis, rue des Écoles – 75005 Paris
librairie.espace@harmattan.fr
01 43 29 49 42

Lib. sciences humaines & histoire
21, rue des Écoles – 75005 Paris
librairie.sh@harmattan.fr
01 46 34 13 71
www.librairieharmattansh.com

Lib. Méditerranée & Moyen-Orient
7, rue des Carmes – 75005 Paris
librairie.mediterranee@harmattan.fr
01 43 29 71 15

Librairie Le Lucernaire
53, rue Notre-Dame-des-Champs – 75006 Paris
librairie@lucernaire.fr
01 42 22 67 13